Politik und Leidenschaft

Joan Haslip

POLITIK UND LEIDENSCHAFT

Katharina II. von Rußland

Belser Verlag Stuttgart · Zürich

Aus dem Englischen übertragen von Ulla de Herrera

Die Original-Ausgabe erschien im Verlag Weidenfeld und Nicholson, London,
unter dem Titel »Catherine the Great«
© 1977 by Joan Haslip
© 1978 by Belser AG für Verlagsgeschäfte & Co. KG, Stuttgart und Zürich,
für die deutschsprachige Ausgabe
Printed in Germany
ISBN 3-7630-1187-0

INHALT

VORWORT

Dieses Buch erhebt keinen Anspruch auf eigene Gelehrsamkeit oder die Entdeckung irgendwelcher überraschender neuer Tatsachen. Die zwei Werke des polnischen Historikers Waliszewski, die in den neunziger Jahren des vergangenen Jahrhunderts geschrieben wurden, gehören zu den am besten belegten und aufschlußreichsten der zahlreichen Bücher über Katharina II. von Rußland. Ich habe diese beiden Werke sowie M. Solovejtschiks interessante Studie über Potiomkin ausgiebig in Anspruch genommen. Mein eigenes Buch ist lediglich ein Versuch, den Charakter einer der außergewöhnlichsten Frauen ihrer Zeit anschaulich darzustellen und ihr Tun zu rechtfertigen. Beim Schreiben habe ich mich hauptsächlich auf die Berichte der diversen ausländischen Gesandten an ihrem Hof verlassen, und abgesehen von den vielen veröffentlichten Tagebüchern und Memoiren gilt mein Dank vor allem den Direktoren der Urkundensammlung des Quai d'Orsay und des Public Record Office, die mir Zugang zu bisher unveröffentlichtem Material verschafft haben. Ich danke ferner Prinz Jean-Charles de Ligne, der mir gewisse unveröffentlichte Briefe aus seinem Familienarchiv zur Verfügung gestellt hat; der Gräfin Lodigenskij, die mir gestattete, das Porträt ihres Vorfahren, des Grafen Bobrinskij, abzudrucken; Prinz George Galitzine und Herrn George Kaftal, die so liebenswürdig waren, mein Manuskript zu lesen.

EINLEITUNG

Als Kaiserin Katharina im Jahre 1762 den russischen Thron bestieg, sah sie sich all den Problemen eines Landes gegenüber, das noch im Werden war und dessen Bevölkerung zu neunzig Prozent aus Analphabeten bestand. Peter der Große war zu früh gestorben, um die umfassenden, durchgreifenden Reformen zu vollenden, die sein Reich zu einem modernen europäischen Staat machen sollten, und in den vierzig Jahren seit seinem Tod war wenig vollbracht worden. Seine unmittelbaren Nachfolger, seine Witwe Katharina und sein Enkel Peter II., hatten zu kurz gelebt, um ihre Spuren in der Geschichte zu hinterlassen. Diejenigen, die folgten, seine Nichte, die grausame und sadistische Anna Iwanowna und ihre Nichte, die schwache, wesenlose Anna Leopoldowna, die während der kurzen Regierungszeit ihres eigenen Sohnes, Iwan VI., Regentin war, ließen das Land von ihren brutalen deutschen Günstlingen regieren. Während seine Tochter, die fröhliche, prunksüchtige Elisabeth, die durch eine Palastrevolution an die Macht kam, mehr darauf bedacht war, zu herrschen als zu regieren. Sie verherrlichte sein Andenken, indem sie St. Petersburg einige seiner schönsten Bauwerke schenkte und in Moskau die erste Universität errichtete, während ihre Generäle ihr siegreiches Heer an die Tore Berlins führten. Elisabeth war zu fromm, um sich die Kirche zu entfremden, die unter ihrer Regierung den größten Teil ihrer Privilegien und Besitztümer, die Peter ihr genommen, zurückerhielt, und sie war zu abhängig vom Adel, um den obligatorischen Staatsdienst zu erzwingen, den Peter von jedermann in seinem Land gefordert hatte.

Als Peter den Thron bestieg, hatte sein ganzes riesiges Reich, das sich vom Nördlichen Eismeer bis zum Pazifik erstreckte, nur einen einzigen Hafen für den Handel mit Europa, und zwar Archangelsk am Weißen Meer. Schweden und Polen versperrten den Weg zur Ostsee, und das Schwarze Meer war noch ein türkischer See. Erst nach seinen Siegen über Karl XII. von Schweden konnte er sich an der Ostsee ausdehnen, eine Kriegsflotte bauen und St. Petersburg an der Mündung der Newa errichten. Peter erkannte, daß Rußland niemals ein Teil Europas werden würde, solange Moskau mit seinen byzantinischen Traditionen die Hauptstadt war, und es gilt als eine seiner größten Errungenschaften, daß er seine unwilligen Untertanen dazu veranlaßte, in das unwirtliche Klima der westlichen Grenzen des Imperiums zu ziehen. Als er im Alter von zweiundfünfzig Jahren starb, war er der meistgeliebte und meistgehaßte Mann des Landes – verehrt vom Heer, verabscheut vom Adel, verflucht von der Kirche.

Katharina konnte es sich noch weniger als Elisabeth leisten, sich den Adel zu entfremden, dem sie ihren Thron verdankte. Obgleich sie nach Peters Vorbild handelte und sich als seine natürliche Erbin betrachtete, respektierte sie nichtsdestoweniger die Traditionen der anderen russischen Länder, die Peter der Große so rücksichtslos verworfen hatte.

Da war zunächst das mystische, mittelalterliche Rußland der alten Großfürsten von Kiew; von Wladimir dem Heiligen, der im 10. Jahrhundert in seinem Reich das Christentum einführte, und seinem Sohn, Jaroslaw dem Weisen, dessen Hof ein Zentrum der Kultur und Gelehrsamkeit für das ganze östliche Europa war, und dessen Tochter Henry Capet heiratete und Königin von Frankreich wurde. Das Fürstentum Kiew und seine Schwesterrepubliken standen zweihundert Jahre lang auf der Höhe der Macht, bis sie von den Horden des Dschingis Chan zerstört wurden. Andere Eindringlinge folgten – Litauer aus dem Norden und Polen aus dem Westen –, und so wurde Kiew bis zur Mitte des 17. Jahrhunderts polnisches Lehen.

Aus dem Chaos erstand das Rußland der Großfürsten von Moskowien, deren Siege in Kasan und Astrachan ihr Land vom Tatarenjoch befreiten. Der bedeutendste dieser Fürsten war Iwan III., der durch seine Heirat mit Zoe Paleologue, der Nichte des letzten Kaisers von Konstantinopel, das byzantinische Erbe übernahm. Er führte das Symbol des Doppeladlers ein und vereinigte unter seiner Herrschaft und dem Titel »Herr von ganz Rußland« die Reste der mittelalterlichen Fürstentümer und Republiken. Sein Enkel, Iwan IV., auch Iwan der Schreckliche genannt, ging einen Schritt weiter, indem er sich »Zar« oder Kaiser nannte. Während seiner Regierung entdeckten Kaufherren wie die Stroganows Sibirien und stießen zum Pazifik vor. Mit den Ländern Westeuropas wurden diplomatische Vertreter ausgetauscht, und der Handel mit England wurde begründet. Angesichts seines erbarmungslosen Kampfes gegen die Vorurteile und die Kulturfeindlichkeit der alten Bojarenfamilien könnte man sagen, daß Iwan IV. in vieler Hinsicht ein Vorläufer Peters des Großen war, bis er in späteren Jahren in Wahnsinn verfiel und somit als ein blutdürstiger Tyrann in die Geschichte einging.

Nach Iwans Tod kam das, was in Rußland als »die Zeit der Wirren« bezeichnet wird, eine Zeit, in der eine Reihe von Schwindlern, Usurpatoren und ausländischen Fürsten den unbesetzten Thron für sich beanspruchten. Es gab keinen inneren Frieden, bis Michael Romanow, der von einer Schwester Iwans abstammte, 1613 zum Zaren gewählt wurde; ihm folgte sein Sohn Aleksej, der Rußland seine erste Gesetzessammlung gab.

Aber ob unter der Herrschaft der Großfürsten von Moskowien, Aleksejs oder Peters des Großen, der schreckliche Mißbrauch der Leibeigenschaft war und blieb ein altes Übel, dem keine Reform abhelfen konnte. Im Gegenteil, je mehr Rußland sich entwickelte, um so schlimmer wurde die Lage der Leibeigenen. Sklaverei, ein Zustand, in den ein Mensch durch Gefangenschaft oder ein Verbrechen geraten konnte, hatte es, ebenso wie anderswo im mittelalterlichen Europa, auch im alten Rußland gegeben. Aber die massenweise Umwandlung freier Menschen in Leibeigene lag in Erlassen von Herrschern begründet, die für das Wohl ihres Landes zu handeln meinten. Seit der Zeit, da sich Rußland unter der Herrschaft Moskaus auszudehnen begann, bestand kein Zweifel, daß sein Fortbestehen von der Entwicklung der Landwirtschaft abhing. Es herrschte ein großer Mangel an Landarbeitern, der noch dadurch schlimmer wurde, daß der russische Bauer – seiner Herkunft nach Nomade – stets den Wunsch hatte, zu neuen und besseren Weideflächen zu ziehen. Die Grundbesitzer sicherten sich die notwendigen Arbeitskräfte entweder dadurch, daß sie bessere Bedingungen als andere boten, oder ganz einfach durch Menschenraub. Aber im Lauf der Zeit griff der Staat mit einer Reihe von Dekreten ein, die die Bewegungsfreiheit der Landarbeiter – und, in geringerem Maße, auch die der übrigen Arbeiter – zuerst einschränkten und schließlich ganz aufhoben. Unter den Großfürsten von Moskowien hatten die Bauern noch das Recht, jedes Jahr am Michaelitag den Dienstherrn zu wechseln. Als aber Peter den Thron bestieg, hatten sie dieses Recht bereits verloren und wurden wie Verbrecher behandelt, wenn sie fortzulaufen versuchten.

Peters Reformen, die allen Schichten der Bevölkerung lebenslängliche Dienstpflicht auferlegten, trafen die Bauern am härtesten, indem sie sie durch Kopfsteuern, die der Grundbesitzer einzutreiben und dem Staat auszuhändigen hatte, noch fester an ihre Herren banden. Er führte außerdem ein System von Passierscheinen ein, das es dem Bauern unmöglich machte, die Grenzen des Besitztums seines Herrn ohne schriftliche Genehmigung zu überschreiten. Allmählich wurde die Zahl der freien Bauern immer weiter herabgesetzt, und die Leibeigenschaft erreichte ihren Niedrigststand unter der Regierung von Kaiserin Anna und ihrem Geliebten, dem habgierigen Biron. Da Besitztümer ohne Menschen, die Grund und Boden bearbeiteten, nutzlos waren, machten es sich die Herrscher zur Gewohnheit, ihre Günstlinge und siegreichen Generäle mit dem Geschenk von »Seelen« zu belohnen. In dieser Hinsicht sündigte Katharina mehr als irgendeiner ihrer Vorgänger. Die aufgeklärte deutsche Prinzessin, die in ihrer Jugend davon geträumt hatte, die Leibeigenen zu befreien, verurteilte mit einem einzigen Federstrich die freien Bauern der Ukraine zum Elend der Leibeigenschaft. Die Kronbauern, die bis dahin ein gewisses Maß an Freiheit genossen hatten, wurden als Geschenk an ihre Günstlinge vergeben. Die unwürdigsten ihrer Liebhaber erhielten große Besitztümer und Hunderte von Leibeigenen. Bei Orlow, Potiomkin und später bei Zubow beliefen sich die Zahlen auf Tausende. In dem strahlenden Ruhm, der ihren Namen umgibt, wird häufig die Tatsache übersehen, daß es in Katharinas Rußland zwei Millionen mehr Leibeigene gab als je zuvor.

I
SOPHIE VON ANHALT-ZERBST

Johanna Elisabeth von Anhalt-Zerbst fühlte sich vom Schicksal benachteiligt. Als Prinzessin von Holstein-Gottorp geboren, mit den königlichen Familien von Rußland und Schweden verwandt, sah sie sich mangels einer Mitgift zu einem bescheidenen, eingeschränkten Dasein als Frau eines unbedeutenden deutschen Duodezfürsten im Dienste des Königs von Preußen verurteilt. Christian August, der über fünfundzwanzig Jahre älter war als seine Frau, war ein rechtschaffener, gottesfürchtiger Lutheraner mit begrenztem Verstand und wenig Ehrgeiz, bereit, den Rest seines Lebens als Militärgouverneur von Stettin zu verbringen, wo seine Kinder mit den anderen Kindern des Regiments spielten und ihren Katechismus beim Kaplan der Garnisonkirche lernten. Aber die hübsche, weltlich gesinnte Johanna Elisabeth sehnte sich nach weiteren Horizonten, als das Sumpfland des östlichen Pommern sie ihr boten, und schleppte ihre Familie fortwährend zu Besuch an die norddeutschen Höfe, nach Hamburg, Berlin und Kiel, wo sie sich um die Gunst der bedeutenderen Angehörigen der Familie bemühte, für die sie jedoch trotz ihres Geistes und ihres Charmes nie etwas anderes als eine arme Verwandte war.

Hinzu kam, daß ihr erstes Kind, im April 1729 in Stettin geboren, eine Tochter war, die, obwohl schon von klein auf bemerkenswert intelligent, in den ersten Jahren keinerlei Anzeichen von künftiger Schönheit oder weiblicher Anmut erkennen ließ. Es war ein Glück für die kleine Sophie, daß sie eine wohlwollende und liebevolle Gouvernante hatte, eine Hugenottin namens Babette Cardel, bei der sie das Verständnis und die Wärme fand, die sie bei ihrer Mutter entbehrte. Aber obgleich Johanna Elisabeth sich in erster Linie für ihre Söhne interessierte, gelangte sie allmählich zu der Erkenntnis, daß ihre vernachlässigte kleine Tochter für sie die einzige Chance war, jemals eine Rolle auf der Bühne der Welt zu spielen.

Eine Verknüpfung von Umständen und politischen Ereignissen bestärkte sie in ihrem Ehrgeiz. Im Jahr 1741 wurde in Rußland nach einem militärischen *coup d'état* die letzte überlebende Tochter Peters des Großen zur Kaiserin ausgerufen. Elisabeth Petrowna, die zweiunddreißig Jahre alt war, als sie den Thron bestieg, war in ihrer Jugend mit einem Bruder Johanna Elisabeths verlobt gewesen, einem gutaussehenden jungen Mann, der wenige Wochen vor der Hochzeit an den Pocken gestorben war. Sentimentale Beobachter versicherten, die Trauer Elisabeths um ihren toten Bräutigam sei einer der Gründe, weshalb sie nie geheiratet habe. Die Zyniker waren der Wahrheit jedoch zweifellos näher: Leidenschaftlich und sinnlich, von zügellosen Trieben beherrscht, die sie von ihrem Vater und ihrer Mutter, einem livländischen Bauernmädchen, von Peter auf den Thron erhoben hatte, geerbt hatte, zog Elisabeth Petrowna es vermutlich vor, sich unter ihren Untertanen Liebhaber nach eigenem Geschmack zu suchen, statt einen Gemahl aus dem beschränkten Kreis deutscher Königshäuser zu wählen. Nichtsdestoweniger bewahrte sie dem jungen holsteinischen Fürsten immer noch ein zärtliches Andenken, und ihre Verbindung zu seiner Familie wurde noch verstärkt, als ihre ältere Schwester Anna den regierenden Herzog heiratete. Anna starb drei Monate nach der Geburt eines Sohnes und einer der ersten Beschlüsse, die Elisabeth nach ihrer Thronbesteigung faßte, war, daß sie ihren Neffen, Peter Ulrich, zu ihrem Erben einsetzte. Der dreizehnjährige Junge, der kurz zuvor auch seinen Vater verloren hatte, wurde aus Kiel, wo er der grausamen Disziplin ausgesetzt gewesen war, mit der damals deutsche Fürsten ihre Kinder zu erziehen pflegten, nach Rußland gebracht und der Sorge seiner schönen, launenhaften Tante überlassen, die über einen ausschweifenden und verschwenderischen Hof herrschte.

Bei einem Besuch in Kiel im Sommer 1739 hatte die zehnjährige Sophie den Sohn des Vetters ihrer Mutter kennengelernt, der nur ein Jahr älter war als sie. Sie hatte damals mit Staunen beobachtet, wie alle, angefangen mit ihrer Mutter, sich die größte Mühe gaben, dem blassen, schlaksigen kleinen Jungen zu gefallen, der durch diese Aufmerksamkeiten völlig eingeschüchtert wurde. Erst später erfuhr Sophie aus Gesprächen von Verwandten und Hofdamen den Grund all dieser huldvollen Herablassung. Als Thronerbe von Schweden und Rußland war Peter Ulrich die beste Partie in ganz Europa – weit jenseits dessen, was eine kleine Prinzessin von Zerbst sich erhoffen konnte.

Aber Johanna Elisabeth war eine Frau, die sich nicht so leicht eine Gelegenheit entgehen ließ. Sie versuchte nicht nur, das Vertrauen des jungen Sohnes ihres Vetters zu gewinnen, sondern sie pflegte auch die Beziehung zu seinem Erzieher, einem strengen, wenig einnehmenden Schweden namens Brümmer, mit dem sie während der folgenden Jahre eine rege Korrespondenz unterhielt. In diesen Jahren entwickelte sich ihre Tochter von einem häßlichen, blassen Kind mit »einem unerfreulichen Gesichtsausdruck« zu einem reizenden kleinen Mädchen, dessen sie sich auf ihren sommerlichen Besuchsrunden nicht mehr zu schämen brauchte. Jetzt wurden Künstler beauftragt, Sophies Portrait zu malen, und selbst ein Weiberfeind wie Friedrich, der junge Preußenkönig, war so angetan von einem Bild, das sein Hofmaler Pesne gemalt hatte, daß die unbekannte kleine Prinzessin eine wichtige Rolle in seinen politischen Plänen zu spielen begann.

Sie hatte nichts von dem rosig-weißen Liebreiz ihrer Mutter, aber sie besaß, obwohl zu mager für den damaligen Geschmack, eine angeborene Anmut und Eleganz. Der kleine Kopf, der stolz auf dem schlanken Hals saß, wurde von dichtem kastanienbraunem Haar gekrönt. Das Kinn war vielleicht ein wenig zu lang und spitz, doch das wurde wettgemacht durch den bezaubernden Mund mit vollkommenen Zähnen und durch ein absolut unwiderstehliches Lächeln. Die blauen Augen waren nicht groß, aber sie blitzten vor Munterkeit. Wie sie selbst viele Jahre später von sich sagte: »Ich war nie schön, aber ich gefiel. Das war meine Stärke.« Dieser Wunsch zu gefallen, war wohl ihre hervorstechendste Charaktereigenschaft, eine Eigenschaft, die sie in ihrer Beziehung zur Mutter, einer schwierigen, unvernünftigen Frau, ständig dazu verleitete, sich zu verstellen; diese Verstellung wurde ihr mit der Zeit so sehr zur zweiten Natur, daß kaum zu erkennen war, wo die Frau aufhörte und die Schauspielerin begann. Als Kind sehnte sie sich danach, von ihrer schönen, herrischen Mutter geliebt zu werden, und litt unter ihrer Gleichgültigkeit, einer Gleichgültigkeit, die sehr augenfällig gewesen sein muß, denn sie veranlaßte den schwedischen Diplomaten Graf Gyllenborg, der Johanna Elisabeth und Sophie in Hamburg kennenlernte, der Fürstin vorzuwerfen: »Madame, Sie unterschätzen Ihre Tochter. Sie hat weit größere Fähigkeiten, als Sie ahnen, und sie verdient es, daß Sie sich mehr um sie kümmern.« Eine Bemerkung, die eine eitle, egozentrische junge Frau, deren Gleichgültigkeit ihrer Tochter gegenüber bald von Eifersucht abgelöst werden sollte, nicht sonderlich erfreut haben dürfte.

Sie hatten gewisse charakteristische Merkmale gemein, aber bei Sophie wurde der oberflächliche Glanz ihrer Mutter durch den tieferen inneren Wert ihres Vaters aufgewogen. Die Hofdame Johanna Elisabeths beschreibt sie als »fröhlich und impertinent, mutwillig und ausgelassen, aber gleichzeitig im Grunde ernsthaft, mit einer unbegrenzten Fähigkeit, sich anzupassen und zu lernen.« Trotz ihres großen Lerneifers brachte sie ihre Lehrer oft zur Verzweiflung. Der pedantische deutsche Professor und der strenge lutherische Pastor beklagten sich, daß sie unersättlich in ihrer Wißbegier sei, sehr zu Disputen neige und immer das Warum und Wozu von allem wissen wolle. Aber ihrer französischen Erzieherin gelang es, sie mit sanfter Vernunft zu zügeln und die Liebe zur französischen Literatur in ihr zu wecken, die sie ihr Leben lang beibehielt, so daß die Kaiserin von Rußland später ihre Briefe an Voltaire und Diderot stolz mit der Bezeichnung »die Schülerin von Babette Cardel« unterschrieb.

Aber es gab gewisse Züge im Charakter ihrer Schülerin, von denen selbst Babette Cardel nichts ahnte. Schon in frühen Jahren machte sich eine latente Sinnlichkeit bemerkbar, eine ruhelose Energie, die unerklärliche und unbeherrschte Triebe weckte, so daß Sophie, nachdem sie ihre Gebete gesprochen hatte und das Licht in dem kleinen Zimmer unter dem Uhrturm des Schlosses von Stettin erloschen war, ihre Decken abwarf, sich rittlings auf ihr Kissen setzte und in ihrem Bett auf und ab galoppierte, bis sie vor Erschöpfung einschlief. Viele Jahre später schrieb Kaiserin Katharina diese Einzelheiten in ihren Memoiren nieder, in denen sie offen von ihrer ersten sexuellen Erweckung durch die Aufmerksamkeiten eines jungen Onkels, des Prinzen Georg Ludwig von Holstein, berichtet. Nach ihren Memoiren zu urteilen, scheint Johanna Elisabeth nicht nur von diesen keineswegs onkelhaften Aufmerksamkeiten gewußt zu haben, sondern ging sogar soweit, sie zu unterstützen. Es ist zweifelhaft, ob diese Behauptung der Wahrheit entspricht. Johanna Elisabeth wäre vielleicht zynisch genug gewesen, ihre Tochter lieber einen Prinzen von Holstein heiraten zu lassen, als sie als alte Jungfer in irgendeinem kleinen Damenstift zu sehen. Aber schließlich mußte sie dabei ja auch an Christian August denken, der mit seinen tiefreligiösen Prinzipien diese Ehe nie geduldet hätte. Sophie selbst scheint die Möglichkeit niemals in Betracht gezogen zu haben. Sie hatte ihre Ziele bereits viel höher gesteckt, denn ein Mann, der Handlinien zu lesen

verstand, hatte ihr einmal als kleines Mädchen am Hof von
Braunschweig eine glänzende Zukunft vorausgesagt und hatte
dabei nicht weniger als drei Kronen in ihrer Hand gesehen.

Bis zum Jahr 1743 hatten sich die Aussichten der Familie
wesentlich gebessert. Sehr zu Johanna Elisabeths Befriedigung
wurde ihr älterer Bruder anstelle seines Mündels, Peter Ulrich,
zum schwedischen Thronfolger ernannt, und ihr Mann wurde
durch den Tod seines Bruders regierender Fürst von Anhalt-
Zerbst, einem Fürstentum ohne Bedeutung, das sehr geringe
Einnahmen brachte, aber nichtsdestoweniger dem Garnisonsle-
ben von Stettin vorzuziehen war. Sobald sich ihr Mann in Zerbst
installiert hatte, begab sich Johanna Elisabeth nach Berlin, um
dem König von Preußen zu huldigen. Friedrich schien trotz
seines Scharfsinns und seines eingefleischten Mißtrauens Frauen
gegenüber, doch genügend beeindruckt von ihrer Zungenfertig-
keit und oberflächlichen Kultur, um sie als eine nützliche Verbündete in Betracht zu ziehen. Christian August, dessen militärische Fähigkeiten so gering zu sein schienen, daß der König
ihn in aller Öffentlichkeit als »diesen Dummkopf Zerbst« bezeichnete, sah sich wenige Wochen später zum Feldmarschall
des preußischen Heeres befördert, während das Bild seiner
Tochter an den preußischen Gesandten am Hof von St. Petersburg geschickt wurde, wo Kaiserin Elisabeth nach einer Frau
für ihren fünfzehnjährigen Neffen Ausschau hielt.

Jede der rivalisierenden Mächte hatte ihre eigene Kandidatin.
Maria-Theresia von Österreich, die den mächtigen russischen
Kanzler Bestushew-Rjumin in ihrem Sold hatte, befürwortete
die Wahl einer sächsischen Prinzessin. Friedrich hatte eine
Schwester im heiratsfähigen Alter, die er sehr liebte. Er selber
sagte: »Obwohl ein Bündnis zwischen Sachsen und Rußland
den Interessen Preußens widerspräche, betrachte er es nichtsdestoweniger als unmenschlich, eine Prinzessin von königlichem
Geblüt politischer Zweckdienlichkeit zu opfern.« Es war leichter, eine kleine Prinzessin von Zerbst in den Vordergrund zu
schieben, deren kluge und ehrgeizige Mutter stets gewissenhaft
seine Interessen wahrnehmen würde.

Er hatte bereits in der Person Brümmers, des ehemaligen
Erziehers des Großfürsten, einen nützlichen Agenten am kaiserlichen Hof. Brümmer war jetzt in den Rang eines Oberhofmei-
sters des Hofes von Holstein erhoben worden, aber seine Aufgaben waren immer noch die gleichen, und sein Titel war lediglich
dazu bestimmt, die Eitelkeit seines Zöglings zu befriedigen. Denn

der unglückliche Peter Ulrich, der jetzt Peter Feodorowitsch hieß und gezwungen worden war, zum orthodoxen Glauben überzutreten und eine Sprache zu lernen, die er haßte, hing mit einer fast rührenden Treue an seiner Heimat und war viel stolzer, Herzog von Holstein zu sein, als Thronerbe von Rußland. Dies war schwerlich dazu angetan, ihm die Zuneigung seiner Tante zu gewinnen. Und noch weit unpopulärer war seine Vorliebe für alles, was preußisch war, und seine übertriebene Bewunderung für König Friedrich. Kaiserin Elisabeth wurde von ihrem Volk vergöttert, weil sie ihr Land von der »Germanisierung« durch ihre zwei unmittelbaren Vorgängerinnen, ihre Kusine Anna Iwanowna und Anna Leopoldowna, befreit hatte. Durch die Entlassung fast sämtlicher ausländischer Ratgeber hatte sie den Hof vorwiegend russisch gemacht, und der preußische Kult ihres Neffen trug nicht dazu bei, ihn beim Volk beliebt zu machen. Er war keine anziehende Persönlichkeit, weder physisch noch geistig, und Elisabeths einziger Wunsch war, ihn so bald wie möglich mit irgendeiner gesunden jungen Prinzessin zu verheiraten, die vielleicht einen befriedigenderen Erben hervorbringen würde. Trotz all seiner Unbeliebtheit war Deutschland immer noch die bevorzugte »Brutstätte« für heiratsfähige Prinzessinnen, unter denen Sophie von Anhalt-Zerbst sowohl die jüngste als auch die unbedeutendste war. Aber zwei Umstände sprachen für sie: Erstens war ihre Mutter die Schwester des verstorbenen Verlobten der Kaiserin; und zweitens erhob ihr Vater keinen Anspruch darauf, eine politische Rolle zu spielen, und so brauchte man ihn nicht zu berücksichtigen.

Der Brief, der am 1. Januar 1744 aus St. Petersburg in Zerbst eintraf, war von Graf Brümmer geschrieben und mit dem Vermerk »Geheim und Vertraulich« an Ihre Hoheit Prinzessin Johanna Elisabeth gerichtet. Er enthielt eine Einladung der Zarin Elisabeth Petrowna, die die Fürstin und ihre Tochter durch Brümmer ersuchen ließ, so bald wie möglich nach Rußland zu kommen. Es wurde mit keinem Wort erwähnt, weshalb die Kaiserin plötzlich so erpicht darauf war, sie kennenzulernen, oder warum Fürst Christian August nicht ebenfalls eingeladen wurde. In einem Postskriptum fügte Brümmer hinzu, Ihre Hoheit sei zweifellos scharfsichtig genug, um zu verstehen, weshalb die Kaiserin ihre Tochter, »von der soviel Schmeichelhaftes berichtet wird«, kennenzulernen wünschte.

Der Brief übte eine sehr unterschiedliche Wirkung auf das Fürstenpaar aus. Johannas freudige Reaktion wurde durch eine eindeutige Kühle seitens ihres Mannes gedämpft, denn Christian August mochte den verstohlenen Charakter der Einladung nicht und war gekränkt über die Mißachtung, die man ihm entgegenbrachte. Er hatte seine Tochter aufrichtig lieb, und im vergangenen Jahrhundert waren die Erfahrungen deutscher Prinzessinnen, die nach Rußland geheiratet hatten, alles andere als beneidenswert gewesen. Aber noch am selben Tag brachte ein Sonderkurier aus Berlin einen Brief von König Friedrich, der wiederum an Johanna statt an ihren Mann gerichtet war und klar zum Ausdruck brachte, daß Seine Majestät bei dieser Sache die Hand im Spiel hatte und es im Interesse Preußens für wünschenswert hielt, daß Johanna die Einladung der Kaiserin annähme. Er schrieb, daß er sie stets besonders geschätzt habe und »daß es ihm eine große Genugtuung bereiten würde, ihrer Tochter zu einer glänzenden Partie zu verhelfen«.

Als treuem Vasallen seines Königs blieb Christian August nichts anderes übrig, als sich in das Unvermeidliche zu fügen, wobei er sich besorgt fragte, ob seine Tochter ihre eigene Religion würde beibehalten können, falls sie Großfürstin von Rußland würde. Christian August hing sehr an seinem Glauben, und ungeachtet der zahlreichen moralischen Fehltritte in späteren Zeiten, der Opfer, die sie den politischen Interessen bringen mußte, und der scheinbaren Verehrung der Religion ihrer Wahlheimat vergaß die künftige Kaiserin Katharina nie völlig die religiösen Moralpredigten ihres Vaters und die tiefverwurzelten Prinzipien ihrer lutherischen Erziehung. Was Johanna Elisabeth betraf, war sie viel zu sehr mit sich und der Rolle beschäftigt, die sie spielen würde, um sich irgendwelche Gedanken über die Befürchtungen ihres Mannes zu machen. Ihre Tochter wurde von ihr ins Vertrauen gezogen, erhielt jedoch den strikten Befehl, ihrer Erzieherin gegenüber kein Wort verlauten zu lassen. Die Tatsache, daß es Sophie offensichtlich nicht schwerfiel, dieses Versprechen zu halten, zeugt von einer für ihr Alter ungewöhnlichen Beherrschung und Selbstdisziplin.

Brümmers Anweisungen gemäß reisten die Fürstin von Zerbst und ihre Tochter inkognito, mit einer kleinen Suite und wenig Gepäck. Sie sollten bei ihrer Ankunft mit einer völlig neuen Garderobe ausgestattet werden, die dem russischen Klima angepaßt war. Dies war eine sehr feinfühlige Aufmerksamkeit von seiten der Kaiserin, die wußte, daß die Einkünfte von Zerbst nicht für die luxuriösen Maßstäbe des russischen Hofes ausreichten, wo Elisabeth selbst, wie es hieß, fünfzehntausend Kleider besaß. Sophie, die später ihre sämtlichen Vorgängerinnen an Luxus und Verschwendungssucht übertreffen sollte, kam in Rußland mit »drei Kleidern, einem Dutzend Hemden und ebenso vielen Taschentüchern und Strümpfen« an.

Fürst Christian August begleitete Frau und Tochter auf den anfänglichen Etappen ihrer Reise. Sophie errang ihren ersten Triumph bei einem Hofdiner in Berlin, an dem sie, wäre es nach ihrer Mutter gegangen, gar nicht teilgenommen hätte. Johanna mag gefürchtet haben, daß das magere, blasse kleine Mädchen, erschöpft von den Aufregungen der Reise, den Erwartungen Friedrichs nicht entsprechen würde, vielleicht war auch eine gewisse Eifersucht im Spiel. Der König ließ jedoch die Ausrede, Sophie habe nichts anzuziehen, nicht gelten und sandte ihr ein elegantes Hofkleid, das einer seiner Schwestern gehörte. Johanna Elisabeth, die sich als Persona grata am preußischen Hof betrachtete, sah sich jetzt an den Tisch der Königin verbannt, während ihre vierzehnjährige Tochter auf dem Ehrenplatz neben dem König saß, der sich von seiner liebenswürdigsten Seite zeigte und sich große Mühe gab, seiner kleinen Tischdame die Befangenheit zu nehmen. Das gelang ihm so gut, daß Sophie schon nach kurzer Zeit mit vor Erregung geröteten Wangen und blitzenden Augen munter drauflosplauderte, als hätte sie ihn ihr ganzes Leben lang gekannt. Es war das erste und letzte Mal, daß diese zwei, die später Partner in einem der abscheulichsten politischen Verbrechen des Jahrhunderts werden sollten, sich begegneten. Friedrich war so angetan von seinem jungen Gast, daß er mit aller Aufrichtigkeit an die Kaiserin schrieb: »Die kleine Prinzessin von Zerbst vereinigt in sich die natürliche Fröhlichkeit und Ungezwungenheit ihres Alters mit einer Intelligenz und einem Scharfsinn, die bei einem so jungen Mädchen überraschend sind.«

Aber Sophie war nichts weiter als ein einsames, mitleiderregendes kleines Mädchen, das bitterlich in den Armen seines Vaters weinte, als er sich in Stettin von Frau und Tochter verabschiedete. Auch Christian August fiel es schwer, einem Kind Lebewohl zu sagen, das er vielleicht nie wiedersehen würde, und dessen Zukunft er mit Besorgnis entgegensah. Sein Abschiedsgeschenk war eine Abhandlung von Heineccius über das Dogma der griechisch-orthodoxen Religion. Außerdem ein selbstverfaßtes Promemoria, das Sophie Richtlinien für ihr Verhalten am russischen Hof gab. In dem verfälschten, französierten Deutsch geschrieben, das damals in Hofkreisen üblich war, enthielt es äußerst vernünftige Ratschläge und warnte die Tochter vor den Fehlern, zu denen, wie er wußte, ihre Mutter neigte. Sie sollte es vermeiden, zu vertraut mit irgendeinem Angehörigen ihres Hofes zu werden oder sich auf irgendeine Art von Intrige einzulassen. Sie sollte sich davor hüten, sich mit Politik zu befassen oder sich in die Angelegenheiten der Regierung ihrer Wahlheimat einzumischen. Vor allem sollte sie sich den Wünschen ihres Mannes fügen und eine gute und gehorsame Ehefrau sein. Vielleicht war es ein Glück, daß Christian August starb, ehe er mitansehen mußte, wie seine Tochter jedes Wort seiner Ratschläge mißachtete.

Die Reise dauerte sechs Wochen, und von Stettin bis Königsberg reisten Johanna Elisabeth und Sophie, die sich Gräfin und Komtesse Reinbeck nannten, in schweren, altmodischen Kutschen, die auf den schlechten Straßen fortwährend steckenblieben. Es war eisig kalt, und Kaiserin Katharina berichtet in ihren Memoiren, daß ihre Füße abends vom Frost so angeschwollen waren, daß man sie aus dem Wagen tragen mußte.

Die Ankunft in Riga war wie das Erwachen aus einem bösen Traum. Das Inkognito wurde von nun an aufgegeben, ebenso wie die schäbigen, knarrenden Kutschen. Als Verwandte des Thronfolgers wurde Johanna mit königlichen Ehren empfangen. Die Fahnen wehten, die Militärkapellen spielten, und von den brünierten, zwiebelförmigen Kirchtürmen läuteten die Glocken. Hohe Offiziere und Zivilbeamte warteten am Stadttor. Eine Staatskarosse, von einem Kavallerietrupp begleitet, brachte Johanna Elisabeth und Sophie zum Schloß, wo eine großartige Zimmerflucht für sie vorbereitet worden war. Unter den anwesenden Adeligen waren einige der größten Namen Rußlands vertreten – die Naryschkins, die Dolgorukijs und die Trubezkois, Angehörige der alten Bojarenfamilien, die Peter der Große in den Staatsdienst eingespannt hatte. Der geringste Lakai hatte mehr Goldstickerei an seiner Livree als ein preußischer Feldmarschall an seiner Uniform, während die Damen Juwelen trugen, die kostbarer waren als alles, was in der Schatzkammer von Zerbst zu finden war. In ihrem schlichten Kleid, mit ihrem blassen, kleinen Gesicht und dem ungepuderten Haar wirkte Sophie wie ein Aschenputtel. Aber sie war ein Aschenputtel, das den Kopf hochhielt, und dessen blaue Augen jede Einzelheit der Szene in sich aufnahmen. Ihre Mutter war diejenige, die den Kopf verloren zu haben schien, als sie ein wenig albern an ihren Mann schrieb: »Zu denken, daß all diese Ehren für mich Arme bestimmt sind, die ich so wenig an derlei Aufmerksamkeiten gewöhnt bin. Ich wache unter dem Schmettern von Trompeten auf, ich speise unter den Klängen von Flöten, und die Wachen schlagen die Trommel, sooft ich das Tor passiere.« Es sollte jedoch ein unsanftes Erwachen für Johanna geben. Die Glocken und Trompeten galten nicht ihr, sondern ihrer Tochter. Nur für Sophie waren die Naryschkins und Dolgorukijs bis nach Riga gekommen, und nur für Sophie hatte Elisabeth einen der kaiserlichen Schlitten mit einem Eskadron Kürassieren und einer Schar von Bediensteten geschickt, die sie nach St. Petersburg geleiten sollten.

Es war ein Schlitten wie aus einem russischen Märchen, golden und scharlachrot, mit Zobel ausgeschlagen, die Sitze mit Seide bespannt und mit weichen Daunen gepolstert, in dem man schlafen konnte wie in einem luxuriösen Bett. Von zwölf Pferden gezogen, glitten sie ruhig und schnell durch eine schneebedeckte Landschaft mit riesigen Wäldern, Sümpfen und Seen, wo die einzigen Geräusche das Knirschen von Eis, das leise Tappen eines Tieres im Schnee und das Klingeln der Schlittenglocken waren. Ihnen folgte eine Schar von Bediensteten, Pferdeknechte und Köche, Lakaien und Kammerfrauen, deren einzige Aufgabe darin bestand, jeden ihrer Wünsche zu befriedigen und für ihre Bedürfnisse zu sorgen.

Etwa auf halbem Weg begegneten sie einem von Polizei bewachten Zug von mehreren Schlitten, der in die entgegengesetzte Richtung fuhr. Mit Gitterstäben und Brettern vor den Fenstern, ohne Glocken oder Lichter, wirkten sie düster und anonym. Es war ein Transport von Gefangenen, die an irgendeinen unbekannten Bestimmungsort gebracht wurden. »Wer sind sie?« fragte Sophie, wißbegierig wie immer, aber sie erhielt nur eine ausweichende, verlegene Antwort. Niemand wagte es, ihr die Wahrheit zu sagen, denn die Gefangenen in diesen Schlitten waren der vierjährige Zar, Iwan VI., sein Vater Anton Ulrich von Braunschweig und seine Mutter, die ehemalige Regentin Anna Leopoldowna, die sechs Monate regiert hatte, ehe eine Palastrevolution die »deutsche Sippe« zugunsten Elisabeths entthronte. Das Kind, dessen einziges Verbrechen darin bestand, von königlichem Geblüt zu sein, war jetzt dazu bestimmt, den Rest seines kurzen Lebens in einer Gefängniszelle zu verbringen. Man sagte Sophie nur, es seien Staatsgefangene, und ganz unbewußt identifizierte sich Sophie von Anhalt-Zerbst bereits mit dem russischen Staat, ebenso wie sie St. Petersburg bereits als ihre Hauptstadt betrachtete, als sie im bleichen Zwielicht eines Wintertages seine schmalen Kirchturmspitzen aus dem Nebel des Newadeltas auftauchen sah.

Unwirklich und phantastisch, aus dem Sumpf heraufbeschworen, war St. Petersburg immer noch eine Stadt im Werden, in der es von den Hammerschlägen der Steinmetze widerhallte, und die hinter ihrer prächtigen Fassade die Holzhütten der ursprünglichen finnischen Siedler verbarg. Aber der erste Eindruck von den breiten, hellerleuchteten Uferstraßen, die sich in der mit Eis bedeckten Newa spiegelten und deren Laternen die Barockskulpturen der Paläste von Rastrelli beschienen, war großartig; Rußlands Fenster nach Europa, von Peter dem Großen seinen widerwilligen Untertanen aufgezwungen, das Tausende von Menschenleben gekostet und Millionen von Rubeln allein für seinen Unterbau auf dem sumpfigen Gelände verschlungen hatte. Peter hatte seinen Traum verwirklicht. St. Petersburg zählte jetzt ebenso viele Einwohner wie Moskau und war zu einem Paradies für ausländische Kaufleute und Abenteurer geworden.

Sophie verliebte sich auf den ersten Blick in St. Petersburg, aber sie hatte jetzt keine Zeit, dort zu verweilen. Die Kaiserin war in Moskau und hatte Johanna Elisabeth und Sophie ersuchen lassen, sich dort rechtzeitig zum Geburtstag des Großfürsten einzufinden. Es blieb wenig Zeit, Sophies Garderobe mit Kleidern aufzufüllen, wie sie zu besitzen sich nie hätte träumen lassen, aber bedauerlicherweise fand ihre Mutter trotz aller Eile doch noch Gelegenheit, ihrem unseligen Hang zur Intrige zu frönen.

Der preußische Gesandte, Graf Mardefeldt, und der französische Gesandte, der Marquis de la Chétardie, hatten absichtlich ihre Reise nach Moskau hinausgeschoben, um den Damen aus Zerbst, die sie bereits kannten und von denen sie sich beträchtliche Vorteile für ihre Länder versprachen, ihre Aufwartung zu machen. Obwohl äußerlich in dem unnatürlichen System von Bündnissen vereinigt, das sich aus dem österreichischen Erbfolgekrieg ergab, handelten die beiden Gesandten ausschließlich im Interesse ihrer eigenen Höfe und standen auf Kriegsfuß mit dem russischen Kanzler Bestushew, der sowohl von England als auch von Österreich große Summen Geldes erhielt. König Friedrich von Preußen, der sich immer noch Illusionen über Johanna Elisabeths diplomatisches Geschick machte, schrieb an seinen Gesandten: »Die Fürstin von Zerbst wird eine weitere Sehne für den Bogen sein, mit dem wir den Grafen Bestushew vernichten werden.« Kein Wunder, daß Johanna Elisabeth in ihrem Element war und sich im Geist bereits großzügig von Friedrich belohnt und als Persona grata am preußischen Hofe sah.

Die etwas über vierhundert Meilen zwischen St. Petersburg und Moskau wurden in weniger als vier Tagen zurückgelegt. Von sechzehn Pferden gezogen, glitten sie mit einer für die damalige Zeit unglaublichen Geschwindigkeit auf den breiten, gut ausgebauten Straßen dahin, aßen und schliefen in ihrem Schlitten.

Am 9. Februar um acht Uhr abends fuhr die Schlittenkarawane durch die Tore Moskaus, das zu Ehren des Geburtstags des Großfürsten festlich erleuchtet war. Der Widerschein lodernder Fackeln und das Licht von Lampions glänzten auf den goldenen Spitztürmen und den bronzenen byzantinischen Toren der alten Fürstenfestung von Moskowien. Stattliche Wohnhäuser aus Stein, von ausländischen Architekten gebaut, wechselten mit den primitiven Holzhäusern des Ostens ab. Luxus und Elend, Seite an Seite! Das war Moskau, die Stadt der tausend Kirchen, der hundert Kulte und der tiefverwurzelten abergläubischen Bräuche, eine Stadt, deren Herrscher sich im Mittelalter gegen die mongolischen Horden des Dschingis-Chan behauptet hatten, und deren Volk sich noch immer jedem ausländischen Einfluß widersetzte und allem mißtraute, was neu war – ein Volk, das die deutschstämmige Prinzessin niemals völlig akzeptieren und sie, selbst auf dem Höhepunkt ihres Ruhmes, stets als eine ausländische Usurpatorin betrachten sollte.

II

DIE KAISERIN UND IHR HOF

Es war Elisabeth nicht schwer gefallen, die Herzen der Moskowiter zu gewinnen. Von strahlender Schönheit und majestätischer Statur, stellte die Tocher Peters des Großen in den Augen ihres Volkes die Verkörperung des russischen Geistes dar. Sie war die geliebte »Matuschka«, die Rußland von dem deutschen Einfluß ihrer Vorgängerinnen befreit hatte. Elisabeths Tugenden – ihre abergläubische Frömmigkeit, ihre Großzügigkeit, ihre Natürlichkeit und Herzenswärme – waren ebenso russisch wie ihre Fehler, die Zügellosigkeit und Indolenz, die Unbekümmertheit und Gefräßigkeit, die letztlich die Schönheit zerstörten, der sie soviel Wert beimaß, und den Geist, der, so träge und unkultiviert er auch sein mochte, doch von Natur aus klug und einfühlend war. Niemand, der sie sah, konnte ihrem Lächeln oder jenen lachenden blauen Augen widerstehen, die einen aufforderten, ihre Fröhlichkeit zu teilen, und einen in den Zauberkreis von Bällen und Maskeraden zogen, durch die sie ihr Leben vertanzte.

»Ist sie denn niemals ernst?« war die ständige Klage der ihrem Hof zugeteilten Gesandten, wenn sie oft wochenlang warten mußten, daß die Kaiserin genügend Energie aufbrachte, um einen Vertrag zu unterzeichnen oder irgendeinen vornehmen Besucher zu empfangen. Aber Peters Tochter hatte von ihrem Vater eine gesunde Menschenkenntnis geerbt. Ihr Kanzer, Bestushew-Rjumin, der von einem Schotten namens Best, einem der hervorragendsten Politiker seiner Zeit, abstammte, blieb trotz ihrer persönlichen Abneigung gegen ihn während ihrer ganzen Regierungszeit im Amt. Ihre Weltlichkeit und ihren gesunden Menschenverstand hatte sie von ihrer Mutter, dem livländischen Bauernmädchen, das außergewöhnliche Eigenschaften besessen haben muß, um den schwierigsten und treulosesten aller Männer zu fesseln und festzuhalten, so daß Peter sie schließlich nicht nur heiratete, sondern sie unter dem Namen Katharina I. zur Zarin aus eigenem Recht machte. Obwohl Elisabeth nach den Maßstäben der damaligen Zeit gütig und nachsichtig war – sie hatte bei ihrer Thronbesteigung geschworen, niemals ein Todesurteil zu unterzeichnen –, konnte sie gelegentlich, wenn ihre Eifersucht geweckt wurde, ebenso grausam und launenhaft sein wie irgendeiner ihrer Vorgänger, sei es ihr Vater, der seinen eigenen Sohn ermorden ließ, weil er sich seinen Reformen widersetzt hatte, oder ihre Kusine, die sadistische und bösartige Kaiserin Anna, die ihre Feinde gedemütigt hatte, indem sie sie zwang, sich als ihre Hofnarren jeder nur erdenklichen Schmach auszusetzen.

Aber sowohl Elisabeths Vergehen als auch ihre Torheiten waren vergessen, sobald man sich ihr gegenübersah, und vierzig Jahre später erinnerte sich Kaiserin Katharina noch immer an den Eindruck, den ihr bezaubernder Anblick auf die fünfzehnjährige Sophie von Anhalt-Zerbst machte. Sophie und ihre Mutter waren müde und erschöpft im Annenburg-Palast eingetroffen, der damals die kaiserliche Residenz war. Sie hatten noch nicht einmal Zeit gehabt, ihre Kleider zu wechseln, da wurde ihnen die Ankunft des Großfürsten gemeldet, der in seiner Neugier jede Regel der Etikette außer acht gelassen hatte. Sophie war bestürzt über die äußere Erscheinung dieses schwächlichen, wenig anziehenden Jungen, denn in ihrer Phantasie hatte sie seine Mängel beschönigt. Wunschdenken hatte das Bild gefärbt, so daß sie ihn sich am Ende als stattlich und gutaussehend vorgestellt hatte. Aber in ihren Memoiren wird kein Wort der Enttäuschung laut. Alles, wovon wir hören, betrifft nur die strahlende Kaiserin, der das kleine Mädchen es eines Tages gleichzutun oder die sie sogar zu übertreffen hoffte. Sie schreibt:

Niemand konnte Elisabeth zum erstenmal sehen, ohne von ihrer Schönheit und majestätischen Haltung überwältigt zu sein. Sie war sehr groß und sehr korpulent, ohne daß es sie jedoch im geringsten entstellte oder die Anmut ihrer Bewegungen beeinträchtigte. Ihr Kleid war aus glitzerndem Silberbrokat, mit Gold besetzt. In ihrem ungepuderten Haar funkelten Diamanten, und eine einzelne schwarze Feder schmiegte sich an ihre rosige Wange.

Die Kaiserin gab sich äußerst liebenswürdig und leutselig. Sie behandelte Johanna Elisabeth wie eine nahe Verwandte und warf zärtliche Blicke auf ihre Tochter, die in ihrem knappanliegenden Kleid aus rosa Moiré mit Silber, ohne Reifrock, sehr kindlich wirkte. Noch an diesem selben Abend schrieb die Kaiserin an den König von Preußen, daß sie sehr zufrieden mit seiner Wahl sei, und am nächsten Tag verlieh sie Johanna Elisabeth und Sophie den begehrte Orden der Heiligen Katharina.

Zwei Wochen lang sonnten sich Sophie und ihre Mutter in der kaiserlichen Gunst. »Wir leben wie Königinnen«, schrieb Johanna Elisabeth an ihren Mann. »Sophie findet allseits großen Beifall. Die Kaiserin ist ihr zugetan, und der Großfürst liebt sie. Ich glaube, es ist alles geregelt.« Arme Johanna Elisabeth, die immer noch in einer Traumwelt lebte, betört von all dem Reichtum und Glanz und den schmeichelhaften, aber gefährlichen Aufmerksamkeiten der Gesandten von Frankreich und Preußen.

Die Tochter, die sie hätte hegen und beschützen sollen, war völlig auf sich selbst gestellt, und niemand sagte ihr, wie sie sich an einem Hof zu verhalten hatte, der voller Gefahren war. Bei ihrem scharfen Verstand dauerte es nicht lange, bis Sophie sich ein Urteil über ihren künftigen Ehemann gebildet hatte, und sie entdeckte, daß es ihm an all den Eigenschaften fehlte, die sie schätzte und bewunderte. Die Brutalität seiner Erziehung, gepaart mit seiner mitleiderregenden Einsamkeit, hatten ihn zu einem Aufschneider und Feigling gemacht. Er erzählte Sophie phantastische Geschichten über seine Tapferkeit im Kampf an der Seite seines Vaters zu einer Zeit, wo er nach ihrer Rechnung nicht älter als neun Jahre gewesen sein konnte.

Der Großfürst war hocherfreut über die Ankunft seiner fröhlichen kleinen Kusine; aber für sie mag es nicht sehr schmeichelhaft gewesen sein, zu hören, daß er in eine gewisse junge Komtesse Lapouchin verliebt war, deren schöne Mutter Elisabeths Eifersucht erregt hatte und die, zu Recht oder Unrecht, beschuldigt worden war, in eine Verschwörung gegen den Thron verwickelt zu sein. Obgleich bereits hochschwanger, wurde Eudoxia Lapouchin verurteilt, öffentlich ausgepeischt und nach Sibirien verbannt zu werden, nachdem man ihr zuvor die Zunge abgeschnitten hatte. Ihre Tochter war ebenfalls in Ungnade gefallen, doch der Großfürst trat, mehr aus Abneigung gegen seine Tante als aus Liebe zu seiner Dulcinea, öffentlich für ihre Sache ein. Sophie, gedemütigt und zornig angesichts der Tatsache, daß sie bereits eine Rivalin hatte, schluckte ihren Stolz hinunter und versuchte, durch Teilnahme und Freundlichkeit Peters Vertrauen zu gewinnen. Sie sah, wie wenig man von diesem schwächlichen und ruhmredigen Jungen erwarten konnte, der noch so unreif für sein Alter war. Aber ihr gesunder Menschenverstand sagte ihr, daß es unumgänglich war, sowohl mit der Kaiserin als auch mit dem Großfürsten auf gutem Fuß zu stehen. Mit ungewohnter Offenheit schreibt sie in ihren Memoiren: »Mir lag sehr wenig am Großfürsten, aber mir lag sehr viel daran, Kaiserin zu werden.«

Ihr Ergeiz half ihr, die langen, unglücklichen Jahre durchzustehen, die sie erwarteten, und in denen sie um ihre Stellung, ihre Zukunft und manchmal sogar um ihre persönliche Sicherheit zu kämpfen hatte. Statt sich gemeinsam mit ihrer Mutter dem mächtigen Kanzler entgegenzustellen, der erbost war, daß man seine Kandidatin zu ihren Gunsten übergangen hatte, tat Sophie ihr möglichstes, ihn zu versöhnen und seine Zuneigung zu gewinnen. Sie war gehorsam und gefügig gegenüber der Kaiserin, die sie einen Tag wie eine geliebte Tochter behandelte und sie am nächsten völlig ignorierte. Es gab niemanden am Hof, den sie ihren Freund zu nennen wagte. Ihre Haushofmeisterin war kaum mehr als eine Gouvernante. Inmitten all dieses Prunks hatte sie das Gefühl, wieder in der Schule zu sein. Sie hatte drei Lehrer: einen, der sie im Dogma des orthodoxen Glaubens unterrichtete; einen zweiten, der sie die russische Sprache lehrte, und einen dritten, einen berühmten französischen Balettmeister, der ihr sowohl die russischen Volkstänze als auch die komplizierten Figuren der Quadrillen und Menuetts beibringen sollte. Die Wahl dieser drei Studienfächer war bezeichnend für das, was die Kaiserin als besonders dringlich ansah. Trotz ihrer zunehmenden Korpulenz war Elisabeth eine vollendete und unermüdliche Tänzerin, die imstande war, vom frühen Abend bis zum Morgengrauen den Mittelpunkt des Ballsaals zu bilden, und dabei oft viermal in der Nacht das Kleid wechselte.

Sophie nahm ihren Unterricht sehr ernst. Sie war entschlossen, eine perfekte Schülerin zu sein und trotz ihrer deutschen Abstammung eine ebenso echte Russin wie Elisabeth zu werden. Sie war bestürzt zu sehen, daß Peter sich überhaupt keine Mühe gab, das Volk zu verstehen oder zu lieben, das er eines Tages regieren sollte. Sie bangte um ihn, wenn er sich über die griechisch-orthodoxe Religion lustig machte oder die russische Sprache verspottete. Von Tag zu Tag verachtete sie ihn mehr, ebenso wie sie sich von Tag zu Tag mehr von ihrer Mutter abwandte, selbständiger wurde und gleichzeitig immer einsamer in dieser fremden Welt voll lächelnder Höflinge mit kalten, abschätzenden Augen. Es waren Männer und Frauen, die trotz ihrer juwelenbestickten Kleidung in Gegenwart der herrschenden Gottheit ebenso unterwürfig waren wie der geringste Muschik, der sich zu Boden warf, wenn eine der kaiserlichen Equipagen vorbeifuhr. Auch der Luxus war nur äußerlich. Kehricht, jetzt von

Schnee bedeckt, häufte sich an den Toren des Palasts; selbst bei den königlichen Gemächern hatte man mehr Wert auf Prunk als auf Bequemlichkeit gelegt, und es mangelte ihnen am Allernotwendigsten.

In ihrem Eifer, die russische Sprache zu meistern, stand Sophie, die noch nicht an das russische Klima gewöhnt war, mitten in der Nacht auf und setzte sich im Schlafrock mit nackten Füßen an ihr Schreibpult, um den komplizierten Satzbau der russischen Grammatik auswendig zu lernen. Der Erfolg war, daß sie sich knapp zwei Wochen nach ihrer Ankunft in Rußland eine schwere Rippenfellentzündung zuzog. Die Kaiserin befand sich auf einer Pilgerfahrt zu einem ihrer Lieblingsklöster, eilte aber, als sie von Sophies Krankheit hörte, nach Moskau zurück, wo sie die kleine Prinzessin an der Schwelle des Todes vorfand, während ihre Mutter und die Ärzte sich in den Haaren lagen. Johanna war zunächst ärgerlich über die Krankheit ihrer Tochter gewesen, weil sie ihretwegen auf die amüsante Gesellschaft ihrer neuen Freunde verzichten mußte. Als jedoch Sophies Fieber stieg, wich der Ärger einem panischen Schrecken. Sie war überzeugt, daß ihre Tochter an den gefürchteten Pocken erkrankt war; bestimmt würde sie entweder sterben oder zumindest so entstellt werden, daß man sie mit Schimpf und Schande nach Deutschland zurückschicken würde. Die Ärzte empfahlen den damals üblichen Aderlaß, gegen den sich die Fürstin energisch wehrte, weil ihr Bruder Karl Ludwig gestorben war, nachdem man ihn zur Ader gelassen hatte. Als Elisabeth eintraf, fand sie Sophie bewußtlos und ihre Mutter neben dem Bett in einem heftigen Disput mit den Ärzten vor. Von diesem Augenblick an faßte Elisabeth eine tiefe Abneigung gegen ihre holsteinische Verwandte, die sich durch Ereignisse der nächsten Wochen noch verstärken sollte. Die Ärzte erhielten den Befehl, die Patientin zur Ader zu lassen, und die Mutter wurde aus dem Zimmer gewiesen. Sophie kam in den Armen der weinenden Kaiserin wieder zu Bewußtsein, und während der folgenden Wochen, in denen sie zwischen Leben und Tod schwebte, wich Elisabeth kaum von ihrer Seite; selbst Peter schien beunruhigt und erkundigte sich nach ihrem Befinden.

Es dauerte Wochen, bis Sophie sich von ihrer Krankheit erholt hatte. Am 21. April 1744, ihrem fünfzehnten Geburtstag, erschien sie zum erstenmal wieder bei Hofe, und jeder, der sie an diesem Tage sah, war ergriffen von ihrer mitleiderregend mageren Gestalt und ihrem zarten kleinen Gesicht, dessen Blässe durch das von der Kaiserin anbefohlene Rouge nur noch unterstrichen wurde. Sie selbst schreibt: »Ich war während meiner Krankheit gewachsen, und meine Haare waren zum Teil ausgefallen. Als ich in den Spiegel sah, war ich entsetzt über meine Häßlichkeit. Ich konnte mein eigenes Gesicht kaum wiedererkennen.« Aber die Geschichte der kleinen Prinzessin, die sich eine schwere Krankheit zugezogen hatte, weil sie nachts aus dem Bett aufgestanden war, um schneller Russisch zu lernen, trug ihr nicht nur die Sympathie Elisabeths ein, sondern eroberte ihr auch die Herzen ihrer künftigen Untertanen.

Die beiden Menschen, die ihr am nächsten hätten sein sollen, zeigten sich ihr gegenüber am gleichgültigsten von allen. Ihre Mutter war so herzlos und töricht, sie noch während ihrer Rekonvaleszenz um einen herrlichen blau-silbernen Brokat zu bitten, den Sophie von ihrem Onkel väterlicherseits geschenkt bekommen hatte. Die in Zerbst gewebten Brokate zählten zu den schönsten in ganz Europa, und Sophie hatte dieses Geschenk besonders geschätzt. Aber ihre Mutter ließ nicht locker. Sie war ungeheuer eitel und hatte die Unvorsichtigkeit begangen, sich in den jungen Grafen Betzkoy, einen unehelichen Sohn des Fürsten Trubetzkoy, zu verlieben. Sie war so von Leidenschaft erfüllt, daß sie keinen anderen Gedanken hatte, als vor den Augen ihres Geliebten so schön wie möglich zu erscheinen, und ob Sophie wollte oder nicht, sie mußte ihr den Willen tun. Als die Kaiserin hörte, was geschehen war, sandte sie Sophie umgehend einen ganzen Stapel von Brokaten, darunter auch einen in Blau und Silber, der noch schöner war als derjenige, den sie verschenkt hatte. Johannas Egoismus ließ sie noch tiefer in der Achtung der Kaiserin sinken, und wenig später kamen gewisse Unbesonnenheiten Johannas an den Tag, die Elisabeths Abneigung in regelrechten Haß verwandelten.

Sophie hatte nicht nur unter der Eifersucht ihrer Mutter zu leiden; auch das zunehmende Ressentiment des Großfürsten bereitete ihr Kummer. Peter war erbost über die Art, wie sie ihm ständig als Vorbild hingestellt wurde, und mehr noch über die reichen Gaben, die sie von seiner Tante erhielt. Um ihn zu besänftigen, gab Sophie einen großen Teil ihres Nadelgelds dafür aus, ihm kostbare Geschenke zu kaufen. Aber trotz aller Unstimmigkeiten sahen sich diese beiden jungen Menschenkinder aneinander gefesselt, nicht aus Zuneigung – jeder war überzeugt, der andere mache sich nichts aus ihm –, sondern hauptsächlich aus Notwendigkeit. Er, weil er sich auf ihr besseres

Urteil verließ (er gab ihr später den Spitznamen »Madame La Ressource), sie, weil er für sie die einzige Chance darstellte, jemals das Ziel ihres Ehrgeizes zu erreichen.

Aber es gab einen Zeitpunkt, wo die Dummheit und Unbesonnenheit ihrer Mutter nahe daran waren, Sophies Zukunft zu ruinieren. Bestushews Spitzel hatten die geheime Korrespondenz des französischen Gesandten mit Versailles abgefangen. Der Marquis de la Chétardie war in seiner zweiten Amtszeit und genoß nicht mehr die gleichen Privilegien wie seinerzeit, als er aktiv mitgeholfen hatte, Elisabeth auf den Thron zu erheben. Ein geborener Intrigant, hatte er um Genehmigung ersucht, nicht als akkreditierter Gesandter, sondern vielmehr mit einem privaten Auftrag seines Königs nach Rußland zurückkehren zu dürfen, und er hatte zwei Beglaubigungsschreiben bei sich, eines einfach an die »Zarin Elisabeth Petrowna« gerichtet, das andere an »Ihre Kaiserliche Majestät Elisabeth Petrowna, Selbstherrscherin über ganz Rußland«, ein Titel, auf den Elisabeth großen Wert legte, den Ludwig XV. ihr jedoch bisher nicht zugebilligt hatte. Jetzt sollte er der Kaiserin als Belohnung angeboten werden, falls Rußland sich bereiterklärte, sich mit Frankreich gegen dessen Feinde, England und Österreich, zu verbünden. Aber Bestushew interessierte sich mehr für englisches Gold als für Höflichkeitstitel. Briefe zwischen dem Gesandten und den »*Cabinet noir de Versailles*«, dem geheim diplomatischen Nachrichtendienst, den Ludwig XV. ohne Wissen seiner Minister unterhielt, waren von Bestushews Spitzeln aufgefangen worden, und die dechiffrierte Korrespondenz hatte gewisse niederträchtige Intrigen enthüllt, in die sowohl de la Chétardie als auch sein preußischer Kollege verwickelt waren, und in denen die Fürstin Johanna Elisabeth als preußische Agentin bezeichnet wurde. Was die Eitelkeit der Kaiserin jedoch besonders verletzte, waren die geringschätzigen Bemerkungen des französischen Gesandten über ihren moralischen und physischen Verfall. Um zu erklären, weshalb er seinen Auftrag bisher nicht hatte ausführen können, berichtete er, Elisabeth sei »frivol und indolent«, neige zur Fettsucht und habe nicht mehr genügend Energie, das Land zu regieren.

Diese Briefe wurden der Kaiserin überbracht, als sie und ihr Hof sich zu Exerzitien im Kloster des Heiligen Sergius und der Trinität aufhielten, zu einer Zeit, wo das Fasten sie besonders reizbar machte. In ihrem Gefolge befanden sich der Großfürst sowie die Fürstin von Zerbst und ihre Tochter, und kaum hatte Elisabeth die Briefe gelesen, ließ sie die Fürstin zu sich in die Zelle kommen, aus der Johanna Elisabeth eine Stunde später zitternd und in Tränen aufgelöst wieder auftauchte. Sophie und Peter lachten und scherzten nichtsahnend im Kreuzgang des Klosters, da trat der Leibarzt der Kaiserin auf sie zu und befahl ihnen, sich ruhig zu verhalten; es war der berühmte Dr. Lestocq, der seit vielen Jahren Elisabeths Vertrauen genoß und eine führende Rolle in dem *coup d'état* gespielt hatte, der ihr dazu verhalf, auf den Thron zu kommen. Er wurde als einer der mächtigsten Männer des Kaiserreichs angesehen, aber jetzt fürchtete er, daß die Ungnade, in die der französische Gesandte gefallen war, sich auch auf alle anderen Ausländer im Lande nachteilig auswirken könnte, und da er beunruhigt war, sprach er schroff und unfreundlich zu Sophie und sagte ihr, dies sei weder die Zeit noch der Ort für Scherze, und sie könne schon anfangen, ihre Koffer zu packen, denn sie werde bald mit ihrer Mutter nach Deutschland zurückkehren. Man kann sich die Bestürzung vorstellen, mit der Sophie die Nachricht hörte, die das Ende all ihrer Hoffnungen und Träume bedeutete.

Zornige Worte und bittere Vorwürfe hallten aus den gewölbten Zellen des Klosters wider – ein wenig geeigneter Hintergrund für all diese weltlichen Intrigen. Falls Sophie in dieser Nacht betete, so betete sie zum gemeinsamen Gott der Lutheraner und der Griechisch-Orthodoxen und bat ihn, er möge nicht zulassen, daß die Kaiserin sie nach Deutschland zurückschickte. Glücklicherweise hegte Elisabeth genügend Zuneigung zu ihr, um sie nicht für die Vergehen ihrer Mutter verantwortlich zu machen. Als Bestushew sie daran erinnerte, daß die Prinzessin von Sachsen immer noch zu haben sei, überging sie die Andeutung, indem sie erwiderte, sie habe bereits das Datum für die offizielle Verlobung ihres Neffen Peter Feodorowitsch mit der Prinzessin Sophie von Anhalt-Zerbst festgesetzt. Sie hatte nur den einen Wunsch, die Heirat möglichst zu beschleunigen, um durch die Geburt eines Erben die Dynastie der Romanows zu sichern; und gleichzeitig wollte sie Johanna Elisabeth so bald wie möglich loswerden. Was den armen Christian August betraf, so war nie die Rede davon, ihn zur Hochzeit einzuladen. Sophie muß der Kaiserin diese Beleidigung ihrer Familie insgeheim sehr verübelt haben. Sie hatte ihren Vater gern und sehnte sich in den Wochen vor ihrem Übertritt zur Orthodoxen Kirche oft nach seinem Rat. Seine Briefe, in denen er sie dringend bat, ihr eigenes Gewissen zu Rate zu ziehen und sich bei einem Entschluß, der ihr geistiges Wohl beträfe, nicht von materiellen Erwägungen leiten zu lassen, waren nicht dazu angetan, ihre Zweifel zu zerstreuen oder das Gefühl von Panik zu lindern, das sie bei dem Gedanken überkam, binnen weniger Wochen in Gegenwart der Kaiserin und des gesamten Hofes dem Glauben ihrer Vorfahren abschwören zu müssen.

Zum Glück sprach der Lehrer, den die Kaiserin dazu auserwählt hatte, sie im Dogma der griechischen Religion zu unterweisen, perfekt Deutsch. Er hatte während der zwei vorhergehenden Regierungen bereits ein ähnliches Amt bekleidet und verstand sich auf die Kunst, lutherische Prinzessinnen zu überzeugen, daß der Unterschied zwischen beiden Konfessionen mehr oberflächlich als grundlegend war. Simon Todorsky war ein scharfsinniger und sehr versierter Theologe, der mehr einem weltklugen französischen Abbé als einem griechisch-orthodoxen Priester glich. Er erklärte Sophie, daß die uralten Traditionen und der Aberglaube, die geheimnisvollen Riten und der Mystizismus, die die griechische Kirche zur konservativsten und gleichzeitig tröstlichsten aller Religionen machten, sich aus den Bedürnissen eines primitiven Volkes entwickelt hatten, für das die von Weihrauchduft durchdrungene Pracht seiner Kirchen, die mit Juwelen besetzten Ikonen und die goldbestickten Gewänder seiner Priester, die liturgischen Gesänge und die schimmernden Kerzen eine Flucht aus dem Elend seines irdischen Lebens bedeuteten.

Sophie, durch die glänzende Rhetorik Todorskys überzeugt, verehrte ihn als »einen der heiligsten Männer, die ihr je begegnet waren« und schrieb ihrem Vater »es gebe keinen grundlegenden Unterschied zwischen dem lutherischen und dem orthodoxen Glauben«. Ob aus Pflichtgefühl oder Opportunismus, Sophie tat ihr möglichstes, sich die Riten und Dogmen einer Religion anzueignen, für die ihr klarer, rationaler Geist weder Sympathie noch Verständnis aufbrachte. Sie beneidete Elisabeth um ihren schlichten, bäuerlichen Glauben, der es ihr ermöglichte, all diese Dinge ebenso selbstverständlich hinzunehmen, wie der bescheidenste ihrer Untertanen es tat. Sophie versuchte, etwas zu bejahen, was sie nicht verstehen konnte, und sie scheint sich in den Tagen vor ihrem Übertritt in einer regelrechten religiösen Krise befunden zu haben. Selbst Johanna Elisabeth, die sich sonst nicht viel um ihre Tochter kümmerte, schrieb in einem ihrer Briefe an ihren Mann: »Das Kind wirkte sehr bedrückt, aber zweifellos waren all diese Fastentage die Ursache ihrer Erschöpfung.«

Im späteren Leben hören wir Kaiserin Katharina mit reichlichem Zynismus zur Konvertion ihrer beiden deutschen Schwiegertöchter sagen: »Es dürfte nicht länger als zwei Wochen dauern, sich mit den Grundbegriffen der orthodoxen Kirche vertraut zu machen. Was die Überzeugung betrifft, die kann später kommen.« Aber die weltliche Katharina war ein völlig anderer Mensch als die unreife kleine Sophie, die jetzt vor der größten und unwiderruflichsten Entscheidung ihres Lebens stand. Am Morgen des 28. Juni 1744 wurde sie zu Elisabeth gebracht, um von ihr persönlich angekleidet zu werden. Die Kaiserin hatte ihr ein Kleid aus roter Seide, mit silbernen Borten besetzt, anfertigen lassen, das eine exakte Kopie ihres eigenen war. Das schlanke junge Mädchen mit dem ungepuderten Haar, das von einem weißen Band gehalten wurde, und die üppig schöne Kaiserin, die von Diamanten funkelte, müssen einen faszinierenden Kontrast gebildet haben, als sie Hand in Hand, an der Spitze des langen Zuges durch die königlichen Gemächer zur Kapelle schritten. Es gab nicht eine Frau am Hof, die nicht danach gestrebt hatte, Taufpatin der neuen Konvertitin zu werden, aber um Eifersüchteleien zu vermeiden, hatte Elisabeth bewußt eine achtzigjährige Äbtissin gewählt, die im Rufe großer Heiligkeit stand.

Für Sophie, die zu jener Zeit noch wenig Russisch sprach, muß es eine Qual gewesen sein, vor dem versammelten Hof zu stehen und dem Glauben ihrer Väter mit der Begründung zu entsagen, daß er ihre geistigen Bedürfnisse nicht mehr befriedige. Aber ihre helle, junge Stimme zitterte nicht, und sie vergaß kein Wort, als sie das lange, sorgfältig auswendig gelernte Glaubensbekenntnis sprach. Selbst Johanna Elisabeth war stolz auf ihre Tochter. »Ich muß gestehen, ich fand sie schön«, schrieb die Fürstin von dem Kind, das sie so oft verächtlich als »häßliches Entlein« bezeichnet hatte. Die leicht zu beeindruckende Elisabeth weinte vor Rührung, und die Höflinge hielten es für angemessen, ihrem Beispiel zu folgen. Selbst der Erzbischof von Nowgorod, der sich der Heirat verbissen widersetzt hatte, war jetzt zu Tränen gerührt, als er Sophie mit dem heiligen Öl salbte und sie auf den Namen Katharina Alexejewna taufte. Von diesem Augenblick an verschwand Sophie von Anhalt-Zerbst aus der Geschichte, und Katharina tat ihre ersten Schritte auf dem langen, einsamen Weg zur Macht.

III
VERLOBUNG UND HOCHZEIT

Die Erhebung in den Rang einer Großfürstin am Tag ihrer Verlobung, ein Taschengeld von dreißigtausend Rubel, Juwelen in Hülle und Fülle – es schien, als könne die Zarin sich nicht genugtun, ihre künftige Nichte zu verwöhnen. Vielleicht wollte sie, die sich immer gutaussehende, kraftvolle junge Männer als Liebhaber gewählt hatte, Katharina für Peters physische und geistige Unzulänglichkeit entschädigen. Niemand war sich der Fehler des Großfürsten deutlicher bewußt als seine Tante. Aber sie war zu indolent, um sich der tyrannischen Erzieher und der trinkfreudigen holsteinischen Offiziere zu entledigen, in deren Gesellschaft Peter immer mehr herunterkam. Katharina war ehrlich bemüht, Tante und Neffen zufriedenzustellen, aber sie brauchte all ihre Verstellungskunst, um den Anschein zu erwecken, daß sie Peter gern habe. Schließlich gelang es ihr sogar, sich selbst davon zu überzeugen, und so entwickelte sich zwischen den beiden eine freundschaftliche Beziehung, die mit der Zeit zu einer echten Zuneigung hätte werden können.

Der Kaiserin gegenüber war Katharina immer noch das kleine Mädchen, das seine Gönnerin schwärmerisch verehrte. Elisabeths Moral und ihre undisziplinierte Lebensweise mögen kein sehr erbauliches Beispiel gewesen sein, aber sie hatte viel mehr künstlerischen Sinn und war auch weit intelligenter, als im allgemeinen angenommen wird, und von ihr lernte Katharina, das Schöne in der Kunst und der Architektur zu würdigen. Peter der Große hatte den Grundstein für St. Petersburg gelegt, aber seine Tochter war diejenige, die es zu einer der schönsten Städte Europas machte. Ihr verdankt Rußland die Werke eines Bartolomeo Rastrelli, der in seinen Bauten die königliche Würde, die Üppigkeit und Wärme seiner kaiserlichen Gönnerin widerspiegelte, ebenso wie Katharinas klarer, scharfsichtiger Geist sich später in den neo-klassischen Fassaden und der kühlen Symmetrie von Camerons Säulenhallen in Zarskoje Selo und Pawlowsk widerspiegeln sollte.

In ihrer späteren Abneigung gegen ihre Tante wollte Katharina nicht wahrhaben, wieviel sie und Rußland Elisabeth schuldeten. Das Nationalballett, das aus dem stilisierten italienischen und französischen Ballett entstand, wurde unter ihrer Regierung ins Leben gerufen. Ihr Liebhaber, Aleksej Rasumofsky, ein ukrainischer Kirchensänger, der ihre Aufmerksamkeit schon lange vor ihrer Thronbesteigung auf sich gezogen hatte, war weit mehr als lediglich ein gutaussehender Bauernsohn: Er war ein großzügiger und urteilsfähiger Förderer der Künste, vor allem der russischen Schauspielkunst und Oper. Musiker und Sänger aus ganz Europa wurden an Elisabeths Hof willkommen geheißen und erhielten fürstliche Gagen für ihre Vorstellungen. Im Gegensatz zu ihrer Tante war Katharina völlig unmusikalisch. Sie gab selber zu, daß die einzige Melodie, die sie erkannte, das Bellen ihrer Hunde war, und sie vergeudete viele Stunden mit dem vergeblichen Versuch, Klavichord spielen zu lernen. Glücklicherweise erforderten die Tänze der damaligen Zeit kein Gefühl für Rhythmus, und dank des Unterrichts des berühmten französischen Ballettmeisters Laudet wurde sie bald eine ebenso gute Tänzerin wie die Kaiserin.

Elisabeth liebte Maskenbälle. Heute würde man sie eine Transvestitin nennen, denn sie trug mit Vorliebe Männerkleidung. Hochgewachsen und kräftig gebaut, mit wohlgeformten Beinen und Füßen, sah sie prachtvoll darin aus, und es bereitete ihr ein besonderes Vergnügen, alle Herren ihres Hofes Korsetts und Reifröcke anlegen zu lassen, während die Damen Kniehosen tragen mußten. Diese Abende wurden allgemein wenig geschätzt. Ältliche, von Gicht geplagte Regierungsbeamte kämpften verzweifelt mit ihren riesigen Reifröcken. Schneidige Kavallerieoffiziere schwangen, rot vor Verlegenheit, ihre Fächer wie Säbel, während sie sich durch ein Menuett hindurchmanövrierten. Die Damen, die größtenteils klein und dicklich waren und O-Beine hatten, waren am Ende dieser Abende den Tränen nahe, und diejenigen, die aus Krankheitsgründen vom Erscheinen befreit waren, wurden von den anderen glücklich geschätzt. Katharina, die noch so zart und schlank war, daß sie einen bezaubernden Pagen abgegeben haben muß, war neben Elisabeth vermutlich die einzige, die diese Maskeraden ausgiebig genoß.

Aber am gefährlichsten von allen Vergnügungen am russischen Hof war die hemmungslose Spielleidenschaft. Summen, die in Zerbst das Einkommen eines ganzen Jahres darstellten, wurden allabendlich an den Pharaotischen verloren. Die Gräfin Rumianzew, die zur Hofmeisterin der Großfürstin ernannt worden war, lieh sich ständig Geld von ihrer jungen Schutzbefohlenen, um ihre Spielschulden bezahlen zu können. Völlig mit sich selbst beschäftigt, machten weder die Kaiserin noch Fürstin Johanna Elisabeth den Versuch, Katharinas wachsende Begeisterung für Glücksspiele zu dämpfen. Johanna Elisabeth hätte vielleicht etwas erreichen können, aber es ist fraglich, ob der mütterliche Rat akzeptiert worden wäre, denn das Verhältnis zwischen Katharina und ihrer Mutter verschlechterte sich zusehends.

Man kann den Bericht, den Katharina in ihren Memoiren hinterlassen hat, nicht voll gelten lassen. Sie stellt darin ihre Mutter als einen eifersüchtigen Zankteufel und sich selbst als die fügsamste und versöhnlichste aller Töchter hin. Man darf nicht vergessen, die Fürstin von Zerbst war eine reizvolle Frau von zweiunddreißig, die nach den Maßstäben der damaligen Zeit eine gute Ehefrau und passable Mutter war. Ihr gesellschaftlicher Erfolg bei den seltenen Besuchen in Paris spricht dafür, daß sie Geist und Charme besaß, und Voltaire sprach in späteren Jahren in seinen Briefen an Katharina von seinen freundschaftlichen Gefühlen und seiner Bewunderung für ihre Mutter. Die Fürstin hatte alle ihre Hoffnungen auf diesen Besuch in Rußland gesetzt und sich bereits als Urheberin eines preußisch-russischen Bündnisses gesehen. Statt dessen war sie in Ungnade gefallen und wurde nur geduldet, weil sie Katharinas Mutter war.

Sie fühlte sich zutiefst gedemütigt, als ihr am Abend der Verlobung nicht gestattet wurde, mit Elisabeth und dem jungen Paar zu speisen. Da sie sich weigerte, mit den anderen Damen zu essen, wurde ihr allein serviert. Aber woran sie sich am meisten stieß, waren die Vorschriften des Protokolls, nach denen ihre Tochter jetzt als Großfürstin bei Hofzeremonien den Vortritt vor ihr hatte. Sie gab zu, daß Sophie, wie sie Katharina nach wie vor nannte, den Anstand hatte, bei diesen Gelegenheiten zu erröten. Aber gekränkter Stolz machte sie verbittert und reizbar, und ihre Tochter war das Hauptopfer ihrer schlechten Laune. Die Situation wurde noch dadurch verschlimmert, daß sie sich sehr schlecht mit dem Großfürsten Peter stand, der sie in seiner Kindheit so sehr bewundert, jetzt aber eine heftige Abneigung gegen sie gefaßt hatte; auf einer Reise nach Kiew im Spätsommer 1744 kam es schließlich zum endgültigen Bruch.

Elisabeth machte eine ihrer religiösen Perioden durch, während derer sie täglich Stunden im Gebet verbrachte und ihre Lieblingsklöster aufsuchte. Wohin sie auch immer ging, sie wurde ständig von zwei Bischöfen und einem Abt begleitet. Dies waren schwierige Zeiten sowohl für ihre Minister als auch für die ausländischen Gesandten, denn sie war nicht geneigt, sich durch Politik in ihren Andachtsübungen stören zu lassen. Nur wenige ihrer Höflinge waren religiös genug, diese unbequemen und ermüdenden Pilgerfahrten, die für gewöhnlich zu Fuß unternommen wurden, und die langen Fastenzeiten zu schätzen. Die Kaiserin, die von Natur aus die gefräßigste aller Frauen war, nahm das Fasten so ernst, daß nicht einmal Milch und Eier bei Tisch serviert werden durften. Da sie keinen Fisch mochte, ernährte sie sich während dieser Zeitspannen fast ausschließlich von Pilzen und Eingemachtem.

Die achthundert Kilometer weite Reise nach Kiew war die längste und ehrgeizigste aller kaiserlichen Pilgerfahrten. Das Gefolge Elisabeths bestand aus über zweihundert Angehörigen des Hofes und zahllosen Bediensteten, einschließlich Reitknechten und Jägern. Es war typisch für Elisabeth, an einem Tag stundenlag im Gebet an einem Schrein am Straßenrand zu verweilen und sich am nächsten Morgen auf einen Jagdausflug zu begeben. Die Adeligen, die sie mit ihrem Besuch beehrte, mußten sich in riesige Unkosten stürzen, um ihre Häuser neu zu streichen, Gärten anzulegen und für einen einzigen Abend ein ganzes Opernensemble zu engagieren.

Der Großfürst, Katharina und ihre Mutter folgten der Kaiserin auf einer anderen Route, der Großfürst mit seinen Erziehern, die Fürstinnen mit ihren Hofdamen. Peter trennte sich bald von den »Schulmeistern«, wie Katharina sie nannte, um sich zu seiner Braut zu gesellen, und sie vergnügten sich mit übermütigen Spielen, die damit endeten, daß Peter Johannas Ridikül umwarf, so daß ihr Puder und ihr Rouge durch die Gegend flogen. Die ohnedies übelgelaunte Fürstin geriet derart in Wut, daß sie völlig vergaß, mit wem sie es zu tun hatte, und den künftigen Selbstherrscher über ganz Rußland »einen unerzogenen Tölpel« nannte. Katharina, die erkannte, daß ihre Mutter zu weit gegangen war, schwang sich sofort zu seiner Verteidigung auf, woraufhin sie ihrerseits einen Rüffel und eine kräftige Ohrfeige erhielt.

Sie muß erleichtert gewesen sein, als Peter aus dem Wagen stürmte und ihre Mutter in mürrisches Schweigen verfiel. Jenseits des Wagenfensters gab es eine neue Welt zu entdecken – eine Welt, von der sie bisher nur bei gelegentlichen Spazierfahrten in der Umgebung Moskaus einen flüchtigen Eindruck erhalten hatte. Die Kaiserin pflegte alle drei Jahre ein Jahr in der früheren Hauptstadt zu verbringen, und Katharinas Ankunft in Rußland war gerade mit diesem Zeitpunkt zusammengefallen. Mit ihren wachsamen Augen hatte sie bereits das Elend hinter dem Prunk, die drückende Armut des Volkes bemerkt. Sie hatte das Chaos und die Verwirrung in der Verwaltung gesehen und kannte die Bestechlichkeit der Höflinge. Aber auf dieser Reise nach Kiew kam sie zum erstenmal in direkte Berührung mit den Leibeigenen – jenen Millionen von Menschen, die wie Vieh gekauft und verkauft oder von der Kaiserin an einen ihrer Günstlinge verschenkt wurden. In Leibeigenschaft geboren, konnte ein Mensch ein hochbegabter Musiker, ein beliebter Opernsänger sein, den ein wohlwollender Herr zum Studium ins Ausland geschickt und dem er gestattet hatte, in europäischen Hauptstädten aufzutreten. Aber trotzdem blieb er ebenso der Besitz seines Herrn wie dessen Pferd oder Wagen. Seine Freiheit hing ausschließlich vom guten Willen des Adeligen ab.

Katharina sah Männer und Frauen unter den wachsamen Blicken eines Aufsehers, der eine Peitsche trug, die Felder bestellen, und all die hochherzigen Impulse der Jugend, ihre ganze lutherische Erziehung, rebellierten gegen das System. Sowohl ihr Liberalismus als auch ihre Menschlichkeit waren aufrichtig, aber die Tragödie ihres Lebens, die all ihre Ansprüche auf Größe zum Hohn machte, war die Tatsache, daß es ihr nie gelang, das System abzuschaffen, und es gab am Ende ihrer Regierung zwei Millionen mehr Leibeigene als am Anfang.

Es war auf dieser Reise nach Kiew, daß Katharina in den Zauberbann Rußlands geriet, überwältigt von der Fremdartigkeit und Weite eines Landes, in dem alles, eine Kirche, ein Dorf oder eine große Ortschaft, durch die Grenzenlosigkeit der Ebenen auf die gleichen Dimensionen reduziert wurde. Die Ebenen machten Wäldern Platz, wo Millionen von Insekten die Reisenden und Pferde plagten, bis man schließlich die fruchtbaren Kornfelder der Ukraine erreichte und die zwiebelförmigen, goldenen Kuppeln von Kiew sah, das auf einem felsigen Steilufer hoch über dem Dnjepr emporragt.

Kiew, die heilige Stadt, wo der heilige Andreas das erste Evangelium des Christentums predigte, und wo sich in der Pescherskaja Lawra, dem ältesten Kloster Rußlands, noch die geheiligste aller russischen Reliquien, die Wunder wirkende Madonna befindet, die der heilige Lukas gemalt haben soll. Was verstand eine kühl denkende kleine deutsche Prinzessin vom Symbolismus und Mystizismus des mittelalterlichen Kiew? In ihrer trockenen, nüchternen Art bemerkte Katharina nur, daß »nichts in ihrem Leben sie so beeindruckt habe wie die Petscherskaja Lawra, wo jeder Schrein und jede Nische aus massivem Gold und mit Edelsteinen belegt war«.

Mit Erstaunen sah sie die korpulente Elisabeth, ein schweres Kreuz in den Armen, wie die demütigste Pilgerin barfuß in die Stadt gehen, während Soldaten die Menge zurückhielten, die sich nach vorne drängte, um den Saum ihres Kleides zu berühren. Die führenden Angehörigen des Klerus standen an den Stadttoren, und aus den Klöstern strömten die Mönche und Nonnen, um sich dem großen »Hosianna« des Willkommens anzuschließen. Es wimmelte von Menschen, und die Hitze war nahezu unerträglich, aber Elisabeth weinte ekstatische Tränen der Freude. Aleksej Rasumofsky war fast ebenso bewegt. In der Ukraine geboren, hatte er in der Kaiserin den Wunsch geweckt, diese Pilgerfahrt zu unternehmen, und die zwei Wochen in Kiew waren der Höhepunkt seiner Laufbahn. Die sonst so träge Elisabeth legte eine unglaubliche Energie an den Tag. Sie bestand darauf, jede Kirche und jedes Kloster zu Fuß zu besuchen, ließ während der endlosen Reihe von Festlichkeiten keinerlei Anzeichen von Müdigkeit erkennen und nahm an jeder Aufführung der historischen Dramen und primitiven religiösen Allegorien teil, die sie und Rasumofsky liebten, die jedoch nicht immer nach dem Geschmack der geistig anspruchsvolleren kleinen Großfürstin waren.

Die Rückkehr nach Moskau brachte die unausbleibliche Ernüchterung. Elisabeth war während ihrer ganzen romantischen Pilgerfahrt mit Rasumofsky strahlender Laune gewesen, aber jetzt war sie reizbar und argwöhnisch und mißbilligte, was sie vorher gutgeheißen hatte. Katharina wurde wegen ihrer Verschwendungssucht und ihrer Schulden von einer Frau zur Rede gestellt, die seit ihrer Thronbesteigung nicht einen einzigen Rechenschaftsbericht gelesen hatte. Unwillkürlich fiel das Mißtrauen der Zarin gegen die Fürstin von Zerbst auf deren Tochter zurück, und es gab gewisse Personen in der Umgebung der Kaiserin, die nur allzu bereit waren, das Feuer zu schüren und durchblicken zu lassen, daß die junge Großfürstin Zeichen von Stolz und Eigenwillen erkennen ließ. Ungeachtet dessen wurden weiter Pläne für die Hochzeit gemacht, die Anfang des neuen Jahres stattfinden sollte.

Mitte Dezember brach der Hof von Moskau auf, um nach St. Petersburg zurückzukehren. Es war eine Reise, die in der bitteren Kälte des russischen Winters ungeheuerliche Probleme mit sich brachte, und die überhaupt nur in einem Land mit Sklavenarbeit durchführbar war. Die verschneiten Straßen mußten auf einer Strecke von über vierhundert Kilometern geräumt und geglättet werden, damit die kaiserlichen Schlitten so schnell dahingleiten konnten, wie Ihre Majestät es befahl. Fässer mit Pech und Teer und lodernde Kohlenpfannen, die überall am Straßenrand standen, um den königlichen Pfad zu beleuchten, mußten ständig mit neuem Brennstoff versorgt werden. Tausende von Pferden mußten requiriert und lange Schlittenzüge mit Vorräten beladen werden. Obwohl die russischen Herbergen an den Poststationen laut zeitgenössischen Berichten sauber und gut geführt waren, waren sie doch zweifellos äußerst primitiv. Als der Großfürst, Katharina und Johanna Elisabeth in Chotilowo, auf halbem Weg zwischen Moskau und St. Petersburg, in einer dieser Herbergen übernachteten, wurde Peter plötzlich von heftigem Fieber und Schüttelfrost gepackt. Am folgenden Morgen erfuhren die Damen zu ihrem Schrecken, daß Seine Kaiserliche Hoheit an den Pocken erkrankt sei. Man sandte sofort einen Eilkurier zur Kaiserin, die sich bereits in St. Petersburg befand, Katharina und ihre Mutter setzten jedoch auf Befehl des Arztes ihre Reise fort; ihre zwei unglücklichen Hofdamen wurden zurückgelassen, um den Kranken zu pflegen.

Es muß eine Fahrt voller Unruhe und Besorgnis gewesen sein. Katharina weinte bitterlich, teils aus Mitleid mit Peter, teils aus Angst vor Ansteckung und Sorge um ihre Zukunft. Wenn Peter starb, würde sie entweder nach Deutschland zurückgeschickt oder, schlimmer noch, als Großfürstin von Rußland dazu verurteilt werden, den Rest ihres Lebens in einem Kloster zu verbringen. Mitten in der Nacht hörten sie in der Nähe von Nowgorod die Glocken des kaiserlichen Schlittens. Es war Elisabeth, die nach Erhalt der Nachricht umgehend aufgebrochen war, um nach Chotilowo zurückzukehren. Trotz der späten Stunde unterbrach sie die Fahrt, um sich bei Katharina nach dem Befinden Peters zu erkundigen, und die zwei Frauen weinten zusammen um einen Jungen, den keine von beiden liebte.

Bei dieser Gelegenheit zeigte Elisabeth eine Stärke und Willenskraft, die sie zur würdigen Tochter Peters des Großen machten. Die schöne, verwöhnte Sybaritin vergaß ihre Eitelkeit und verbrachte, ohne sich um die Gefahr einer Ansteckung zu kümmern, nahezu zwei Monate in einer primitiven Herberge in einem kleinen, übelriechenden Krankenzimmer, wo sie einen Jun-

Zar Peter I., der Große (Schabblatt von B. Vogel)

Zar Peter III. Feodorowitsch, Gemahl der späteren Katharina II.

Anna I. Iwanowna, Tochter Iwans V.
(Kupferstich von J. Wagner, um 1740)

3b Zarin Elisabeth I. Petrowna, Tochter Peters I. und
Katharinas I. (Kupferstich von Tschemesow)

Zar Paul I. Petrowitsch, Sohn Katharinas II.
(Kupferstich von Glassbach)

3d Großfürst Alexander I. Pawlowitsch, Sohn Pauls I.
(Gemälde von J. B. Lampi, um 1795)

4a Johanna Elisabeth von Anhalt-Zerbst, Mutter der späteren Katharina II. (Gemälde von A. R. de Gase)

4b Christian-August von Anhalt-Zerbst, Vater der späteren Katharina II. (Stich von Georg Friedrich Schmidt)

4c Graf Aleksej Bobrinsky, Sohn Katharinas II. von Gregori Orlow

4d Großfürstin Marie Feodorowna, zweite Gemahlin des Zaren Paul I. Petrowitsch (Schabkunstblatt von Haid

gen pflegte, der ihr niemals auch nur die geringste Spur von Zuneigung bezeigt hatte, der jedoch am Leben bleiben mußte, um zu verhindern, daß die verhaßte Sippe der Braunschweiger, die Nachkommen des idiotischen Iwan, den Thron ihres Vaters für sich beanspruchte.

Katharina, die sich jetzt wieder in St. Petersburg befand, wartete täglich mit Angst und Sorge auf die Eilkuriere aus Chotilowo, nahm an Bittgottesdiensten für die Genesung des Großfürsten teil und schrieb ihm lange, liebevolle Briefe auf russisch, die ihr Wort für Wort von ihrem Lehrer diktiert wurden, und denen sie nur ihre Unterschrift hinzufügte. Dies geschah ganz bewußt mit der Absicht, die Zarin zufriedenzustellen, die nicht erkannt zu haben scheint, wie lächerlich es war, daß Katharina in einer Sprache, die sie nur teilweise verstand, Briefe an einen Jungen schrieb, der viel lieber ein paar Zeilen in seiner Muttersprache erhalten hätte.

Bis Anfang Februar hatte Peter sich soweit erholt, daß er mit der Kaiserin nach St. Petersburg zurückkehren konnte, wo seine Verlobte ihn mit nervöser Besorgnis erwartete. Man hatte sie auf einen Schock vorbereitet, auf eine Entstellung, die, wie man ihr versicherte, nur vorübergehend sei. Peter war nie ein gutaussehender Junge gewesen, aber er hatte ein schmales, feines Gesicht mit ansprechenden Zügen gehabt. Jetzt war die Nase geschwollen, die Augen tränten, das Gesicht war gedunsen und mit dunkelroten Pockennarben übersät. Elisabeth hatte angeordnet, daß die erste Begegnung des jungen Paares abends in einem schwach beleuchteten Salon des Winterpalasts stattfinden sollte, und der Diener und der Barbier des Großfürsten hatten Anweisungen erhalten, ihn so vorteilhaft wie möglich zurechtzumachen. Aber ihre Bemühungen schienen sein Aussehen nur noch verschlimmert zu haben. Die kunstvolle Lockenperücke, die Spitzen und Stickereien dienten lediglich dazu, die erschreckende Entstellung zu unterstreichen, deren niemand sich deutlicher bewußt war als Peter selbst.

Katharina betrat den Salon, jung, frisch, bezaubernd hübsch in ihrem pastellfarbenen Seidenkleid mit den »Schmetterlingsschleifen«. Peter trat auf sie zu und fragte, verzweifelt auf irgendein Wort der Ermutigung hoffend, in schüchternem Ton: »Erkennst du mich?« Und dies war der Augenblick, wo Katharina ihn im Stich ließ. Wäre sie jetzt spontan auf ihn zugekommen, um ihn zärtlich und mitleidsvoll in die Arme zu schließen und ihm das Gefühl zu geben, daß sie ihn liebte, daß sein Aussehen keine Rolle spielte, so hätte sie damit vielleicht einen großen Teil des Elends der folgenden achtzehn Jahre vermeiden können. Aber diesmal scheint ihre Fähigkeit, sich zu verstellen, sie im Stich gelassen zu haben. Zögernd, von Abscheu erfüllt, mit jeder Faser ihres Körpers vor seiner Berührung zurückschaudernd, zwang sie sich, ihn zu umarmen und ein paar Worte der Freude über seine Genesung zu murmeln. Dann lief sie hinaus und brach, in ihren Gemächern angelangt, laut Aussage ihrer Kammerfrauen in hemmungsloses Schluchzen aus. Wie sie selbst viele Jahre später schrieb: »Er war abstoßend häßlich geworden.«

Was Katharina damals nicht erkannte, war, daß die Pocken ihn nicht nur physisch entstellt hatten; sie hatten auch sein Gehirn angegriffen – ein Gehirn, das zu schwach war, um anhaltende Fieberattacken im Laufe weniger Wochen zu ertragen. Peter war schon immer schüchtern gewesen und für sein Alter zurückgeblieben. Aber er besaß Einfühlungsvermögen, eine gewisse Intelligenz und zeigte hin und wieder Anflüge von Gutmütigkeit. Seine allmähliche geistige Entartung begann in dieser Zeit – die tückische Grausamkeit und der Hang zum Alkohol, die seine späteren Jahre kennzeichneten, hatten ihren Ursprung in jener verhängnisvollen Krankheit des Winters 1745.

Er war sich Katharinas physischer und moralischer Überlegenheit schmerzlich bewußt, und um sich an ihr zu rächen, verletzte er ihren Stolz, indem er die Vorzüge ungehobelter, ordinärer Frauen pries, in die er angeblich verliebt war. Sein Minderwertigkeitskomplex war so ausgeprägt, daß er sich nur bei häßlichen Frauen wohlfühlte, vorzugsweise bei solchen, die einen Buckel, ein Schielauge oder eine Hasenscharte hatten. Katharina ihrerseits war zu jung, um seine wirre Mentalität zu verstehen, und sie hatte zuviel Mitleid mit sich selbst, um ihn zu bedauern. Sie war immer noch die kleine lutherische Prinzessin, streng und unnachsichtig gegenüber den Schwächen anderer. Sie war entsetzt, als ihre Mutter, die sich von der Kaiserin gedemütigt und zurückgestoßen sah und nicht einmal mehr die Gemächer ihrer Tochter teilen durfte, Trost bei einem Liebhaber suchte, von dem sie angeblich schwanger war. Und es dauerte Monate, ehe sie vom wahren Charakter der Beziehung zwischen Rasumofsky und der Kaiserin erfuhr. Katharina betont in ihren Memoiren wiederholt, wie unschuldig sie damals war. Aber was ist mit dem verliebten holsteinischen Onkel, der unter den Augen der Mutter einem zwölfjährigen Mädchen den Hof machte? Zweifellos hatte er die schlummernde Sinnlichkeit geweckt, die sie bereits als kleines Kind erkennen ließ. Und nach einem Jahr am sittenlosesten Hof Europas, von müßigen, leichtfertigen jungen Männern umgeben, die alle ihre Gunst zu erringen suchten, kann Katharina schwerlich so unschuldig gewesen sein, wie sie uns glauben machen will. Sie war vor allen Dingen einsam und unglücklich, und der Mensch, den sie am meisten vermißte, war ihr Vater, der einzige, der sie je wirklich geliebt hatte. Aber sie war zu unsicher und hatte zuviel Angst vor der Kaiserin, um sie zu bitten, ihn zur Hochzeit einzuladen. Die offizielle Erklärung war, daß die Anwesenheit eines lutherischen Fürsten, eines preußischen Feldmarschalls, als Vater der Braut einen ungünstigen Eindruck auf das russische Volk machen würde.

Elisabeth hatte allzu lange die barmherzige Samariterin gespielt, jetzt kehrte sie zu ihrem frivolen, zügellosen Leben zurück. Weder Katharina noch der Großfürst wurden je zu den intimen Abendgesellschaften eingeladen, bei denen Alexej Rasumofsky den Gastgeber spielte. Aber sie begleiteten Elisabeth im Juni nach Peterhof, der Sommerresidenz, die Peter der Große am finnischen Meerbusen errichtet hatte und die, mit Wasserfällen, Kaskaden und Springbrunnen ausgeschmückt, zu den schönsten Königsschlössern Rußlands zählte. Bei den Festen, die dort im Freien veranstaltet wurden, fand Katharina bald ihre angeborene Fröhlichkeit wieder. Sie erzählt in ihren Memoiren, wie sie und ihre Ehrendamen der Aufsicht der älteren Hofdamen entwischten, um Kahnfahrten auf den Kanälen zu unternehmen oder im opalfarbenen Zwielicht der nördlichen Nächte am Meerufer spazierenzugehen. So harmlos diese Vergnügen waren, sie genügten, ihr eine Rüge von ihren Hüterinnen einzutragen, deren Aufgabe es war, darüber zu wachen, daß die junge Großfürstin nicht vom Pfad der Tugend abwich.

Im Juli kehrte der Hof nach St. Petersburg zurück, um die Hochzeit vorzubereiten, mit der Elisabeth der ganzen Welt ein anschauliches Bild vom Reichtum und Prunk des russischen Hofes geben wollte. Rastrelli und seine Gehilfen arbeiteten Tag und Nacht, um die neue Fassade des Sommerpalastes fertigzustellen, die Hofbeamten erhielten ein Jahresgehalt im voraus, um sich und ihre Lakaien nach der neuesten europäischen Mode auszustaffieren. Den russischen Gesandten im Ausland wurde befohlen, sich über das Zeremoniell und die Rangordnung zu informieren, die an den westlichen Höfen üblich waren. Trotz der Rückschläge und Enttäuschungen, die Elisabeth von seiten Frankreichs erlitten hatte, hegte sie eine grenzenlose Bewunderung für alles, was französisch war. Versailles war ihr Mekka, und die noch nicht lange zurückliegende Vermählung des Dauphins mit der spanischen Infantin lieferte ein Vorbild, das sie nachzuahmen und, wenn möglich, zu übertreffen beabsichtigte. Französische Zimmerleute, Dekorateure und Maler, Köche, Modisten und Schneider wurden gegen hohe Bezahlung nach Rußland gelockt, und die Hochzeit des Großfürstenpaares, die am 21. August 1745 stattfand, wurde zu einem Schauspiel, bei dem die westliche Eleganz Frankreichs mit dem barbarischen Prunk des Orients wetteiferte. Ein ausländischer Gesandter bezeichnete sie als »die großartigste Schau«, die er je gesehen habe. Aber die lächelnde Braut in ihrem Kleid aus glitzerndem Silberbrokat, eine mit Edelsteinen besetzte Krone auf dem ungepuderten Haar, hatte noch am Abend zuvor wie ein verängstigtes kleines Mädchen den Kopf in den Schoß ihrer Mutter gelegt und bitterlich geweint. Nach so vielen Wochen der Eifersüchteleien und Mißverständnisse waren sich Mutter und Tochter endlich nahegekommen, und Johanna muß angesichts dieser Tränenflut tiefe Reue empfunden haben.

Aber am nächsten Morgen bekam Katharina einen ersten Vorgeschmack von Ruhm und Ehren, als Elisabeth ihr eine kleine kaiserliche Krone auf den Kopf setzte und sie mit Juwelen aus der kaiserlichen Schatzkammer schmückte. Peters Anzug war aus dem gleichen Silberstoff wie ihr Kleid. Auch er triefte von Diamanten, vom Schwertgriff bis hinunter zu seinen Schuhschnallen. Aber wie seine künftige Schwiegermutter mit unnötigem Sarkasmus bemerkte: »Er war nicht halb so hübsch wie die Braut.«

Johanna Elisabeth erhielt nicht einmal einen Platz in dem vergoldeten Wagen, mit dem die Kaiserin und das junge Paar durch die von jubelnden Menschenmengen gesäumten Straßen zur Kathedrale Maria Verkündigung fuhren. Nur einer von Katharinas holsteinischen Onkeln, der Fürstbischof von Lübeck, war zur Hochzeit eingeladen worden, aber er war so stumpfsinnig und unbedeutend, daß man ebensogut auf seine Anwesenheit hätte verzichten können.

Die Trauungszeremonie, die von Katharinas Lehrer, Simon Todorsky vollzogen wurde, dauerte volle drei Stunden. Dann kehrte der Hunderte von Metern lange Wagenzug in den Winterpalast zurück, wo in der großen Säulenhalle ein Bankett von nicht weniger als fünfzig Gängen serviert wurde. Diesem Bankett folgte ein Ball, eine langweilige, freudlose Angelegenheit, bei der nur die höchsten Würdenträger des Landes, von Alter und Ehren gebeugt, eine Polonaise mit der sechzehnjährigen Braut tanzen durften. Selbst die unbezähmbare Johanna Elisabeth, die lange Briefe schrieb, um ihre Verwandten in Deutschland zu beeindrucken, konnte die Trostlosigkeit dieser lieblosen Hochzeit nicht bemänteln. »Der Ball dauerte nur eine Stunde, denn die Kaiserin war entschlossen, die Braut so bald wie möglich ins eheliche Bett zu bringen.«

Von den Briefen der Mutter kommen wir zu den Memoiren Katharinas. Nichts war in den vierzig Jahren, die zwischen diesem Tag und der Niederschrift der Memoiren lagen, vergessen worden. »Alle waren fortgegangen, und ich blieb über zwei Stunden allein. Ich wußte nicht, was ich tun sollte. Sollte ich wieder aufstehen, oder sollte ich im Bett bleiben? Schließlich kam meine neue Kammerfrau und berichtete mir fröhlich, der Großfürst warte, daß man ihm das Souper serviere, und werde kommen, sobald er damit fertig sei.« Man kann sich Katharinas Zorn vorstellen, die mühsam zurückgehaltenen Tränen der Demütigung, als ihr diese beleidigende Botschaft von einer Frau überbracht wurde, die wenig mehr als eine Dienerin war. Ehrgeizige deutsche Prinzessinnen wurden dazu erzogen, gefügig und gehorsam zu sein, aber Katharina hatte keinen gefügigen Charakter, und es muß einer übermenschlichen Anstrengung bedurft haben, ihren Mann mit einem liebevollen Lächeln zu begrüßen, als er endlich, angetrunken, nach Schnaps und Tabak riechend, in ihr Schlafgemach taumelte. Man hatte sie gelehrt, alle Neigungen und Gewohnheiten ihres Mannes widerspruchslos hinzunehmen, aber was auch immer sie gefürchtet oder erwartet haben mag, sie war nicht darauf vorbereitet, daß er ins Bett steigen, neben ihr liegen und nichts Besseres zu sagen haben würde als: »Welchen Spaß würde es meinen Kammerdienern bereiten, uns hier zusammen liegen zu sehen!« Wir wissen nicht, ob Katharina erleichtert, enttäuscht oder zornig war, als sie auf ihre Seite des Bettes hinüberrutschte und schließlich einschlief.

IV
DIE JAHRE DES LEIDS

Ich hätte meinen Mann gern haben können, hätte er nur den Wunsch gehabt oder es verstanden, freundlich zu sein. Aber ich kam, was ihn betrifft, schon in den ersten Tagen meiner Ehe zu einem schrecklichen Schluß. Ich sagte mir: ›Wenn du diesen Mann liebst, wirst du das unglücklichste Wesen auf Erden sein. Eine Frau deines Charakters kann nur zufrieden sein, wenn ihre Zuneigung erwidert wird. Dieser Mann sieht dich kaum an und schenkt jeder anderen Frau mehr Aufmerksamkeit als dir. Du bist zu stolz, dich zu beklagen. Also zügeln Sie Ihre Gefühle mit Hinsicht auf diesen Herrn und denken Sie an sich selbst, Madame.‹

So schrieb Katharina in den Memoiren, die dazu bestimmt waren, ihr Verhalten vor der Nachwelt zu rechtfertigen, indem sie uns versichert, daß sie sich »mit Leib und Seele einem Ehemann« hingegeben hätte, der sie wirklich liebte. Ob dies jedoch auch für einen so wenig anziehenden Mann wie Peter Feodorowitsch gegolten hätte, ist zweifelhaft.

Als nach einjähriger Ehe immer noch kein Erbe in Aussicht war, begann Elisabeth, Katharina vorzuwerfen, daß sie sich nicht genügend Mühe gäbe, ihren Mann, der noch so jung und unreif sei, zu fesseln. Aber die kleine Großfürstin, die sich ganz bewußt danach sehnte, von einem jungen, kraftvollen Mann vergewaltigt zu werden, war selbst noch zu unerfahren und vielleicht auch zu egoistisch, um Peter Feodorowitsch den Ansporn zu geben, den er brauchte.

Der Großfürst war noch unberührt – ein Zustand, der für ihn und Katharina noch neun Jahre fortdauern sollte. Sie teilten auch weiterhin dasselbe Bett, was der jungen Frau im Laufe der Jahre immer widerwärtiger und unerträglicher wurde. Die Kaiserin, die nicht glauben wollte, daß ein Romanow impotent sein könnte, schob Katharina die ganze Schuld zu. Nur einige der Vertrauten des Großfürsten wußten, daß Seine Kaiserliche Hoheit an einem geringfügigen physischen Defekt litt, der nur eine kleine Operation erfordert hätte; jeder Arzt oder Rabbiner hätte sie vornehmen können, aber Peter war zu feige, sich ihr zu unterziehen.

Unterdessen gab er sich vor Katharina als Frauenheld und Wüstling aus, den nur sie allein kalt ließ. Sie brauchte lange, bis ihr klar wurde, daß Peters Gerede reiner Bluff war, daß seine sogenannten Orgien lediglich aus Trinkgelagen mit seinen holsteinischen Gardeoffizieren und unbesonnenen Flirts mit ihren Ehrendamen bestanden. Am glücklichsten war er, wenn er mit seinen Zinnsoldaten spielen konnte; er verwandelte ihr Bett in ein Schlachtfeld, rief Befehle aus, als ob er auf einem Paradeplatz wäre, und brachte damit Katharina um ihren Schlaf.

Es gab keine unwilligere Jungfrau als Katharina, die mit sechzehn reif für die Ehe war und nach Liebe verlangte. Nur die Angst vor der Kaiserin und die Befürchtung, daß man sie nach Deutschland zurückschicken könnte, hinderten sie daran, die müßigen jungen Höflinge zu ermutigen, die die hübsche kleine Großfürstin nur allzu gern in die Geheimnisse der Liebe eingeweiht hätten. Einer der Kammerherren des Großfürsten, ein gewisser Graf Tschernyscheff, wurde vom Hof entfernt und als Gesandter nach Regensburg geschickt, weil er angeblich versucht haben sollte, die Großfürstin zu verführen. Zwei weitere Angehörige derselben Familie, die ebenfalls in Peters Diensten standen, gerieten in den gleichen Verdacht, und einer von ihnen wurde in eine kleine Garnison an der Wolga verbannt, nur weil Katharina so unklug gewesen war, ihren Hofdamen gegenüber zu äußern, daß sie die Vorliebe ihres Mannes für diesen gutaussehenden jungen Offizier teile.

Bald erkannte sie, daß sie nur irgendeinem Angehörigen ihres Hofstaats – sei es ein Mann oder eine Frau – gewogen zu sein brauchte, damit er oder sie sofort aus ihrem Dienst entfernt wurde. Dies galt nicht nur für ihre Ehrendamen und Kämmerer, sondern auch für ihre Bediensteten. Es war demoralisierend für ein Mädchen, das sich so sehr nach Zuneigung sehnte, niemandem seine Sympathie bezeigen zu dürfen. Sie gab nicht der Kaiserin, sondern vielmehr Bestushew die Schuld an dieser kleinlichen Verfolgung, denn Elisabeth, die mit zunehmendem Alter immer träger wurde, verbrachte ihre Zeit mit Gebeten und Vergnügungen und überließ es dem Kanzler, ihr Land zu regieren. Bestushew konnte nicht vergessen, daß Katharina die Kandidatin König Friedrichs gewesen war. Als Rußlands Beziehungen zu Preußen sich zu verschlechtern begannen, wurde Katharina mit dem gleichen Maß gemessen wie ihre Mutter und verdächtigt, eine preußische Agentin zu sein. Die Geheimpolizei wußte, daß König Friedrich an sie herangetreten war, und wenig später auch ihr Onkel, der jetzt Thronerbe von Schweden und mit einer Schwester Friedrichs verheiratet war. Beide hatten sich erboten, ihr Geld sowie eine Codechiffre zukommen zu lassen, deren sie sich bedienen sollte, um über die täglichen Ereignisse am russischen Hof zu berichten. Aber sie war zu klug und zu ängstlich gewesen, auf diesen Vorschlag einzugehen.

In den letzten Wochen waren Katharina und ihre Mutter sich sehr nahe gekommen, und diese plötzliche Vertraulichkeit wurde von Elisabeths Umgebung mit Argwohn beobachtet. Katharina ließ ihre Mutter nur ungern fortgehen. Trotz all ihrer Selbstsucht und ihrer Torheiten war sie doch letzten Endes ihre Mutter, der einzige Mensch, dem sie sich anvertrauen konnte, ohne fürchten zu müssen, daß jedes ihrer Worte wiederholt und falsch ausgelegt wurde. Aber Johannas Abreise war unwiderruflich. Als sie sich von der Kaiserin verabschiedete, fiel sie auf die Knie und bat unter Tränen, ihr zu vergeben, worauf Elisabeth lediglich erwiderte, es sei bedauerlich, daß die Fürstin sich nicht schon von Anfang an so demütig gezeigt habe.

Trotzdem wurde die Fürstin von Anhalt-Zerbst zum Abschied reich beschenkt und erhielt von der Kaiserin persönlich sechzigtausend Rubel, um ihre dringendsten Schulden in Rußland bezahlen zu können. Nach ihrer Abreise stellte sich jedoch heraus, daß ihre Schulden mehr als doppelt so hoch waren, und Katharina, deren Stolz durch die Demütigung ihrer Mutter verletzt worden war, nahm es auf sich, den Rest zu bezahlen – eine mutige Geste von jemandem, der selbst bereits tief verschuldet war. Dies war der Grund für ihren ständigen Mangel an Geld, der sie siebzehn Jahre lang quälen sollte und sie schließlich zwang, aller Vorsicht zum Trotz Bestechungsgelder von ausländischen Gesandten anzunehmen.

Bei ihrer Ankunft in Riga fand Johanna Elisabeth einen Brief der Kaiserin vor, in dem diese sie ersuchte, dem König von Preußen mitzuteilen, daß sein Gesandter, Graf Mardefeldt, nicht mehr Persona grata am russischen Hofe sei. Der anmaßende Ton dieses Briefes zeigte Friedrich, wie sehr er Johannas diplomatische Fähigkeiten überschätzt hatte, und er sollte ihr diesen Mißerfolg nie verzeihen. Mehr als zehn Jahre später, als Christian August schon lange tot war und die Fürstin als Regentin für ihren minderjährigen Sohn fungierte, zögerte Friedrich nicht, über ihre Besitztümer herzufallen und das Fürstentum Zerbst dem Königreich Preußen einzuverleiben. Die

Fürstin und ihr Sohn mußten nach Paris flüchten, wo Johanna Elisabeth nur zwei Jahre vor der Thronbesteigung Katharinas in ärmlichen Verhältnissen starb.

Fürst Christian August selbst starb ein Jahr nach der Heirat seiner Tochter. Während der letzten Monate seines Lebens waren Katharinas Briefe an ihre Eltern so streng zensiert, daß sie nur noch aus formellen Phrasen bestanden. Aber ihr Kummer über seinen Tod war tief und aufrichtig. In seiner ruhigen, zurückhaltenden Art hatte er ihr die einzige wirkliche, uneigennützige Zuneigung entgegengebracht, die sie je kennengelernt hatte. Schon nach einer Woche der Trauer mußte sie wieder bei Hof erscheinen; eine Großfürstin von Rußland, erklärte man ihr, dürfe nicht länger als eine Woche um einen Vater trauern, der kein regierender Monarch gewesen sei.

Gelangweilt und verzweifelt stürzte sich Katharina mit hektischer Fröhlichkeit in die kindischen Zerstreuungen des Hofes. Sie verbrachte Stunden mit ihrer Toilette und folgte dem Beispiel der Kaiserin, indem sie acht- bis zehnmal am Tag das Kleid wechselte. In dem Bewußtsein, daß sie von Jahr zu Jahr hübscher wurde, legte sie jetzt großen Wert auf ihre äußere Erscheinung. Und während sie selbst immer hübscher wurde, begann die Schönheit der Kaiserin zu verblassen. Die schönen Züge vergröberten sich, das Doppelkinn trat deutlicher hervor, und die ehemals so strahlenden Farben mußten jetzt durch Rouge und Schminke ersetzt werden. Elisabeth, die immer so stolz darauf gewesen war, die Schönste von allen zu sein, konnte nicht umhin, zu bemerken, daß das magere, kleine Aschenputtel allmählich zu einer sehr hübschen und reizvollen jungen Frau wurde, deren Art, sich zu geben, allgemeinen Anklang fand. Sie selbst kam jetzt in ein Alter, wo der gutmütige, nicht mehr ganz junge Rasumofsky, der sich mehr wie ein Ehemann als wie ein Liebhaber benahm, sie nicht mehr befriedigte, und sie suchte unter den jüngeren Höflingen, die Katharina in ihren Bannkreis zog, nach kraftvolleren, männlicheren Kandidaten. Zuerst gestand sich die Kaiserin ihre Eifersucht nicht ein, aber schon sehr bald begann eine Zeit von kleinlichen Verfolgungen, Kränkungen und ungerechtfertigten Vorwürfen. Ohne zu bedenken, daß sie die erste gewesen war, die das Beispiel von Eitelkeit und Verschwendungssucht gegeben hatte, warf Elisabeth der kleinen Großfürstin vor, sie sei übermäßig eitel, sie brauche so lange zu ihrer Toilette, daß sie oft zu spät zur Messe käme, und sie sei so stolz und eingebildet, daß sie sich jedem anderen Menschen am Hofe überlegen fühle. Laut Aussage der Kaiserin habe sie zudem wenig Grund zur Einbildung, da sie ja nicht einmal imstande gewesen sei, ein Kind zur Welt zu bringen. Dies war die ungerechteste und schmerzlichste aller Beschuldigungen, und Katharina, die alles tat, um Elisabeth zufriedenzustellen, konnte sich nicht erklären, weshalb sie so plötzlich in Ungnade gefallen war.

Zum Glück kam um diese Zeit ein alter Bekannter aus ihrer Kindheit nach St. Petersburg. Es war Graf Gyllenborg, der schwedische Diplomat, der seinerzeit in Hamburg als erster die schlummernde Anlage zur Größe in dem kleinen zwölfjährigen Mädchen erkannt hatte. Als er sie jetzt als Großfürstin Katharina wiedersah, war Gyllenborg zunächst enttäuscht zu sehen, daß sie eine elegante junge Modedame geworden war, die sich ausschließlich für sich selbst und ihre äußere Erscheinung interessierte. Er hatte den Mut, ihr zu sagen, daß sie Gefahr liefe, ihre Persönlichkeit zu verlieren, wenn sie weiterhin ein so oberflächliches und leichtfertiges Leben führe, und daß sie immer unglücklich sein werde, wenn sie sich keine inneren Werte schaffe. Er riet ihr, ihren Geist zu pflegen und sich mit ernsthafter Lektüre zu befassen. Es war zu jener Zeit nicht leicht, sich Bücher zu beschaffen. Aber Katharina las, von Gyllenborg angespornt, was immer ihr in die Hände kam. Es war eine seltsame Mischung, die sich von Plutarchs *Vitae* bis zu den Briefen von Madame de Sévigné, von Montesquieus *Esprit des Lois* bis zu den Romanen von Mademoiselle de Scudéry erstreckte. Sie plagte sich durch eine Geschichte Deutschlands hindurch und war fasziniert von Brantôme. Sie las eine Biographie von Heinrich IV., und er wurde sofort ihr Held – ein Monarch ganz nach ihrem Herzen, an dem sie sich später in vieler Hinsicht ein Beispiel zu nehmen suchte. Die religiöse Inbrunst, die sie in der Öffentlichkeit zur Schau stellte, ihr gewissenhaftes Festhalten an Kirchenfesten und Fastentagen, waren nicht aufrichtiger als die religiöse Gesinnung eines Königs, der erklärte: »*Paris vaut bien une Messe.*«

Erst später entdeckte sie Voltaire, der zum großen literarischen Einfluß ihres Lebens wurde. Der Mann, der sie lehrte, Voltaires Genie zu würdigen, war kein anderer als der neue Favorit der Kaiserin, der dreiundzwanzigjährige Iwan Schuwalow, ein Angehöriger der mächtigen Familie der Schuwalows, die zusammen mit den Worontzows zu den erbittertsten Feinden Bestushews zählten. Trotz ihrer unersättlichen sexuellen Begierde zeigte Elisabeth stets eine gewisse Urteilskraft in der Wahl ihrer offiziellen Günstlinge. Sie mag gelegentlich ihr Bett mit irgendeinem gutaussehenden jungen Gardisten geteilt haben, der gerade im Palast Dienst hatte, aber die Liebhaber, deren Namen uns durch die Geschichte überliefert worden sind – Dr. Lestocq, der Marquis de la Chétardie, Aleksej Rasumofsky und der junge Iwan Schuwalow –, waren alles Männer von einem gewissen Wert. Die Kaiserin selbst war sehr künstlerisch veranlagt, aber praktisch analphabetisch und schlug kaum je ein anderes Buch auf als die Evangelien, die in großen Lettern gedruckt waren. Aber der neue Günstling war einer der kultiviertesten Männer seiner Zeit, weitgereist, ein Förderer der schönen Künste und ein Freund Voltaires, den er beauftragte, gegen ein Honorar, das damals dem Gegenwert von vierzigtausend Mark entsprach, die Geschichte Peters des Großen zu schreiben.

Dieser großzügige Auftrag trug Elisabeth den Titel »Semiramis des Nordens« ein. Er wurde ihr vom größten Sykophanten aller Zeiten – Voltaire – verliehen, der später ihrer Nachfolgerin den gleichen Namen gab. Katharina berichtet zwar in ihren Memoiren, daß Iwan Schuwalow ihr offen Avancen gemacht habe, erwähnt jedoch mit keinem Wort, daß er derjenige war, der sie mit den Werken Voltaires vertraut machte; und sie will auch nicht daran erinnert werden, daß der Name, den Voltaire ihr gab, usprünglich für ihre Vorgängerin geprägt worden war.

Studium und Lektüre genügten jedoch nicht, eine Frau von Katharinas Temperament zu befriedigen. Wie sie selbst berichtet, litt sie in den ersten Jahren ihrer Ehe derart unter ihrer Einsamkeit, daß sie drauf und dran war, eine Hypochonderin zu werden, und oft von schwerer Migräne geplagt wurde. Heute hätte sie offen zugegeben, daß sie unter sexueller Frustration litt. Ihr Verlangen nach intensiver körperlicher Betätigung, wie zum Beispiel Reiten, vor allem im Herrensattel, was sie nur heimlich zu tun wagte, ist ein typisches Zeichen dafür, und wir werden dabei an das kleine Mädchen in Stettin erinnert, das abends im Bett auf seinem Kissen galoppierte.

Als die Monate und Jahre vergingen, wurde der jungen Großfürstin immer deutlicher zu verstehen gegeben, daß sie ihre Pflicht versäumt habe. Sie hätte es nie gewagt, Elisabeth die Wahrheit zu sagen: daß sie die Nächte damit verbrachte, sich einem zurückgebliebenen Halbwüchsigen anzupassen, der mit den Puppen und Zinnsoldaten spielte, die ihre Kammerfrauen ihm besorgten, oder daß Peter in letzter Zeit so trunksüchtig wurde, daß er für gewöhnlich abends nach Bier und Schnaps riechend in ihr Bett taumelte. Sie hielt immer noch fest und treu zu ihrem Ehemann, dem es ein Vergnügen zu bereiten schien, ihr das Leben so unerfreulich wie möglich zu machen. Eine Zeitlang hielt er eine ganze Hundemeute im ehelichen Schlafgemach und hetzte die Tiere mit Peitschenschlägen von einer Ecke in die andere, bis sie winselnd zusammenbrachen. Sie schreibt: »Ich weiß nicht, wer verzweifelter war, die Hunde oder ich.« Eine von Peters wenigen versöhnenden Eigenschaften war seine Liebe zur Musik, die Katharina bedauerlicherweise nicht teilte. Er besaß eine gewisse Begabung für die Geige, hatte jedoch ein völlig ungeübtes Ohr, und es war eine Qual für seine Frau, sich stundenlang sein »Gekratze« anzuhören.

Später fragte sie sich oft, wie sie es fertiggebracht habe, jene Jahre des Leids und der Entwürdigung in der Gesellschaft eines Mannes zu überleben, der, wie sie deutlich erkannte, immer anomaler wurde. Eines Tages überraschte sie ihn dabei, wie er eine Ratte in der Mitte des Zimmers aufhängte, nachdem er in Gegenwart seiner Lakaien ein feierliches Kriegsgericht abgehalten und das unglückliche Tier zum Tode verurteilt hatte, weil es für schuldig befunden worden war, eine seiner Pappfestungen angenagt zu haben. Katharina lachte ihn wegen seiner Albernheit aus, aber sie war innerlich von einem derartigen Abscheu erfüllt, daß sie ihn tagelang nicht ansehen konnte, ohne daß ihr übel wurde. Obwohl sie jetzt nicht mehr daran zweifelte, daß ihr Mann verrückt war, wagte sie es jedoch immer noch nicht, mit Elisabeth über ihn zu sprechen.

Peter war von Natur aus kein schlechter Mensch. Er hielt treu zu den alten Dienern seines Vaters, die ihn nach Rußland begleitet hatten, und entlohnte sie großzügig für ihre Dienste. Aber in ihrer Entschlossenheit, ihren Neffen zu »russifizieren«, entließ Elisabeth auf Bestushews Rat sein gesamtes holsteinisches Gefolge, einschließlich des Grafen Brümmer, dem vorgeworfen wurde, Peters Vorliebe für Preußen gefördert zu haben. Peter ließ den verhaßten Erzieher ohne Bedauern gehen, aber er weinte bitterlich, als der alte Kammerdiener seines Vaters, der einzige Mensch, der ihn wirklich liebte, ebenfalls fortgeschickt wurde. Er durfte jedoch seine holsteinische Leibwache behalten, und während der ersten Jahre seiner und Katharinas Ehe waren diese ungehobelten Soldaten seine liebsten Gefährten; von ihnen lernte er die Kasernenstubensprache, die solchen Anstoß bei Hof erregte.

Im Grunde muß man Mitleid mit einem Fürsten von Holstein haben, dem es nicht einmal gestattet war, zu Besuch in sein Land zurückzukehren, das in seiner Abwesenheit von einem Staatsrat regiert wurde. Es gab Zeiten, wo er versuchte, sich für die Verwaltung zu interessieren, aber er war so untüchtig, daß er am Ende für gewöhnlich die Hilfe seiner klugen Frau in Anspruch nehmen mußte, die damit ihren ersten Unterricht in Politik erhielt.

Es ist seltsam, daß ein so intelligenter Mann wie Bestushew und eine so intuitive Frau wie Elisabeth sich so töricht verhielten, was Peter und seine Frau betraf. Um Katharina an ihre ehelichen Pflichten zu erinnern, ernannte Elisabeth eine ihrer eigenen Verwandten zu ihrer neuen Hofmeisterin; es war eine gewisse Gräfin Tschoglokow, eine junge, hübsche Frau, die ihrem Mann und ihren Kindern treu ergeben war und allgemein als eine der tugendsamsten Frauen am Hofe galt. Offenbar war die Kaiserin so naiv, anzunehmen, daß Marie Tschoglokows eheliches Glück Katharina ein gutes Vorbild sein werde. Sie scheint vergessen zu haben, daß die Großfürstin jetzt eine erwachsene Frau von zwanzig war, die jegliche Art von Aufsicht haßte und Marie Tschoglokows Dummheit aufreizend und ihre Neugier unerträglich fand. Eine der Aufgaben der Gräfin bestand darin, über das Kommen und Gehen am jungen Hof zu berichten, eine Rolle, für die sie denkbar ungeeignet war. Aus Angst vor der Kaiserin ließ sie Katharina keinen Augenblick allein, machte ihr mit ihren ständigen Nörgeleien das Leben zur Qual, verwehrte ihr die harmlosesten Vergnügungen und verdächtigte jeden, mit dem sie auf freundschaftlichem Fuß stand. Zum Glück dauerte es nicht lange, bis Katharina sich ein Urteil über die Tschoglokows gebildet und erkannt hatte, daß es angesichts ihrer Dummheit nicht schwer sein würde, mit ihnen fertigzuwerden. Der Ehemann, der zum Kämmerer am Hofe des Großfürsten ernannt wurde, war ein unbedeutender kleiner Mann, nach außen hin seiner Frau treu ergeben, insgeheim jedoch ein wollüstiger Wüstling, der sich nicht einmal scheute, der Großfürstin Avancen zu machen, was Katharina sich geschickt zunutze machte. Nichtsdestoweniger mußte sie sieben Jahre lang die Gesellschaft dieses selbstgefälligen, engstirnigen Paares ertragen, das ständig ihre Wünsche vereitelte, Widerspruch gegen ihre Befehle erhob und sie dazu trieb, sich in die Einsamkeit ihres eigenen Zimmers zurückzuziehen, um sich mit Büchern zu befassen, die eine seltsame Lektüre für eine zwanzigjährige Prinzessin darstellten. Aber selbst die schwersten Schriften von Montesquieu und Beccaria waren besser als die fortwährenden Nörgeleien der Tschoglokows.

Dies waren die Jahre, die ihren Charakter stählten, sie kühl, diszipliniert und selbstbeherrscht machten und sie lehrten, ihr Temperament und ihren Stolz zu bändigen. Obwohl sie im Grunde egoistisch war, war es leicht, mit ihr zu leben, und leicht, ihr zu dienen; sie war nie übermäßig streng und für eine Frau mit einer so ausgesprochen autokratischen Veranlagung überraschend nachsichtig, denn der wesentlichste Zug ihres Charakters war der überwältigende Wunsch, zu lieben und geliebt zu werden. Frauen erlagen ihrem Zauber ebenso wie Männer, denn unter ihrer reizvollen Weiblichkeit lag eine männliche Stärke, die ihr die Kraft gab, der größten Drangsal mit einer höflichen, lächelnden Maske zu begegnen.

Am schlimmsten von allem war die Eintönigkeit ihres Lebens; die endlose Reihe von Bällen und Vergnügungen; die ständigen Wallfahrten, zu denen die ruhelose Elisabeth den Hof zu jeder Jahreszeit zwang, und die für alle, außer Elisabeth selbst, die größten Beschwernisse mit sich brachten. Abgesehen von diesen religiösen Pilgerfahrten, die ein fester Bestandteil des Hoflebens waren, wurden Besuche zu den Ostseehäfen und Werften unternommen, wo die Tochter Peters des Großen sich am wohlsten in der Uniform eines Großadmirals fühlte. Alle drei Jahre übersiedelte der kaiserliche Hof für ein Jahr nach Moskau, wo sowohl die Kaiserin als auch ihr Hofstaat in hölzernen, schlecht gelüfteten Palästen lebten, ständig in Gefahr, bei lebendigem Leib zu verbrennen, denn in Moskau fanden – im Verhältnis zu seiner Größe – von allen Städten der Welt die meisten Brände statt.

Katharina haßte diese Besuche in Moskau. Sie sollte sie ihr ganzes Leben lang hassen, ebenso wie sie die Bewohner Moskaus mit ihrer trägen Art und ihrem orientalischen Fatalismus haßte. »Es gab nicht einen Adeligen in Moskau, der nicht St. Petersburg mit Freuden wieder im Sumpf hätte versinken sehen, solange er nur imstande war, in der Nähe seiner Besitztümer zu leben, wo er als kleiner Tyrann herrschen und seine Dienerschaft mißhandeln konnte, ganz zu schweigen von seinen Leibeigenen, die er unsagbar quälte und wegen der geringfügigsten Vergehen mit der Folter bestrafte.«

Vierzig Jahre später zog Katharina immer noch über die Moskowiter her, die inmitten von Luxus und Verwahrlosung lebten: »Die großen Damen, mit Diamanten behangen, fuhren in ihren Equipagen aus Höfen, in denen der Unrat sich meterhoch auftürmte, und ihre Lakaien trugen schmutzige Livreen, die reich mit Goldtressen besetzt waren.« Was sie am meisten erzürnte, war die Tatsache, daß dieser korrupte Adel, den sie verachtete, mächtig genug gewesen war, ihre Reformpläne zu vereiteln und sie daran zu hindern, die Lebensbedingungen der Leibeigenen zu verbessern.

Unter der Regierung Elisabeths war sie noch eine Zuschauerin, die hoffte, daß die Moskowiter sie einmal ebenso freudig und herzlich begrüßen würden, wie sie jetzt die Zarin begrüßten. Ihre ganze Liebe und Bewunderung für Elisabeth waren dahin, und sie bemerkte mit kalten, nüchternen Augen das Verblassen ihrer Schönheit, die zunehmende Vorliebe für starken Alkohol, den Aberglauben und die an Besessenheit grenzenden Ängste, die ihren Geist verwirrten und ihre Urteilskraft trübten. Bestushew brauchte nur die Andeutung einer Verschwörung zugunsten des in der Schlüsselburg eingekerkerten jungen Zaren zu machen, und schon war die Kaiserin, die früher so treu zu ihren Freunden gestanden hatte, bereit, jeden von ihnen auf den geringsten Verdacht hin zu opfern. Auf diese Art gelang es dem Kanzler, den Grafen Lestocq loszuwerden, dessen Einfluß auf die Kaiserin ihm schon immer ein Dorn im Auge gewesen war. Ein paar unbedachte Briefe waren ihm in die Hände gefallen, und das genügte, den Mann, der seit Elisabeths frühester Kindheit ihr Arzt und später ihr Liebhaber gewesen war, der Bestechlichkeit zu beschuldigen und verhaften zu lassen. »Sie hatte nicht einmal den Mut, einen Unschuldigen zu verteidigen«, schrieb Katharina erzürnt. Aber wie oft sollte ihr eigenes Schicksal in späteren Zeiten sie zwingen, sich der politischen Zweckdienlichkeit zu beugen und den Handlangern der Macht zu gestatten, ihr alle Hindernisse aus dem Weg zu räumen.

Bei all seiner Arroganz und Grobheit war der Leibarzt der Kaiserin immer auf Katharinas Seite gewesen, hatte sie vor Gefahren gewarnt, über ihre Interessen gewacht und sie manchmal sogar vor Elisabeths Zorn beschützt. Jetzt, da Lestoque fort war, hatte sie plötzlich Angst, sowohl um sich selbst als auch um ihren Schwächling von einem Mann – ein kinderloses Paar, das die einzige Hoffnung für das Fortbestehen der Dynastie der Romanows darstellte.

Im Jahr 1751 wurde Elisabeth von der ersten ernsthaften Krankheit ihres Lebens befallen. Es war eine heftige, anhaltende

Kolik mit hohem Fieber, die vermutlich von übermäßigem Essen verursacht worden war, aber nichtsdestoweniger Anlaß zu ernster Besorgnis gab. Jetzt richtete sich die allgemeine Aufmerksamkeit zum erstenmal auf den Erben, von dem gemunkelt wurde, daß er, obwohl ständig in irgendeine von Katharinas Hofdamen verliebt, noch nie intime Beziehungen zu irgendeiner Frau gehabt habe. Katharina hatte bemerkt, daß er sich beharrlich weigerte, in die Bäder zu gehen, ein Brauch, der in Rußland, ebenso wie in der Türkei, vom byzantinischen Reich übernommen worden und eine der wenigen russischen Gewohnheiten war, die sie vorbehaltlos billigte. Nicht einmal die Drohungen der Kaiserin konnten Peter Feodorowitsch dazu bringen, das Badehaus aufzusuchen, er widersetzte sich auch jeder ärztlichen Untersuchung. Schließlich mußte selbst die Kaiserin den Tatsachen ins Auge sehen und sich damit abfinden, daß die hübsche, verführerische Großfürstin nicht schuld an der kinderlosen Ehe war. In ihrer Angst um die Erbfolge ging Elisabeth auf Bestushews Vorschlag ein, »daß es vielleicht klüger wäre, die Aufsicht am großfürstlichen Hof ein wenig zu lockern«.

Ob es Absicht oder Zufall war, im Frühling 1752 wurden dem jungen Hof zwei neue Kämmerer zugeteilt, die beide auffallend gutaussehend waren und aus vornehmen alten Bojarenfamilien stammten. Der ältere und weitaus intelligentere war Leo Naryschkin, der aber trotz all seines Charmes nie danach strebte, etwas anderes als ein amüsanter Gesellschafter zu sein und sich dadurch Katharinas lebenslängliche Freundschaft erwarb. Sergej Saltykow war aus völlig anderem Holz geschnitzt – ein verwöhnter junger Schürzenjäger, ein geborener Verführer, der Vergnügen daran fand, mit dem Feuer zu spielen, es jedoch geschickt verstand, Gefahren zu vermeiden. Es gab eine Zeit, wo selbst von der Kaiserin behauptet wurde, sie sei seinem Charme erlegen und habe ihm die Rolle eines kaiserlichen Favoriten angeboten, eine Ehre, der er sich diplomatisch zu entziehen verstand. Nach einer kurzen Abwesenheit kehrte er an den Hof zurück und heiratete bald darauf die hübscheste von Elisabeths Ehrendamen. Aber das war jetzt schon zwei Jahre her. Unterdessen war Saltykow bereits des Ehelebens überdrüssig und suchte nach neuen Abenteuern. Die bezaubernde junge Großfürstin, von der es hieß, daß sie noch Jungfrau sei, übte auf Männer seines Schlages eine unwiderstehliche Anziehungskraft aus.

Katharina verstand sich mit dreiundzwanzig auf alle Künste einer *allumeuse*. Sie war eine Frau, die aus Angst ihre natürlichen

Neigungen noch im Zaume hielt und ihre Befriedigung darin fand, die Leidenschaft ihrer Verehrer zu schüren. Aber jetzt hatte sich die Situation geändert. Die gefürchteten Tschoglokows zeigten sich plötzlich liebenswürdig und zugänglich: Sowohl Naryschkin als auch Saltykow gaben sich die größte Mühe, die Freundschaft der Tschoglokows zu erwerben, und Katharina, die bisher ihre Gesellschaft nach Möglichkeit gemieden hatte, nahm jetzt bereitwillig ihre Einladungen an, denn sie konnte gewiß sein, daß sie dort die zwei neuen Kämmerer antreffen würde.

Es gab Abendgesellschaften im Stadthaus der Tschoglokows und Picknicks auf ihrer Insel im Newadelta. Selbst Peter schien sehr angetan von den beiden jungen Offizieren, denen es bald gelang, sein Vertrauen zu gewinnen und ihn von seinen holsteinischen Grenadieren abzubringen. Als der Hof für den Sommer nach Peterhof übersiedelte, wurde die Atmosphäre noch entspannter. Marie Tschoglokow, die ihr siebtes Kind erwartete, war an ihr Zimmer gefesselt, und Katharina ritt täglich in Begleitung ihrer zwei jungen Kavaliere aus, wobei Naryschkin die Rolle eines sehr diskreten Chaperons spielte. Während sie den kiesigen Strand des Finnischen Meerbusens entlanggaloppierten oder den Kanälen folgten, die sich durch die Birkenwälder schlängelten, ließ sich Saltykow keine Gelegenheit entgehen, um die Gunst der Großfürstin zu werben, und er tat es mit einer Beharrlichkeit und Leidenschaft, wie Katharina sie noch nie erlebt hatte. Sie war so unerfahren in der Liebe, so gefügig in seinen Händen, obwohl sie sich später rühmte, sich anfangs seinen Annäherungsversuchen widersetzt zu haben, indem sie ihn an seine Pflichten seiner jungen Frau gegenüber erinnert habe. »Ich habe ihm während des ganzen Frühlings und Frühsommers Widerstand geleistet«, erklärt sie. Aber ihre Proteste klingen nicht überzeugend, und im August konnte Saltykow sich rühmen, verbotenes Gebiet betreten und es nur mangelhaft verteidigt vorgefunden zu haben. »Er war schön wie der junge Morgen«, schreibt Katharina. »Niemand am Hof konnte es ihm gleichtun.« Aber es gab wenig Zärtlichkeit oder Romantik in diesem ersten Liebesverhältnis, das mit Bitterkeit und Enttäuschung endete. Saltykow war mehr ein professioneller Verführer als ein Liebhaber. Und er war auch nicht sehr diskret. Gerüchte machten die Runde, und man riet sowohl ihm als auch Naryschkin, ein paar Monate auf ihren Landsitzen zu verbringen.

Aber diesmal war nicht die Rede von Verbannung, und Katharina erinnert sich an eine seltsame Unterhaltung mit der Gräfin Tschoglokow im Frühling 1753, als sie bereits seit neun Monaten Saltykows Geliebte war. Eines Abends kam Marie Tschoglokow in ihr Zimmer. Sie sprach lange von den Freuden und Leiden der Ehe, von ehelicher Treue und den ehelichen Pflichten, die sie selbst nie vernachlässigt hatte. Aber dann fügte sie hinzu, es gebe jedoch gewisse Ausnahmen und gewisse Situationen, wo die erste Pflicht dem Vaterland und nicht dem Gatten gelte, und das sei jetzt bei Katharina der Fall. Die Großfürstin hörte sich verblüfft diese Rede an, die praktisch einer Aufforderung zum Ehebruch gleichkam. Zuerst glaubte sie, es sei eine Falle, mit der man ihr ein Eingeständnis ihrer Schuld entlocken wollte. Aber die offensichtliche Verlegenheit der Gräfin ließ erkennen, daß sie es aufrichtig meinte, und daß irgend jemand sie ausdrücklich angewiesen hatte, so zu sprechen.

Diese Unterhaltung fand statt, als Saltykows Enthusiasmus bereits nachzulassen begann. Ein paar verzauberte Monate lang hatte sie geglaubt, zu lieben und geliebt zu werden. Aber Sergej Saltykow war von Natur aus ein kluger, besonnener Mann, und er hatte Angst, zu sehr in die Affäre verwickelt zu werden. Er hatte nicht damit gerechnet, daß man ihn zu einem Werkzeug des Staates machen, oder daß die Geheimpolizei über jedes seiner Stelldicheins Bericht erstatten würde. Solange Katharina provozierend und unerreichbar gewesen war, hatte sie ihn viel mehr gereizt als jetzt, da sie leidenschaftlich und besitzergreifend verliebt war. Saltykow war der erste, aber nicht der letzte von Katharinas Liebhabern, der von dem Eifer und der Aggressivität ihrer Liebe abgeschreckt wurde.

V

DER THRONERBE WIRD GEBOREN

Unterdessen war der Hof nach Moskau übergesiedelt; während der Reise hatte Katharina ihre erste Fehlgeburt. Zwei Monate später gesellte sich Saltykow zu ihr; aber seine Leidenschaft hatte erheblich nachgelassen, und die Anwesenheit seiner Frau bot ihm die gute Ausrede, Diskretion üben zu müssen. Nichtsdestoweniger hatte Katharina im Sommer 1753 nach dreimonatiger Schwangerschaft eine zweite Fehlgeburt, und es besteht kein Zweifel, daß Sergej Saltykow für diese beiden Schwangerschaften verantwortlich war. Aber die Frage, wer der Vater des Kindes war, das im September 1754 geboren wurde, ist bis heute nicht geklärt. Paul Petrowitsch glich sowohl physisch als auch geistig dem Großfürsten Peter. Er hatte den gleichen Anflug von Anomalität – die guten, ja sogar edlen Instinkte, gepaart mit der Grausamkeit und Bösartigkeit der Schwachen –, den später wiederum sein zweiter Sohn, der Großfürst Konstantin, von ihm erben sollte.

Was den Großfürsten selbst betrifft, erzählt der französische Agent Champeaux, einer der vielen Spione im Dienst des *»Cabinet noir de Versailles«,* eine seltsame Geschichte. Er schrieb in einem Brief an seinen Vater, den französischen Gesandten in Hamburg: »Sergej Saltykow hat mit Unterstützung von Leo Naryschkin den Großfürsten überredet, sich einer Operation zu unterziehen, die ihn von seinem Leiden befreit hat – ein Dienst, für den die Kaiserin so dankbar war, daß sie Katharinas Liebhaber einen großen Diamanten schenkte. Dann habe man eine hübsche, mittellose Witwe engagiert, damit sie den Großfürsten in die Freuden der Liebe einweihe, die er bisher nicht hatte genießen können – woraufhin man Peter und Katharina zu verstehen gegeben habe, was auch immer ihre persönlichen Neigungen sein mochten, die Nation erwarte einen Thronerben aus dem Geschlecht der Romanows.« Champeaux' Bericht verliert sich in einer Reihe von bedeutungslosen und fragwürdigen Einzelheiten. Aber im großen und ganzen ist anzunehmen, daß er der Wahrheit entspricht. In seiner neu entdeckten Männlichkeit hatte Peter zweifellos den Wunsch, seine Frau, die ihn so unverhohlen verachtete, von seinen Fähigkeiten zu überzeugen, und Katharina, so unwillig sie auch gewesen sein mag, hätte es nicht gewagt, sich ihm zu verweigern.

Für eine junge Frau, die noch immer leidenschaftlich in einen anderen verliebt war, muß es eine Qual gewesen sein, die plumpen, ungeschickten Zärtlichkeiten eines Ehemannes zu ertragen, der ihr körperlich zuwider war. Und noch demütigender war es, zu wissen, daß ihr Geliebter, um sich die Gunst der Kaiserin zu erringen, weitgehend dazu beigetragen hatte, sie mit ihrem Mann zusammenzubringen. Es besteht kaum ein Zweifel, daß Paul der Sohn des Großfürsten war, obwohl Katharina in ihrem Haß gegen Peter sich nicht scheut, in ihren Memoiren durchblikken zu lassen, daß Sergej Saltykow der Vater war. Damit, daß sie Peters Vaterschaft leugnete, wollte Katharina vor ihren Enkeln die Tatsache rechtfertigen, daß sie seinen Mördern verziehen hatte.

Während der Monate der Schwangerschaft, in denen jede nur erdenkliche Vorsichtsmaßregel getroffen wurde, die Großfürstin vor einer weiteren Fehlgeburt zu bewahren, blieb Sergej Saltykow auf Befehl der Kaiserin weiterhin dem Hofstaat des Großfürsten zugeteilt. Aber der Zauber war dahin; aus dem leidenschaftlichen Liebhaber war ein kühl berechnender Höfling geworden. Katharina, die trotz ihrer Enttäuschung immer noch in Saltykow verliebt war, wurde von tiefer Niedergeschlagenheit befallen. Ihre sexuellen Erfahrungen mit Peter übten eine verheerende Wirkung auf ihre Nerven aus, und auch die Rückkehr nach St. Petersburg, wenige Wochen vor ihrer Niederkunft, war nicht dazu angetan, ihre Stimmung zu heben. Die ihr im Sommerpalast zugewiesenen Gemächer lagen unmittelbar neben denen der Kaiserin, was das Ende jeglicher Freiheit bedeutete. Die großen, zugigen Räume, deren Fenster auf die übelriechenden Gewässer des Fontanka-Kanals hinausgingen, waren schwerlich ein idealer Platz für eine Niederkunft. In ihrer trostlosen seelischen Verfassung deutete Katharina als Grausamkeit, was im Grunde wohl lediglich Nachlässigkeit war. Rastrellis architektonisches Meisterwerk mit seinen gewölbten Säulenhallen und den prunkvollen Spiegelsälen war mehr für *grandezza* als für Komfort gebaut, und in dieser Hinsicht erging es Elisabeth selbst vermutlich nicht viel besser als ihrer Nichte.

Katharinas Schilderung ihrer Niederkunft ist ergreifend. Dies ist eine der seltenen Gelegenheiten, wo sie, die es für gewöhnlich haßte, bemitleidet zu werden, mit Bitterkeit über die schändliche Behandlung spricht, die man ihr zuteil werden ließ. Kaum war nach langen, schweren Wehen ihr Sohn geboren, ließ Elisabeth, die außer sich vor Freude war, ihn von der Hebamme in ihre eigenen Gemächer tragen; die Hofdamen folgten ihr, und niemand nahm sich die Mühe, die junge Mutter von ihrem Schmerzenslager, das, der damaligen Sitte gemäß, auf einer niedrigen Matratze aufgeschlagen war, in ihr Bett am anderen Ende des Zimmers zu bringen. Drei Stunden lang blieb sie allein mit einer Kammerfrau, die es nicht wagte, ihr ohne Erlaubnis der Hebamme auch nur ein Glas Wasser zu reichen. Der Großfürst, der zusammen mit seiner Tante kurz bei ihr erschienen war, leerte unterdessen im Kreise seiner Freunde ein Glas nach dem anderen auf das Wohl seines Sohnes. Der größte Teil ihres Hofstaats befand sich in den Gemächern der Kaiserin und scharwenzelte voller Bewunderung um die Wiege des Babys herum. Auf allen öffentlichen Plätzen wurden kostenlose Getränke an das Volk ausgeschenkt, und in der ganzen Stadt läuteten die Glocken. Aber in einem kalten, nur spärlich möblierten Zimmer vergoß die junge Großfürstin bittere Tränen und wartete auf die Glückwünsche, die niemals kamen. Von Saltykow war keine Spur zu entdecken. Zwei Wochen später hörte Katharina, daß er nach Schweden entsandt worden war, um den König von der Geburt des Großfürsten Paul zu unterrichten – ein Name, den man ihrem Kind verliehen hatte, ohne sie auch nur nach ihrer Meinung zu fragen.

Drei Tage vergingen, und niemand kümmerte sich um Katharina, die, weinend und von rheumatischen Krämpfen gequält, verlassen in ihrem Zimmer lag. Die Gräfin Schuwalow, die jetzt das Amt von Marie Tschoglokow übernommen hatte, war derart von den Festlichkeiten am Hofe in Anspruch genommen, daß sie nur hin und wieder den Kopf durch die Tür steckte, um sich der Form halber nach dem Befinden der Großfürstin zu erkundigen. »Nicht, daß es mir etwas ausgemacht hätte«, schreibt Katharina, »denn sie war die langweiligste und lästigste aller Frauen. Aber ich hätte gern etwas über meinen Sohn gewußt.« Sie hörte nur von der überschwenglichen Liebe Elisabeths zu dem kleinen Paul; daß er in ihrem Zimmer schlief und sie darauf beharrte, ihn selbst zu betreuen. Katharina hatte nicht gewagt, nach Einzelheiten zu fragen, aus Angst, daß dies als Mißtrauen gegen die Sorgfalt der Kaiserin ausgelegt werden könnte. Aber was sie dem Klatsch ihrer Kammerfrauen entnahm, war nicht sehr beruhigend. Ihr Sohn wurde von einer

Schar alter Frauen umsorgt, die Elisabeth mehr wegen ihrer Heiligkeit als wegen ihrer Fähigkeiten verehrte; er lebte in einer drückenden Atmosphäre, denn aus lauter Angst, er könne sich erkälten, hatte Elisabeth strengen Befehl gegeben, die Fenster geschlossen zu halten, und deckte ihn so sorgfältig zu, daß er unter all den Pelzen und Daunendecken beinahe erstickte. Angesichts dieser zärtlichen Liebe der Kaiserin zu dem Kind entstand am Hof das Gerücht, sie habe das Baby Katharinas gegen ein eigenes, zur gleichen Zeit geborenes, vertauscht. Aber das ist höchst unwahrscheinlich, denn Elisabeth war um diese Zeit beinahe fünfzig Jahre alt. Vermutlich handelte es sich bei ihr lediglich um die unbefriedigten Mutterinstinkte einer Frau, die von Natur aus dazu bestimmt war, verheiratet zu sein und eigene Kinder zu haben.

Katharina war erzürnt über die Aneignung ihrer natürlichen Rechte. Aber ihr Zorn beruhte mehr auf gekränktem Stolz als auf mütterlicher Liebe. So leidenschaftlich und sinnlich sie auch gewesen sein mag, sie war im Grund eine viel kältere Frau als Elisabeth, und ihre Memoiren zeugen von einem absolut egozentrischen Wesen. Man wird unangenehm an ihre Mutter erinnert, wenn sie erzählt, wie die Kaiserin am Tag der Taufe zu ihr ins Zimmer kam und ihr auf einem goldenen Teller hunderttausend Rubel und eine samtene Schmuckkassette brachte, deren Inhalt sie folgendermaßen beschreibt: »...ein sehr bescheidenes Kollier aus kleinen Steinen mit passenden Ohrgehängen und ein paar Ringe, wie ich sie nicht einmal einer meiner Kammerfrauen anzubieten gewagt hätte.« Sie war dankbar für das Geld, denn sie steckte wie üblich tief in Schulden. Aber was die Juwelen betraf, war sie der Meinung, man hätte »ganz Rußland durchstöbern müssen, um Edelsteine zu finden, die kostbar genug gewesen wären, die Leiden der vergangenen Monate wettzumachen.«

Die minderwertige Qualität des Geschenks der Kaiserin, die Katharina in früheren Zeiten mit den kostbarsten Juwelen überschüttet hatte, war ein Beweis, daß Katharina nicht mehr als Person von größter Wichtigkeit angesehen wurde. Sie hatte ihre Schuldigkeit getan, hatte einen Thronerben zur Welt gebracht, und dafür wurde sie angemessen bezahlt. Aber die Hoffnungen Rußlands konzentrierten sich jetzt auf den Großfürsten Paul. Peters eigener Versuch, sich Geltung zu verschaffen, bestand darin, daß er die gleiche Summe, die Katharina erhalten hatte, auch für sich beanspruchte, und da die Staatskasse erschöpft war, ersuchte man Katharina, das Geld bis auf weiteres zurückzugeben. Ihre Beziehungen zu ihrem Mann wurden nicht besser, als sie erfuhr, daß sie Opfer seiner Habgier geworden war.

Vierzig Tage vergingen, ehe sie ihren Sohn zu sehen bekam. »Ich fand ihn sehr niedlich«, war ihr einziger Kommentar. Aber man konnte schwerlich von ihr erwarten, daß sie Liebe zu einem Kind empfand, das sie nur ein einziges Mal in den Armen halten durfte, und zwar beim offiziellen *levée* des 1. November 1754, bei dem sie die Glückwünsche des Hofes und der ausländischen Gesandten entgegennahm.

Zwei Wochen später übersiedelte der Hof in den Winterpalast. Der kleine Paul blieb bei der Kaiserin, und Katharina schloß sich in ihre Zimmer ein, die zu ihrem großen Kummer unmittelbar neben denen des Großfürsten lagen. In seinem gegenwärtigen, euphorischen Zustand suchte Peter häufig ihre Gesellschaft, sei es, um seine ehelichen Rechte geltend zu machen, oder sei es, um mit einer ihrer Hofdamen zu flirten, von denen die häßlichste, Elisabeth Worontzow, eine Nichte des Vizekanzlers, seine gegenwärtige Favoritin war. Katharina war derart niedergeschlagen und verzweifelt, daß sie nur den einen Wunsch hatte, in Ruhe gelassen zu werden. Und sie wurde noch unglücklicher, als sie hörte, daß Sergej Saltykow wieder in St. Petersburg war, ohne sich die Mühe genommen zu haben, sie von seiner Rückkehr zu verständigen, und daß er in Kürze als russischer Gesandter nach Hamburg gehen würde. Sie war immer noch sehr verliebt und wollte ihn um jeden Preis sehen. Mit Hilfe einer ihrer Kammerfrauen wurde eine Zusammenkunft vereinbart, aber Katharina wartete, zutiefst gedemütigt, bis drei Uhr früh vergebens auf den Geliebten. Die Entschuldigung, die er ihr am nächsten Tag zukommenließ, war nicht überzeugend – und Katharina versuchte nicht, ihre Gefühle zu verbergen, als sie schrieb: »Ich fragte Naryschkin aus, bis ich deutlich erkannte, daß Sergej nicht gekommen war, weil er mich nicht mehr liebte; er interessierte sich weder für mich noch für all das, was ich seinetwegen durchgemacht hatte.« (Hier deutet sie abermals an, daß Saltykow der Vater ihres Kindes war.) »Um die Wahrheit zu sagen, ich war tief verletzt und schrieb ihm einen Brief, in dem ich mich bitterlich über sein Verhalten beklagte. Daraufhin kam er zu mir, und« – setzte sie mit entwaffnender Offenheit hinzu – »es fiel ihm nicht schwer, mich zu versöhnen, denn ich war immer noch sehr von ihm eingenommen. Er war es, der mich überredete, mich wieder in der Öffentlichkeit zu zeigen.« Wenige Tage später machte sich Sergej Saltykow auf den Weg nach Hamburg, und bald darauf hörte sie zu ihrer Scham und Empörung, daß er sich sowohl am sächsischen als auch am schwedischen Hof mit seinen Erfolgen brüstete und mit anderen Frauen über sie sprach.

Nichtsdestoweniger folgte sie seinem Rat und erschien am Geburtstag des Großfürsten zum erstenmal seit ihrer Niederkunft wieder bei Hof. Genau zehn Jahre waren vergangen, seit die fünfzehnjährige Sophie von Anhalt-Zerbst als unbekannte kleine deutsche Prinzessin, geblendet von dem märchenhaften Reichtum des russischen Hofes, in Moskau eingetroffen war. Jetzt war sie eine erfahrene Frau von fünfundzwanzig, durch Mißgeschick milde, durch Enttäuschung zynisch geworden und nicht mehr gewillt, die Kränkungen und Demütigungen hinzunehmen, die sie in der Vergangenheit erduldet hatte, oder vor der Kaiserin auf die Knie zu fallen und ihre »geliebte Matuschka«, ihr »Mütterchen«, um Verzeihung zu bitten.

Sie war bezaubernd anzusehen, in einem Kleid aus blauem Samt, über und über mit Gold bestickt, hübscher und reizvoller denn je, mit einem Lächeln für ihre Freunde und einem Blick kalter Verachtung für ihre Feinde – eine Frau, die, wie sowohl Staatsmänner als auch Diplomaten erkannten, nicht länger übersehen werden konnte, und um deren Wohlwollen Graf Bestushew sich zu bemühen begann, und die ausländische Gesandte in ihren Berichten erwähnten.

Im Frühling 1755 wagte sie sich zum erstenmal in die politische Arena, und sie lernte ihre erste Lektion in Diplomatie vom neuen britischen Gesandten, der erst kürzlich in St. Petersburg eingetroffen war. Als Schülerin von Sir Charles Hanbury-Williams sollte Katharina allmählich auch die letzten moralischen Prinzipien und Ratschläge fallenlassen, die ihr Vater ihr mit auf den Weg gegeben hatte.

Sir Charles, ein weltlich gesinnter und skrupelloser Politiker, der sich erst in mittleren Jahren der Diplomatie zugewandt hatte, war ein Mann mit scharfem Verstand und einer geistreichen Zunge, den sein übergroßes Selbstbewußtsein und seine Vorliebe für Intrigen immer wieder in Schwierigkeiten brachten. Als Gesandter Seiner Britannischen Majestät, zuerst in Berlin und dann in Dresden, war es ihm gelungen, sich der Reihe nach sowohl König Friedrich von Preußen als auch den sächsischen Minister, Graf Brühl, zu Feinden zu machen. Trotz seines

Mißerfolgs an diesen beiden Orten hatte er es durch politischen Einfluß im eigenen Land erreicht, nach St. Petersburg entsandt zu werden. Hier wurde er mit offenen Armen als »kultivierter und zivilisierter Vertreter des Westens« empfangen, um so mehr, als man sich erzählte, er sei mit einem grenzenlosen Goldfonds ausgestattet. Von Graf Bestushew abwärts gab es nicht einen einzigen Mann am Hofe, der nicht bis über die Ohren in Schulden steckte. Da Williams seine politische Lehrzeit unter Walpole absolviert hatte, war er überzeugt, daß »jeder Mensch seinen Preis hat«, und seine Verhhandlungen mit Bestushew bestärkten ihn in dieser Ansicht.

Er hatte den Auftrag, mit Rußland einen Subsidienvertrag zu schließen, kraft dessen Rußland gegen britisches Gold Truppen für die Verteidigung Hannovers entsenden sollte. Man hatte bereits 1749 über diese Frage verhandelt, war jedoch angesichts der riesigen Summen, die Rußland forderte, zu keinem Schluß gelangt. Aber die Angst vor Preußens kriegerischen Absichten und Friedrichs Ernennung eines englischen Exjakobiten zum Botschafter in Frankreich hatten die Sorge König Georgs II. um die Zukunft seines Kurfürstentums wiederaufleben lassen und ihn von der Notwendigkeit eines Subsidienvertrags mit Rußland überzeugt. Bei Williams' Ankunft in St. Petersburg bestand immer noch eine erhebliche Differenz zwischen dem Angebot Großbritanniens und den ungeheuren Forderungen Rußlands; gleichzeitig beharrte Bestushew darauf, daß die dreißigtausend Mann starken russischen Truppen nicht für den allgemeinen französisch-britischen Konflikt, sondern nur für die Verteidigung von Hannover selbst eingesetzt werden sollten.

Die Aufgabe des Gesandten bestand darin, einen Subsidienvertrag mit der Erneuerung des Verteidigungsbündnisses zu kombinieren, das 1742 zwischen Großbritannien und Rußland geschlossen worden war. Außerdem sollte er auf einen Handelsvertrag dringen, laut dem die in St. Petersburg ansässigen britischen Kaufleute in allen Fragen zu Rate gezogen werden sollten, die ihre Interessen betrafen. Für den erfolgreichen Abschluß dieses Vertrags war die Freundschaft des Kanzlers von größter Wichtigkeit, und der Gesandte hatte Vollmachten, ihm ein Bestechungsgeld von nicht weniger als zehntausend Pfund anzubieten oder ihm, wenn nötig, eine feste Pension zu bewilligen. Auch Bestushews Feind, dem Vizekanzler Worontzow, und dem Favoriten der Kaiserin, Iwan Schuwalow, ohne dessen Hilfe man Elisabeth kaum dazu bringen konnte, irgendein Dokument zu unterzeichnen, sollten großzügige Angebote gemacht werden. Es war allgemein bekannt, daß sowohl der Vizekanzler als auch der Favorit auf seiten Frankreichs standen. Aber die Franzosen hatten weder die Mittel noch die Absicht, so hohe Summen zu zahlen wie England, und seit der überstürzten Abreise des Marquis de la Chétardie gab es keinen offiziellen französischen Gesandten am russischen Hof.

Niemand verstand es, taktvoller zu bestechen, als Sir Charles Williams, dessen Ansicht über die Russen in einem Brief ans Auswärtige Amt zusammengefaßt ist: »Personen und Passionen regieren am russischen Hof. Ohne einen Schlüssel zu beiden könnte sich ein Gesandter zwei oder drei Jahre in St. Petersburg aufhalten, ehe es ihm gelingt, Seiner Majestät dienlich zu sein.«

Der Mann, der diese Zeilen schrieb, hatte bereits die Schwächen der Hauptpersonen zu ergründen versucht. Aber er beging den Fehler, Elisabeth zu unterschätzen, indem er sie als eine alternde Messalina abtat, die von ihrem Favoriten beherrscht wurde und zu träge war, sich um irgend etwas zu kümmern, was die geringste Konzentration erforderte. Gleichzeitig neigte er dazu, die Bedeutung der Großfürstin Katharina zu überschätzen, denn er war ebenso geblendet von ihrem Glanz wie beeindruckt von ihrer Belesenheit. Um sie sich zur Verbündeten zu machen, war er bereit, ihren Nöten – ihrem ständigen Geldmangel und ihrer Sehnsucht nach einem neuen Liebhaber – abzuhelfen. Als nicht mehr ganz junger Witwer von zarter Gesundheit strebte er diese Stellung nicht für sich selbst an, aber in seinem Gefolge hatte er einen gutaussehenden, jungen polnischen Edelmann namens Stanislaus Poniatowski, der mütterlicherseits mit der einflußreichen Familie der Czartoryski verwandt war und trotz seiner Jugend – er war erst Anfang Zwanzig – schon weitgereist und ebenso in den Salons von Paris wie in den Clubs von London zu Hause war. Poniatowski war nicht nur ein charmanter Gesellschafter, sondern auch das perfekte politische Anhängsel für einen so anpassungsfähigen und skrupellosen Diplomaten wie Sir Charles.

Auf einem Sommerfest, das am Peter-Paul-Tag in den Gärten von Oranienbaum veranstaltet wurde, war der neue britische Gesandte beim Diner Katharinas Tischherr. Beide waren höchst angetan von ihrer gegenseitigen Gesellschaft. »Wir führten eine angeregte Unterhaltung«, schreibt Katharina. »Es war nicht schwer, mit dem Chevalier Williams zu sprechen, denn er war außerordentlich geistreich und besaß, da er die meisten europäischen Hauptstädte bereist hatte, große Weltkenntnis.« Sie fühlte sich geschmeichelt, als sie hörte, daß er »den Abend ebenso genossen hatte wie ich und laute Loblieder auf mich sang. Es fällt mir nie schwer, mit Menschen auszukommen, deren Geist sich auf der gleichen Ebene bewegt wie der meinige.« Dieser Abend kennzeichnete den Beginn einer Freundschaft, durch die eine Großfürstin von Rußland auf die Lohnliste der britischen Regierung gesetzt werden sollte.

Hätte der englische Gesandte ohne die Unterstützung Poniatowskis einen ebenso großen Erfolg bei Katharina gehabt? Und hätte Poniatowski ohne die Ermutigung von Hanbury-Williams je danach gestrebt, Liebhaber der Großfürstin zu werden? Der junge Pole war nichts weiter als ein romantischer Schwächling, von Ehrgeiz dazu angespornt, das Spiel der Machtpolitik zu spielen, für das er seinem Temperament nach denkbar ungeeignet war. Keiner der drei war uneigennützig in seiner Beziehung zu den anderen. Williams nahm die Interessen seines Landes wahr, Katharina ihre eigenen und Poniatowski die seiner Familie.

Diese Familie waren die Czartoryski, eine der größten und mächtigsten Familien Polens. Von seinen beiden Onkeln, Fürst Michael und Fürst August, war der eine Großkanzler von Litauen, der andere Pfalzgraf von Rotrußland, beides östliche Grenzprovinzen von Polen. Stanislaus' Mutter hatte sich in den heldenhaften Grafen Poniatowski verliebt, der in der Armee von Karl XII. gegen Rußland gekämpft hatte und nach der Niederlage des schwedischen Königs völlig mittellos in seine Heimat zurückgekehrt war. Poniatowski hatte seine politische Einstellung ändern müssen, als er in eine Familie heiratete, die die russenfreundliche Partei in Polen vertrat. Die Czartoryski hofften, sich mit Hilfe ihres mächtigen Nachbarn der Herrschaft des sächsischen Königs, August II., entledigen zu können, um eine polnische Dynastie zu gründen, denn Polen war durch zügellosen Individualismus in Anarchie und Aufruhr verfallen. Von den Erbfürsten bis zum kleinsten Landedelmann hatten alle das Recht, an der Regierung teilzunehmen und als Mitglieder des Reichstags das berühmte *Liberum Veto* auszuüben, durch das ein einziges Individuum jegliches Bemühen um eine Gesetzgebung oder Reform vereiteln konnte. Der polnische Thron wurde durch Wahl besetzt, und in ihrer gegenseitigen Eifersucht, vor allem auf die Czartoryski, die einzige Familie, die patriotisch genug war, mehr an ihr Land als an sich selbst zu denken, zogen die polnischen Adeligen es vor, sich lieber der schwachen Herrschaft eines ausländischen Königs zu unterwerfen, als auch nur auf ein einziges ihrer Privilegien zu verzichten. Die Freundschaft des jungen Poniatowski mit dem neuen englischen Gesandten in Rußland, Sir Charles, und sein Angebot, ihn in seine Gesandtschaft aufzunehmen, waren für die Czartoryski eine willkommene Gelegenheit, diplomatische Beziehungen zum russischen Hof anzuknüpfen.

Stanislaus Poniatowski hatte den größten Teil seines Lebens im Ausland verbracht, wo seine charmante Art und geistreiche Konversation ihm hohes Lob eingetragen hatten. Er war bei Frauen und Männern gleichermaßen beliebt. In Paris hatte die berühmte Madame Geoffrin ihn in ihrem Salon empfangen und ihn wie einen Sohn behandelt. Französische Politiker versicherten, er sei besser als sie selbst über die Politik ihres Landes unterrichtet. In London war er fast ebenso gern gesehen wie in Paris, und seine Onkel, die ihn so wenig kannten, hörten von allen Seiten nur Gutes über ihn. Sie fühlten sich geschmeichelt, als Sir Charles mit Begeisterung von den diplomatischen Fähigkeiten ihres Neffen sprach, obgleich wohl niemand entrüsteter gewesen wäre als die fanatisch fromme Konstanze Poniatowski, hätte sie geahnt, daß der zynische Gesandte ihren Sohn als künftigen Liebhaber, entweder für die alternde Kaiserin oder für die junge Großfürstin ins Auge gefaßt hatte. Aber eines wußten seine Onkel nicht: Unter der glänzenden äußeren Schale lag eine schüchterne und unsichere Natur, und da Stanislaus Poniatowski den größten Teil seines Lebens im Ausland verbracht hatte, wußte er wenig von seinem Land und seinem Volk.

Es war ein unseliger Tag für Polen, als dieser kultivierte Dilettant in den Bann einer Frau geriet, die so faszinierend und skrupellos wie die Großfürstin war. Der englische Gesandte machte sie am Abend des Sommerfestes in Oranienbaum miteinander bekannt, und er brauchte nicht lange, um zu bemerken, daß Katharinas Augen wie gebannt auf dem gutaussehenden jungen Polen ruhten. Ein weniger bewundernder Beobachter bezeichnete den abschätzenden Blick der Großfürstin als »starr und glasig wie der eines Raubtiers, das seine Beute aufspürt«. Aber Poniatowski beschrieb die Augen Katharinas als »die blauesten und fröhlichsten der Welt, die jeden Menschen bezwangen, der in ihren Bereich kam«.

Nichtsdestoweniger sollten mehrere Monate vergehen, ehe er den Mut aufbrachte, seine Chance zu nutzen. Die Romanows galten im Ausland als grausam und rachsüchtig, und der vorsichtige Stanislaus verspürte kein Verlangen, den Rest seines Lebens in Sibirien zu verbringen – nicht einmal um der bezauberndsten aller Großfürstinnen willen.

Diesmal war es Katharina, die sich in der Rolle der Verführerin sah. Denn Poniatowski war mit zweiundzwanzig laut eigener Aussage noch unschuldig; es bedurfte der ganzen Überredungskunst des englischen Gesandten und der Intrigen des stets gefälligen Naryschkin, ihn mit einer Frau ins Bett zu bringen, in die er, wie er selbst erklärte, leidenschaftlich verliebt war. Ihm verdanken wir ein anschauliches Bild Katharinas im Alter von sechsundzwanzig Jahren:

Sie hatte sich erst kürzlich von ihrer ersten Entbindung erholt, eine Zeit, wo eine Frau, die einen Anspruch auf Schönheit hat, am bezauberndsten ist. Sie hatte dunkles Haar, eine blendend weiße Haut, eine griechische Nase und einen Mund, der nach Küssen verlangte. Ihre Hände und Füße waren vollkommen, ihre Stimme war sanft und angenehm, ihr Lachen der Inbegriff der Fröhlichkeit. Ihr Temperament war unberechenbar. Sie konnte sich einen Augenblick an den wildesten und kindlichsten Spielen ergötzen, um wenig später an ihrem Schreibtisch zu sitzen und sich mit komplizierten Fragen von Politik und Finanzwirtschaft zu befassen.

Trotzdem zögerte er immer noch, und es wurde Herbst, ehe er auch nur soweit ging, ihr ein *billet doux* zu schicken. Nur durch eine List gelang es Leo Naryschkin schließlich, ihn in eine so kompromittierende Lage zu bringen, daß er keine andere Wahl mehr hatte, wenn er nicht die Großfürstin zutiefst beleidigen und sich selbst in den Verdacht der Unmännlichkeit bringen wollte. Ohne es zu wissen, wurde er zum Eingang ihrer Privatgemächer geführt, wo er die Tür halboffen vorfand. Katharina wartete auf ihn; sie trug, wie er sich später erinnerte, »ein schlichtes weißes Gewand, mit Spitzen und rosa Bändern besetzt, und sie sah so bezaubernd aus, daß sie einen schon allein durch ihren Anblick die bloße Existenz Sibiriens vergessen ließ«. In dieser Nacht hatte Katharina die Befriedigung, den zärtlichsten und zugleich leidenschaftlichsten aller Liebhaber in die erotischen Künste einzuweihen, die sie von seinem Vorgänger gelernt hatte.

VI

PONIATOWSKI

Viele Jahre später schrieb Katharina als Kaiserin von Rußland an Potiomkin: »Poniatowski war von 1755 bis 1758 Liebender und Geliebter, und die Verbindung hätte ewig währen können, wäre er selbst ihrer nicht überdrüssig geworden. Ich bemerkte das an dem Tag seiner Abreise aus Zarskoje Selo, und ich war unglücklicher, als ich Ihnen sagen kann. Ich glaube nicht, daß ich zu irgendeiner anderen Zeit in meinem Leben soviel geweint habe.« Diese Zeilen klingen wahrer als die literarischen Ergüsse, in denen sich Poniatowski über seine unglückliche Leidenschaft zu der Frau ausläßt, die ihn mit einer Krone belohnen sollte, aus der sie später, einen nach dem anderen, die Edelsteine herauspickte. Aber im Winter und Frühling 1755/56, ehe die Politik sich in ihre Romanze drängte, lebten die beiden Liebenden in einer verzauberten Welt von heimlichen Stelldicheins, von nächtlichen Mondscheinfahrten längs der mit Eis bedeckten Newa und geflüsterten Worten, die im Dunkel der Palastgärten gewechselt wurden. Als Mann verkleidet, in ein pelzgefüttertes Cape gehüllt, schlich sich Katharina aus ihren Gemächern, um sich zu Poniatowski zu gesellen, der am Tor auf sie wartete. Naryschkin und seine Schwägerin Anna, eine von Katharinas liebsten Hofdamen, veranstalteten fröhliche, zwanglose Abendgesellschaften im Palais ihrer Familie. Als der Winter dem Frühling wich, wurden die Liebenden kühner und fuhren meist direkt in Poniatowskis Wohnung. Sie gingen ein ungeheures Wagnis ein, aber alles ging gut bis zum Abend des 6. Juli 1756. An diesem Abend geschah etwas, das zuviel Staub aufwirbelte, um ignoriert zu werden.

Der Hof war für die Sommermonate nach Peterhof übergesiedelt. Poniatowski wohnte mit Hanbury-Williams in einer nahe gelegenen *datcha*. Das großfürstliche Paar war in *»Mon Plaisir«*, einem Lustschlößchen in den Gärten von Peterhof, das auf das Meer hinausging. Poniatowski, der in den letzten Monaten unvorsichtig geworden war, begab sich an diesem Abend zu seiner Geliebten, ohne sie vorher benachrichtigt zu haben. Mit einer blonden Perücke und einer Maske angetan, fuhr er in einem kleinen, geschlossenen Wagen, der von einem zuverlässigen Diener gelenkt wurde. Aber die hellen nördlichen Nächte begünstigen keine romantischen Stelldicheins, und das Unglück wollte es, daß er auf eine Schar von betrunkenen Nachtschwärmern stieß, unter denen sich auch Peter und seine Geliebte befanden. Nach der Person seines Herrn befragt, erwiderte der Kutscher geistesgegenwärtig, er sei ein Schneider, der dem Haushalt der Großfürstin zugeteilt sei, und man gestattete ihm, weiterzufahren. Damit wäre der Fall erledigt gewesen, hätte nicht Elisabeth Worontzow den Großfürsten gereizt, indem sie zweideutige und abschätzende Bemerkungen über die elegante Erscheinung des Schneiders machte. Auf dem Heimweg wurde Poniatowski von drei berittenen Männern angegriffen, die ihn aus dem Wagen zerrten und vor den Großfürsten führten. Es war spät in der Nacht, und Peter, der sinnlos betrunken und in übelster Stimmung war, riß Poniatowski die Maske und Perücke ab und fragte ihn mit brutaler Offenheit, ob er »seine Frau gevögelt« habe. Entsetzt über diese Ausdrucksweise, beharrte der junge Pole auf seinem Schweigen und wurde mehrere Stunden in einer Wachstube eingesperrt, ehe man ihn freiließ und ihm gestattete, nach Hause zu gehen.

Binnen vierundzwanzig Stunden wußte der gesamte Hof über den Zwischenfall Bescheid, und Stanislaus Poniatowski, der weder der Kaiserin noch dem Favoriten je sympathisch gewesen war, wurde aufgefordert, das Land zu verlassen. Der britische Gesandte war machtlos, und Katharina konnte nur versuchen, die Abreise ihres Geliebten aufzuschieben, indem sie ihren Mann besänftigte und auf ihre Seite zog. Sie unterdrückte ihren Stolz, ging zu Peters Maitresse und bat sie, ein gutes Wort für sie einzulegen; und Elisabeth Worontzow, ein ungehobeltes, aber gutmütiges Mädchen, war hoch erfreut, die stolze Großfürstin als Bittstellerin vor sich zu haben.

In seinen Memoiren berichtet Poniatowski über einen seltsamen Zwischenfall, der sich wenige Tage nach seiner unglückseligen Eskapade in Peterhof ereignete. Anläßlich eines Hofballs flüsterte Elisabeth Worontzow ihm beim Tanz ins Ohr, er solle sie später im Rosengarten neben »Mon Plaisir« treffen. Voll nervöser Unruhe ging er dorthin, und seine Besorgnis steigerte sich noch, als Elisabeth ihn zum Großfürsten führte. Diesmal war Peter jedoch bei bester Laune und schalt ihn nur, weil er so töricht gewesen war, ihn nicht schon früher ins Vertrauen zu ziehen, was ihnen allen »eine Menge Gerede und Unannehmlichkeiten erspart hätte«. Stanislaus traute seinen Ohren nicht, als er den Großfürsten sagen hörte: »Jetzt, da wir gute Freunde sind, fehlt nur noch eine Person, um unsere Gesellschaft komplett zu machen.« Mit diesen Worten ging er in Katharinas Schlafzimmer, zog sie aus dem Bett und befahl ihr, einen Schlafrock überzuziehen. Dann brachte er sie, wie sie war, ohne Schuhe und Strümpfe, zu Poniatowski, warf sie ihm in die Arme und rief: »Da ist sie, mein Freund. Ich hoffe, ihr seid mit mir zufrieden!«

Der vornehme, wohlerzogene Pole, an solch rohe Umgangsformen nicht gewöhnt, geriet in größte Verlegenheit. Aber Katharina verlor nicht einen Augenblick die Fassung. Sie betrachtete die ganze Angelegenheit als einen gelungenen Scherz und blieb kaltblütig genug, von ihrem Mann eine schriftliche Erklärung zu fordern, daß er und Elisabeth Worontzow ihr möglichstes tun würden, um den Vizekanzler zu überreden, sich bei der polnischen Regierung für Poniatowskis Rückkehr einzusetzen. Peter war mittlerweile so betrunken, daß er widerspruchslos jegliche Erklärung unterschrieben hätte, und der Rest des Abends verging mit ausgelassenen Spielen, an denen Katharina, sehr zu Poniatowskis Überraschung, ebensoviel Spaß zu finden schien wie ihr Mann.

Diese vertraulichen, etwas sonderbaren Zusammenkünfte zu viert wiederholten sich noch mehrmals bis zu Poniatowskis Abreise, die Katharina trotz aller Bemühungen nicht länger als ein paar Wochen hinausschieben konnte. Poniatowski selbst scheint sich in dieser Hinsicht nicht sonderlich bemüht zu haben. Es ist anzunehmen, daß er zu sensibel und zartbesaitet war, um Gefallen an dieser zweideutigen Situation zu finden und gelassen mitansehen zu können, wie seine »anbetungswürdige Großfürstin« sich zum Souper an einen Tisch mit der Mätresse ihres Mannes setzte, die zwar einer der ältesten Familien Rußlands angehörte, aber aussah und sich benahm »wie ein Dienstmädchen in einem übelbeleumdeten Haus«. Derlei Dinge entsprachen nicht seiner romantischen Natur, und im übrigen begannen Katharinas Leidenschaft und ihre physischen Forderungen an seiner Gesundheit zu zehren.

Katharina weinte bittere Tränen, als sie sich verabschiedeten, denn Stanislaus war der erste Mann, bei dem sie echte Zärtlichkeit, gepaart mit romantischer Leidenschaft, und die Ritterlichkeit eines kultivierten Europäers kennengelernt hatte. Sie war ehrlich genug, um zuzugeben: »Wenn ich etwas will, dann will ich es unbedingt.« Jetzt wollte sie Stanislaus wiederhaben, und um dieses Ziel zu erreichen, war sie bereit, auch die letzten moralischen Grundsätze einer wohlerzogenen lutherischen Prinzessin zu opfern, die ihr noch verblieben waren. Sie setzte es durch, daß er Ende des Jahres mit dem offiziellen Mandat eines Gesandten seines Landes nach St. Petersburg zurückkehrte. Aber um das zuwege zu bringen, stürzte sie sich in eine Welt der politischen Intrigen und lieferte sich auf Gedeih und Verderb dem schlauen und bestechlichen Bestushew aus, der angesichts der zunehmenden Unbeliebtheit des Großfürsten ein gewisses Interesse für Katharina als Mutter des kleinen Paul zu zeigen begann.

In diesen kritischen Monaten von Poniatowskis Abwesenheit schloß Katharina eine Freundschaft, die für ihre politische Zukunft viel wichtiger war als der gutaussehende polnische Graf. In ihrer geheimen Korrespondenz mit Sir Charles Hanbury-Williams, die wie von einem Mann zum anderen geführt wurde – der Gesandte redete sie in seinen Briefen stets mit »Monsieur« an –, offenbart sie sich zum erstenmal als eine Frau, die vor nichts zurückscheut, wenn es darum geht, ihr Ziel zu erreichen, so daß sogar ihre Sehnsucht nach Poniatowski, der als »der Freund« bezeichnet wird, vor der Dringlichkeit der Situation verblaßt.

Während dieser ersten Monate des Jahres 1756 hatte sich die Gesundheit der Kaiserin zusehends verschlechtert. Die Höflinge sprachen im Flüsterton von Ohnmachten, bei denen sie viele Stunden lang bewußtlos blieb; von Wassersucht und einer Atemnot, die es ihr kaum gestattete, sich von ihrem Schlafgemach in ihre private Kapelle zu begeben. Sie, die so strahlend und heiter gewesen war, wurde jetzt von Ängsten verfolgt und suchte einen Tag Trost in Gebeten, um am nächsten Zuflucht zu den Zaubersprüchen und Beschwörungen alter Weiber zu nehmen. Katharina schrieb an den englischen Gesandten: »Sie betet unentwegt, aber wie können Frömmigkeit und Zauberkraft zugleich ihre Wirkung tun? Denjenigen, die Wasser im Bauch haben, ist nur ein kurzer Aufschub vergönnt, und ich weiß aus erster Hand, daß sie wieder unter Husten und schwerer Atemnot leidet.«

Sie hat kein Wort des Mitleids für die Frau, für die sie einmal so tiefe Verehrung empfunden, die ihr jedoch in den vergangenen zwölf Jahren zu viele Kränkungen und Demütigungen zugefügt hatte, als daß sie ihr verzeihen konnte, und die, solange sie lebte, die Macht besaß, sie und ihren Mann zugunsten des kleinen Paul zu enterben. Katharina fürchtete sich davor, von ihrem Sohn verdrängt zu werden, tröstete sich jedoch mit dem Gedanken:

Die geringe Gewißheit, mit der die Kaiserin auf das Geschick eines zweijährigen Kindes bauen kann, gepaart mit ihrer ängstlichen Veranlagung, wird sich, wie ich zu hoffen wage, als Sicherheit während ihrer Lebensdauer erweisen... Es wird mein Fehler sein, wenn meine Feinde die Oberhand gewinnen, denn seien Sie versichert, ich habe bereits meine Pläne geschmiedet und werde entweder zugrunde gehen oder regieren.

Der englische Gesandte war der einzige, der genügend Geld zur Verfügung hatte, um ihre Bedürfnisse zu befriedigen. »Machen Sie mich zur Kaiserin«, empfiehlt sie ihm, »dann werde ich Sie zu trösten wissen.« Denn Hanbury-Williams brauchte ebenso dringend Trost wie sie selbst. Seine Mission, die unter so günstigen Anzeichen begonnen hatte, wurde jetzt von Schwierigkeiten verfolgt. Der Vertrag von Westminster, in dem König Georg II. von England und sein Schwager, der König von Preußen, gegenseitig vereinbarten »ihre Gebiete gegen jeden feindlichen Einfall zu schützen«, hatte am politischen Horizont wie eine Bombe eingeschlagen und einen völligen Umschwung im europäischen Bündnissystem mit sich gebracht. Die unmittelbare Reaktion Frankreichs und Österreichs war, daß sie ihre Streitigkeiten beilegten und einen Allianzvertrag abschlossen, dem sich Sachsen und später auch Rußland anschließen sollten. Im Augenblick herrschte jedoch in St. Petersburg eine zu große Verwirrung, als daß man sich für irgendeine endgültige Politik hätte entscheiden können. Die franzosenfreundlichen Schuwalows drängten auf einen Austausch von Gesandten mit Frankreich. Aber noch war Bestushew an der Macht, und die Grundlage seiner Außenpolitik war bis jetzt die gegen Frankreich und Preußen gerichtete Freundschaft mit England und Österreich gewesen.

Doch jetzt lag Bestushews politisches Gebäude in Trümmern. Österreich bestand darauf, daß Rußland am Vertrag von Versailles festhielt. Ein Austausch von Gesandten mit Frankreich schien unvermeidlich; und das würde sowohl nachteilig für die britischen Interessen als auch verhängnisvoll für Bestushews Prestige sein. Obwohl sich Bestushew und Hanbury-Williams persönlich nicht mochten und jeder eifersüchtig auf den anderen war, was ihren Einfluß auf die Großfürstin betraf, sahen sie sich durch eine gemeinsame politische Linie vereint und bemühten sich gemeinsam, Katharina und ihren Mann zu überzeugen, daß die Ernennung eines französischen Gesandten sie auf Gnade und Ungnade den Schuwalows ausliefern würde. Katharina brauchte nicht erst überzeugt zu werden. »Ein weiterer Gesandter bedeutet einen weiteren Intriganten«, war ihr Kommentar. In Schweden hatte eine von Frankreich finanzierte Intrige des Parlaments ihren Onkel, den König von Schweden, zu einer bloßen Marionette herabgewürdigt und die Königin, eine Schwester des Königs von Preußen, wegen Vergehens gegen den Staat vor ein öffentliches Gericht gebracht. Mit Hilfe Frankreichs konnte es den Schuwalows immer noch gelingen, Peter zu enterben und sie beide nach Holstein zurückzuschicken, während einer der ihren zum Regenten für Katharinas kleinen Sohn ernannt wurde.

Katharina wußte, daß sie ein gefährliches Spiel trieb, wenn sie Bestechungsgelder vom britischen Gesandten annahm. Der Kanzler war in das Geheimnis eingeweiht, ebenso wie viele andere, »zu viele für ihre Sicherheit«. Denn es waren alles Männer, die bei der ersten Androhung von Folter und dem ersten Knutenhieb zu sprechen bereit sein würden. Es gab einen italienischen Juwelier, einen gewissen Bernardi, dessen Beruf ihn in Kontakt mit allen führenden Familien brachte und dessen Name ständig in Katharinas Korrespondenz auftaucht, zusammen mit dem des englischen Konsuls, eines Baron Wolff, der Buch über die Beträge führte, die ihr von der britischen Gesandtschaft ausgehändigt wurden. Ihr kam nie der Gedanke, daß es an Verrat grenzte, Bestechungsgelder einer fremden Macht anzunehmen, denn sie war stets überzeugt, daß sie ausschließlich im Interesse Rußlands handelte, und daß ihr Geschick unwiderruflich mit dem ihres neuen Vaterlandes verbunden sei. Sie hatte alles geplant und machte sich große Hoffnungen während jenes Augusts, dem Monat der Krise, in dem allgemein angenommen wurde, die Kaiserin läge im Sterben. Dann erholte sich Elisabeth wieder einmal wie durch ein Wunder, und die Höflinge hörten auf, dem jungen Hof zu huldigen.

Trotzdem verlor Katharina keinen Augenblick die Fassung. In einem Brief an Hanbury-Williams schreibt sie: »Ich würde gerne Angst empfinden, aber ich kann es nicht. Die unsichtbare Hand, die mich dreizehn Jahre lang über einen sehr rauhen Pfad geführt hat, wird mir nie gestatten, nachzugeben. Davon bin ich, vielleicht törichterweise, fest überzeugt.« Die Männer, auf die sie sich verließ – Poniatowski, Williams und selbst Bestushew – waren alle schwächer als sie. Aber zum Glück waren ihre Feinde noch schwächer als ihre Freunde, und in diesem Netz von Intrigen und Gegenintrigen, das sich um den Thron sponn, war sie die einzige, die keinen Augenblick von ihrem Ziel und ihren ehrgeizigen Plänen abwich. Während Bestushew sich allmählich mit dem Gedanken anfreundete, daß sie den Thron ihres Mannes teilen oder, falls Peter sich als unlenksam erwies, als Regentin für ihren Sohn eingesetzt werden sollte, dachte sie selbst niemals daran, einen Thron zu teilen. Sie würde »entweder zugrunde gehen oder Kaiserin aus eigenem Recht mit allen Privilegien und Freiheiten der Macht sein«.

Die Großfürstin ist romantisch und leidenschaftlich, aber wenn ich mich nicht sehr irre, sagen jene funkelnden Augen und die hohe Stirn ein langes und großartiges Schicksal voraus. Sie ist jedem Menschen gegenüber liebenswürdig und zuvorkommend, aber wenn sie in meine Nähe kommt, weiche ich unwillkürlich zurück. Ich weiß nicht warum, aber sie hat irgend etwas an sich, was mir Furcht einjagt.

Das schrieb der berühmte Chevalier d'Éon, der klügste und skrupelloseste aller französischen Agenten, denen es im Laufe der Jahre gelungen war, in das Gesellschaftsleben von St. Petersburg einzudringen, und die für das »Cabinet noir de Versailles« arbeiteten. Im vergangenen Jahr war der Hauptagent in Rußland ein gewisser Chevalier Douglas, alias MacKenzie, gewesen, ein Jakobit und ehemaliger Jesuit, dessen Aufgabe es war, über die militärische, finanzielle und kommerzielle Lage des Kaiserreichs zu berichten, sich genaue Informationen über die Intrigen des britischen Gesandten, den schwankenden Einfluß der diversen Minister und den prekären Gesundheitszustand der Kaiserin zu beschaffen. Aber die Verhandlungen über eine Wiederaufnahme der diplomatischen Beziehungen erforderten eine viel gewandtere Persönlichkeit, als Douglas es war. Diese heikle Aufgabe wurde dem Chevalier d'Éon anvertraut, von dem man wußte, daß er trotz seiner Jugend die nötigen Fähigkeiten besaß, um sich an einem Hof zu behaupten, wo soviel von persönlicher Ausstrahlung, einem gewissen Maß an Unverfrorenheit und einem völligen Mangel an moralischen Prinzipien abhing.

D'Éon betrachtete Katharina vom ersten Augenblick an instinktiv als eine gefährliche Feindin Frankreichs, aber sie selbst erwähnt ihn nicht ein einziges Mal in ihren Memoiren. Mit jenem seltsamen Mangel an Intuition, der ihr teutonisches Blut verriet, erkannte sie nicht, daß der geistreiche kleine Franzose, der wie ein bunter Schmetterling durch die Salons von St. Petersburg flatterte, ihr in den nächsten zwei Jahren mehr Schaden zufügen würde als der einflußreichste Minister.

Ende des Jahres kehrte Poniatowski als offizieller Vertreter seines Landes nach St. Petersburg zurück, widerwillig vom König ernannt, bei einem Hof akkreditiert, den er sechs Monate zuvor in Ungnade verlassen hatte, und mit Eifersucht und Abneigung von einem Kanzler empfangen, der sich mehr als jeder andere für seine Rückkehr eingesetzt hatte. Der österreichische Gesandte hatte formell Einspruch gegen seine Ernennung erhoben; seine Mutter, Konstanze Czartoryski, hatte sich geweigert, ihre Einwilligung zu einer Mission zu geben, die auf dem Wunsch einer verliebten Großfürstin beruhte; und selbst seine ehrgeizigen Onkel zögerten aus Angst, die Ehre ihres Neffen in einem Land gefährdet zu sehen, in dem der diplomatische Status einen nicht immer vor Sibirien bewahrte.

Aber es war Katharinas eisernem Willen und ihren unentwegten Bemühungen gelungen, jedes Hindernis zu überwinden, ungeachtet der Tatsache, daß Europa sich wieder im Kriegszustand befand, daß der König von Sachsen und Polen praktisch ein Gefangener war, während die Armeen König Friedrichs von Preußen sein Land überrannten, um von dort aus siegreich in Österreich einzumarschieren, und daß Rußland als Bundesgenosse Österreichs im Begriff war, mobil zu machen.

Ihre Briefe an Hanbury-Williams lassen deutlich ihren hemmungslosen Egoismus erkennen. Um ihren Liebhaber wiederzubekommen, war sie bereit, zu bestechen, zu schmeicheln und zu erpressen, den Kanzler gegen den Gesandten auszuspielen – zwei Männer, die durch ihre gemeinsamen Interessen aneinander gefesselt waren, aber eifersüchtig um ihre Gunst kämpften, denn beide, der greise Staatsmann ebenso wie der fünfzigjährige Gesandte, waren mehr als nur ein wenig in sie verliebt. In den letzten Monaten war Williams nicht nur ihr Bankier, sondern auch ihr Freund geworden, der ihr gute und oft uneigennützige Ratschläge gab. Es muß ihm schwergefallen sein, zu schreiben: »Poniatowskis Rückkehr ist das, was Ihnen am meisten am Herzen liegt. Dies kann nur mit Hilfe des Kanzlers erreicht werden.« Bestushew war ein Mann, dessen Bestechlichkeit er verachtete, der seit Jahren im Sold der britischen Regierung stand, und der jetzt, da das gesamte System von Bündnissen sich verändert hatte und es nicht mehr in Frage kam, daß russische Soldaten Hannover verteidigten, trotz allem immer noch versuchte, sich vom König von England eine Pension zu sichern.

Der Kanzler war nicht mehr der einflußreiche Mann von einst. Er, der Katharina während der ersten Jahre ihres Aufenthalts in Rußland mit seiner Feindseligkeit und seinen kleinlichen Verfolgungen das Leben zur Qual gemacht hatte, betrachtete sie nun als die einzige Hoffnung für die Zukunft, den einzigen Menschen, der im Falle des Todes der Kaiserin sowohl ihn als auch Rußland vor seinen Feinden retten konnte. Katharina ihrerseits verehrte Graf Bestushew als den einzigen russischen Politiker, der wie ein Patriot dachte und sein Land während der letzten fünfzehn Jahre im Friedenszustand gehalten hatte. Aber sowohl Bestushew als auch Williams waren gefährliche Bundesgenossen für eine junge Großfürstin, der es ausdrücklich verboten war, sich mit Politik zu befassen, und die sogar mißbilligend angesehen wurde, wenn man sie dabei ertappte, daß sie dem Großfürsten bei der Verwaltung von Holstein half. Doch Katharina war jetzt so betört von Poniatowski, daß sie alle Vorsicht außer acht ließ. Im Spätherbst 1756 hatte Graf Bestushew noch genügend Einfluß, um ihren Wünschen nachzukommen und an den sächsischen Minister, Graf Brühl, zu schreiben:

Bei der gegenwärtigen kritischen Lage der Dinge halte ich es für um so notwendiger, daß das Königreich Polen unverzüglich einen bevollmächtigten Gesandten nach St. Petersburg schickt, dessen Anwesenheit die Bande der Freundschaft zwischen den beiden Höfen festigen würde, und da ich niemanden kenne, der meinem Hof angenehmer wäre als Graf Poniatowski, schlage ich Ihnen selbigen vor.

Der Vorschlag war fast ein Befehl, dem Graf Brühl, wie Katharina vorausgesehen hatte, wohl oder übel nachkommen mußte.

Die Reaktion der Kaiserin auf Poniatowskis Ernennung zeigt, daß sie trotz ihrer Krankheit nicht ihren Sinn für Humor verloren hatte. Als Bestushew ihr die Nachricht überbrachte, fragte sie in spöttischem Ton: »Warum schickt man ihn? Jeder Mensch wird annehmen, er sei mein Liebhaber.« Aber obgleich die Schuwalows ihre ganze Überredungskunst anwandten, um die Rückkehr des Polen zu verhindern, weigerte sich Elisabeth, den alten Kanzler zu demütigen, indem sie seinem Entschluß widersprach. Ganz Petersburg wußte, daß Poniatowski Katharinas Liebhaber war. Aber Elisabeth war tolerant gegen menschliche Schwächen, und wenn ihre Eifersucht nicht geweckt wurde, konnte sie immer noch Zuneigung und sogar Mitgefühl für die lebensprühende, vollblütige junge Frau empfinden, die mit einem Mann verheiratet war, den sie, Elisabeth, unverhohlen als »dieses kleine Monstrum« bezeichnete.

Katharina verdiente es nicht, von Elisabeth bemitleidet zu werden. Es liegt etwas beinahe Anstößiges in dem kaltblütigen Ton der Briefe, in denen sie dem englischen Gesandten von Tag zu Tag über den physischen und moralischen Verfall der Kaiserin berichtet. Sie gibt offen zu: »Es ist mein Traum, sie sterben zu sehen.« Selbst der sensible Stanislaus war hartherzig genug, einmal über die Kaiserin zu schreiben: »Du bringst uns zur Verzweiflung! Stirb, so schnell du kannst!« – was vermuten läßt, daß Katharinas Liebhaber sich bereits in der Rolle eines Prinzgemahls sah, nachdem Peter entthront, von Katharina geschieden und nach Holstein zurückgeschickt worden war.

Aber Elisabeth weigerte sich, ihnen den Gefallen zu tun. Ihre kraftvolle Konstitution ermöglichte es ihr, sich von einem Schlaganfall nach dem anderen zu erholen. Einen Tag lag sie im Sterben, am nächsten war sie auf der Birkhahnjagd. Und immer noch erschien sie auf Staatsbanketts und Festen, elegant gekleidet, mit Diamanten bedeckt und auf dem Gesicht jenes strahlende Lächeln, das keine Krankheit zerstören konnte. Trotz all ihrer Leiden zeigte sie mehr Enthusiasmus für den Krieg gegen Preußen als die meisten Angehörigen ihres Hofes. Wie Katharina in einem ihrer Briefe an Williams schreibt: »Sie spricht sogar davon, ihre Armeen persönlich zu befehligen, den Großfürsten mitzunehmen und mich hier mit meinem Sohn zurückzulassen. Der Großfürst wird jedoch kaum damit einverstanden sein.« Die Kaiserin fühlte immer noch das Blut Peters des Großen in ihren Adern sieden, aber ihr Erbe war ein Aufschneider und Feigling, dessen Vorstellung von Krieg sich darauf beschränkte, mit Zinnsoldaten gegen Pappfestungen zu kämpfen.

Unter Elisabeths Vater hatte das russische Heer Karl XII. von Schweden, das größte militärische Genie seiner Zeit, besiegt. Aber die Generäle waren während der langen Jahre des Friedens fett und faul geworden. Es mangelte an Kriegsgerät und Versorgungsmaterial, und das Heer bestand größtenteils aus unerfahrenen Rekruten. Feldmarschall Apraxin verdankte seine Stellung als Oberbefehlshaber mehr seinem hohen Dienstalter und seiner Freundschaft mit Bestushew als seinen Fähigkeiten. Er war gutmütig und träge und zeigte nicht viel Neigung, sich mit einem ungedrillten und schlecht ausgerüsteten Heer auf einen Winterfeldzug zu begeben. Ungeachtet der Befehle des Großen Rats weigerte er sich, vor dem Frühling aus seinem Hauptquartier in Riga auszurücken, und bis dahin hatte Sachsen sich Preußen ergeben und Friedrichs Armeen hatten Böhmen überrannt.

Persönliche Überlegungen mögen ebenfalls zu Apraxins Verzögerungstaktik beigetragen haben. Der Gesundheitszustand der Kaiserin war äußerst unstabil, und die allgemein bekannte Preußenfreundlichkeit des Großfürsten ließ keinen Zweifel daran, daß der Krieg enden würde, sobald er an die Macht kam. Unter diesen Umständen konnte man es selbst dem energischsten aller Generäle nicht verübeln, daß er seine Laufbahn nicht aufs Spiel setzen wollte. Auch die Einstellung der Großfürstin war unklar. Ihre Freundschaft mit dem englischen Gesandten, der jetzt nicht nur für England, sondern auch für Preußen tätig war, erweckte den Eindruck, daß sie die politischen Ansichten ihres Mannes teilte. Man erinnerte sich, daß König Friedrich ihre Heirat arrangiert hatte, und daß ihre Mutter eine preußische Agentin gewesen war; sogar Friedrich selbst gab sich der Illusion hin, daß er auf die Freundschaft von Sophie von Anhalt-Zerbst zählen könnte. Aber er irrte sich, denn Katharina sehnte sich im Gegenteil glühend nach einem glorreichen russischen Sieg, der das rasch schwindende Prestige des alten Kanzlers wiederherstellen und den Triumph ihrer Feinde verhindern würde. Sie ging sogar soweit, auf Bestushews Wunsch einen persönlichen Brief an Feldmarschall Apraxin zu schreiben und ihn zu bitten »er möge die Preußen unverzüglich angreifen und ihre Armeen auf ihr eigenes Gebiet zurückwerfen«. Dieser Brief wurde später gegen sie benutzt, und es wurde behauptet, er sollte ihre heimlichen Intrigen mit Hanbury-Williams und König Friedrich vertuschen. Aber niemand war glücklicher als Katharina, als im August 1757 die Nachricht von der Niederlage des preußischen Heeres bei Groß-Jägersdorf eintraf, denn ihre Treue gehörte ausschließlich Rußland, dem Land, das sie von dem Augenblick an, da sie zum erstenmal die vergoldeten Türme von St. Petersburg aus dem Winternebel des Newadeltas auftauchen sah, zu ihrem eigenen gemacht hatte. Sie liebte ihre Wahlheimat mit einer Leidenschaft, die alle anderen Leidenschaften ihres Lebens übertraf, und der sie selbst den bezauberndsten ihrer Liebhaber opfern sollte.

VII
ÜBUNG IM SPIEL DER INTRIGEN

Bis Poniatowski nach St. Petersburg zurückkehrte, war Katharina bereits so tief in politische Intrigen verwickelt, daß der junge Pole vom Tag seiner Ankunft an von den französischen Agenten als Feind Nummer eins angesehen wurde. Sowohl Douglas als auch d'Éon beobachteten ihn auf Schritt und Tritt, so daß er es nicht einmal wagte, sich mit seinem Freund Hanbury-Williams in Verbindung zu setzen, der, obgleich er seine Vorsicht billigte, nichtsdestoweniger tief gekränkt über sein Verhalten war. Stanislaus war, wie seine spätere Laufbahn beweisen sollte, alles andere als ein Held, und nur seine leidenschaftliche Liebe zu Katharina verlieh ihm den Mut, auf seinem Posten zu bleiben. Von einem Strudel politischer Machenschaften erfaßt, mag er mit Bedauern an die relative Anonymität seines früheren Aufenthalts gedacht haben, an den Zauber jener verstohlenen Stelldicheins zu einer Zeit, wo ihre Liebe noch ein kostbares Geheimnis war, von dem nur wenige wußten. Jetzt war ihre Liaison Allgemeingut, und der Großfürst spielte so offen die Rolle des gefälligen Ehemanns, daß er vorgab, außer sich vor Freude über Poniatowskis Rückkehr zu sein. Aber Peters Stimmungen waren unberechenbar, und die Beziehungen zwischen ihm und seiner Frau verschlechterten sich jetzt zusehends. Die Großfürstin war wieder schwanger, und ihr Mann erklärte in aller Öffentlichkeit: »Der Himmel weiß, woher meine Frau ihre Schwangerschaften nimmt, aber ich nehme an, ich werde das Kind als mein eigenes anerkennen müssen.« Diese gefährliche und indiskrete Äußerung wurde Katharina sofort zugetragen, die ihrem Mann ausrichten ließ, »er habe kein Recht, solch eine Bemerkung zu machen, es sei denn, er wäre bereit zu schwören, daß er während des letzten Jahres nicht mit seiner Frau geschlafen habe.« Selbst wenn Peter imstande gewesen wäre, dies mit gutem Gewissen zu tun, er hatte viel zuviel Angst vor dem Zorn seiner Tante, um eine solche Erklärung abzugeben.

Als die Großfürstin Ende des Jahres 1757 von einer Tochter entbunden wurde, erschien ihr Mann, in die Uniform eines holsteinischen Generals gekleidet, als erster an ihrem Bett. Obwohl Katharina sich noch kaum von ihren Wehen erholt hatte, besaß sie doch die Geistesgegenwart, ihm zuzuflüstern,»er solle sich vor dem Eintreffen der Kaiserin eine russische Uniform anziehen«.

Allem Hofklatsch zum Trotz war Elisabeth großmütig genug, das neugeborene Mädchen als eine Romanow anzuerkennen, ihm den Namen von Peters Mutter, Anna von Holstein, zu geben und sowohl dem Großfürsten als auch Katharina je sechzigtausend Rubel zu schenken. Auch dieses Kind wurde Katharina sofort genommen und in die Gemächer der Kaiserin gebracht, während sie selbst der Betreuung durch eine einzige Hofdame überlassen blieb. Aber diesmal erhebt Katharina keinen Anspruch auf Mitleid. Sie erklärt ganz offen in ihren Memoiren, daß ihre Hauptsorge ihrem eigenen Wohlbefinden und ihrer Zerstreuung während der Wochen ihrer Rekonvaleszenz galt. Ein riesiger Wandschirm wurde zwischen ihrem Bett und einem angrenzenden Vorzimmer aufgestellt, das auf einen kleinen Korridor hinausführte, durch den sie heimlich ihre Freunde hereinkommen ließ. Sobald irgendeine Störung drohte, verschwanden sie hinter dem Wandschirm. So konnte sie viele fröhliche und ungezwungene Abendgesellschaften veranstalten, und ihre Diener waren stets aufs neue erstaunt über die großen Nahrungsmengen, die die junge Mutter allabendlich zu sich nahm.

Poniatowski scheint die Seele dieser intimen Gesellschaften gewesen zu sein. Die Vaterschaft lastete nicht schwer auf ihm, und weder er noch Katharina machten sich viel Gedanken um die kleine Anna, die seit ihrer Geburt ein zartes und kränkliches Kind gewesen zu sein scheint. Aber Poniatowskis Tage in St. Petersburg waren gezählt. Während des ganzen Jahres 1757 forderten Elisabeths französische und österreichische Verbündete mit immer neuen Depeschen seine Abberufung. Weder die Bestechungsgelder des englischen Gesandten noch die Bemühungen des greisen Kanzlers hatten die Wiederaufnahme von diplomatischen Beziehungen zu Frankreich verhindern können. Im Juni 1757 traf der Marquis de l'Hôpital an der Spitze eines riesigen und pompösen Gefolges, das dazu bestimmt war, die prunkliebenden Russen zu beeindrucken, in St. Petersburg ein. Der Chevalier Douglas wurde abberufen, und Jean Geneviève Auguste Marie d'Éon wurde offiziell zum Ersten Sekretär ernannt.

»Ich sende Ihnen unseren lieben kleinen d'Éon, der Sie gewiß zufriedenstellen wird«, schrieb der Kardinal de Bernis an den neuen Gesandten. Tatsächlich hatte der elegante und ein wenig träge Marquis allen Grund, mit seinem neuen Sekretär zufrieden zu sein, denn d'Éon nahm ihm fast alle Arbeit ab und führte die Verhandlungen so erfolgreich, daß Rußland sich mit den unbilligen Bedingungen einverstanden erklärte, nach denen Frankreich ihm im Falle eines Krieges mit der Türkei lediglich als Unterhändler zur Seite stehen würde, denn König Ludwig weigerte sich, auf seine traditionelle Freundschaft mit den Türken zu verzichten.

Unterdessen wurde Sir Charles Hanbury-Williams gedrängt, um seine eigene Abberufung zu ersuchen. Niemand war begieriger darauf, ihn fortgehen zu sehen, als Bestushew, der sich die Taschen auf Englands Kosten gefüllt hatte, jetzt aber, um sich zu retten, eifrig darauf bedacht war, einen Mann loszuwerden, der so viele belastende Beweise gegen ihn besaß. Seit Poniatowskis Rückkehr hatte die Korrespondenz zwischen Katharina und dem ihr treuergebenen Gesandten erheblich nachgelassen. Williams, enttäuscht über den Fehlschlag seiner Mission und gesundheitlich stark mitgenommen von der Strenge des russischen Winters, begann zu erkennen, daß das Versprechen ewiger Freundschaft, das seine anbetungswürdige Großfürstin ihm gegeben hatte, nicht ganz so aufrichtig war, wie es geklungen hatte. Jetzt, da sie eine eigene, unabhängige politische Linie verfolgte, bei der der englische Gesandte mehr die Rolle eines Bankiers als die eines Mentors spielte, schlug sie seine Warnung, sich vor der Treulosigkeit Bestushews zu hüten, in den Wind und stellte sich taub, wenn er ihr die Freundschaft des Königs von Preußen anbot. Nichtsdestoweniger fand seine Abreise zu einem Zeitpunkt statt, an dem sie sowohl seine Ratschläge als auch sein Geld am nötigsten gebraucht hätte, und die Tränen, die sie beim Abschied vergoß, waren ehrlich genug, seine Eitelkeit zu befriedigen und ihn hoffen zu lassen, daß sie ihn eines Tages als Botschafter an ihren Hof zurückrufen würde.

Bis aber Katharina an die Macht kam, war der geistreiche und weltkluge Gesandte zu einem verbitterten Invaliden geworden, der seelisch und körperlich gebrochen war. Zudem hatte die Kaiserin von Rußland zu viele Ansprüche auf ihre Dankbarkeit zu befriedigen, um viel an den englischen Diplomaten zu denken, der ihr die ersten Lektionen in Machtpolitik erteilt hatte. Seine Abreise ließ sie in größter Geldnot zurück. Hanbury-Williams hatte auch ihrem Mann öfter Kredite gewährt und sogar mit ihrer Einwilligung eine große Rechnung für Juwelen beglichen, die Peter seiner Mätresse geschenkt hatte. Es war die beste Art, den habgierigen Großfürsten bei Laune zu halten. Aber jetzt war die Goldquelle versiegt, und Katharinas Beziehungen zu ihrem Mann litten merklich darunter. Es gab französische Agenten, die bereitwillig seine Bedürfnisse befriedigten, und gewisse Holsteiner in seinen Diensten wurden dafür bezahlt, Zwietracht zwischen dem jungen Paar zu säen; sie redeten Peter ein, all seine Schwierigkeiten mit seiner Tante seien nur auf die Großfürstin zurückzuführen, und daß er sich selbst und seinem Land einen schlechten Dienst erwiesen habe, als er ihr gestattete, sich in die Angelegenheiten Holsteins zu mischen.

Peter hatte sich immer darauf verlassen, daß seine Frau seine Fehler vertuschte und ihm half, wenn er in Schwierigkeiten war; aber im tiefen Inneren verübelte er ihr ihre offen zur Schau getragene geistige Überlegenheit und ihre Abneigung, an seinen Gesellschaften teilzunehmen, wenn Frauen von zweifelhafter Moral zugegen waren. Wenn er sie dazu zwang, erschien sie in ihrem schlichtesten Kleid ohne irgendwelche Juwelen und verschwand, ehe das Souper serviert wurde, was er als einen Affront gegen ihn und seine Freunde ansah. Zwei Monate nach der Geburt des Kindes, das er offiziell als das seine anerkannt hatte, stand das großfürstliche Paar auf so schlechtem Fuß miteinander, daß es Alexander Schuwalow gelang, Peter zu überreden, zur Kaiserin zu gehen und »sie um Verzeihung wegen seines schlechten Benehmens zu bitten, das ausschließlich darauf zurückzuführen sei, daß er dem Rat seiner Frau gefolgt wäre.«

Unterdessen drängten die französische und die österreichische Regierung den polnisch-sächsischen König, den Gesandten abzuberufen, der, wie sie erklärten, mehr der Großfürstin als seinem Land diene. Die russischen Verbündeten sprachen offen von Verrat. Statt seinen Sieg in Groß-Jägersdorf auszunützen, hatte Apraxin angesichts der großen Verluste und der hungernden Armee den Rückzug angetreten, obwohl eine kühne Offensive ihn an die Tore von Königsberg hätte bringen können. Sowohl Bestushew als auch Katharina schrieben ihm flehende Briefe, in denen sie ihn baten, seinen Vormarsch fortzusetzen. Aber noch ehe diese ihn erreichten, war der alte Feldmarschall seines Amtes enthoben und auf seine Güter verbannt worden. Die Briefe fielen in die Hände der Geheimpolizei und dienten als ein weiterer Beweis dafür, daß die Großfürstin sich in Dinge mischte, die sie nichts angingen. Der österreichische Gesandte, Graf Esterhazy, ging sogar soweit zu behaupten, daß sowohl der Kanzler als auch die Großfürstin weitgehend schuld an dem Mißerfolg des Feldzugs seien, und daß sie eine unabhängige Politik verfolgten, die im Gegensatz zu derjenigen der Krone stehe. Dem Chevalier d'Éon war es gelungen, sich Informationen hinsichtlich der Pläne Bestushews für die Thronfolge zu verschaffen, und der französische Gesandte versicherte der Kaiserin, wenn man das Haus des Kanzlers durchsuchte, werde man genügend Beweismaterial finden, um ihn des Hochverrats anzuklagen.

Die Kaiserin war eine kranke Frau, die große Angst hatte zu sterben. Jegliche Erwähnung der Thronfolge genügte, ihren Argwohn zu wecken. Im November 1757 schrieb der Marquis de l'Hôpital nach Versailles: »Falls die Kaiserin stirbt, wird es kurz darauf eine Palastrevolution geben, denn man wird dem Großfürsten nicht gestatten, den Thron zu besteigen.« Eine Woche später unterrichtete er seine Regierung: »Falls die Kaiserin noch ein paar Jahre am Leben bleibt, beabsichtigt sie, die Thronfolge zu ändern und ihren Neffen zugunsten von Paul Petrowitsch zu enterben.« Dies war Elisabeths größter Wunsch, aber sie faßte dabei nie Katharina als Regentin ins Auge. Die Tatsache, daß der alte Kanzler bereits mit ihrem Tode rechnete und mit dem jungen Hof intrigierte, war der entscheidende Faktor, der seinen Sturz herbeiführte.

Es war gegen Ende des Karnevals 1758, und Katharina, die, jetzt vollkommen von ihrer Niederkunft erholt, wieder am Leben des Hofes teilnahm, zeigte sich tapfer angesichts dessen, was sie als eine drohende Gefahr empfand. Sie spürte sie in der Atmosphäre, in der Art, wie einige ihrer ältesten Freunde ihre Gesellschaft mieden, und in der sichtlichen Verlegenheit derer, die sich noch wenige Wochen zuvor um ihre Gunst bemüht hatten. Die Ballsaison ging ihrem Ende entgegen, und sie, die sonst so gerne tanzte, empfand jetzt jedes Fest als eine Qual. Die Kaiserin war kalt und abweisend, und die Höflinge folgten ihrem Beispiel. Poniatowski, der bereits von seiner Abberufung verständigt worden war, suchte nach Mitteln und Wegen, seine Abreise hinauszuzögern; aber er war politisch so verdächtig, daß sie sich kaum sehen konnten, und er ging ein großes Wagnis ein, als er ihr am Sonntag dem 15. Februar frühmorgens einen kurzen Brief sandte, in dem er sie von der Verhaftung des Kanzlers unterrichtete, die vor dem jungen Hof geheimgehalten worden war. Der alte Kanzler war vom Krankenbett zur Kaiserin gerufen und bei seinem Erscheinen formell verhaftet worden; dann hatte man ihn in dem gleichen Ratssaal, in dem er so viele Jahre den Vorsitz geführt hatte, all seiner Orden und Ehrenzeichen entkleidet.

Was jedoch Katharina am meisten erschreckte, war die Nachricht, daß sich unter den übrigen Verhafteten auch der italienische Juwelier Bernardi und ihr russischer Lehrer Adadurow befanden, die beide in den vergangenen Monaten als Verbindungsmänner in ihren Verhandlungen mit dem Kanzler und dem britischen Gesandten fungiert hatten. »Ich war wie vom Donner gerührt«, schreibt sie, »denn als ich den Brief las, wurde mir klar, daß ich viel tiefer in die Sache verstrickt war, als ich angenommen hatte, und eine Unzahl von Gedanken, einer unangenehmer als der andere, gingen mir durch den Kopf.«

Trotzdem bewahrte sie die Fassung, zog sich mit ihrer üblichen Sorgfalt an und nahm an der Messe in der Schloßkapelle teil, »wo die meisten der Anwesenden ebenso niedergeschlagen zu sein schienen, wie ich es war. Niemand erwähnte mir gegenüber irgend etwas, und auch ich sagte nichts.« An diesem Nachmittag fand bei Hofe eine Doppelhochzeit statt, einer der Bräutigame war Katharinas alter Freund Naryschkin. Die Kaiserin war nicht zugegen, so daß die Großfürstin beim Hochzeitsmahl auf dem Ehrenplatz saß. Trotz all ihrer scheinbaren Fröhlichkeit war sie sich bewußt, daß jeder in ihrer Gegenwart das Thema vermied, das auf aller Lippen lag. Schließlich konnte sie es nicht länger ertragen und ließ Marschall Trubetzkoy kommen, der ein Mitglied jenes Ausschusses war, den man mit der Untersuchung der Kanzlerangelegenheit beauftragt hatte. Ohne weitere Umschweife fragte sie ihn frei heraus, ob sie irgendwelche Fortschritte machten. »Ob es mehr Verbrechen als Verbrecher oder mehr Verbrecher als Verbrechen gab.« Der Ton war unbeschwert, und die Frage wurde mit einem Lächeln gestellt. Aber es lag eine gewisse Verlegenheit in der Erwiderung des Marschalls, »daß sie noch nach den Verbrechen suchten«. Katharinas einziger Trost war das Bewußtsein, daß alle Teile des Volkes und besonders das Heer die Verhaftung des Kanzlers mißbilligten. Denn jeder wußte, daß sie von den verhaßten Schuwalows, den Onkeln des kaiserlichen Favoriten, veranlaßt worden war, und daß die Schuwalows ihrerseits unter dem Druck ausländischer Mächte gehandelt hatten.

Nach einer schlaflosen Nacht erhielt die Großfürstin am nächsten Morgen einen kurzen Brief, in dem Bestushew, obwohl er sich unter strengem Arrest befand, ihr mitteilen konnte, daß er Zeit gehabt habe, all seine Papiere zu verbrennen. Unter diesen Papieren muß auch der Plan gewesen sein, den er bereits für die Thronfolge gemacht hatte, und der, wäre er gefunden worden, Katharina schwer belastet hätte. Sie ihrerseits erwiderte, daß sie das gleiche getan habe. Innerhalb von knapp einer Stunde vernichtete sie all ihre Papiere, einschließlich der Kontobücher, in denen die Beträge vermerkt waren, die sie von dem englischen Bankier, Baron Wolff, erhalten hatte. Ihre gesamte Korrespondenz mit Hanbury-Williams – sie hatte stets darauf bestanden, daß er ihr ihre Briefe zurückgab – ging in Flammen auf. Zum Glück für die Nachwelt war der Gesandte so umsichtig gewesen, sie abzuschreiben, ehe er das tat.

Noch nie hatte Katharina sich so einsam und verlassen gefühlt wie in den Wochen nach Bestushews Verhaftung. Die Untersuchungen des Ausschusses, die sich monatelang hinzogen, brachten keine konkreten Beweise für einen Verrat. Aber Bestushews Verhalten seit Beginn des Krieges war verdächtig genug gewesen, um ihm, wenn auch nicht die Todesstrafe, so doch eine lebenslängliche Gefangenschaft einzutragen. Angesichts seiner großen Verdienste in früheren Zeiten milderte die Kaiserin die Strafe zu lebenslänglicher Verbannung auf eines seiner Landgüter. Dem Feldmarschall Apraxin blieb die Demütigung eines Verhörs erspart: Er erlag wenige Tage vor der Gerichtsverhandlung einem Schlaganfall. Aber die Härte der Strafen, die Katharinas Helfershelfern vorbehalten waren – sie wurden alle auf Lebenszeit in ferne Teile des Landes verbannt –, zeigte deutlich, daß man auch sie nicht für schuldlos hielt.

Zu allem war Poniatowski so von Angst um seine eigene Sicherheit erfüllt, daß nur ihre tränenreichen Szenen ihn daran hinderten, dem Befehl seiner Regierung zu folgen und so bald wie möglich in sein Land zurückzukehren. Er stellte sich krank und blieb weiter in St. Petersburg, wo alles, was er tat, argwöhnisch beobachtet wurde, und wo er auch nicht mehr mit dem Schutz des Großfürsten oder seiner Mätresse rechnen konnte, denn sie waren beide zu Katharinas erbittertsten Feinden geworden. Katharina war, nachdem sie sich von ihrer Niederkunft erholt hatte, leidenschaftlicher und verlangender denn je. Aber Stanislaus war müde und erschöpft. Der junge Mann, der sich am glücklichsten gefühlt hatte, wenn er in Madame Geoffrins Pariser Salon Epigramme verfaßte, war außerstande, die Atmosphäre von skrupellosen Intrigen und politischer Niedertracht zu ertragen, die seine bezaubernde junge Geliebte als einen

·selbstverständlichen Bestandteil ihres täglichen Lebens hinnahm. Als er schließlich im Sommer 1758 aus Rußland ausgewiesen wurde, verließ er St. Petersburg ohne Bedauern, und Katharina schreibt, sie habe nie in ihrem ganzen Leben so bitterlich geweint wie in dem Augenblick, als sie sich voneinander verabschiedeten und sie bemerkte, »daß es ihm nicht leid tat, fortzugehen«.

Der Frühling 1758 war die unglücklichste Zeit ihres Lebens, eine Zeit, in der sie zu dem schicksalsschweren Schluß gelangte, daß von einer freundschaftlichen Beziehung zwischen ihr und ihrem Mann nicht mehr die Rede sein konnte. »Sie würde entweder mit ihm oder durch ihn zugrunde gehen, oder sie würde selbständig handeln, um sich, ihre Kinder und vielleicht sogar den Staat zu retten, denn Peter als Kaiser würde seinem Land nichts als Unglück bringen.« Ihr guter Stern schien sie verlassen zu haben. Sie wurde eines Verbrechens verdächtigt, das niemand erwähnte, aber es wagte auch niemand, ihr beizustehen, und sogar ihre Freunde mieden sie. Der Großfürst verfolgte sie, und die Kaiserin nahm keine Notiz von ihr. Schließlich wurde ihr die Situation so unerträglich, daß sie beschloß, ihre ganze Zukunft auf eine Karte zu setzen, und so schrieb sie einen Brief an Elisabeth, in dem sie ihr für alle Wohltaten dankte, die sie ihr in früheren Zeiten erwiesen hatte, und sie um Verzeihung bat, wenn sie unwissentlich etwas getan, was das Mißfallen der Kaiserin erregt hatte. Sie beschrieb die Trostlosigkeit ihres Lebens am kaiserlichen Hof, wo der Großfürst sie mit Gehässigkeiten verfolgte und man ihr nicht gestattete, ihre Kinder zu sehen, obgleich sie unter einem Dach mit ihr lebten. Dann bat sie in aller Demut, man möge ihr gestatten, zu ihrer Familie nach Zerbst zurückzukehren, wo sie den Rest ihrer Tage »mit inbrünstigen Gebeten für die Kaiserin, den Großfürsten, ihre Kinder und alle diejenigen, die ihr Gutes getan hatten«, verbringen wollte. Es war ein ergreifender, demütiger Brief, dessen Wortlaut dazu bestimmt war, die warmherzige und gefühlsbetonte Elisabeth zu rühren, der Brief einer vollendeten Schauspielerin, die selbst in ihrer schwärzesten Stunde keinen Augenblick daran dachte, nach Zerbst zurückzukehren, wo sie ohnedies kein Zuhause mehr hatte, denn König Friedrich hatte die Besitztümer ihres Bruders überrannt, und ihre Mutter lebte als Flüchtling in Paris. Aber das blasse, kleine Gesicht und die rotumränderten Augen waren überzeugend genug, den jungen Iwan Schuwalow zu beeindrucken, der die Feindseligkeit und das Mißtrauen seiner Onkel gegen die junge Großfürstin niemals geteilt hatte und sich jetzt erbot, ihren Brief der Kaiserin zu überbringen. Schon nach wenigen Stunden kehrte er zurück, um ihr mitzuteilen, daß Ihre Majestät den Brief gelesen habe und ihr eine Audienz gewähren werde, sobald ihr Gesundheitszustand es gestatte. Jetzt sah sich Katharina vor die harte Probe gestellt, geduldig zu warten, bis es einer kranken, launenhaften Frau gefiel, über ihr Schicksal zu entscheiden.

Sie mußte lange warten – die ganzen langen Wochen der Fastenzeit, die mit frommen Handlungen und Gebeten verbracht wurden. Das strenge Einhalten all der orthodoxen Kirchenriten zählte zu den Dingen, die ihr die Liebe ihrer zukünftigen Untertanen einbrachten. Aber das Fasten war zuviel für ihre Nerven, die ohnedies von diesen Wochen des Wartens und der Einsamkeit zermürbt waren. Sie zog sich in ihr Bett zurück, lag den ganzen Tag weinend in einem verdunkelten Zimmer und befand sich in einem derartigen Zustand der Verzweiflung, daß ihre Hofdamen ernstlich um ihr Leben bangten. Es besteht kein Zweifel, daß ihre Krankheit echt war, denn selbst die stärkste Natur wäre dieser Anspannung auf die Dauer nicht gewachsen gewesen. Aber sie weigerte sich noch immer, sich geschlagen zu geben. Eine ihrer Kammerfrauen war eine Nichte des Beichtvaters der Kaiserin, der als Wächter über das kaiserliche Gewissen einer der einflußreichsten Männer des Landes war. Gleichzeitig – wie fast die gesamte Geistlichkeit – war er Katharina sehr wohlgesinnt. Jetzt erklärte sie mit ersterbender Stimme, auf den Tod krank zu sein, und bat die Kammerfrau, den Beichtvater zu rufen, der sofort herbeigeeilt kam und so erschüttert über ihren Zustand war, daß er sich erbot, als Vermittler zwischen ihr und der Kaiserin zu fungieren. Er schilderte Elisabeth die Verzweiflung der jungen Großfürstin mit so bewegenden Worten, daß sie sich schließlich, von Mitleid überwältigt, bereiterklärte, Katharina in der folgenden Nacht die langersehnte Audienz zu gewähren. Die Kaiserin, die an Schlaflosigkeit litt, ging meist erst beim Morgengrauen zu Bett.

Katharinas Lebensmut kehrte zurück, sobald sie die Nachricht erhielt. Am Abend des 13. April stand sie auf, zog eines ihrer schlichtesten Kleider an, ließ ihr Haar ungepudert, die Wangen ohne Rouge und legte sich, nachdem sie ein herzhaftes Mahl zu sich genommen hatte, auf ein Kanapee um zu warten, bis die Kaiserin sie rufen ließe. Ihre Erregung kann nicht sehr groß gewesen sein, denn sie schlief fest ein, so daß sie frisch und ausgeruht war, als Alexander Schuwalow sie holen kam.

Sie hatte gehofft, Elisabeth allein anzutreffen, aber auf dem Weg zu den königlichen Gemächern stieß sie auf ihren Mann, der ebenfalls den Befehl erhalten hatte, vor seiner Tante zu erscheinen. Ihre Begrüßung war kühl und formell, denn sie hatten sich seit Wochen nicht gesehen, und sobald sie vor die Kaiserin geführt worden waren, fiel Katharina, ohne Schuwalow oder ihren Mann zu beachten, vor Elisabeth auf die Knie und erklärte ihr schluchzend, daß ihr Leben während der letzten Monate unerträglich gewesen sei. Da sie sich das Mißfallen Ihrer Majestät zugezogen habe, wolle sie nicht länger in Rußland bleiben, sondern bitte demütig, daß man sie nach Zerbst zurückschicken möge. Durch ihre Tränen hindurch nahm sie mit überraschender Genauigkeit jede Einzelheit des Zimmers wahr – die drei Türen, den großen Wandschirm, hinter dem sie Iwan Schuwalow vermutete, und zwischen den Türen zwei Tische, auf denen Elisabeths goldene Toilettesachen standen, darunter auch zwei Schüsseln mit einigen Briefen. Das Zimmer war schwach beleuchtet, denn Elisabeth wollte ihre zerstörte Schönheit keinem allzu hellen Licht mehr aussetzen. Aber Katharinas scharfe Augen bemerkten, daß sie müde und abgespannt aussah, und daß ihr Gesichtsausdruck eher traurig als zornig war.

Elisabeth sprach sanft zu ihr, fast in einem Ton, wie man ein Kind schilt: »Wie kann ich Sie fortschicken? Denken Sie doch an Ihre Kinder.« Aber Katharina erwiderte, immer noch weinend: »Meine Kinder sind in Ihren Händen und können nirgends besser aufgehoben sein. Ich bete nur, daß Sie sie nie, nie verlassen werden.« »Aber wie können Sie nach Zerbst zurückkehren? Wohin würden Sie gehen? Ihr Bruder hat Schwierigkeiten mit dem König von Preußen. Ihre Mutter lebt als Flüchtling in Paris.« Katharina ergriff sofort die Gelegenheit, der Kaiserin zu erwidern: »Meine Mutter hat sich den Zorn König Friedrichs zugezogen, weil sie treu zu Rußland steht.« Dies entsprach nicht ganz der Wahrheit, aber in den letzten acht Jahren hatte sich ihre Korrespondenz mit ihrer Mutter der strengen Zensur wegen auf wenige formelle Phrasen beschränkt, und sie konnte vorgeben, nicht zu wissen, daß ihre Mutter verfolgt worden war, weil sie im Solde Frankreichs gestanden hatte.

»Aber was soll ich meinem Volk sagen, weshalb ich Sie fortgeschickt habe?« fuhr Elisabeth fort. »Eure Majestät können, wenn Sie es für richtig halten, einfach sagen, weshalb ich mir Ihre Ungnade oder den Haß des Großfürsten zugezogen habe.«

Die Kaiserin half Katharina, sich zu erheben. Es sah jetzt beinahe so aus, als ob die Angeklagte sich in die Anklägerin verwandelte, als Elisabeth erklärte: »Wenn ich Sie nicht geliebt hätte wie ein eigenes Kind, hätte ich Sie nicht so viele Jahre hier behalten. Gott ist mein Zeuge, wie zärtlich ich Sie gepflegt habe, als Sie kurz nach Ihrer Ankunft in Rußland so schwer erkrankten.«

Der Großfürst, der wütend war, daß man ihn so völlig ignorierte, sprach unterdessen mit Alexander Schuwalow und beklagte sich laut über den Stolz und die Bösartigkeit seiner Frau. Elisabeth wurde plötzlich an Katharinas Schuld erinnert und suchte nach einem Grund, ihr Vorwürfe zu machen. »Ihr Stolz ist unerträglich. Es hat Gelegenheiten gegeben, wo Sie derart von sich selbst in Anspruch genommen waren, daß Sie sich kaum die Mühe nahmen, einen Knicks zu machen, wenn ich hereinkam. Sie glauben, daß niemand so klug ist wie Sie, und daß alle anderen Menschen am Hofe dumm und ungebildet sind.« Die Beschuldigungen mochten gerechtfertigt sein, aber sie stellten schwerlich ein Verbrechen dar. Und jetzt begann der Großfürst, erbittert und heftig über seine Frau herzuziehen, die, wie er sagte, eigensinnig und bösartig sei und vor nichts zurückschreckte, wenn es darum ginge, ihren Willen durchzusetzen. Katharina nahm die Herausforderung an. »Sie sind derjenige, der mich hart gemacht hat, seit ich sehe, wie wenig Sie anerkennen, was ich getan habe, um Ihnen zu helfen. Und wenn ich bösartig bin, so nur gegen diejenigen, die Sie schlecht beraten und Sie veranlassen, Ungerechtigkeiten zu begehen, die Sie beim Volk verhaßt machen.«

Elisabeth war bestürzt zu sehen, wie erbittert ihr Neffe und ihre Nichte einander haßten. Die Tränen auf Katharinas Wangen waren getrocknet, ihr Mund war schmal und hart. In ihren funkelnden Augen lag jetzt der Blick, den d'Éon einmal als den »eines wilden Tieres« bezeichnet hatte. In jenem Augenblick erkannte Elisabeth, daß diese zwei niemals zusammen regieren würden, daß letzten Endes einer von beiden den anderen vernichten würde. Sie konnte ihren Neffen nicht leiden und verachtete ihn. Aber Peter war trotz allem ein Romanow, und Katharina war nichts weiter als eine kleine Prinzessin von Zerbst, die es in ihrem Stolz gewagt hatte, die Erbfolge in Frage zu stellen, dem Feldmarschall der Kaiserin Befehle zu erteilen und mit dem Großkanzler gegen sie zu intrigieren. Mit steigendem Zorn wandte sie sich an Katharina. »Wie konnten Sie es wagen, sich in Angelegenheiten zu mischen, die Sie nichts angehen? Ich hätte mir während der Regierung der Kaiserin Anna niemals erlaubt, so zu handeln. Wie konnten Sie sich erdreisten, Befehle an meinen Feldmarschall Apraxin zu schicken, als ob Sie und Bestushew das Kaiserreich regierten?«

Katharina zögerte. Die Papiere, die sie in den goldenen Schüsseln gesehen hatte, waren zweifellos ihre Briefe an Apraxin. Aber sie verteidigte sich tapfer. »Ich habe dem Verbot Eurer Majestät zuwidergehandelt und bitte deshalb um Verzeihung. Aber ich habe Apraxin lediglich freundschaftlich als Patriotin geschrieben und ihn gebeten, zum Angriff überzugehen, um keine Schande über seine Kaiserin und sein Land zu bringen. Diese Briefe selbst sind ein Beweis für meine Ehrlichkeit.« »Aber Bestushew sagt, es gibt noch andere Briefe.« Elisabeth sprach jetzt im Ton eines Untersuchungsrichters. »Wenn Bestushew das sagt, so lügt er.« Katharinas Antwort war laut und deutlich. »Nun gut, wenn er lügt, werde ich ihn foltern lassen.« Die Kaiserin bedrohte sie jetzt unmittelbar durch Bestushew. Aber Katharina wußte, daß Elisabeth, die die Folter verabscheute, den alten Kanzler niemals solch einer Strafe unterziehen würde, und sie sagte mit einem Anflug von Trotz: »Eure Majestät haben die Macht zu tun, was Sie für richtig halten, aber Sie werden sehen, daß ich nie mehr als drei Briefe an Marschall Apraxin geschrieben habe.«

Elisabeth, die von der Offenheit ihrer Antworten sichtlich beeindruckt war, ging langsam im Zimmer auf und ab, als ob sie versuchte, zu einer Entscheidung zu gelangen. Der Großfürst, erbost über die Geschicklichkeit, mit der seine Frau sich zu verteidigen wußte, fing an, sie laut zu beschimpfen, ihr sittliches Verhalten anzuprangern und ihre Ehebrüche aufzuzählen. Katharina parierte, indem sie der Kaiserin sagte, er erhebe diese Beschuldigungen lediglich, um seinen eigenen Ehebruch mit Elisabeth Worontzow zu rechtfertigen, und daß nichts ihm lieber wäre, als seine rechtmäßige Frau verstoßen zu sehen, um seine Mätresse heiraten zu können. Niemand hatte es bisher gewagt, der Kaiserin zu sagen, daß Elisabeth Worontzow nach der kaiserlichen Krone strebte. Diese Enthüllung war für Elisabeth ein schwerer Schlag. Ohne ihren Neffen zu beachten, ging sie auf Katharina zu und flüsterte: »Es gibt vieles, was ich Ihnen noch sagen möchte. Doch ich kann jetzt nicht sprechen, weil ich nicht noch mehr Unfrieden zwischen euch bringen will. Aber wir werden uns wiedersehen, und dann werden wir allein sein.« Der liebevolle Ton ihrer Stimme, die Sanftheit ihres

Gebarens am Ende dieser angespannten Unterredung trafen Katharina unvorbereitet. Sie war so bewegt, daß sie kaum sprechen konnte, und sie sagte schluchzend: »Auch ich hätte Ihnen vieles zu sagen. Ich sehne mich so danach, Ihnen mein Herz zu eröffnen.« Durch ihre Großmut und Gerechtigkeit hatte Elisabeth es fertiggebracht, die Schranken niederzureißen, die sich über die Jahre hinweg zwischen ihnen aufgerichtet hatten. Katharina hatte sich durch ihre Intelligenz gerettet, aber im tiefsten Inneren fühlte sie, daß Elisabeth diejenige war, die gesiegt und mit ihrer Fähigkeit, zu vergeben, wirkliche innere Größe gezeigt hatte.

Peter des Großen Tochter liebte ihr Land und ihr Volk, und obwohl sie wußte, daß die Großfürstin schuldig war, hatte sie ihr ihren grenzenlosen Ehrgeiz verziehen, denn sie hatte in ihm etwas wahrgenommen, das über Egoismus und Stolz hinausging und das, wenn die Zeit gekommen war, ganz und gar mit der Größe Rußlands identifiziert werden würde.

Es war drei Uhr früh, als Katharina in ihre Gemächer zurückkehrte, und sie war noch nicht zu Bett gegangen, da wurde ihr Alexander Schuwalow gemeldet; er brachte ihr eine Botschaft von der Kaiserin, die ihr sagen ließ, sie solle sich keinen Kummer machen, und ihr eine erneute Begegnung versprach. Diese Botschaft, von einem Mann überbracht, der ihr als Chef der Geheimpolizei und Aufseher des großfürstlichen Haushalts jahrelang nachspioniert und ihr das Leben zur Qual gemacht hatte, war in jeder Hinsicht ein Sieg. Aber es lag kein Jubel in diesem Sieg. Solange Elisabeth Petrowna den Thron innehatte, würde Katharina es nie wieder wagen, ihre Autorität in Zweifel zu ziehen. Und was auch immer Peters und Katharinas persönliche Gefühle sein mochten, sie würden unter einem Dach leben und nach außen hin ein gutes Einvernehmen zeigen müssen. Viele Wochen vergingen, ehe Katharina eine zweite Unterredung bewilligt bekam, in der Zwischenzeit mußte sie sich mit kleinen Beweisen der kaiserlichen Gunst zufriedengeben. Die Kaiserin ließ sich herbei, an Katharinas Geburtstag am 21. April auf ihr Wohl zu trinken, und der Großfürst mußte es ihr gleichtun, um nicht ihr Mißfallen zu erregen. Worontzow und Schuwalow behandelten sie jetzt mit größerem Respekt. Aber alles hing von jener zweiten Begegnung ab, die erst Ende Mai stattfand.

Über diese Unterredung, die so entscheidend für Katharinas Zukunft war, liegen keinerlei Aufzeichnungen vor, denn gerade in diesem kritischsten Augenblick ihres Lebens brechen ihre Memoiren ab, und wir können nur Vermutungen hinsichtlich der Fragen anstellen, auf die die Kaiserin eine Antwort verlangte. Angesichts der Tatsache, daß niemand zugegen war, der später Zeugnis gegen sie hätte ablegen können, mag Katharina sich gezwungen gesehen haben, Elisabeth die Wahrheit über ihre Beziehungen zu ihrem Mann, die Vaterschaft ihres Sohnes Paul, das Ausmaß ihrer Intrigen mit Hanbury-Williams und die Schuldhaftigkeit Bestushews zu sagen. Sie sprach zu einer Frau, die Verständnis für die Schwächen der menschlichen Natur besaß, und die zu ihrer Zeit auch hatte lügen müssen, um sich zu behaupten. Aber Katharinas Beichte paßte schlecht zu dem Bild der edlen, geduldigen jungen Frau, das sie so gern der Nachwelt präsentieren möchte, und das mag erklären, warum sie ihre Memoiren am Vorabend einer Begegnung beendete, die wohl mehr Elisabeth als ihr selbst zur Ehre gereichte.

VIII
ORLOW

Elisabeth scheint mit Katharinas Verteidigung zufrieden gewesen zu sein, die Großfürstin stand wieder offiziell in der kaiserlichen Gunst. Es wurde ihr sogar gestattet, einmal im Monat ihre Kinder zu besuchen – ein Privileg, das ihr anscheinend wenig Freude bereitete, denn der fünfjährige Paul, ein hübscher, lebhafter Junge, betrachtete seine Mutter als eine Fremde, und Katharina, die Kinder gern hatte, war gekränkt über seine Gleichgültigkeit. Ihre kleine Tochter, die von Geburt an kränklich gewesen war, starb wenige Wochen nach Poniatowskis Abreise, und der doppelte Schmerz, sowohl ihren Liebhaber als auch ihr gemeinsames Kind zu verlieren, brachte Katharina an den Rand der Melancholie. Nach einer langen Zeitspanne unfreiwilliger Jungfräulichkeit hatte sie die Erfahrung der letzten Jahre gelehrt, daß »es ihr nicht möglich war, ohne Liebe zu leben«. Stanislaus war vielleicht kein sonderlich befriedigender Liebhaber gewesen, aber er hatte ihr stets Zärtlichkeit und Zuneigung entgegengebracht. Das Gefühl, daß er ihrer überdrüssig zu werden begann und froh war, sich von ihr zu trennen, war ein schwerer Schlag für ihren Stolz. »Ich spürte, daß er sich langweilte«, schrieb sie, »und es hätte mir fast das Herz gebrochen.« Es wäre wohl passender gewesen, zu sagen, daß er erschöpft war, denn Katharina mag ihre Liebhaber ermüdet haben, aber sie langweilte sie nie.

»Ich habe nie soviel geweint wie in jenem Jahr« – Tränen der Einsamkeit und Verzweiflung, der sexuellen Frustration und des gehemmten Ehrgeizes. Es gab viele, die nur allzugern Poniatowskis Platz eingenommen hätten, angefangen mit dem jungen Favoriten, der nach Aussage des französischen Gesandten »darauf brannte, der Geliebte der Großfürstin zu werden, während er gleichzeitig seine Pflichten gegenüber der Kaiserin erfüllte«. Aber selbst wenn Katharina den Reizen Iwan Schuwalows erlegen wäre, hätte sie es nie gewagt, sich auf eine Liebschaft einzulassen, die sie mit größter Wahrscheinlichkeit in ein Nonnenkloster gebracht hätte. Ein weiterer Aspirant war der gutaussehende Kyril Rasumofsky, ein jüngerer Bruder des ehemaligen Favoriten, den Elisabeth nach Berlin geschickt hatte, um ihn bei dem berühmten Professor Euler an der Akademie der Wissenschaften studieren zu lassen. Bei seiner Rückkehr hatte er den wichtigen Posten eines Hetmans der Ukraine und Obersten des Ismailowsky-Regiments zugewiesen bekommen. Die Brüder Rasumofsky waren von Anfang an auf Katharinas Seite gewesen, und Kyril war seit über einem Jahr in sie verliebt – eine Liebe, die sie zu ignorieren vorgab, bis er sie ihr viele Jahre später gestand. Einer sexuell so bewußten Frau wie Katharina, deren Memoiren durchsetzt sind von den Namen der Männer, die in sie verliebt waren, können die zärtlichen Blicke eines der bestaussehenden jungen Männer am Hofe schwerlich entgangen sein. Aber es wäre weder diplomatisch noch klug gewesen, sich mit jemandem einzulassen, der dem Thron so nahe war. »Es war besser, ihn sich als Freund zu halten, der im geeigneten Augenblick seine Truppen zu ihrer Unterstützung aufbieten würde.« Sie hatte ihre Lektion gelernt, und sie würde Poniatowskis Nachfolger aus den Reihen der jungen Subalternoffiziere wählen, die zu unbedeutend waren, um am Hofe irgendwelche Gefühle der Eifersucht zu wecken.

Der Krieg dauerte jetzt bereits nahezu drei Jahre. 1759, ein Jahr, das für Englands Eroberungen in Übersee so erfolgreich gewesen war, hatte sich für seinen europäischen Verbündeten als nicht sehr ruhmreich erwiesen. Friedrichs Verluste in seinen Kämpfen gegen die Russen bei Zorndorf und Kunersdorf hatten seine Armeen stark geschwächt, und Sir Robert Keith, der britische Gesandte in St. Petersburg (denn Rußland und England unterhielten immer noch diplomatische Beziehungen), hatte Anweisungen erhalten, einen Frieden zu vermitteln. Die ganze geistige und körperliche Kraft, die Elisabeth noch besaß, war dem Sieg gewidmet. Zu Anfang des Jahres 1760 litt sie fast ständig unter qualvollen Schmerzen, und ihre Beine waren so geschwollen, daß sie sich kaum von einem Zimmer ins andere schleppen konnte; ungeachtet dessen hatte sie immer noch den Mut, dem österreichischen Gesandten zu erklären: »Ich werde die Hälfte meiner Diamanten und die Hälfte meiner Kleider verkaufen, um diesen Krieg gemeinsam mit meinen Verbündeten fortzuführen.«

Niemand betete inbrünstiger um ihren Tod als der agnostizistische König von Preußen. Er war überzeugt, daß Großfürst Peter nach seiner Thronbesteigung als erstes seine Armeen zurückrufen und einen Frieden unterzeichnen würde. Der russische

Thronerbe war Friedrichs nützlichster Verbündeter, denn er hielt den britischen Gesandten ständig auf dem laufenden, was die Beschlüsse des russischen Oberkommandos betraf. Keith, der zuvor in Berlin stationiert gewesen war, war ein persönlicher Freund König Friedrichs, und alle Kuriere, die nach England entsandt wurden, machten unterwegs in Potsdam halt. Peters skandalöses Verhalten war allgemein bekannt, und das Heer haßte und verachtete ihn derart, daß selbst Keith erklärte, »er müsse verrückt sein, sich so zu benehmen«. Die Beschwerden der alliierten Gesandten blieben ohne Wirkung auf den Kanzler, denn angesichts des kritischen Gesundheitszustands der Kaiserin hatte Worontzow nicht die Absicht, seine Zukunft aufs Spiel zu setzen, indem er sie vom Verrat des Großfürsten unterrichtete.

Nur Katharina war mutig genug, ihre Mißbilligung zu zeigen, indem sie offen von ihrem Mann und seinen Freunden abrückte. Ihre Beziehungen zum britischen Gesandten beschränkten sich auf das Notwendigste, und ihr Kreis bestand nicht mehr ausschließlich aus oberflächlichen Höflingen und koketten Ehrendamen, die dazu beitrugen, den Großfürsten bei Laune zu halten. Sie suchte jetzt die Gesellschaft von älteren Frauen, die sie über die Sitten und Bräuche des Landes unterrichteten, und von Provinzgouverneuren, die sie mit Fakten und Zahlen hinsichtlich der ihnen unterstehenden Provinzen versorgten. Die Unterhaltung in ihrem Salon drehte sich nicht mehr um Pariser Kultur, sondern um das, was in Twer, Nowgorod und Kiew geschah, und um den prekären Frieden an der türkischen Grenze. Bestushew lebte in der Verbannung, aber einer seiner Schüler, ein kluger und scharfsichtiger junger Diplomat namens Nikita Panin, war von seinem Posten als Geschäftsträger in Schweden zurückgekehrt, und obwohl er auf schlechtem Fuß mit Michael Worontzow stand, hatte die Kaiserin ihn mit der Erziehung des kleinen Großfürsten Paul betraut – ein weiterer Beweis für Elisabeths außergewöhnlichen Scharfblick, wenn es darum ging, unabhängig von ihren Ministern den richtigen Mann für eine bestimmte Aufgabe zu wählen.

Als Politiker der neuen Schule, im Ausland erzogen und liberal in seinen Ansichten, wurde Panin vom ersten Augenblick an in Katharinas Bannkreis gezogen. Ebenso wie Bestushew sah er das Chaos voraus, das auf den Tod der Kaiserin folgen würde; aber er ging einen Schritt weiter als sein früherer Vorgesetzter: Er plante, Peter abzusetzen und den kleinen Paul unter der Regentschaft der Großfürstin zum Zaren krönen zu lassen.

Es lag nicht in Katharinas Interesse, ihn über das wahre Ausmaß ihres Ehrgeizes aufzuklären, denn gerade seine Mäßigkeit war unschätzbar zu einer Zeit, wo eine einzige gefährliche Geste, eine unbesonnene Bemerkung, ihre ganze Zukunft gefährden konnte.

Ein sehr andersgearteter Charakter war die sechzehnjährige Fürstin Daschkowa, die jüngste Schwester Elisabeth Worontzows, der Panin so zugetan war, daß einige behaupteten, sie sei seine Tochter, wohingegen andere wissen wollten, daß sie seine Geliebte sei. Sie war ein ungestümes kleines Ding, sehr aufgeweckt und selbstbewußt, das genaue Gegenteil ihrer ungehobelten Schwester. Die Großfürstin war ihr 1758 zum erstenmal begegnet. Damals war sie erst fünfzehn, wurde jedoch bereits als eine der führenden Persönlichkeiten der Hauptstadt anerkannt. Ihre frühe Ehe mit dem Fürsten Daschkow führte sie auf zwei Jahre nach Moskau. Aber sie war zu ehrgeizig und ruhelos, um sich an das Leben in einer Provinzstadt zu gewöhnen, und als ihr Mann mit seinem Regiment ins Ausland geschickt wurde, kehrte sie nach St. Peterburg zurück, um unter der Leitung des weltklugen Grafen Panin ihre Bildung zu erweitern.

Sowohl ihre Schwester als auch der Großfürst behandelten sie sehr liebevoll, aber die romantische junge Fürstin fühlte sich unwiderstehlich zu der unglücklichen und vernachlässigten Großfürstin hingezogen. In einem seiner scharfsichtigeren Augenblicke wies Peter sie darauf hin, daß es viel klüger sei, mit einem Narren wie ihm gut Freund zu sein, als um die Zuneigung seiner klugen Frau zu werben, »die eine Zitrone bis auf den letzten Tropfen auspreßt und dann fortwirft« – eine Warnung, an die sich die Fürstin später mit gutem Grund erinnert haben mag. Katharina ihrerseits war gerührt über die glühende und spontane Bewunderung dieser jungen Frau, die trotz ihrer intellektuellen Reife in vieler Hinsicht noch ein Kind war. Es schmeichelte ihrem Stolz, sie dem Kreis des Großfürsten zu entziehen und Elisabeth Worontzows Schwester und die Nichte des Kanzlers zu ihrer hingebungsvollen Sklavin werden zu sehen. Endlich hatte sie eine Freundin gefunden, die völlig uneigennützig war und sich nicht um die öffentliche Meinung kümmerte. Womit Katharina allerdings nicht rechnete, war die Tatsache, daß die kleine Fürstin im Grunde ihrer Seele eine Puritanerin war, mit strengen moralischen Prinzipien und einer ungestümen Intoleranz gegenüber den Schwächen anderer. Ungeachtet des allgemeinen Klatsches war sie vermutlich nie etwas anderes als Graf Panins platonische Liebe. Sie war vermutlich, ohne es zu wissen, eine Lesbierin, denn es lag ein ausgesprochener Anflug von Hysterie in ihrer abgöttischen Verehrung für Katharina, einer Verehrung, die Katharina ihrerseits als Backfischschwärmerei ansah. Sie unterstützte diesen Gefühlsüberschwang, teils aus echter Zuneigung, teils aus Opportunismus. Die Fürstin hatte einflußreiche Beziehungen in Moskau. Ihr Mann war einer der beliebtesten Offiziere der Preobrashensken, und sie selbst stand auf vertrautem Fuß mit dem Grafen Panin, dem neuen Erzieher des Großfürsten Paul.

Aber im Sommer 1759 kam ein Einfluß in Katharinas Leben, vor dem alles andere verblaßte. Unter den in Zorndorf gefangengenommenen Offizieren befand sich König Friedrichs Lieblingsadjutant, der sich als privilegierter Kriegsgefangener frei in der Hauptstadt bewegen durfte. Er wurde von Gregor Orlow, einem gutaussehenden, jungen russischen Gardeoffizier begleitet, der sich im Kampf ausgezeichnet und, nachdem er dreimal in Zorndorf verwundet worden war, mit einer verwegenen Kavallerieattacke einen siegreichen Schlag geführt hatte. Als Anerkennung für seine Tapferkeit hatte man Orlow mit der Bewachung des bedeutendsten aller Gefangenen betraut. Er war knapp vierundzwanzig, der zweitälteste von fünf Brüdern, alle von außergewöhnlich stattlichem Körperbau, begabt mit großem persönlichem Mut und einer aufrichtigen Liebe zueinander, zu ihrem Regiment und ihrem Land. Sie stammten aus einer einfachen Familie. Ihr Großvater hatte noch als gewöhnlicher Soldat bei den Strelitzen gedient, jener aufständischen Palastwache, die Peter der Große mit einer Grausamkeit vernichtet hatte, die seinem Andenken für alle Zeiten als Makel anhaften wird. Es war der kühle Mut, der den älteren Orlow davor bewahrte, das Schicksal seiner Kameraden zu teilen: Auf dem Weg zum Richtblock stieß er, um sich Platz zu verschaffen, mit dem Fuß den noch blutenden Kopf seines Vorgängers beiseite, dann ging er seelenruhig weiter. Diese Kaltblütigkeit angesichts des Todes beeindruckte den Zaren derart, daß er ihm das Leben schenkte und ihn in ein Infanterieregiment steckte, wo er durch seine Tapferkeit bald darauf den Offiziersrang erwarb.

Seine fünf Enkel waren seiner würdig, verwegen bis zur Tollkühnheit, gleichgültig gegenüber der Gefahr; hemmungslos in ihren Leidenschaften, Trinker, Spieler, Frauenjäger, aber großartig im Kampf und vergöttert von ihren Untergebenen.

Alexej, der drittälteste, war der hervorragendste der fünf Brüder: ehrgeiziger und skrupelloser als die anderen, aber auch intelligenter. Seine Schönheit wurde von einem Schmiß entstellt, der ihm einen etwas finsteren Ausdruck verlieh und ihm den Beinamen »der Narbige« eingetragen hatte. Er war derjenige, der später die schmutzigen Arbeiten verrichten sollte, die erforderlich waren, um Katharinas Thron zu festigen; Dinge, die vielleicht nicht auf ihren ausdrücklichen Befehl hin getan wurden, zu denen sie jedoch ihre stillschweigende Einwilligung gab, und für die er stets die volle Verantwortung übernahm, was ihm Katharinas lebenslängliche Dankbarkeit eintrug.

Aber Gregor Orlow war der Mann, von dem Frauen träumten – tapfer, schneidig, draufgängerisch und romantisch, mit »einem Engelskopf auf dem Körper eines jungen Gottes«. Kaum war er in der Hauptstadt eingetroffen, entführte er als erstes die schöne Fürstin Kurakin, die Geliebte seines Vorgesetzten Peter Schuwalow, und nur der rechtzeitige Tod des Generals rettete ihn vor dem Galgen. Die Aufgabe, einen preußischen Offizier zu bewachen, war ganz und gar nicht nach seinem Geschmack, und er war empört zu sehen, daß der Großfürst den Feind wie einen Ehrengast behandelte. Während sein Gefangener an Peters Tisch bewirtet wurde, mußte er müßig im Vorzimmer warten, als ob er sein Diener wäre.

Es wird berichtet, daß die gelangweilte und einsame Großfürstin eines Tages von ihrem Fenster aus den gutaussehenden jungen Leutnant sah, der drunten im Hof auf seinen Gefangenen wartete, und sich auf den ersten Blick in ihn verliebte. Sie hatten viele Gelegenheiten, sich zu begegnen. Katharina konnte den jungen Offizier jederzeit einladen, mit ihr und ihrem Hofstaat zu speisen: Es war eine huldvolle und patriotische Art, ihre Bewunderung für einen der Helden von Zorndorf und ihre Verachtung für die Preußenfreundlichkeit ihres Mannes zu zeigen. Gregor Orlow war nicht schüchtern. Sein Erfolg bei der Fürstin Kurakin hatte ihm genügend Mut verliehen, um die Gunst einer Großfürstin zu werben, von der man wußte, daß sie sowohl leidenschaftlich als auch zugänglich war. In jedem anderen Land wäre es für einen einfachen Leutnant undenkbar gewesen, sein Ziel so hoch zu stecken. Aber es gab in den Annalen der Romanows zahlreiche Präzedenzfälle. Der große Zar Peter hatte ein livländisches Bauernmädchen zuerst zu seiner Geliebten, dann zu seiner Frau und letzlich zur Zarin von ganz Rußland gemacht. Kaiserin Anna hatte sich den Sohn eines deutschen Kolonialwarenhändlers erwählt und ihn zum Herzog von Kurland erhoben; und Elisabeth hatte ihr Herz einem Schafhirten und Chorsänger aus der Ukraine geschenkt und ihn, wie einige behaupteten, sogar heimlich geheiratet. Aber wie dem auch sei, sicher ist, daß Gregor Orlow Ende 1759 Katharinas Geliebter war. Ihre Beziehungen wurden streng geheimgehalten, und selbst vertraute Freunde wie die Brüder Rasumofsky und die Daschkowa wußten nichts von dieser Affäre, die sie kritisiert und der Großfürstin mit Recht verübelt hätten; denn zu diesem Zeitpunkt stand sowohl ihre eigene als auch Katharinas Zukunft auf dem Spiel, und der Großfürst war nicht mehr der gutmütige, derbe Witzbold, der sie Poniatowski in die Arme geworfen hatte, sondern ein eifersüchtiger Rivale, von Haß und Neid verzehrt, der nur auf eine Gelegenheit wartete, seine Frau öffentlich zu demütigen und zu verstoßen.

In Gregor Orlow fand Katharina, was sie unbewußt immer ersehnt hatte – eine primitive Stärke, eine natürliche Lebenskraft, die alle Hindernisse beiseite fegte und sie im Sturme nahm. Er war kein Verführer wie Saltykow und kein Gefühlsmensch wie Poniatowski. Er war brutal, zärtlich und stark zugleich, einfach und unkompliziert. Es gibt keinen besseren Beweis für Katharinas guten Stern und ihr außergewöhnliches Glück als die Tatsache, daß ihre Liebe zu Orlow, die gegenseitige Loyalität der Brüder untereinander und deren Beliebtheit beim Heer die entscheidenden Faktoren waren, die sie schließlich auf den Thron brachten.

Aber Elisabeths Tod Ende Dezember 1761 traf Katharina völlig überraschend in einem Augenblick, wo sie im sechsten Monat schwanger und nicht in der Lage war, eine Revolution anzuführen. Über vier Jahre lang hatte sie Pläne für den Fall des Ablebens der Kaiserin geschmiedet. Ein ums andere Mal hatte sie Sir Charles Hanbury-Williams versichert, »daß ihre Feinde sie« nicht unvorbereitet antreffen würden«, aber die gewitzte Intrigantin, die klügste aller Frauen hatte nicht mit den möglichen Tücken des Schicksals gerechnet. Die Kaiserin hatte so oft an der Schwelle des Todes gestanden, und jedesmal hatte ihre kraftvolle Konstitution ihr geholfen, sich wieder zu erholen. Aber sie wurde von Mal zu Mal schwächer, und ihre Schmerzen nahmen zu. Einen Augenblick sehnte sie sich danach zu sterben, und im nächsten erhob sie sich mühsam aus dem Bett, um einem *Te Deum* für einen weiteren russischen Sieg beizuwohnen. Ihre Armeen hatten Berlin gestürmt und waren tief in Friedrichs

Gebiet eingedrungen. Der Krieg hatte glänzende junge Befehlshaber hervorgebracht, wie zum Beispiel den General Rumianzew, dessen Siege später zum Ruhm von Katharinas Herrschaft beitragen sollten. Aber es gab keine Dankbarkeit von
seiten der Verbündeten Rußlands, denn sowohl Frankreich als
auch Österreich sahen mit zunehmendem Schrecken den Stolz
und die Anmaßung eines riesigen, barbarischen Reiches, das
auf Europa übergriff.

Jetzt herrschte Trauer unter den Generälen und Bestürzung
in den Kasernen bei der Nachricht, daß ihre geliebte »Matuschka« im Sterben läge und daß der verhaßte Holsteiner ihr auf
dem Thron folgen würde. Bei ihrem letzten öffentlichen Erscheinen hatte Elisabeth ihre Soldaten um sich versammelt. Sie
war mit dem kleinen Großfürsten Paul ins Hoftheater gegangen,
wo eine russische Komödie aufgeführt wurde, und hatte, von
der Leere des Zuschauerraums bedrückt, die diensthabenden
Garden aufgefordert, der Vorstellung beizuwohnen. Ob es lediglich die spontane Geste einer sterbenden Frau war, die noch
ein letztesmal unter den Soldaten sein wollte, die sie zwanzig
Jahre zuvor auf den Thron erhoben hatten, oder ob es ein
Versuch war, durch die Anwesenheit des kleinen Paul Petrowitsch eine Demonstration herauszufordern, die es ihr ermöglichen würde, noch in letzter Minute die Thronfolge zu ändern,
das werden wir nie erfahren. Jedenfalls gab es keine derartige
Demonstration. Die Soldaten im Zuschauerraum sahen sie lediglich aus der Ferne als ein strahlendes Bild. Sie sahen nicht die
verheerenden Auswirkungen der Krankheit unter dem Rouge,
die geschwollenen Beine unter dem Kleid aus schimmerndem
Silberbrokat. Sie sahen nur das bezaubernde, sie alle umschlie-
ßende Lächeln. Wer immer behauptete, sie sei krank, mußte
lügen. Sie war hier unter ihnen, schön und strahlend wie immer,
und sie jubelten ihr zu und riefen: »Vivat! Vivat! Elisabeth
Petrowna!«

Es herrschte Panik am Hofe und in den Ministerien. In
den kaiserlichen Gemächern weinte der verwöhnte Favorit Iwan
Schuwalow wie ein Kind, denn während der letzten Wochen
hatte sich die Kaiserin trostsuchend ihrem früheren Liebhaber
zugewandt, und sie schien nur Ruhe zu finden, wenn Aleksej
Rasumofsky an ihrem Bett saß und ihren Schmerz mit den sanften Wiegenliedern der ukrainischen Bauern zu lindern versuchte.

Auf Befehl der Kaiserin sollte das großfürstliche Paar bis
zum letzten Augenblick in Unwissenheit über ihren Zustand

gehalten werden. Elisabeth wußte, daß der Großfürst seinem Freund, dem König von Preußen, sofort die freudige Nachricht übermitteln würde. Obgleich Peter unter einem Dach mit seiner Tante lebte, sah er sie so selten, daß er weniger als jeder andere Angehörige des Hofes über die Vorgänge im kaiserlichen Krankenzimmer unterrichtet war. Katharinas Zustand hinderte sie daran, viel in der Öffentlichkeit zu erscheinen. Obgleich die Mode der Kontuschen und Reifröcke ihr half, ihre Schwangerschaft zu verbergen, fürchtete sie die forschenden Blicke von Hunderten neugieriger Augen, die sofort die geringste Veränderung ihrer Figur wahrgenommen hätten. So blieb sie in ihren Gemächern, mit der Ausrede, daß es sie kränkte, den Großfürsten in der Öffentlichkeit mit seiner Mätresse zu sehen, die er fast wie eine königliche Gemahlin behandelte. Diese Ausrede trug ihr die Sympathie und das Mitgefühl jedes ritterlichen jungen Mannes am Hofe ein.

Sie empfing nach wie vor sowohl offizielle als auch inoffizielle Besuche. Jeder war willkommen, selbst der neue französische Gesandte, der siebenundzwanzigjährige Baron de Breteuil, den König Ludwig in der Hoffnung ernannt hatte, daß sein gutes Aussehen ihm die Gunst der Großfürstin eintragen und ein Gegengewicht zu den Intrigen seines englischen Kollegen bilden würde, der auf gutem Fuß mit dem Großfürsten stand. Aber der König und seine Minister hatten nicht berücksichtigt, daß der jungverheiratete Gesandte leidenschaftlich in seine eigene Frau verliebt war und keineswegs die Absicht hatte, der Großfürstin den Hof zu machen. Und auch Katharina war viel zu beschäftigt mit ihrer neuen Liebe und interessierte sich für ihn nur als mögliche Einkommensquelle.

Geld war für sie wichtiger denn je. Ihre Finanzen hatten einen absoluten Tiefstand erreicht, und sie hoffte entgegen jeder Vernunft, daß Frankreich ihr Einkommen ergänzen werde, um sich ihr Wohlwollen zu erkaufen. Aber die Franzosen waren eher bereit, einen gutaussehenden jungen Gesandten zu liefern, als ihre Geldsäcke zu öffnen. Sie hatten in früheren Zeiten zuviel in Rußland verloren; und solange Elisabeth lebte, war das Geschick der jungen Großfürstin zu unsicher, um eine gute Geldanlage darzustellen. Katharina erlitt eine bittere Enttäuschung, als ihre Mutter so tief verschuldet in Paris starb, daß ihr persönlicher Besitz öffentlich versteigert werden mußte, und König Ludwig nichts unternahm, ihr diese Demütigung zu ersparen. Sie war tieftraurig über den Tod ihrer Mutter, um so mehr, als sie in den letzten Jahren so wenig für sie hatte tun können. Und jetzt gelang es ihr nicht einmal, den Baron de Breteuil zu überreden, seine Regierung zum Eingreifen zu veranlassen.

Die ersehnte finanzielle Hilfe kam von unerwarteter Seite: Iwan Schuwalow brachte die Kaiserin dazu, die Schulden einer Großfürstin zu bezahlen, die zu Lebzeiten wenig getan hatte, ihre Großmut zu verdienen. Die erfolgreiche Fürsprache des Favoriten sollte ihm später einen ehrenvollen Posten an Katharinas Hof sichern. Aber es bedurfte einer Zeitspanne von über zwanzig Jahren und eines so charmanten und geschickten Gesandten, wie der Comte de Ségur es war, um Katharina Sympathie für Frankreich einzuflößen.

Kein ausländischer Diplomat nahm an den Verschwörungen und Intrigen teil, die in der Abgeschiedenheit des Boudoirs der Großfürstin ausgeheckt wurden. Es gab keinen einheitlichen Plan, und die meisten Verschwörer wußten nichts von der Existenz der anderen. Katharinas Verstellungskunst kam voll zur Entfaltung. Sie vermittelte jedem einzelnen ihrer Anhänger das Gefühl, daß er oder sie der einzige Mensch sei, auf dessen Hilfe sie zählen könne. Ihre Beziehungen zu den Orlows, und besonders zu Gregor, wurden sorgsam vor der Daschkowa und Panin geheimgehalten. Die schwärmerische kleine Fürstin wäre unglücklich gewesen zu wissen, daß nicht sie die intimste Vertraute der Großfürstin war, sondern eine andere junge Frau, die Gräfin Prascovia Bruce, eine geborene Rumianzew und Schwester des Generals, dessen Siege dem letzten Feldzug soviel Glanz verliehen hatten. Sie war eine Frau nach Katharinas Herzen, fröhlich, geistreich, völlig amoralisch und gleichzeitig erstaunlich diskret. In ihrem kleinen Haus am Wassilij Ostrow traf Katharina ihren Geliebten, als es zu gefährlich für sie wurde, ihre Stelldicheins im Palast zu haben. Prascovia Bruce und ihre zuverlässige Zofe waren die einzigen, die in das Geheimnis der unerwünschten Schwangerschaft eingeweiht waren, einer Schwangerschaft, die sie gerade jetzt, wo es dringend notwendig war zu handeln, an Händen und Füßen fesselte.

Alexei Petrowitsch Bestushew-Rjumin, russischer Reichskanzler und Feldmarschall (Litho nach Bleistiftzeichnun von Menzel)

Graf Nikita Iwanowitsch Panin, russischer Minister unter Katharina II.

rigori Alexandrowitsch Potiomkin, russischer Feldherr und Staatsmann

8a General Pjotr Alexandrowitsch Rumianzew beim Sieg über die Türken 1770 (Radierung von Daniel Chodowie

8b Fürst Alexander Galitzin in der Schlacht bei Chozim 1769 als Sieger über die Türken (Kupferstich von D
Chodowiecki)

IX
DER LAUF DER EREIGNISSE

Es war spät, an einem Winterabend gegen Ende Dezember 1761, Katharina hatte sich bereits für die Nacht zurückgezogen, da hörte sie plötzlich laute Stimmen im Vorzimmer; den ausgestreckten Arm des Wachtpostens beiseite schiebend und ohne auf die Proteste der diensttuenden Hofdame zu achten, kam wenige Sekunden später die Fürstin Daschkowa in ihr Zimmer gestürzt. Sie befand sich in einer derartigen Erregung, daß Katharina ihren Zustand vergaß und erschreckt aus dem Bett sprang. Aber die kleine Fürstin war viel zu aufgeregt, um den gerundeten Leib unter dem weiten, plissierten Nachtgewand zu bemerken. »Wir haben keinen Augenblick zu verlieren«, rief sie mit schriller Stimme. »Wir müssen sofort handeln, ehe es zu spät ist. Die Kaiserin liegt im Sterben. Es ist nur noch eine Frage von Tagen oder Stunden. Was für Pläne haben Sie gemacht, und wie können Ihre Freunde Sie schützen?« Die junge Frau zitterte vor Kälte und fieberte vor Nervosität. Katharina war gerührt über ihre offensichtliche Treue und forderte sie auf, sich zu ihr ins Bett zu legen und sich zu wärmen, ehe sie erwiderte: »Ich habe keine Pläne und kann nichts unternehmen. Ich kann nur auf Gott den Allmächtigen vertrauen, der mir helfen wird, mit Geduld zu ertragen, was immer das Schicksal mir bringen mag.« Es waren edle Worte, im Ton sanfter Resignation von einer Frau gesprochen, die sich nie weniger edel gefühlt hatte als in diesem Augenblick, und die im stillen über die Tücke des Geschicks fluchte, das all ihre Pläne vereitelt hatte.

Die kleine Daschkowa, die sich danach sehnte, zur Verteidigung ihrer geliebten Großfürstin auf die Barrikaden zu steigen, war ein wenig verwirrt über soviel edle Resignation und unterbrach sie ungeduldig: »Wenn Sie nichts unternehmen können, müssen Ihre Freunde für Sie handeln. Ich werde die erste sein, die sich für Sie opfert.« Katharina fürchtete, daß dieses unbedachte kleine Ding sie alle mit ihrer Tollkühnheit bloßstellen könnte, und beschwor sie, sich um ihretwillen nicht in Gefahr zu begeben, denn »es gebe nichts, was man tun könne«. Aber

die ungestüme Daschkowa brannte darauf, etwas zu unternehmen, war entschlossen zu leiden, »wenn ich leiden muß« und
versicherte ihr, daß sie niemals Grund haben werde, ihre Ergebenheit zu beklagen. Bei diesen Worten wurden Katharinas Augen feucht; sie umarmte ihre Freundin und bat sie, jetzt zu
gehen, denn wenn man sie zu dieser nächtlichen Stunde in ihrem
Zimmer fände, würde es sie beide in Schwierigkeiten bringen.
Mit vielen aufgeregt hervorgestoßenen Entschuldigungen verschwand die Fürstin Daschkowa ebenso plötzlich, wie sie gekommen war; sie ahnte nicht, daß der gutaussehende junge
Offizier, der im Schloßhof an ihr vorbeiging, der Liebhaber
der Großfürstin war, im Begriff, seinen Gefangenen vom Souper
beim Großfürsten abzuholen. Und sie wäre auch nicht sehr
erbaut gewesen, hätte sie gewußt, daß Katharina bereits Prascovia Bruce zu sich hatte rufen lassen, um ihr einen Brief für
Gregor Orlow zu geben, in dem sie ihm von ihrer nächtlichen
Besucherin berichtete und ihn und seine Gefährten vor möglichen Unbesonnenheiten von seiten der leidenschaftlichen Fürstin warnte.

Zwei Tage später hatte die Kaiserin einen weiteren Schlaganfall; diesmal waren sich die vier Ärzte, die an ihrem Bett wach-
ten, einig, daß es keine Hoffnung mehr gab. Der Großfürst
und die Großfürstin wurden in ihr Schlafgemach gerufen, wo
sie die zwei Brüder Rasumofsky, Alexander Schuwalow und
seinen Neffen Iwan sowie den Kanzler Worontzow vorfanden,
der bis zum letzten Augenblick alle Hebel in Bewegung gesetzt
hatte, um die sterbende Frau daran zu hindern, sich ihren letzten
Wunsch zu erfüllen und die Erbfolge zu ändern. In den Vorzim-
mern und Korridoren wimmelte es von weinenden und betenden
Höflingen, und diesmal waren der Kummer und die Frömmigkeit tatsächlich echt, denn fast alle liebten Elisabeth und würden
ihren Tod bitter beklagen. Sie blieb bis zum Schluß bei vollem
Bewußtsein. Als die Priester ihr die Letzte Ölung spendeten,
bestand sie darauf, daß sie zweimal das schöne orthodoxe Gebet
für die Sterbenden wiederholten. Dann segnete sie alle der Reihe
nach und bat, dem Brauch gemäß, jeden einzelnen um Vergebung. Katharina, die ihre Tränen nicht zurückhalten konnte,
wurde halb ohnmächtig hinausgetragen. Waren es Kummer und
Reue oder nur eine physische Übelkeit, die von der Hitze in dem
dicht verhängten, überfüllten Raum verursacht worden war?

Elisabeth lag im Sterben, knapp zweiundfünfzig Jahre alt,
eine Frau, die das Leben geliebt und es mit unbekümmerter

Hemmungslosigkeit vergeudet hatte, indem sie sich weigerte, ihre Leidenschaften und Begierden zu zügeln, die letztlich sowohl ihre Schönheit als auch ihre Gesundheit zerstört hatten. Aber trotz all ihrer Fehler war sie eine gute Herrscherin gewesen, die während der ersten fünfzehn Jahre ihrer Regierung ihr Land im Friedenszustand gehalten, die auf ihre eigene Art versucht hatte, das Erbe ihres Vaters zu bewahren, die den Ruhm seines Heeres neu begründet und ihrem Hof, ohne auf ihr Russentum zu verzichten, den Glanz westlicher Zivilisation verliehen hatte. Unter ihrer Herrschaft war Rußland eine europäische Macht geworden, bereit, seinen Platz an den Konferenztischen einzunehmen, die den Weltfrieden diktierten – eine Macht, mit der man in Zukunft rechnen und die man fürchten mußte.

Am 25. Dezember 1761 um vier Uhr nachmittags kam der Oberhofmarschall Fürst Trubetzkoy mit Tränen in den Augen aus dem Schlafgemach der Kaiserin, um den Tod Ihrer Kaiserlichen Majestät Elisabeth Petrowna, Zarin aller Russen, und die Thronbesteigung von Kaiser Peter III. zu verkünden.

Peter wandte sich an die versammelte Menge. Seine Augen glänzten und sein Gesicht zuckte vor Erregung. Dies war der Augenblick, auf den er so viele Jahre lang gewartet hatte. Er haßte das Land, das er regieren sollte, er haßte und verachtete das Volk. Aber er war besessen von dem Wunsch zu herrschen, seinen königlichen Willen all denen aufzuzwingen, die ihn mit Einwilligung der Kaiserin so lange und schmachvoll bevormundet hatten. Es gab nicht eine einzige Träne, nicht die geringste Trauer um die Tante, die er gefürchtet und gehaßt hatte, und die Höflinge, die sich sklavisch vor ihm verneigten, waren von Schrecken und Abscheu erfüllt.

Wenn man den Haß in Betracht zieht, der dem Großfürsten von allen Teilen der Bevölkerung entgegengebracht wird, und sieht, wie er einen Fehler nach dem anderen begeht, ist man überzeugt, daß dem Tode der Kaiserin eine Revolution folgen wird. Wenn man aber andererseits die Trägheit und Feigheit derjenigen erwägt, die an der Macht sind, die kriecherische Unterwürfigkeit des durchschnittlichen Höflings, so beginnt man sich zu fragen, ob überhaupt irgend etwas geschehen wird.

Dies schrieb der Baron de Breteuil wenige Wochen vor Elisabeths Tod, und die Prognose des Gesandten war richtig. Ungeachtet der düsteren Gesichter auf der Straße und des drohenden Gemurmels in den Kasernen bestieg Peter III. den Thron, ohne daß ein einziger Minister zurücktrat oder ein einziger Schuß abgegeben wurde.

Die erste, die den Treueid ablegte, war seine Frau; nach dem Bericht eines Augenzeugen warf sie sich vor ihrem Mann zu Boden und erklärte sich bereit, ihm als erste Dienerin seines Kaiserreichs bedingungslos zu gehorchen. Die Kaiserin Katharina sollte später die Wahrheit dieser Aussage bestreiten, aber schon allein die Vehemenz, mit der sie es tat, verleiht dem Bericht Glaubwürdigkeit. Da sie, wie wir wissen, eine vollendete Schauspielerin war, dürfte es ihr nicht schwergefallen sein, eine Rolle zu spielen, die dazu bestimmt war, den neuen Kaiser zu beschwichtigen. Aber das eindrucksvollste Schauspiel behielt sie sich für das Volk vor.

Dem Brauch gemäß wurde der Leichnam der Kaiserin, einbalsamiert und in Galaroben gekleidet, vor dem Begräbnis zehn Tage lang öffentlich zur Schau gestellt. Er wurde auf einem prunkvollen Katafalk feierlich im großen Empfangssaal aufgebahrt, wo hohe Offiziere der Garde und Damen des Hofes ständig Wache hielten. Tagaus, tagein strömten die Leute, vom höchsten Adeligen bis zum ärmsten Bauern aus der Stadt und dem umliegenden Land zu Hunderten und Tausenden herbei, um der Kaiserin, die sie als eine Mutter geliebt und als eine Gottheit angebetet hatten, die letzte Ehre zu erweisen.

Nicht einem von ihnen entging die verschleierte Frau in Schwarz, die am Fuß des Katafalks kniete und scheinbar derart in ihre Gebete vertieft war, daß sie ihre Gegenwart überhaupt nicht zu bemerken schien. Es war die neue Kaiserin, die an der Trauer des russischen Volkes teilnahm, die stundenlang auf dem kalten Marmor kniete und sich wie der inbrünstigste der orthodoxen Gläubigen im Gebet zu Boden warf. Sie kam täglich und blieb fast den ganzen Tag, eine heldenhafte Leistung selbst für die gesündeste aller Frauen, wieviel schwerer aber für eine Frau, die im sechsten Monat schwanger war und angesichts des Geruchs von Kerzenwachs und Weihrauch und des Gestanks der ungewaschenen Menschenmenge ständig von Übelkeit geplagt wurde. Aber sie verharrte unerschütterlich in ihrer Pose, womit sie sich die Liebe und Achtung ihrer künftigen Untertanen erwarb und betont von ihrem Mann abrückte; denn bei den seltenen Gelegenheiten, wo Peter an die Bahre seiner Tante kam, beleidigte er nicht nur ihr Andenken, indem er sich weigerte, auch nur ein einziges Gebet zu sprechen, er scherzte auch

ganz ungeniert mit den Damen oder tadelte einen der diensthabenden Offiziere wegen irgendeines kleinen Fehlers und ging
sogar soweit, sich über die Priester lustig zu machen. Sein Benehmen beim Staatsbegräbnis war so respektlos und skandalös,
daß es allgemeinen Anstoß erregte. Selbst sein Freund, Sir
Robert Keith, gelangte zu dem Schluß, »daß die Herrschaft
des Kaisers nicht lange währen könne«.

Aber all seine törichten Albernheiten, seine Trinkgelage und
sein unschickliches Verhalten während der Trauerzeit waren
nichts im Vergleich zu der Art und Weise, wie er die Gefühle
jedes patriotischen Russen verhöhnte, indem er wenige Tage
nach seinem Regierungsantritt Frieden mit Preußen schloß.
Noch in der Nacht nach Elisabeths Tod sandte er Kuriere an
alle im Felde stehenden Armeekorps mit dem Befehl, die Feindseligkeiten einzustellen. All die mit soviel Blut eroberten Gebiete
sollten preisgegeben werden. Nicht ein einziger russischer Soldat
sollte auf deutschem Boden bleiben – und das alles nur, um
die Gunst seines Freundes und Abgotts, des Königs von Preußen, zu erlangen, dem gegenüber er sich in seinen Briefen mehr
wie ein treuer Vasall, ein kleiner Herzog von Holstein, als wie
ein siegreicher Kaiser gab. Er verschwendete keinen Gedanken
an sein Volk, an die zahllosen Familien, die den Vater, den
Ehemann, Söhne und Brüder verloren hatten. Er dachte nicht
an seine Verbündeten oder an seine eigene Ehre und Selbstachtung. Selbst der Opportunist Michael Worontzow schämte sich,
den Botschaftern von Frankreich und Österreich gegenüberzutreten. Bei einem Diner, das der Kanzler gab, und bei dem
der Kaiser zugegen war, tat Peter bewußt alles, um einen Streit
mit dem französischen Gesandten vom Zaun zu brechen, indem
er auf das Wohl des Königs von Preußen trank und mit lauter,
aggressiver Stimme erklärte, er wünsche Frieden, ganz gleich,
was seine Verbündeten dazu sagten. Was wie die Drohung eines
Betrunkenen klang, wurde Wirklichkeit, als Rußland am 25.
Februar 1762 einen geheimen Friedensvertrag mit Preußen ab-
schloß. Friedrich, der auf die Knie gezwungen worden war,
erhielt all seine Gebiete zurück, aber er hegte wenig Bewunderung für seinen großmütigen Freund, den er folgendermaßen
beschrieb: »...ein Don Quijote, der mich als seine Dulcinea
betrachtet«.

In gewisser Hinsicht war »Don Quijote« eine zutreffende
Bezeichnung, denn Peter war nicht wirklich schlecht. Er war
schwach und entartet, verdorben durch eine falsche Erziehung

und schlechte Gesellschaft, doch im Grunde war er immer noch das verängstigte und einsame Kind, das sich seiner selbst nicht sicher war und prahlte und trank, um sich Mut zu machen. Aber trotz allem konnte er sich manchmal edel, ja sogar großmütig zeigen. Keiner von Elisabeths Favoriten wurde verfolgt oder enteignet; und diejenigen, die sie verbannt hatte – ihr französischer Arzt Lestocq, der berüchtigte Biron, Liebhaber von Kaiserin Anna, und der alte Feldmarschall Münnich, dessen einziges Verbrechen seine deutsche Abstammung gewesen war –, sie alle wurden zurückgerufen und erhielten ihre Titel und Besitztümer zurück. Diese Männer, von denen die meisten ausländischer Abstammung waren, sangen Loblieder auf den neuen Kaiser und drängten ihn, sich seinen Feinden gegenüber strenger zu zeigen. Nach den nicht ganz objektiven Memoiren eines sächsischen Diplomaten war es Peters Unglück, daß er zu nachsichtig war. Als man ihn darauf hinwies, daß solch ein Verhalten gefährlich sei, soll er erwidert haben: »Wollen Sie, daß ich meine Regierung mit Blutvergießen beginne?« Selbst Katharina, die wenig Gutes von ihrem Mann zu sagen wußte, ging nie soweit, ihn der physischen Gewalttätigkeit zu beschuldigen. Er scheint sich lediglich ein Vergnügen daraus gemacht zu haben, ihre geringfügigsten Wünsche zu durchkreuzen und sie öffentlich zu demütigen, indem er seine Mätresse wie eine regierende Fürstin behandelte und ihr vor versammeltem Hof den Katharinenorden verlieh, der für gewöhnlich Personen von fürstlichem Geblüt vorbehalten war. Doch er mußte sehr betrunken sein, ehe er den Mut fand, sich offen von Katharina loszusagen und zu verkünden, daß er beabsichtige, seinen Sohn zum Bastard zu erklären und seine Geliebte zu heiraten – Worte, die Katharina durch ihre Freunde in jeder Kasernenstube von St. Petersburg wiederholen ließ und die ihr die Sympathie und das Mitgefühl jedes patriotischen Soldaten eintrugen.

Aber nicht alle Dekrete, die Peter in seiner Verwirrung und seinem Größenwahn erließ, waren töricht, denn einige seiner deutschen Ratgeber waren fähige und intelligente Männer. Er schaffte die gefürchtete geheime Kanzlei ab, und ein Erlaß, der den Adel vom obligatorischen Staatsdienst befreite, machte ihn bei einer Klasse beliebt, deren einziger Wunsch es war, Macht ohne Verantwortung zu erringen. Katharina erkannte sofort, was für einen Schaden Peter sich selbst und seinen Nachfolgern dadurch zufügte, daß er den Großgrundbesitzern eine noch stärkere Position als zuvor einräumte, ihnen uneingeschränkte Macht über ihre Leibeigenen gab und ihre Vorrechte vermehrte, indem er ihre Pflichten verringerte. Sie konnte nur schwer ihre Verachtung für einen Kaiser verbergen, der sich auf den Rat eines bevorzugten *aide-de-camp* hin auf Gedeih und Verderb der Gnade seiner Adeligen auslieferte. Als Fürst Daschkow mit Freudentränen in den Augen zu ihr kam und erklärte, ihr Mann verdiene es, daß man ihm eine goldene Statue errichte, weil er dem Adel die Freiheit geschenkt habe, erwiderte die für gewöhnlich so beherrschte Katharina schroff: »Ich hatte bisher nicht gewußt, daß Sie ein Leibeigener sind.«

Zum Glück waren die meisten Offiziere keine reichen Fürsten wie der junge Daschkow. Es waren zum großen Teil einfache, patriotische Männer, zornig und gedemütigt angesichts des Friedens mit Preußen und am Rande der Meuterei, als Peter, mehr als Herzog von Holstein denn als Kaiser von Rußland handelnd, mit Dänemark einen Streit wegen Schleswig anfing und mit einem Krieg drohte, um eine unbedeutende deutsche Provinz für Holstein zurückzuerobern. Selbst König Friedrich versuchte, ihn von einem Unternehmen abzubringen, das seinen gesamten Generalstab in Zorn versetzen würde. Aber Peters Liebe zu Holstein kannte keine Grenzen. Kurz darauf ernannte er seinen Onkel, den Fürsten Georg von Holstein, zum Oberbefehlshaber des russischen Heeres und erklärte, er habe die Absicht, das Heer nach preußischem Vorbild umzuformen. Als Vorgeschmack dessen, was kommen sollte, erhielt das Eliteregiment der Preobrashensken neue Uniformen, die denjenigen von König Friedrichs Garde nachgemacht waren.

Nicht zufrieden damit, sich das Heer zum Feind gemacht zu haben, wandte sich Peter jetzt auch gegen die Geistlichkeit, jene alles beherrschende Kraft des russischen Lebens, die einen mystischen Einfluß auf Millionen von schweigenden Menschen ausübte, für die das Wort ihrer Bischöfe dem Worte Gottes gleichkam. Peter hatte schon seit jeher die orthodoxe Religion gehaßt, die ihm von seiner Tante aufgezwungen worden war. Soweit er überhaupt einen Glauben hatte, war dieser streng lutherisch, und kaum hatte er den Thron bestiegen, verwandelte er Elisabeths Privatkapelle in eine lutherische Kirche. Dem Beispiel seines Großvaters folgend, der den Bojaren ihre Bärte genommen und sie gezwungen hatte, westliche Kleidung zu tragen, befahl er jetzt der Geistlichkeit, ihre Bärte zu scheren, ihre prächtigen Gewänder abzulegen und die schlichten schwarzen Kutten der lutherischen Pastoren anzuziehen. Alle Heiligenbilder mit Ausnahme derjenigen Christi und der Jungfrau sollten aus den Kirchen entfernt werden. Und, schlimmer als alles andere, die Kirchengüter sollten beschlagnahmt und die Geistlichen zu festbesoldeten Staatsbeamten gemacht werden. Diese Erlasse riefen einen derartigen Sturm der Empörung in allen Schichten des Volkes hervor, daß die Minister den Kaiser baten, im Interesse des inneren Friedens von der Durchführung dieser Maßnahmen abzusehen. Aber Peter war berauscht von seiner Macht und sah sich im Licht eines liberalen Reformers, eines zweiten Peters des Großen.

Unterdessen hielt sich Katharina ruhig im Hintergrund, immer noch in scheinbar tiefer Trauer um die verstorbene Kaiserin. Die Zeit ihrer Niederkunft rückte näher, und es bedurfte ihrer ganzen Phantasie und Findigkeit, einen Plan zu ersinnen, wie sie ein Kind zur Welt bringen könnte, ohne daß ihr Mann, der unter einem Dach mit ihr lebte, etwas davon erfuhr. Sie hatte von jeher mit der Ergebenheit ihrer Dienerschaft rechnen können, und bei dieser Gelegenheit zeigte einer von ihnen, ein Mann namens Schkurin, eine solche Opferbereitschaft, daß er wahrhaftig die reichen Belohnungen verdiente, mit denen seine dankbare Kaiserin ihn später überschüttete. Peter hatte eine Leidenschaft für Pyrotechnik, aber mehr noch als Feuerwerke erfreute ihn der Anblick eines in Flammen stehenden Gebäudes. Es war ein Vergnügen, dem er sich ausgiebig in Moskau hingeben konnte, wo alljährlich Hunderte von Holzhäusern vom Feuer zerstört wurden. Aber in St. Petersburg, wo Ziegelsteine in zunehmendem Maße das Holz verdrängten, gab es weit weniger Brände.

Um seiner Herrin zu helfen, steckte Schkurin am Abend des 11. April sein Haus in Brand, und während Peter am anderen Ende der Stadt weilte und sich an der Zerstörung des Hauses ergötzte, brachte Katharina in ihren Gemächern im neuen Winterpalais Orlows Sohn zur Welt. Das Baby, das Prascovia Bruce in ein Biberfell gewickelt aus dem Palast schmuggelte, erhielt später den Namen Bobrinsky – eine Ableitung des russischen Worts für Biber. Doch im Augenblick hatte Katharina anderes zu tun, als viel an ihren neugeborenen Sohn zu denken. Die Zeit war gekommen, wo die verschiedenen Fäden der Verschwörung vereint und die Verschwörer voneinander unterrichtet werden mußten; wo die Fürstin Daschkowa und die Orlows, Panin und Kyril Rasumofsky sich zusammenschließen mußten, um zu entwerfen, was die Fürstin später als »einen verworrenen

Plan« bezeichnete, »von einer Gruppe zusammengewürfelter Individuen erdacht, die weder Sympathie noch Verständnis füreinander hatten«. Aber es bedurfte keines gemeinsamen Plans. Im ganzen Land schwelte die Unzufriedenheit, und der arme, geistig verwirrte Kaiser fügte seinem Sarg täglich einen neuen Nagel hinzu.

Am Abend des 12. Juni 1762 gab Kaiser Peter ein großes Bankett im Sommerpalast, um die Ratifizierung des Friedensvertrags mit Preußen zu feiern. König Friedrichs Botschafter saß, sehr zum Mißfallen der anwesenden russischen Generäle, auf dem Ehrenplatz zur Rechten des Kaisers, während der französische Gesandte, weiter unten an der Tafel, den fortwährenden Sticheleien seines Gastgebers ausgesetzt war. Nun folgte der so oft zitierte Vorfall, bei dem Peter seine Frau öffentlich – in Gegenwart von fünfhundert Gästen – beleidigte. Es wurden drei Toasts ausgebracht, jeder von einer Kanonensalve unten auf dem Platz vor dem Schloß begleitet. Der erste Toast galt der Gesundheit der kaiserlichen Familie, doch als die Gläser erhoben wurden, blieb Katharina sitzen. Peter, der bereits leicht angetrunken war, befahl seinem Adjutanten, zur Kaiserin zu gehen und sie zu fragen, warum sie bei diesem Toast nicht aufgestanden sei. Katharina erwiderte würdevoll, »da die kaiserliche Familie nur aus ihr, ihrem Gatten und ihrem Sohn bestünde, habe sie das nicht für notwendig gehalten«. Diese einleuchtende Antwort versetzte Peter derart in Wut, daß er völlig die Beherrschung verlor; er schickte den Adjutanten zurück und ließ Katharina sagen, sie sei eine *»dura«* (dumme Gans), denn sonst müßte sie wohl wissen, daß auch seine beiden Onkel, die Fürsten von Holstein, zur kaiserlichen Familie gehörten. Und da er fürchtete, daß der Adjutant es nicht wagen würde, diese grobe Beleidigung zu wiederholen, schrie er mehrmals über den Tisch hinweg Katharina zu: *»Dura! Dura!«* Die Gäste waren starr vor Schreck. Einige Offiziere legten unwillkürlich die Hand an ihre Schwertgriffe. Nur Peter schien sich der Ungeheuerlichkeit seines Verhaltens nicht bewußt zu sein. Katharina brach in Tränen aus, aber nach wenigen Augenblicken hatte sie sich soweit gefaßt, daß sie sich an den diensthabenden Kammerherrn, den Grafen Stroganoff, wandte, der hinter ihrem Stuhl stand, und ihn mit einem kläglichen kleinen Lächeln bat, ihr etwas Lustiges zu erzählen. Gleichzeitig bemerkten alle, die in ihrer Nähe saßen, den eiskalten, haßerfüllten Blick, den sie ihrem Mann zuwarf.

Laut Katharinas eigener Aussage war dies der Augenblick, an dem sie begann, die verschiedenen Pläne und Vorschläge zu erwägen, die ihr während der letzten Monate unterbreitet worden waren. Dies ist die Erklärung, die sie Poniatowski gab, als sie ihm ausführlich über die Ereignisse berichtete, die zu dem *coup d'état* führten, denn trotz ihrer Leidenschaft für Orlow unterhielt sie eine zärtliche und liebevolle Korrespondenz mit ihrem früheren Liebhaber. Poniatowski muß besser als jeder andere gewußt haben, daß Katharina schon seit 1758 geplant hatte, sich des Thrones ihres Mannes zu bemächtigen, denn bereits damals hatte sie ihm und Hanbury-Williams offen gestanden, daß sie »Elisabeths Tod herbeisehnte, und daß dieser Tag sie nicht unvorbereitet antreffen würde«. Aber die Erklärung, die sie Poniatowski gab, war die Version, die sie der Nachwelt zu hinterlassen wünschte. Poniatowski war ihr einziges Bindeglied mit der westlichen Welt, und dieser Bericht an ihn, der bewußt dazu bestimmt war, an seine Freunde im Ausland weitergegeben und in den Clubs von London und den Salons von Paris gelesen und geglaubt zu werden, war ihr erster Versuch auf dem Gebiet der öffentlichen Meinungspflege, auf dem sie später so Hervorragendes leisten sollte. Nach ihrer Aussage sah sie sich gezwungen zu handeln, als sie hörte, daß der Kaiser vorhatte, sie verhaften zu lassen; er hätte es schon früher getan, hätte nicht sein Onkel, der Fürst von Holstein, ihn daran gehindert, weil er fürchtete, daß ihre Verhaftung eine Rebellion im Heer auslösen würde.

Der geplante Feldzug gegen Dänemark hatte die allgemeine Unzufriedenheit auf den Höhepunkt getrieben, und um das Maß der Torheiten vollzumachen, verkündete der Kaiser, daß er persönlich das Oberkommando übernehmen werde. Zwei Tage nach dem Bankett machte er sich auf den Weg nach Oranienbaum, das in ein Heereslager verwandelt worden war. Dort verbrachte er täglich Stunden damit, seine Truppen auf ähnliche Art zu drillen, wie er früher seine Zinnsoldaten auf dem Ehebett gedrillt hatte, und er weigerte sich beharrlich, auf den Rat und die Warnungen seiner Minister zu hören, die in der Hauptstadt zurückgeblieben waren.

Katharina hatte den Befehl erhalten, sich nach Peterhof zu begeben, wo der Kaiser rechtzeitig zum traditionellen Peter-und-Paul-Fest am 29. Juni eintreffen wollte. Sie behauptet, ihr Mann habe beabsichtigt, sie am Abend nach dem Hofball verhaften zu lassen. Das ist jedoch wenig glaubhaft, denn Peter war ein

Feigling, der während seiner ganzen Ehe Angst vor seiner Frau gehabt hat; jegliche Maßnahme, die er zu ergreifen plante, wäre nach seinem Abmarsch nach Dänemark durchgeführt worden, und zwar mit der Begründung, daß es zu gefährlich sei, die Kaiserin während seiner Abwesenheit auf freiem Fuß zu lassen.

Katharina verbrachte fünf Tage allein in St. Petersburg – Zeit genug, ihre Pläne zu koordinieren und die letzten Anweisungen zu erteilen und zu empfangen, denn zum großen Teil waren es die Orlows, die das Kommando übernommen hatten. Als sie nach Peterhof aufbrach, blieb der kleine Großfürst Paul unter der Obhut seines Erziehers, des Grafen Panin, in der Hauptstadt zurück, denn weder sie noch die Orlows hatten die Absicht, sie zur Regentin für ihren Sohn ausrufen zu lassen. In Peterhof wohnte sie nicht im Palast, sondern in dem kleinen Lustschloß »Mon Plaisir«, das näher am Meer lag und dessen Terrassen zu einer abgeschiedenen kleinen Bucht führten, wo Kuriere mit einem Boot anlegen und zu ihr gelangen konnten, ohne die Palastwachen passieren zu müssen.

Die Kaiserin, die ständig fürchtete, daß ein falscher Schritt, eine unbesonnene Bemerkung sie alle in Gefahr bringen und ihren Plan vereiteln könnte, verbrachte ihre Tage in einem Zustand nervöser Erregung. Unterdessen machten die Orlows gute Fortschritte in der Hauptstadt und gewannen täglich neue Anhänger, so daß, als der Augenblick gekommen war, dreißig bis vierzig Offiziere und über zehntausend Soldaten in das Geheimnis eingeweiht waren. Kyril Rasumofsky, der einflußreichste von Katharinas Anhängern und Kommandeur der Ismailowschen Garde, hatte sein ganzes Regiment für das Vorhaben gewonnen. Als Präsident der Akademie der Künste und Wissenschaften hatte er außerdem die Druckerpresse für die Herausgabe eines Manifests mobilisiert. Die kleine Daschkowa, die sich als die Seele der Verschwörung betrachtete, schwirrte wie eine aufgeregte Libelle umher, ohne zu ahnen, daß ihre größten Vorzüge in den Augen Katharinas ihre Freundschaft mit Panin und die Beliebtheit ihres Mannes bei der Garde waren. Alle diese rivalisierenden Persönlichkeiten mußten beruhigt, besänftigt und umschmeichelt werden, aber im Grunde verließ sich Katharina ausschließlich auf die Orlows und auf ihren eigenen guten Stern.

X
VIVAT! VIVAT!

In ihrem Bericht an Poniatowski übergeht Katharina die Tatsache, daß sie ihren Mann zum letztenmal am Abend des 19. Juni gesehen hat, als er sie aufforderte, einer Theateraufführung in Oranienbaum beizuwohnen. Hätte selbst ein so launenhafter und unberechenbarer Mensch wie Peter seine Frau zu einer Vorstellung eingeladen, wo er sein Talent als Regisseur zur Schau stellen wollte, wenn er die Absicht gehabt hätte, sich ihrer zu entledigen? Er mag gedroht haben, es zu tun, und prahlte gelegentlich in der Öffentlichkeit gegenüber seiner Mätresse damit, aber Peters Drohungen waren etwas anderes als seine Taten.

Es paßte Katharina, die Drohungen zu glauben und später öffentlich bekanntzugeben. Die Orlows drängten auf Taten, und die Verhaftung eines ihrer Mitverschworenen, eines gewissen Rittmeisters Passek, der beschuldigt wurde, den Kaiser beleidigt zu haben, brachte die Sache zur Entscheidung. Jede weitere Verzögerung wäre riskant gewesen, und am Abend des 27. Juni benachrichtigte Gregor Orlow die Fürstin Daschkowa, daß die Kaiserin am nächsten Tag zur Selbstherrscherin von Rußland ausgerufen werden würde. In ihrem Brief an Poniatowski schreibt Katharina:

Es war sechs Uhr morgens am 28. Juni, und ich schlief fest, da kam Alexej Orlow in mein Zimmer, weckte mich und sagte mir völlig gelassen, daß ich mich anziehen und mit ihm nach St. Petersburg kommen solle, wo das Heer bereit sei, mich zur Kaiserin auszurufen. Ich fragte nach Einzelheiten. Er erwiderte, daß Passek, einer seiner Kameraden, verhaftet worden sei. Ich sprang aus dem Bett und zog mich so schnell ich konnte an, ohne mir die Mühe zu nehmen, mich richtig zu frisieren oder mein Gesicht zu pudern. Unten wartete ein Wagen mit einem als Lakaien verkleideten Offizier auf dem Bock und einem zweiten neben dem Kutscher.

Wir waren nur noch wenige Meilen von der Hauptstadt entfernt, da stießen wir auf Gregor Orlow und den Fürsten

Barjatinsky, die uns entgegengekommen waren. Der letztere räumte mir seinen Platz im Wagen ein, da unsere Pferde am Zusammenbrechen waren, und wir fuhren direkt zur Kaserne des Ismailowschen Regiments, wo zwölf Mann und ein Trommler Alarm schlugen. Die Soldaten kamen auf den Hof gelaufen, manche nur halb bekleidet, andere im Begriff, den Schwertgurt umzuschnallen, und alle schrien vor Freude, begrüßten mich als ihre Retterin und küßten meine Hände, meine Füße, ja selbst den Saum meines Kleides. Zwei von ihnen holten einen Priester mit einem Kruzifix herbei, und alle schworen mir Treue. Oberst Kyril Rasumofsky ließ eine Galakutsche anschirren, in der er und die Orlows mich zur Kaserne des Semjonowschen Garderegiments begleiteten. Unterdessen hatte sich die Nachricht von meiner Ankunft in der Stadt verbreitet, und die Straßen und Quais waren angefüllt mit jubelnden Menschen, Soldaten und Zivilpersonen, die alle »Vivat! Vivat!« riefen.

Katharinas Bericht über die bewegenden Ereignisse ist nüchtern und lakonisch. Gewisse Einzelheiten sind bewußt ausgelassen worden, wie zum Beispiel, daß Alexej Orlow vergessen hatte, sich ein frisches Pferdegespann zu beschaffen, so daß die Kaiserin von Rußland, als ihre eigenen Pferde nur wenige Meilen außerhalb von Peterhof zusammenbrachen, den Weg in ihre Hauptstadt mit zwei alten Kleppern fortsetzen mußte, die ein Bauer ihr besorgte. Nur die zufällige Ankunft von Gregor Orlow ersparte es ihr, mit diesem kläglichen Gespann beim Ismailowschen Regiment einzutreffen. Eine weitere Einzelheit, die sie um nichts in der Welt erwähnt hätte, war die Tatsache, daß sie noch ihre Pantoffeln trug. Denn kein komisches Element durfte die Feierlichkeit des Ereignisses schmälern, das in jeder Hinsicht dem *coup d'état* vergleichbar sein sollte, der Kaiserin Elisabeth auf den Thron gebracht hatte.

Aber die Tochter Peters des Großen hatte alle Trümpfe in der Hand gehabt. Ihre prachtvolle Erscheinung, ihr Romanowsches und vor allem ihr russisches Blut machten sie zu einer natürlichen Heldin. Sie war nicht einfach eine kleine deutsche Prinzessin, die sich die Unbeliebtheit ihres Mannes und die allgemeine Unzufriedenheit zunutze machte, um einen Thron zu rauben. Katharina brauchte all ihren Mut und ihre Kaltblütigkeit, ihren festen Glauben an ihre eigene Bestimmung, um vergessen zu können, daß sie als Sophie von Anhalt-Zerbst geboren war. Sie mag sich an diesem Morgen hastig angezogen haben, aber jede kleinste Einzelheit war sorgfältig geplant: das schlichte, schwarze Kleid, das sie noch aus kindlichem Respekt für die verstorbene Kaiserin trug; das nicht zusammengebundene Haar, das ihr über die Schultern fiel und dazu diente, ihre jugendliche Weiblichkeit zu betonen – dies alles machte sie weit anziehender und liebenswerter, als wenn sie das eleganteste Hofkleid getragen hätte.

Neuer Jubel brach aus, als sich der Zug der Wagen und Soldaten, jetzt von Hunderten von Zivilpersonen gefolgt, der Kasanschen Kirche näherte. Und der Jubel steigerte sich zu einem Crescendo, als die zwei Eliteregimenter der Preobrashensken und der berittenen Garde fast gleichzeitig erschienen, um sich den Ismailowschen anzuschließen. Einige Offiziere der Preobrashensken, die aus Mangel an Organisation nicht in die Pläne der Verschworenen eingeweiht worden waren, hatten versucht, ihre Leute in der Kaserne zurückzuhalten, waren jedoch von ihnen überwältigt und als Gefangene mitgebracht worden. Aber als sie jetzt die Kaiserin sahen, schlossen sie sich dem allgemeinen Jubel an und legten den Treueid ab. Alle Anwesenden schienen gleichzeitig zu lachen und zu weinen, und Katharina beschrieb die Szene später als ein »Delirium der Freude«.

Es war neun Uhr morgens. Erst vor drei Stunden war sie von Peterhof aufgebrochen, und schon kniete sie vor dem Hochaltar der Kasanschen Kirche, vom Erzbischof gesegnet und als Katharina II., Selbstherrscherin über ganz Rußland, umjubelt. In dieser kurzen Zeitspanne hatte sie erreicht, was von Anfang an ihr Ziel gewesen war. Die Gebete, die für sie und ihren Sohn gesprochen wurden, erwähnten den Zarewitsch Paul Petrowitsch nur als Thronfolger. Aber selbst in diesen ersten Stunden des Triumphes verlor Katharina keinen Augenblick den Kopf. Der Zeitpunkt war gekommen, ihren Sohn dem Volk zu zeigen und Panin, den einzigen Staatsmann unter den Verschworenen, zu versöhnen.

Bischöfe und Priester führten jetzt den Zug an, der allmählich zu einem kaiserlichen Cortège wurde, und die junge Frau, die ihren Kopf stolz erhoben hielt und so beglückt der Menge zulächelte, schien überzeugt, daß sie eine Herrscherin von Gottes Gnaden war.

Wenig später erschien sie, den achtjährigen Paul an der Hand, auf dem Balkon des neuen Winterpalasts. Als die Menge das Kind sah, brach sie in erneuten Jubel aus, einen Jubel, der diesmal nicht so sehr der Mutter als dem Kinde galt. Hinter

Paul stand sein Erzieher, Nikita Panin, mit seinem wohlwollenden Lächeln und seinen wachsamen Augen, ein Mann, von dem Katharina wußte, daß sie ihn niemals würde loswerden können, denn nur durch seine Freundschaft konnte sie die Freundschaft ihres Sohnes gewinnen.

Drinnen im Palast drängten sich Senatoren und Höflinge, die Leiter der diversen staatlichen Lehranstalten und Angehörige des Heiligen Synod die große Marmortreppe hinauf, um der neuen Gottheit zu huldigen. Unter ihnen befand sich eine kleine, erregte Gestalt, die bis jetzt von ihrer geliebten Katharina vergessen worden zu sein schien. Die Fürstin Daschkowa hatte sich mühsam ihren Weg durch die dichte Menschenmenge bahnen müssen und war in Gefahr gewesen, jeden Augenblick niedergetrampelt zu werden, da erkannten sie zum Glück einige Offiziere, hoben sie in die Höhe und reichten sie über die Köpfe der Menge hinweg von einem Arm zu anderen, bis sie in den Palast getragen wurde und atemlos, mit zerzausten Haaren, aber triumphierend zu Füßen der Kaiserin landete. Die Begrüßung zwischen den beiden Freundinnen war herzlich und aufrichtig, und die Daschkowa genoß die Ehre, neben der Kaiserin zu stehen, als ein Manifest, frisch aus der Druckerpresse der Akademie der Wissenschaften, vor der Menge verlesen wurde.

Es war ein geschickt abgefaßtes Dokument, von Katharina mit Hilfe eines kleinen Beamten der Staatskanzlei aufgesetzt, der später einer ihrer tüchtigsten Sekretäre werden sollte. Teplow war eine jener schattenhaften Gestalten, die niemals das Rampenlicht suchen; aber er sollte in den kommenden Jahren einen viel größeren Einfluß auf seine Herrin ausüben als viele der weit großartigere Figuren ihres Hofstaats. In dem Manifest erklärte Katharina dem russischen Volk, daß gewisse Umstände sie gezwungen hätten, es vor den Gefahren zu bewahren, die ihm von allen Seiten drohten:

Unsere orthodoxe Kirche wird durch die Übernahme fremder Riten erschüttert; unser militärisches Ansehen, das durch unsere siegreiche Armee so vermehrt worden ist, wird durch den Abschluß eines schmählichen Friedens herabgesetzt. All die in Ehren gehaltenen Traditionen unseres Vaterlandes werden niedergetrampelt. Daher haben Wir Uns genötigt gesehen, mit Hilfe Gottes und seiner Gerechtigkeit, gestützt auf den ehrlichen Wunsch all Unserer treuen Untertanen, den Thron als Katharina II., Selbstherrscherin aller Russen, zu besteigen.

»Selbstherrscherin« war ein kühnes Wort im Munde einer Frau, deren Mann, der rechtmäßige Kaiser, sich vielleicht bereits in diesem Augenblick im Vormarsch auf seine Hauptstadt befand. Man hatte alle erdenklichen Vorsichtsmaßregeln getroffen, um zu verhindern, daß die Nachricht vom *coup d'état* Peter erreichte, ehe die Situation in St. Petersburg gefestigt war. In Pommern stand immer noch eine große Armee, die dem Kaiser den Treueid geschworen hatte, und die für den dänischen Feldzug bestimmten Truppen waren in Narva, nur wenige Meilen von Peterhof, zusammengezogen. Vierzehnhundert gutgedrillte und loyale Holsteiner bewachten den Kaiser in Oranienbaum, und in seinem Gefolge befand sich der berühmte Veteran Feldmarschall Münnich, den er aus der Verbannung zurückgeholt hatte und der jetzt sein ergebener Gefolgsmann war. Die Hauptstadt hatte Katharina mit Jubel empfangen, aber sie hatte bisher nur vier Regimenter zur Verfügung, alle zu den privilegierten Garden gehörig, die vom übrigen Heer beneidet und gehaßt wurden. Wenn Peter genügend Energie und Entschlußkraft zeigte, würden die Ereignisse des 28. Juni vielleicht nichts anderes als der verwegene Traum einer Abenteuerin sein, dessentwegen man die Orlows öffentlich hinrichten und Katharina auf Lebenszeit in ein Nonnenkloster sperren würde.

Aber nachdem Katharina sich zur Selbstherrscherin erklärt und die Uniform eines Obersten der Garde angelegt hatte, begann sie mit jener Unerschütterlichkeit, die einer ihrer größten Vorzüge war, ihre vierzehntausend Mann zu mustern, als ob sie das ganze russische Kaiserreich beherrsche. Zuerst erkannte sie die Soldaten kaum, denn sie hatten alle einmütig die von Peter eingeführten, verhaßten preußischen Uniformen abgelegt und ihre alten russischen hervorgeholt. Es war bei dieser Gelegenheit, daß ein zweiundzwanzigjähriger Subalternoffizier der berittenen Garde kühn aus dem Glied ritt, die Kaiserin darauf aufmerksam machte, daß ihrer Uniform das Portepee fehle, und ihr galant sein eigenes reichte. Seine Vorgesetzten waren empört über die Dreistigkeit des jungen Potiomkin. Aber sein stolzes und selbstsicheres Gebaren gefiel der Kaiserin, und sie nahm sein Geschenk mit einem anerkennenden Lächeln entgegen. Sie fragte ihn nach seinem Namen: später zog sie weitere Erkundigungen ein, und sie sollte weder sein Gesicht noch seinen Namen jemals vergessen.

Aber die Helden des Tages waren die Brüder Orlow. Katharina war so voller Bewunderung für ihren Mut, ihren gesunden

Menschenverstand und ihr Talent zur Führerschaft, daß sie es sich selbst in ihrem Brief an Poniatowski nicht versagen konnte, ein Loblied auf diese wundervollen Brüder zu singen, die sowohl ihr selbst als auch ihrem Land so treu ergeben waren, daß es »ein ganzes Buch füllen würde, ihre tapferen und edelmütigen Taten zu beschreiben«. Aber wenn es darum ging, politische Fragen zu entscheiden, konnte sie sich nur auf Panin verlassen, und seinem Rate folgend begab sie sich jetzt in den alten Winterpalast, wo Elisabeth gelebt hatte und gestorben war. Von dort aus entsandte sie Kuriere an die Befehlshaber der in Livland und Pommern stationierten Marine- und Heereseinheiten, um sie von ihrer Thronbesteigung zu unterrichten. Es blieb keine Zeit für formelle Ukase, und Katharina schrieb die Befehle mit eigener Hand, ohne zu wissen, ob die Truppen nicht bereits auf Befehl des Kaisers gegen sie vorrückten. Um vier Uhr nachmittags brachte ihr eine Delegation, bestehend aus dem Großkanzler Worontzow, Marschall Trubetzkoy und Alexander Schuwalow, die ersten Nachrichten aus Peterhof. Als Peter am frühen Nachmittag dort eingetroffen war und erfahren mußte, daß Katharina Peterhof bereits beim Morgengrauen verlassen hatte, hatte er sofort das Schlimmste vermutet und die drei Männer mit dem Befehl in die Hauptstadt gesandt, seine Frau tot oder lebendig zurückzubringen. Aber der Opportunist Worontzow erkannte sofort, woher der Wind wehte, und binnen einer Stunde hatten er und seine Begleiter, die keine andere Loyalität als die gegen sich selbst kannten, der Kaiserin Treue geschworen.

Peter war in festlicher Stimmung, als er und sein Hofstaat an diesem Morgen Oranienbaum verließen. Unter seinen Begleitern befanden sich Elisabeth Worontzow und sechzehn der fröhlichsten und kokettesten jungen Ehrendamen. Nachdem man sich unterwegs mit Picknicks und munteren Spielen die Zeit vertrieben hatte, war es ein Uhr vorbei, bis die Gesellschaft bei »Mon Plaisir« eintraf, wo nichts für den Empfang Seiner Majestät vorbereitet war, und nur ein paar bellende Hunde und kreischende Papageien sowie eine Schar von verängstigten Dienern und Hofdamen den Kaiser begrüßten. Nach dem Verbleib der Kaiserin befragt, wußten sie nur zu sagen, daß sie bereits in aller Frühe das Schloß verlassen habe. Alle, vom Kanzler bis zu seiner Nichte wußten, daß diese plötzliche Abfahrt eine unheilvolle Bedeutung hatte, aber Peter konnte nur gegen seine Frau wüten, die es gewagt hatte, seine Befehle zu mißachten, und er jammerte wie ein verwöhntes Kind, als er sah, daß keinerlei Vorbereitungen für das Fest am nächsten Tag getroffen worden waren. Seine Berater drängten ihn, sofort etwas zu unternehmen, aber der Kaiser schien außerstande, einen Entschluß zu fassen, und es ging kostbare Zeit verloren, ehe er sich einverstanden erklärte, eine Delegation nach St. Petersburg zu senden.

Die erste Nachricht vom *coup d'état* wurde ihm von einem seiner Holsteiner gebracht, der von einem vierundzwanzigstündigen Urlaub in der Hauptstadt zurückkehrte. Als Feldmarschall Münnich hörte, daß die Garden sich auf die Seite der Kaiserin geschlagen hatten, riet er Peter, seine Truppen aus Narva herbeizurufen und sofort auf St. Petersburg zu marschieren. Der preußische Gesandte, der mit von der Partie war, schlug vor, Seine Majestät solle die Verteidigung von Peterhof verstärken und auf die Ankunft seiner Armee aus Pommern warten. Aber Münnich erklärte, daß Peterhof nicht zu verteidigen sei und daß es klüger wäre, sich zum Flottenstützpunkt Kronstadt zu begeben. Peter befand sich jedoch in einem derartigen Zustand der Hysterie, daß er nur ein Manifest nach dem anderen abfassen konnte, die er alle wieder zerriß, sobald er sie geschrieben hatte. Weitere kostbare Zeit ging verloren, bis einer der Holsteiner, der sich offenbar keinerlei Illusionen über den Mut seines Herrn machte, offen erklärte, daß es »das beste für den Kaiser wäre, so schnell wie möglich das Land zu verlassen und unter sicherem Geleit nach Kiel zurückzukehren«.

Dieser schmähliche Vorschlag ließ Peter seine Männlichkeit wiederfinden und sich daran erinnern, daß er ein Romanow war. Man beschloß, mit einer Yacht nach Kronstadt zu fahren. Es war bereits spät am Abend, und Feldmarschall Münnich und General Gudowitsch, sein treuer Flügeladjutant, hörten mit Bestürzung, wie der Kaiser darauf bestand, seine Mätresse und die sechzehn Ehrendamen mitzunehmen. Erst um ein Uhr früh erreichten sie Kronstadt. Es war eine klare Sommernacht, beinahe taghell. Ein Wächter auf dem Schutzwall rief: »Wer da?« »Der Kaiser«, erwiderte Gudowitsch. »Es gibt keinen Kaiser mehr, nur eine Kaiserin. Fahren Sie weiter, oder wir schießen.« Die Worte kamen knapp und scharf über das Wasser. Katharinas Admiral hatte bereits das Kommando übernommen. Sowohl der Feldmarschall als auch der Flügeladjutant flehten Peter an, den Kurs zu halten. Wenn er unterhalb des Schutzwalls Anker warf, würde niemand es wagen zu schießen. »Ich schwöre es bei meinem Leben«, rief der alte Soldat, der seine ganze Willenskraft zusammennehmen mußte, um seinen Monarchen nicht zu beleidigen. Aber Peter wollte nichts davon wissen. Er hatte sich, zitternd vor Angst, in den untersten Kajütenraum geflüchtet, wo er seine hysterisch schreiende Geliebte umklammert hielt. In einem letzten Versuch, ihn zur Vernunft zu bringen, sagte ihm der Feldmarschall, es sei Wahnsinn, nach Peterhof zurückzukehren; es bestünde immer noch die Möglichkeit, nach Reval zu fahren, wo er an Bord eines Kriegsschiffes gehen und zu seinen Truppen in Pommern stoßen könne. »Tun Sie das, und ich schwöre, daß Sie in längstens sechs Wochen wieder in Ihrem Palast in St. Petersburg sein werden.« Aber Peter wimmerte nur, er wolle nach Oranienbaum zurückkehren und mit seiner Frau verhandeln. »Dann sind wir verloren«, sagte der alte Marschall, dessen Ehre ihn zwang, diesem jämmerlichen Feigling, den er für einen Kaiser gehalten hatte, die Treue zu wahren.

Unterdessen waren Katharina und ihr kleines Heer auf dem Weg nach Peterhof. In die grüne Uniform eines Preobrashensky-schen Grenadiers gekleidet, ritt sie auf einem weißen Pferd an der Spitze ihrer Truppen. Um ihre Zobelmütze war Eichenlaub gewunden, und ihre losen dunklen Haare flatterten im Wind. Ihre Soldaten sahen sie als die lebendige Verkörperung der Siegesgöttin, und von Kyril Rasumofsky, dem Hetman der Ukraine, bis zum jüngsten Fähnrich gab es nicht einen, der nicht bereit gewesen wäre, für sie zu sterben.

Die Orlows waren mit einer kleine Avant-Garde vorausgeritten, um die Holsteiner aus Oranienbaum zu verjagen und den Palast von Peterhof vor der Ankunft der Kaiserin zu befestigen. Die Fürstin Daschkowa, die seit dem Morgen nicht mehr von Katharinas Seite gewichen war, ritt jetzt stolz neben ihrer geliebten Kaiserin; sie trug die gleiche Uniform und sah mit ihrer schmalen, schlanken Figur, wie sie später ein wenig selbstgefällig bemerkte, »wie ein fünfzehnjähriger Junge« aus. In ihrem grenzenlosen Eigendünkel sah sie sich an diesem Tag in der Rolle einer Königsmacherin. Aber ihre Anmaßung und ihre eifersüchtige Besitzgier sollten sie bald die Freundschaft kosten, die sie so hoch schätzte. Fürst Daschkows Beliebtheit bei seinem Regiment und ihre eigene Jugend und Kühnheit trugen ihr viel Beifall ein, zu viel für Katharinas Geschmack, obwohl an diesem glorreichen Tag nichts den idyllischen Charakter ihrer Beziehung trüben sollte. Sie teilten sogar das einzige Bett in der kleinen Herberge, wo sie nachts für ein paar Stunden Rast machten, während die Soldaten auf freiem Feld kampierten. Aber die beiden jungen Frauen waren zu erregt, um Schlaf zu finden. Während die Daschkowa Zukunftsbilder heraufbeschwor und sich im Geiste bereits als die Macht hinter dem Thron und ihren Mann als Oberbefehlshaber des russischen Heeres sah, wurde Katharina von der angstvollen Sorge gequält, was der morgige Tag ihr bringen würde. Es gab immer noch keine Nachricht über Peters Vorgehen. Als sie die Stadt verlassen hatte, war der Senat mit Verteidigungsmaßnahmen gegen einen möglichen Angriff der Marine von Kronstadt oder Reval her beschäftigt gewesen. Vielleicht kämpften die Orlows gerade in diesem Augenblick gegen Truppen, die zur Verstärkung aus Narva herbeibeordert worden waren, und ihr schöner Gregor konnte verkrüppelt oder getötet werden. Aber der frühe Morgen brachte beruhigende Neuigkeiten: Der Vizekanzler, Fürst Galitzin, traf mit einer Nachricht vom Kaiser ein, in der dieser offen zugab, seine Frau grausam behandelt und gedemütigt zu haben, und sie um Vergebung bat. Er gelobte Besserung und bot ihr an, sich mit ihm in die Regierung zu teilen.

Es war erschütternd zu sehen, wie wenig Peter nach all diesen Jahren den Charakter Katharinas verstand, die achtzehn Jahre des Leids und der Einsamkeit zu einer harten, egozentrischen Frau gemacht hatten, die nichts so sehr bewunderte wie Mut und nichts so sehr verachtete wie Schwäche. Bis sie in Peterhof eintraf, war der Palast von ihren Garden umstellt, die Holsteiner waren auseinandergetrieben worden, und die Orlows hatten den Kaiser in Oranienbaum gefangengenommen und ihn nach Peterhof gebracht. Es war der Morgen des 29. Juni, des Festes von Peter und Paul, aber es gab keine Triumphbögen im Park, keine Kanonenschüsse und kein Glockengeläut zur Feier des Namenstages des Kaisers, nur das lastende Schweigen der Niederlage. Ehe Peter Oranienbaum verließ, war er gezwungen worden, seine Abdankungserklärung zu unterzeichnen. Er befand sich in einem derart verzweifelten Zustand, daß er nicht einmal wahrzunehmen schien, was er unterschrieb; selbst die Orlows wandten sich von dem Schauspiel eines moralischen Zerfalls ab, den mitanzusehen sie sich schämten.

XI
DIE SICHERUNG DES THRONES

Katharina mag skrupellos gewesen sein, aber nur selten war sie grausam. Sie war von Natur aus gütig und konnte gelegentlich sowohl großmütig als auch versöhnlich sein, und verspürte jetzt auch kein Verlangen, sich an der Demütigung ihres Mannes zu weiden. Sie wagte es nicht einmal, ihm gegenüberzutreten, aus Angst, ihr Mitleid könne die Oberhand gewinnen und sie an den schüchternen, stotternden Jungen erinnern, mit dem sie nach ihrer Ankunft in Rußland gut Freund gewesen war. Am liebsten hätte sie ihn nach Holstein zurückgeschickt, wo er als freier Mann in Kiel hätte leben können. Aber sie wußte, daß sie es sich nicht leisten konnte, barmherzig zu sein. Solange Peter lebte, würde es immer eine Clique von Agitatoren geben, die versuchen würden, ihn wieder auf den Thron zu bringen. Sie hatte ebensowenig den Wunsch, ihn hinter Schloß und Riegel zu setzen, wie Elisabeth den Wunsch gehabt hatte, den kleinen Zaren Iwan VI. einzusperren, der immer noch als namenloser Gefangener in der Schlüsselburg lebte.

Katharina, die kleine deutsche Usurpatorin, durfte es nicht wagen, großzügiger als Elisabeth zu sein, und nachdem sie Befehl gegeben hatte, dem ehemaligen Kaiser alle materiellen Annehmlichkeiten des Lebens zukommen zu lassen, überließ sie ihn der Obhut ihrer getreuen Anhänger. In einem ihrer Briefe an Poniatowski – die so oft von der Wahrheit abweichen – versichert Katharina, daß Peter aus freiem Willen, »*en plein liberté*«, mit fünfzehnhundert loyalen Holsteinern, die seinem Befehl unterstanden, abgedankt habe, und daß er in seinem eigenen Wagen, von Elisabeth Worontzow und seinem treuen *aide-de-camp* begleitet, nach Peterhof aufgebrochen sei. Erst nach seiner Ankunft in Peterhof, dessen Palast vollkommen von ihren eigenen Truppen umstellt war, »hatte sie es für klüger gehalten, ihn unter Bewachung zu stellen, um ihn vor den Beleidigungen ihrer übereifrigen Soldaten zu schützen«. Eine sorgfältig ausgewählte Begleitmannschaft von Offizieren und Soldaten unter dem Befehl von Alexej Orlow hatte ihn noch am selben Abend auf seinen etwa siebenundzwanzig Werst von Peterhof entfernten Landsitz Ropscha gebracht, »einen abgeschiedenen, aber hübschen Ort, den er schon immer sehr gern gehabt hatte«. Katharina gibt sich große Mühe zu betonen, daß seine Begleitmannschaft aus Männern bestand, die »als *doux et raisonable* bekannt« waren, womit sie wahrscheinlich »höflich und manierlich« im Gegensatz zur Mehrheit ihrer wilden, undisziplinierten Truppen meint.

Es wurde alles getan, ihm die Gefangenschaft so angenehm wie möglich zu machen. Sie schreibt: »Er hat alles erhalten, außer seiner Freiheit; seine Wünsche wurden umgehend erfüllt. Sein französischer Diener, seine Violine, sein kleiner Lieblingsneger namens Narcisse und sein Hund Mopsi wurden ihm geschickt.« Sie bedauerte, daß sie ihm den Wunsch, seine Gefangenschaft mit Elisabeth Worontzow zu teilen, nicht erfüllen könne, »aber es hätte einen zu großen Skandal verursacht und wäre sicherlich nicht im Sinne ihrer Familie gewesen.« Wenn der Kanzler auf seinem Posten blieb, und vorläufig hatte Katharina nicht die Absicht, ihre Minister zu wechseln, wäre er der letzte, der so etwas guthieße.

Katharinas Worte in ihrem Brief an Poniatowski sind voller Güte und Vernunft. Nichts wird von den Demütigungen erwähnt, denen der ehemalige Kaiser bei seiner Ankunft in Peterhof ausgesetzt war. Jahre später schrieb Nikita Panin: »Ich halte es für das größte Unglück meines Lebens, daß ich damals gezwungen war, Peter in dieser Lage zu sehen.« Der ehemalige Kaiser war nach seiner Ankunft in die Gemächer geführt worden, die er als Großfürst zu bewohnen pflegte. Dort wurden ihm seine Orden abgenommen, er mußte sich seiner russischen Uniform entledigen und seinen Degen dem diensthabenden Offizier aushändigen. All dieser Schmach hatte er sich ohne ein Wort des Widerspruchs unterworfen, hatte zitternd und niedergeschlagen dagestanden und keinerlei Widerstand geleistet. Er sprach nur ein einziges Mal, und das, als er seine Wächter anflehte, ihn nicht von seiner Geliebten zu trennen. Panin hatte die schmerzliche Aufgabe, ihm mitzuteilen, daß sein Aufenthalt in Ropscha nur vorübergehend sei, während man passende Räumlichkeiten für ihn in der Schlüsselburg vorbereite. Auch ein mutigerer Mann als Peter hätte vermutlich gezittert bei dem Gedanken, in jene düstere Festung eingesperrt zu werden, aus der noch niemand lebendig wieder herausgekommen war.

Peter war einmal in der Schlüsselburg gewesen, um einen anderen fürstlichen Gefangenen, den unglücklichen Iwan, zu besuchen, der den größten Teil seiner zweiundzwanzig Jahre in einer dumpfen Zelle verbracht hatte, in die nur selten ein Sonnenstrahl drang. Damals war der Kaiser so erschüttert gewesen über den Anblick eines in Lumpen gekleideten Romanow, der der brutalen Behandlung durch seine ständig betrunkenen Gefängniswärter ausgesetzt war, daß er befohlen hatte, dem Gefangenen das Leben zu erleichtern. Aber Peters Befehle wurden selten ausgeführt, und es ist fraglich, ob sein Besuch dem unglücklichen Iwan irgendeinen Nutzen gebracht hat. Jetzt sollte Iwan in eine andere Festung gebracht werden, um einem noch gefährlicheren Gefangenen Platz zu machen, und Peter sank ohnmächtig zu Boden, als er den Namen séines endgültigen Bestimmungsortes hörte.

Nachdem Katharina Vorsorge für die unmittelbare Zukunft ihres Mannes getroffen hatte – wobei sie insgeheim hoffte, daß seine zarte Gesundheit ihn bald endgültig vom Schauplatz verschwinden lassen würde –, kehrte sie im Triumphzug nach St. Petersburg zurück. Immer noch in die Uniform eines Gardeoffiziers gekleidet, zog sie nach einem langen nächtlichen Ritt am Morgen des 30. Juni an der Spitze ihrer Truppen in die Hauptstadt ein. Abteilungen der Infanterie und Artillerie aus Narwa hatten sich dem königlichen Zug angeschlossen, und jedes Haus war bis zum Dach hinauf gedrängt voll von lachenden und weinenden Menschen, die aus den Fenstern hingen oder sich an Balkons und Bäume klammerten, um einen Blick auf die junge Frau zu werfen, der sie zujubelten, als wäre sie die von Gott Auserwählte und Peter der ausländische Usurpator. In jenem Meer von glücklichen Gesichtern gab es nicht einen einzigen verdrießlichen Blick, nicht eine einzige protestierende Stimme. Um den Preis einiger geplünderter Häuser und einiger verwundeter Holsteiner war eine Revolution durchgeführt worden.

In ihre prunkvollsten Gewänder gekleidet, ihre mit Juwelen geschmückten Ikonen in die Höhe haltend, waren die Angehörigen des Heiligen Synods, die höchsten Kirchenhäupter, an die Tore der Stadt gekommen, um Katharina zu segnen, wie sie sie so oft Elisabeth bei der Rückkehr von ihren Pilgerfahrten hatte segnen sehen. In allen Kirchen läuteten die Glocken, und ihr Klang vermischte sich mit den Trommeln und Posaunen der Militärkapellen zu einer Musik, wie Katharina sie nie süßer gehört hatte. Kein Wunder, daß sie schön war an diesem Morgen, als sie mit geröteten Wangen und funkelnden Augen durch die Straßen von St. Petersburg ritt, im Begriff, ein Kaiserreich zu erobern und die Bewunderung der Welt zu erringen.

Aber unter denjenigen, die ihr am nächsten standen, die Intrigen gesponnen und Pläne geschmiedet hatten, um sie auf den Thron zu bringen, gab es einige, die bereits enttäuscht waren. Katharina Daschkowa war eine der ersten von ihnen, denn weder Ehren noch Geld konnten eine Frau belohnen, die sich mit einem an Paranoia grenzenden Größenwahn als die Heldin des Tages sah. Hinzu kam ein starkes Sittlichkeitsgefühl, eine grundlegende Unschuld, aufgrund derer sie bisher nichts von der Beziehung der Kaiserin zu Gregor Orlow geahnt hatte. Und da sie diesen Mann, was seine Erziehung und Intelligenz betraf, als ihr selbst weit unterlegen betrachtete, bedeutete die Erkenntnis einen schweren Schlag für sie.

Eines Abends betrat sie in Peterhof die Gemächer der Kaiserin und sah den jungen Leutnant, der in einem Scharmützel mit den Holsteinern leicht verwundet worden war, der Länge nach auf einem Kanapee liegen und einige Papiere durchsehen, die den Stempel der Staatskanzlei trugen. Wütend über die Selbstverständlichkeit seines Verhaltens fragte sie ihn mit eisiger, arroganter Stimme, »welches Recht er habe, Papiere zu lesen, die ihn nichts angingen«. Der junge Mann sah sie mit einem trägen, unverschämten Lächeln an, das nur dazu diente, sie noch mehr in Wut zu versetzen. Orlow verspürte keine große Sympathie für diese wilde kleine Unruhestifterin, die ihren Namen und ihre Stellung dazu benutzte, seinen Soldaten Befehle zu erteilen. Er konnte nicht verstehen, wie ein so gutaussehender Mann wie Daschkow eine Frau hatte heiraten können, die nach seiner, Orlows Meinung, bar jeden weiblichen Charmes war, wie ein robuster Junge gewachsen, ohne Busen, mit einem kurzen Hals und vollen, roten Wangen. Ohne sich zu erheben oder seine Tätigkeit zu unterbrechen, erwiderte er, die Kaiserin habe ihn ausdrücklich gebeten, diese Briefe zu öffnen. Woraufhin sie sagte: »Das bezweifle ich; sie hätten liegenbleiben können, bis die Kaiserin jemanden ernannt hat, der befähigt ist, sie zu lesen, denn keiner von uns beiden hat genügend Erfahrung in derlei Dingen.« Mit diesen Worten stürmte sie aus dem Zimmer und hatte sich damit einen Mann zum Feind gemacht, der im Begriff war, die einflußreichste Persönlichkeit Rußlands zu werden.

Ihr wurden die Augen geöffnet, als sie später zurückkehrte und Orlow immer noch auf dem Kanapee liegen sah, während die Kaiserin sichtlich glücklich und entspannt neben ihm saß. Vor dem Kanapee stand ein gedeckter Tisch. Katharina hieß ihre junge Freundin zärtlich willkommen und lud sie ein, zum Abendessen zu bleiben. Aber die ganze Freude war dahin, als die Fürstin bemerkte, mit welch liebevoller Aufmerksamkeit die Kaiserin den jungen Offizier umsorgte, wie sie an seinen Lippen hing, über seine törichtsten Scherze lachte und keinen Hehl aus ihrer Leidenschaft für einen Mann machte, dessen Schönheit in den Augen der Fürstin die eines gut gewachsenen und gefährlichen Tieres war. Sie sah so niedergeschlagen aus, daß Katharina sie fragte, ob sie sich nicht wohl fühle, und sie entschuldigte sich mit der Begründung, daß sie nach einer Reihe schlafloser Nächte müde sei, woraufhin sie mit großer zur Schau gestellter Zuneigung entlassen wurde. Es kam Katharina gar nicht in den Sinn, daß diese neunzehnjährige Frau, die verheiratet und Mutter von zwei Kindern war, eine Puritanerin sein könnte. Ihre eigenen lutherischen Prinzipien hatte sie an einem Hof, wo Elisabeth selbst das Beispiel für zügellose Ausschweifung gegeben hatte, längst abgelegt. Jetzt konnte sie endlich ihren natürlichen Neigungen folgen und ihren Trieben, die so viele Jahre hindurch gewaltsam unterdrückt worden waren, die Zügel schießen lassen. Mit seinem großartigen Körperbau und seiner sexuellen Potenz beherrschte Orlow sie, wie noch kein Mann sie je beherrscht hatte, und wie so vielen starken und eigenwilligen Frauen war es Katharina ein Bedürfnis, physisch unterjocht zu werden.

Katharina Daschkowas schulmädchenhafte Schwärmerei war neben einem Lächeln des herrschenden Favoriten ohne jede Bedeutung, und es war ein böser Tag für die ungestüme Fürstin, als sie mit den Orlows stritt, denn Gregor und seine Brüder bildeten eine unzertrennliche Einheit und waren einander treu ergeben. Die Eifersucht der Fürstin war lediglich dazu angetan, jene glorreichen ersten Tage zu trüben, an denen Katharina bereit war, sie wie eine begünstigte Freundin zu behandeln. Sie hätte daran denken sollen, daß ihre Familie sich in einer heiklen Lage befand, denn das Schicksal ihrer Schwester und ihres Vaters hing ausschließlich von der Großmut der Kaiserin ab. Selbst ihr Onkel, der Kanzler, wußte nicht, ob man ihm gestatten würde, auf seinem Posten zu bleiben. Aber ihr anmaßender Stolz ließ ihr keine Ruhe, und kaum war sie nach St. Petersburg zurückgekehrt, fing sie an sich zu benehmen, als sei sie das Sprachrohr der Kaiserin, stolzierte in Uniform umher, erteilte Befehle und machte sich allgemein unbeliebt.

Sie war wütend, als sie Wachposten vor dem Hause ihres

Vaters vorfand – eine selbstverständliche Vorsichtsmaßnahme, denn ihre Schwester Elisabeth, die man von Peterhof hierhergebracht hatte, war bis zur endgültigen Entscheidung der Kaiserin praktisch eine Staatsgefangene. Was die Fürstin besonders erzürnte, war die Tatsache, daß die Wachtposten auf Befehl eines gewissen Hauptmanns Kakawinsky, eines Freundes der Brüder Orlow, dort aufgestellt worden waren. Sie maßte sich nicht nur an, sie entfernen zu lassen, sondern schickte sie eigenmächtig zum Winterpalast zurück, der, wie sie erklärte, unzulänglich bewacht sei.

Kakawinsky beschwerte sich natürlich über das anmaßende Verhalten der Fürstin, und die Kaiserin ließ ihre junge Freundin zu sich kommen, um ihr sanft, aber energisch mitzuteilen, daß sie kein Recht habe, den Soldaten Befehle zu erteilen, und daß es an der Zeit sei, ihre Uniform abzulegen und ihre Pflichten als Hofdame wiederaufzunehmen. Um ihre Worte zu mildern, überreichte ihr die Kaiserin den Katharinenorden. Aber statt diese Ehre auf Knien zu empfangen und Ihrer Majestät für ihre huldvolle Herablassung zu danken, gab die Daschkowa ihr mit einem Trotz, der fast an Unhöflichkeit grenzte, das Band zurück und sagte: »Ich bitte Eure Majestät, mir nicht diesen Orden zu verleihen; als Schmuck schätze ich ihn nicht, und als Belohnung hat er für mich keinen Wert, denn meine Dienste, wie auch immer sie in den Augen gewisser Personen erscheinen mögen, waren nie käuflich und werden es auch niemals sein.« Katharina hörte ihr mit Geduld und Nachsicht zu, obwohl sie bereits zu erkennen begann, daß diese ungestüme junge Frau ihr in Zukunft vielerlei Ungelegenheiten bereiten würde. Dann umarmte sie sie zärtlich, legte ihr das Band um die Schultern und sagte: »Gewähren Sie zumindest der Freundschaft gewisse Rechte, und darf ich nicht in diesem Fall das Vergnügen haben, einer lieben jungen Freundin ein Andenken an meine Dankbarkeit zu geben?« Ihre sanfte, überzeugende Art rührte die Fürstin zu Tränen; sie fiel schluchzend auf die Knie und schwor ihrer Kaiserin ewige Ergebenheit.

Aber Katharina hatte sich um wichtigere Dinge zu kümmern als um die Eifersuchtsszenen der Daschkowa. Wenn sie ihr nachgab, so tat sie das hauptsächlich Panins wegen, denn er war der einzige Mensch, auf dessen Urteilskraft sie sich verlassen konnte und dessen Umsicht und Weisheit sie vor den unbesonnenen Entscheidungen der Orlows schützten – oder besser gesagt, vor denen von Alexej, der das Vorgehen der Familie bestimmte und auf seine Art Katharina ebenso unentbehrlich war wie Panin. Panin hatte die Abdankung des Kaisers entgegengenommen, aber Alexej bewachte jetzt den Gefangenen in Ropscha und sandte der Kaiserin täglich Berichte über seinen Gesundheitszustand.

Peter war am ersten Tag derart benommen gewesen von der Plötzlichkeit und raschen Folge der Ereignisse, daß er, wie sein Freund und Verbündeter, der König von Preußen, es ausdrückte, sich so widerspruchslos entthronen ließ »wie ein Kind, das man zu Bett schickt«. Aber die Reaktion setzte ein, als er sich über das Grauen seiner Zukunft klarzuwerden begann, und er weinte und schrie in hysterischem Zorn. Zwei Tage nach seiner Abdankung erhielt die Kaiserin die erfreuliche Nachricht, ihr Mann fühle sich so krank, daß er nach seinem Leibarzt verlangt habe. Der größte Wunsch der Kaiserin war, daß Peter eines natürlichen Todes sterben möge; in diesem Fall wäre sie sogar bereit gewesen, als liebende Witwe um ihn zu trauern. Aber unter der Aufsicht seines Arztes ließ die Kolik nach, und die Berichte aus Ropscha teilten der Kaiserin lediglich mit, daß der Gefangene infolge übermäßigen Trinkens an starken Kopfschmerzen leide.

Damit, daß Katharina ihren Mann in der Gewalt der Orlows ließ, wurde sie zur Mitschuldigen an dem später stattfindenden Verbrechen. Sie wußte, daß Alexej verwegen, skrupellos und von Ehrgeiz besessen war, und daß er vor nichts zurückscheuen würde, um sein Ziel zu erreichen – und dieses Ziel war, seinen Bruder als kaiserlichen Prinzgemahl zu sehen. Die Anmaßung der Brüder Orlow erregte bereits Anstoß bei Hof. Die Angehörigen der alten Familien wie die Dolgorukows und Galitzins konnten einem Abenteurer von niedriger Geburt nicht verzeihen, daß er die Kaiserin in der Öffentlichkeit als seine Geliebte behandelte. Aber es war gerade diese männliche Arroganz, die Katharina an ihrem Liebhaber so unwiderstehlich fand, und so wartete sie geduldig auf Nachrichten aus Ropscha, denn sie wußte, daß die Orlows sie nicht lange im Zweifel lassen würden.

Am Tag nach ihrer Thronbesteigung führte sie bereits im Senat den Vorsitz über ihren ersten Staatsrat. Michael Worontzow wurde in seinem Amt als Kanzler bestätigt, aber gleichzeitig wurde sein früherer Feind, Graf Bestushew, aus der Verbannung zurückgerufen. Der alte Staatsmann wurde mit Ehren willkommen geheißen; all seine Besitztümer wurden ihm zurückerstattet, und er erhielt außerdem eine ansehnliche Pension. Aber seine

Hoffnung, wieder an die Macht zu kommen, ging nicht in Erfüllung, denn Katharina war zu vertraut mit seinem Ehrgeiz und seinen Intrigen, um ihn in ihrer Regierung haben zu wollen.

Am 6. Juli, knapp eine Woche nach dem *coup d'état,* erhielt sie die Nachricht, auf die sie wartete. Der ehemalige Kaiser war unter so geheimnisvollen Umständen gestorben, daß selbst die servilsten Höflinge die Gefangenenwärter nicht für unschuldig halten konnten. Offensichtlich hatte man dieses abgeschiedene Landhaus ganz bewußt gewählt, da es dort keine Zeugen gab, keine Bauern, die außerhalb der Tore die Felder bestellten, kein Dorf im Umkreis von mehreren Meilen. Am Morgen dieses Tages war Peters treuer Diener gewaltsam entführt und über die Grenze gebracht worden, und das einzige, was wir über die Ereignisse in Ropscha wissen, stammt aus einem kurzen, zusammenhanglosen Brief Alexej Orlows, der Katharina am Abend überbracht wurde. Laut Aussage der Fürstin Daschkowa, die sich unter derartigen Umständen stets als treue Freundin erwiesen hat, war die Kaiserin so bestürzt und entsetzt über den Inhalt dieses Briefes, daß sie in fassungsloses Schluchzen ausbrach. Aber Alexej Orlow hatte lediglich ihren Wünschen gemäß gehandelt und hatte wieder einmal seine Ritterlichkeit und treue Ergebenheit bewiesen, indem er die volle Verantwortung für eine Tat übernahm, von der er insgeheim wußte, daß seine kaiserliche Herrin sie freudig begrüßen würde. Wenn Katharina bestürzt war, so galt diese Bestürzung vermutlich ihr selbst und der Erkenntnis, wie schnell sie sich die Maßstäbe des Landes zu eigen gemacht hatte, das sie regieren würde.

Der Brief, nichts weiter als ein betrunkenes Geschreibsel, das anscheinend in einem Anfall von Reue geschrieben wurde, lautet folgendermaßen:

Matuschka! Gnädige Kaiserin! Wie soll ich erklären – wie soll ich beschreiben, was geschehen ist? Du wirst mir nicht glauben, aber ich schwöre bei Gott, daß ich die Wahrheit sage. Matuschka, ich bin bereit zu sterben. Aber ich kann selbst nicht sagen, wie es geschehen ist. Wir sind verloren, wenn Du uns nicht verzeihst, Matuschka. Er weilt nicht mehr auf dieser Welt, aber niemand hat das beabsichtigt. Denn wie hätte jemand von uns es wagen können, die Hand gegen unseren ehemaligen Herrn zu erheben? Nichtsdestoweniger ist es geschehen. Er hat bei Tisch einen Streit mit Fürst Barjatinsky angefangen, und ehe wir sie trennen konnten, war er tot. Wir selbst können uns nicht erinnern, was wir getan haben. Aber wir sind alle gleichermaßen schuldig und verdienen zu sterben. Habe Gnade mit mir, und sei es nur um meines Bruders willen. Ich habe meine Schuld bekannt, und mehr kann ich nicht sagen. Verzeih mir oder gib den Befehl, mich sofort hinzurichten. Ich will die Sonne nicht mehr sehen, wenn Du zornig bist, und meine Seele wird für alle Zeiten verloren sein.

War es ein vorsätzliches Verbrechen? Oder war es anläßlich eines im Rausch begonnenen Streits von einer Schar verwegener junger Männer verübt worden, die zu ungeduldig waren, um auf einen langsamen Tod durch Gift zu warten, der leichter zu erklären gewesen wäre? Die Spuren am Hals und die bläulichschwarze Färbung des Gesichts deuteten auf Tod durch Erwürgen. Selbst die Hände schienen zerschmettert worden zu sein, denn als der Leichnam dem alten Brauch gemäß nach St. Petersburg überführt und im Newsky-Kloster aufgebahrt wurde, steckten die Hände, die das Kreuz hielten, in großen Stulpenhandschuhen. Aber den Ärzten, die auf Befehl der Kaiserin die Autopsie vornahmen, wurde nur gesagt, sie sollten nach Anzeichen einer Vergiftung suchen, und so erklärten sie, Seine Kaiserliche Majestät sei eines natürlichen Todes gestorben, wahrscheinlich aufgrund einer schweren Kolik. Es war nicht ihre Sache, Anzeichen eines Kampfes zu bemerken, auf die man sie nicht aufmerksam gemacht hatte.

Laut Aussage der Daschkowa erhielt Katharina die Nachricht am Abend des 6. Juli, und ihre Tränen und ihr Mitleid überzeugten die Fürstin, daß sie der Ermordung nicht stillschweigend Vorschub geleistet hatte; nichtsdestoweniger konnte sie es sich in ihrer üblichen taktlosen Art nicht versagen zu bemerken: »Es ist ein zu plötzlicher Tod, Madame, für Ihren Ruhm und den meinen« – Worte, die Katharina unter den gegebenen Umständen wohl kaum sonderlich geschätzt haben mag. Und um die Sache noch zu verschlimmern, bemerkte die Fürstin Daschkowa später in aller Öffentlichkeit, sie hoffe, »Alexej Orlow werde sich von jetzt ab im klaren sein, daß er und sie nicht dazu bestimmt seien, dieselbe Luft zu atmen, und werde es nicht wagen, sich ihr in Zukunft auch nur als Bekannter zu nähern«.

Katharina war sich bewußt, daß sie sich nur entlasten konnte, indem sie Peters Mörder bestrafte, und das war das einzige, wozu sie weder die Neigung noch die Möglichkeit hatte. Es gibt einen vielsagenden Satz in ihrem Brief an Poniatowski:

»Ich sehe mich gezwungen, tausend seltsame Dinge zu tun – man fragt sich, was als nächstes geschehen wird«. Das seltsamste von allem war, daß sie als wohlerzogene lutherische Prinzessin stillschweigend die Ermordung ihres Mannes duldete. Nur zwei Menschen bekamen Alexej Orlows Brief zu sehen: Kyril Rasumofsky, auf dessen Liebe und Treue Katharina, wie sie wußte, zählen konnte, und Nikita Panin, mit dem sie sich über den Wortlaut der Ankündigung des Todes ihres Mannes beraten mußte. Dann verschloß sie den Brief in einer Kassette, die erst dreißig Jahre später, nach ihrem Tod, von ihrem Sohn, dem Zaren Paul, geöffnet wurde.

Katharinas Tränen, die die Fürstin Daschkowa von ihrer Unschuld überzeugt hatten, trockneten bald, und sie scheint sich an diesem Abend anläßlich eines offiziellen Empfangs bei Hofe in besonders heiterer Stimmung gezeigt zu haben. Am nächsten Tag wurde dem Volk in einem von Panin verfaßten Manifest bekanntgegeben, daß »es Gottes Wille gewesen sei, dem Leben des ehemaligen Kaisers durch eine schwere Hämorrhoidalkolik ein Ende zu machen«. Katharina erschien in Schwarz, bleich, aber tränenlos, um die Beileidsbezeigungen des Senats entgegenzunehmen. Es gab ein paar skeptische Blicke, ein paar verstohlene Bemerkungen über einen Tod, der unter den gegebenen Umständen als unvermeidlich angesehen wurde, aber die meisten hörten die Nachricht ohne die geringste Gemütsbewegung, und selbst Peters Freund und Verbündeter, der König von Preußen, scheint völlig ungerührt über seinen Tod gewesen zu sein und verteidigte sogar in einem Brief an einen Freund die kleine deutsche Prinzessin, der er indirekt zu diesem Thron verholfen hatte:

Die Kaiserin wußte nichts von dem Vorfall und erfuhr davon mit einer Empörung, die nicht vorgetäuscht war. Sie hat das Urteil vorausgesehen, das jetzt alle Welt über sie fällt. Als unerfahrene junge Frau glaubte sie, daß alles gut sein werde, sobald sie gekrönt sei, und daß ein so kleinmütiger Feind wie ihr Mann ihr nicht gefährlich werden könne. Aber die Orlows, wagemutiger und scharfsichtiger, sahen voraus, daß der ehemalige Kaiser zu einem Sammelpunkt gegen sie gemacht werden könnte, und ließen ihn aus dem Wege räumen. Sie hat die Früchte des Verbrechens dieser Männer geerntet, und um sich ihre Unterstützung zu sichern, war sie gezwungen, ihnen nicht nur zu verzeihen, sondern sie sogar in ihrer persönlichen Umgebung zu belassen.

In ihrem Brief an Poniatowski gibt Katharina zu: »Die Orlows sind eine außerordentlich entschlossene Familie; sie sind sehr beliebt bei den Soldaten, und ich bin ihnen zu großem Dank verpflichtet.« Alexej Orlow hatte die schändliche Tat begangen, aber jetzt verließ sich Katharina darauf, daß Panin diese Tat annehmbar für die öffentliche Meinung machen würde. Es geschah auf den Rat des Ministers hin, daß der Sarg auf einem Katafalk im Newsky-Kloster aufgebahrt wurde, damit das Volk seinem ehemaligen Kaiser die letzte Ehre erweisen konnte. Aber Katharina selbst war diejenige, die den Befehl erteilt hatte, den Leichnam in die hellblaue Uniform eines Generals der holsteinischen Kavallerie statt in die Uniform eines russischen Feldmarschalls zu kleiden. Die Menschen kamen pflichtschuldig, um ihre Gebete zu sprechen, aber es gab wenig Tränen für den Mann, der es nie verstanden hatte, ihre Liebe zu gewinnen, und nur wenige nahmen sich die Zeit, das halb unter einem großen Hut verborgene, schwarz angelaufene Gesicht und die Binde zu bemerken, die die Würgemale am Hals verdeckte.

Würde die ausländische Meinung ebenso leicht zu befriedigen sein? Nicht alle europäischen Monarchen waren so zynisch wie Friedrich von Preußen. Würde die fromme Kaiserin Maria Theresia eine Frau als »Schwester« anerkennen, deren Name mit der Ermordung ihres Mannes in Verbindung gebracht wurde? Würde Ludwig, »der Vielgeliebte«, seine Freundschaft einer Frau anbieten, die vertraulich mit den Mördern eines Kaisers verkehrte? Katharinas Brief an Poniatowski, den kosmopolitischsten und zivilisiertesten all ihrer Freunde, dient ihr zur Verteidigung. Und sie verläßt sich darauf, daß ihr ehemaliger Geliebter ihre Erklärung gelten lassen und der Welt bekanntgeben würde. Peters Tod wird einer »göttlichen Vorsehung« zugeschrieben, »die bestimmt hat, daß er einem Anfall von Dysenterie, von Angst und übermäßigem Trinken verursacht, erliegen sollte. Während der letzten Tage waren zu seinem Leiden noch schwere Koliken hinzugekommen, die eine Blutung verursachten. Die Ärzte waren außerstande, ihn zu retten, und er starb, nachdem er das heilige Abendmahl von einem lutherischen Pfarrer empfangen hatte.« »Ich fürchtete«, schreibt Katharina weiter, »daß die diensthabenden Offiziere ihn vergiftet haben könnten, so verhaßt war er beim Heer. Deshalb ordnete ich eine Autopsie an, aber in seinem Magen, der völlig gesund war, wurde keine Spur von Gift gefunden. Nur die unteren Gedärme waren stark entzündet. Sein Herz war klein und in sehr schlechter Verfassung.« In diesem Brief an ihren ehemaligen Geliebten, der genau wußte, wie sehr sie ihren Mann verabscheut hatte, machte Katharina nicht den Versuch, Trauer vorzutäuschen. Ihr Bericht ist knapp und nüchtern. Im August, über sechs Wochen nach dem Ereignis geschrieben, gehörte er bereits der Vergangenheit an. Sie schrieb – und glaubte vielleicht selbst daran –, daß eine göttliche Vorsehung sie auf den Thron erhoben habe, »denn nichts außer einem Wunder hätte dies zuwege bringen können!« Aber für den Augenblick war sie mehr ein Werkzeug der Orlows als Herrin über ihr eigenes Geschick.

General Pjotr Alexandrowitsch Rumianzew

9b Graf Alexej Orlow, russischer Staatsmann

Graf Betzborodko, Sekretär Katharinas II.

9d General Michael Worontzow

10a Fürst von Ligne, österreichischer Feldmarschall und Diplomat

10b Sir Charles Hanbury-Williams, englischer Gesandter Hof Katharinas II.

10c General-Feldmarschall Christoph-Burckhard Graf von Münnich

10d Melchior Freiherr von Grimm, deutscher Schriftste (Stich von Tardieu)

Fürstin Katharina Romanowa Daschkowa, Hofdame Katharinas der Großen (Gemälde von J. B. Lampi)

2 Graf Gregori Gregorewitsch Orlow

XII
MACHT UND RUHM

Einen Tag nach ihrer Thronbesteigung gab Katharina ihren
Sekretären bereits Anweisung, ihr jeden Morgen einen ausführ-
lichen Bericht über die Depeschen und ministeriellen Agenden
zu bringen, die am Tag zuvor eingegangen waren. Sowohl Elisabeth als auch ihr Neffe Peter hatten eine so ausgesprochene
Abneigung gegen jegliche Art von Lektüre gezeigt, daß ihnen
selbst die kürzesten Zusammenfassungen der Regierungsberich-
te oft zu mühsam zu lesen erschienen waren. Aber Katharina
liebte Arbeit um der Arbeit willen; sie war nie glücklicher,
als wenn sie eine Feder in der Hand hielt, und ihre Energie
und Konzentrationsfähigkeit überstiegen bei weitem die ihrer
sämtlichen Minister. Man fragt sich, wie sie es fertigbrachte,
die Lässigkeit eines Michael Worontzow oder die Trägheit eines
Panin zu dulden. Erst in der zweiten Hälfte ihrer Regierungszeit
fand Katharina in dem Ukrainer Betzborodko einen Sekretär,
und später Minister, der ebenso fleißig wie sie selber war.

Für den Augenblick mußte sie sich mit Panin zufriedengeben, der mit seiner klaren Intelligenz und seiner europäischen
Lebensanschauung seine Kollegen weit überragte. Während sie
Worontzow als Kanzler behielt, ernannte sie einen jüngeren
Mann zum Chef des Kollegiums für Auswärtige Angelegenheiten. Und während der ersten vierzehn Jahre ihrer Regierung
spiegelte Rußlands Außenpolitik die Ansichten Panins wider,
der das sogenannte »nördliche System« unterstützte, d. h., einen
Zusammenschluß aller nichtkatholischen Länder, jedoch einschließlich Polens, unter der Führung Rußlands gegen die katholische Koalition von Frankreich, Österreich und Spanien. Panin
war überzeugt, daß die gemeinschaftliche Stärke von Rußland,
Schweden, Preußen, Sachsen, Polen und England genügen würde, das Gleichgewicht der Macht aufrechtzuerhalten und Europa
einen dauerhaften Frieden zu sichern. Diejenigen, die gehofft
hatten, daß die Abneigung der Kaiserin gegen ihren Mann und
ihre Mißbilligung seiner preußenfreundlichen Gefühle einen
Wechsel in der Politik und eine Rückkehr zur alten österreichischen Allianz herbeiführen würden, waren enttäuscht zu sehen,

daß ihr anfänglicher Widerwille von Zweckdienlichkeit gemäßigt wurde. In der ersten Woche ihrer Regierung gab sie ein Manifest heraus, in dem sie Friedrich von Preußen zum »Feind Nummer eins« stempelte. Aber dieses Manifest entstand zu einer Zeit, wo sie sich noch unter dem Einfluß ihrer Offiziere befand, die unter der Demütigung eines unehrenhaften Friedens litten. Mit ihrem gesunden Menschenverstand – einer Eigenschaft, die sie mit Panin gemein hatte – erkannte sie jedoch sehr bald, daß der Zustand des Reiches ihr nicht erlaubte, sich auf Effekthascherei einzulassen.

Der Siebenjährige Krieg, gepaart mit Elisabeths unbekümmerter Verschwendungssucht, hatte die Schatzkammer geleert; die Soldaten hatten seit acht Monaten keinen Sold erhalten; die Festungen an den Grenzen waren in baufälligem Zustand, und der Preis des Getreides war in den letzten Monaten fast aufs Doppelte gestiegen, nachdem ein Großfeuer in den hölzernen Lagerhäusern von St. Petersburg große Mengen von Weizen und anderen Getreiden vernichtet und zahlreiche Kaufleute an den Rand des Ruins gebracht hatte. Trotz aller Versprechen hatten sie keine konkrete Unterstützung erhalten, bis Katharina sich der Sache annahm und den Befehl erteilte, mit Geldern aus ihrem persönlichen Fonds neue Lagerhäuser aus Stein zu errichten.

Ihr erster Ukas galt der Korruption und dem Wucher, die sich durch alle sozialen Schichten Rußlands erstreckten. Diejenigen Fälle von Wucher, die ihr zu Ohren kamen, wurden sofort bestraft. Aber wie konnte Katharina hoffen, daß man ihr gehorchen würde, wenn die ihre Befehle ausführenden Gouverneure und Beamten häufig noch korrupter waren als die Kaufleute und Wucherer, die sie bestrafen sollten? Wie konnte sie in Gebieten, Hunderte und Tausende von Meilen von der Hauptstadt entfernt, die hilflosen Opfer des schamlosen Wuchers schützen?

Das russische Reich erstreckte sich von der vereisten Tundra des nördlichen Polarkreises bis zur türkischen Grenze; von Riga bis Kamtschatka. Ein Land mit grenzenlosen Horizonten, mit Steppen, Wäldern und mit Seen so groß wie Meere, war mit knapp zweiundzwanzig Millionen Menschen dünn besiedelt, von denen über neunzig Prozent Leibeigene waren, die, an das Land ihrer Herren gebunden und ohne Eigenleben oder persönliche Freiheit, wie Vieh gekauft und verkauft wurden. Was wußte Katharina von ihren Untertanen, den Finnen und Lappen, den Kirgisen und Kalmücken, den Tataren und Polen, die ihr riesiges und so unterschiedliches Land bewohnten? Was kannte sie von Rußland, abgesehen von dem Gepränge von Städten, die sich auf einen kaiserlichen Besuch vorbereitet hatten; von einem Land, das sie auf der vierhundert Meilen weiten Fahrt von St. Petersburg nach Moskau flüchtig durch das Fenster eines Wagens oder Schlittens erblickt hatte, auf einer Strecke, die Elisabeth in weniger als vier Tagen zurückzulegen pflegte, während es mehrere Wochen oder Monate dauern würde, die Grenze jenseits des Urals zu erreichen?

Es gab Tage, an denen Katharina den Mut verlor und vor der Ungeheuerlichkeit ihrer Aufgabe verzagte. Der französische Gesandte, der gewiß nicht zu ihren Freunden zählte, hörte sie mehrmals, nicht in prahlerischem Stolz, sondern demütig und furchtsam sagen: »Mein Reich ist so riesenhaft und grenzenlos.« Es war die Riesenhaftigkeit, die sie erschreckt haben muß, und das Bewußtsein, daß sie ihr Land niemals richtig kennen oder auch nur anfangen würde, das Volk zu verstehen. Dennoch gelang es ihr letztlich, die Träume Peters des Großen zu verwirklichen und Rußland zu einer europäischen Macht zu machen, so daß Könige und Fürsten, die sie bei ihrer Thronbesteigung verachtet hatten, am Ende gezwungen waren, sie als Gleichgestellte anzuerkennen und sich manchmal sogar ihrem Schiedsspruch zu fügen.

Die Eigenschaften, die ihr zum Erfolg verhalfen, waren im wesentlichen typisch deutsch: eine ungeheure Tatkraft und Konzentrationsfähigkeit; gesunder Menschenverstand und Selbstbeherrschung, gepaart mit einem eisernen Willen. Aber ihre Verstellungskunst, ihr schauspielerisches Talent, war so ausgeprägt, daß es ihr gelang, sowohl sich selbst als auch ihre Untertanen davon zu überzeugen, daß sie ebenso russisch sei wie sie. Ihre Freigebigkeit war eher orientalisch als europäisch, denn obwohl ihre Schatzkammer leer war, wurden ihre treuen Diener, angefangen mit den Orlows, mit einer Großzügigkeit belohnt, die ihre deutsche Verwandtschaft entsetzt hätte. Alle fünf Brüder wurden in den Grafenstand erhoben und mit den höchsten Orden des Kaiserreichs ausgezeichnet. Sie erhielten den Löwenanteil der halben Million Rubel, die unter den Helden des *coup d'état* verteilt wurden. Die Fürstin Daschkowa bekam nicht weniger als vierundzwanzigtausend Rubel, die dazu dienten, die Schulden ihres Mannes zu bezahlen. Der Fürst wurde aus dem Ausland zurückgerufen und zu einem der *aides-de-camp* Ihrer Majestät ernannt, und das junge Paar genoß die Ehre, im Winterpalast zu wohnen. Aber all diese Beweise kaiserlicher Gunst machten keinerlei Eindruck auf eine Frau, die von ihrer Eifersucht auf die Orlows verzehrt wurde.

In ihrer Großzügigkeit Freunden gegenüber sah sich Katharina gezwungen, nicht nur Land, sondern auch »Seelen« zu verschenken. Dies alles war Teil des Systems der Leibeigenschaft, das sie so grimmig verurteilt und das sie im Überschwang der Jugend zu verändern oder wenn möglich abzuschaffen geschworen hatte, falls sie jemals auf den Thron kommen sollte. Aber in Rußland hingen Macht und gesellschaftliche Stellung eines Mannes von der Zahl seiner Leibeigenen ab. In den ersten Monaten ihrer Regierung verurteilte Katharina nicht weniger als achtzehntausend Bauern, die den Krongütern angehört und ein gewisses Maß an Freiheit genossen hatten, zur Leibeigenschaft.

Obwohl sie früher lauthals die Gewohnheit verdammt hatte, Menschen wie einen persönlichen Besitz zu behandeln, den man nach Belieben kaufen und verkaufen konnte, gab sie jetzt den Brüdern Orlow den *droit de seigneur* über Tausende von Männern und Frauen. Am Kartentisch konnten sie in einer einzigen Nacht eine ganze Familie verspielen, konnten einen Landarbeiter gegen einen erstklassigen Jagdhund eintauschen oder seine Tochter in öffentlicher Versteigerung verkaufen. Gregor Orlow war weder grausam, noch mangelte es ihm an Menschlichkeit; es war das System als solches, das den Besitzer und den Leibeigenen gleichermaßen erniedrigte. Mit Ausnahme einiger hochherziger Adeliger, die ihre Bauern mit väterlicher Güte behandelten und ihnen sogar gelegentlich die Freiheit schenkten, hielt die Mehrzahl an ihren Privilegien fest und widersetzte sich jeglichem Versuch, eine Reform durchzuführen. Selbst die Daschkowa, die so gern die französischen Enzyklopädisten zitierte und ihre liberalen Prinzipien zur Schau stellte, zeigte wenig Nächstenliebe, was die Behandlung ihrer Bauern betraf. Am schlimmsten aber war die Lage der Leibeigenen, die für die Arbeit in den Minen gekauft wurden, wo die Behandlung so unmenschlich und die Sterbeziffer so hoch war, daß wenige von ihnen das mittlere Lebensalter erreichten; sie konnten nur hoffen zu überleben, wenn es ihnen gelang, in das unbekannte Ödland jenseits des Urals zu fliehen, das von meist wilden Nomadenstämmen bevölkert war.

Im August 1762, knapp einen Monat nach ihrer Thronbesteigung, machte sich Katharina mutig daran, ein System zu ändern, das sie persönlich verabscheute: Sie erließ ein Dekret, demzufolge kein leibeigener Bauer für die Arbeit in den Minen eingesetzt werden konnte, es sei denn, er ginge aus freiem Willen und gegen Bezahlung eines im voraus vereinbarten Lohns. Aber sie mußte bald erkennen, daß mehr als Mut erforderlich war, um die undurchdringliche Mauer von Vorurteilen und Unwissenheit niederzureißen, nicht nur in den gebildeten Schichten, sondern auch unter den Leibeigenen selbst, die sich gegen ihre Unterdrücker wandten, als sie sich ihrer eigenen Stärke bewußt zu werden begannen.

Als der Ukas der Kaiserin in den sibirischen Minen verkündet wurde, gerieten die Arbeiter bei der Aussicht auf freiwillige Arbeit in eine derartige Erregung, daß sie ihre Werkzeuge niederlegten und in Streik traten. Da die Wirtschaft des Kaiserreichs zum Stillstand zu kommen drohte, sah sich Katharina gezwungen, Truppen auszusenden, um zu unterdrücken, was sich allmählich zu einer regelrechten Revolte auswuchs. Gleichzeitig gab sie dem befehlshabenden General Anweisungen, die Arbeitsbedingungen in den Minen zu untersuchen und die Ursachen der Unzufriedenheit zu ermitteln. Sie soll den Bericht mit tiefer Anteilnahme gelesen haben und ging sogar soweit, einen Verbesserungsplan der Lebensbedingungen leibeigener Bergwerks- und Industriearbeiter aufzustellen; aber am Ende ließ sie sich von den ortsansässigen Gouverneuren und Beamten überzeugen, daß die Zeit für Reformen noch nicht gekommen sei, und daß man dieses wilde, primitive Volk nur mit der Knute in Schach halten könne. Katharina war eine Frau, die schnell vergaß, was nicht zu ändern war. Die Lage der Leibeigenen in den Bergwerken und Fabriken blieb unverändert, eine alte Wunde im Herzen Rußlands. Einige Jahre später fegte ein schrecklicher Aufstand unter der Führung des Kosaken Pugatschew wie ein Waldbrand über das ganze Land vom Ural bis zur Wolga und bedrohte sogar die Existenz Moskaus.

Unterdessen gab es angenehmere Dinge zu planen. Die Vorbereitungen für die Krönung in Moskau, das von der großen Mehrzahl der Russen immer noch als ihre Hauptstadt angesehen wurde, hatten den Vorrang vor allen anderen Fragen. Es war einer von Peters vielen verhängnisvollen Fehlern gewesen, die Bedeutung dieses feierlichen Aktes der Weihe zu unterschätzen. Er hatte bis zum Tage seines Todes keinerlei Pläne für die Krönung gemacht. Und wie schon so oft zuvor diente auch diesmal sein törichtes Verhalten seiner Nachfolgerin zum Nutzen, denn Katharina wußte, daß sie sich nicht sicher fühlen

konnte, solange sie nicht von den konservativen und traditions-
bewußten Moskowitern als Kaiserin anerkannt worden war. Wie
Breteuil mit seinem üblichen Zynismus bemerkte: »Bis dahin
lebt sie in der Angst, zu verlieren, was sich anzueignen sie
die Kühnheit besessen hat.«

Am selben Tag, an dem der Tod des ehemaligen Kaisers
öffentlich verkündet wurde, gab Katharina das Datum ihrer
Krönung bekannt. Die verarmte Schatzkammer wurde aufgefordert, fünfzigtausend Rubel für Ausgaben bereitzustellen, und
Katharina ließ sechshunderttausend Rubel aus ihrer Privatscha-
tulle nach Moskau senden, um sie am Tag ihrer Krönung unter
die Bevölkerung zu verteilen. Moskau wurde für die nächsten
Monate zum Regierungssitz ernannt, und eine Anzahl von Kollegien wurden aus den schönen Backsteinpalästen an der Newa
in den von Ungeziefer überschwemmten Kreml verlegt. Auch
der Senat zog der Kaiserin voraus nach Moskau und gab damit
den Bewohnern die Illusion, ihre Stadt würde wieder ihre frühere Bedeutung gewinnen. Katharina, die so gerne gefallen wollte,
scheute keine Mühe, die Zuneigung der Moskowiter zu gewinnen, und jetzt machte sie sich daran, sie durch ihren Prunk
und durch die Großzügigkeit ihrer Geschenke an religiöse Institutionen zu beeindrucken, eine Geste, die dazu bestimmt war,
inbrünstige Verehrung für die Kirche, die das Leben der Russen
beherrschte, zur Schau zu stellen.

Am 13. September zog sie an der Spitze eines feierlichen
Zuges in Moskau ein. Sie fuhr in einer vergoldeten Staatskarosse
durch die mit Tannenzweigen bedeckten Straßen, an Häusern
vorbei, die mit Teppichen und kostbaren chinesischen Seiden-
stoffen geschmückt waren. Die Krönung selbst fand in der im
15. Jahrhundert erbauten Uspenski-Kathedrale im Herzen des
Kreml statt, einer Kirche, die im Vergleich zur großen Kathedrale
von St. Petersburg von verhältnismäßig kleinem Ausmaß war,
aber viel reicher an Geschichte und Tradition, mit einem Hochaltar, auf dem das mittelalterliche Kreuz stand, das Sophie Paleologue aus den Ruinen des christlichen Konstantinopel mitgebracht hatte. Die Madonnen mit den schweren Augenlidern, die
aus den goldenen Ikonen blickten, die massiven Säulen und die
mit matten Fresken bemalten Wände atmeten den Geist von Byzanz, und die junge Frau, die in Anwesenheit von zwanzig Bischöfen und dreißig Archimandriten vom Metropolit von Nowgorod
gekrönt und gesalbt wurde, sah sich mehr als Nachfolgerin der
Paleologues als der Großfürsten von Moskowien.

Die Tochter des letzten byzantinischen Kaisers hatte Rußland den zivilisierenden Einfluß von Byzanz gebracht, und Katharina beabsichtigte, den Glanz des östlichen Kaiserreichs
wiederaufleben zu lassen. Es war ein Traum, den sie hegte,
seit sie vor vielen Jahren als ungeliebte kleine deutsche Großfürstin nach Kiew gefahren war. Bereits zu Elisabeths Lebzeiten
hatte sie in ihrem Tagebuch von dem Plan gesprochen, das
russische Reich zum größten der Welt zu machen, indem sie
das Schwarze Meer mit dem Kaspischen vereinigte und beide
durch ein Flußnetz mit der Ostsee und dem Weißen Meer ver-
band. Damit würde Rußland den ganzen östlichen Handel beherrschen und sich die alten Seidenrouten von China und Indien
zunutze machen können. Die junge Kaiserin, die am Tag ihrer
Krönung über die Notwendigkeit von Frieden sprach, erwog
bereits die Notwendigkeit eines Krieges.

Katharinas Krönungsgewänder waren ebenso prunkvoll wie
die einer byzantinischen Kaiserin. Die schönsten Juwelen der
kaiserlichen Schatzkammer funkelten in ihrer Krone, viertausend Hermelinfelle säumten ihre Schleppe, und sie beeindruckte
alle, die sie sahen, durch ihre würdevolle Haltung und die Lie-
benswürdigkeit ihres Lächelns. Ihre Anziehungskraft war so
stark, daß sie die Illusion von Schönheit erweckte, obwohl sie
mit ihrem langen Gesicht und ihrem aggressiven Kinn eigentlich
kaum hübsch zu nennen war. Sie hielt sich großartig, mit hoch
erhobenem Kopf, so daß sie oft als hochgewachsen bezeichnet
wurde, während sie in Wirklichkeit nur mittelgroß war. Männer
sprachen von der Anmut und Eleganz ihrer Bewegungen, aber
ihr französischer Sekretär, der sie täglich sah, sagte, sie habe
einen gezierten Gang und einen steifen, ungelenken Körper.

Hofmaler, stets bereit, ihren fürstlichen Gönnern zu schmeicheln, stellen Katharina im Jahr ihrer Krönung als eine kompak-
te junge deutsche Matrone mit einem verkniffenen Lächeln und
kalten, harten Augen dar. Dicht aufeinanderfolgende Schwangerschaften hatten die zarte, schlanke Figur mit der schmalen
Taille stärker werden lassen, und es bestand bereits ein erheb-
licher Unterschied zwischen den Maßen von Katharinas Hoch-
zeitskleid und ihren Krönungsgewändern. Die Porträts lassen
ihre Augen dunkel erscheinen, aber sowohl d'Éon, der Katharí-
na nicht mochte, als auch Poniatowski, der sie liebte, beschreiben
ihre Augen als »strahlend blau«. Wie alle großen Schauspielerinnen konnte Katharina nach Belieben schön, jung und majestä-
tisch erscheinen, und selbst die ausländischen Gesandten, die

so sehr zu Kritik neigten, erlagen dem Zauber ihres Lächelns. Die Tatsache, daß ihr Mann unter mysteriösen Umständen gestorben war und daß seine Hüter, oder besser, seine Mörder ungestraft davongekommen waren, wurde bereits als eine unvermeidliche Notwendigkeit angesehen.

Alexej Orlow hatte am Erfolg seines Bruders teilgehabt und war jetzt Graf und Admiral der kaiserlichen Flotte. Als er wieder bei Hof erschien, war die Fürstin Daschkowa die einzige, die es wagte, ihm den Rücken zuzudrehen, und sie wurde von ihrem Onkel, dem Kanzler, wegen ihrer Unbesonnenheit getadelt. Als Katharinas persönlicher *aide-de-camp* war Grigori Grigorjewitsch ständig an ihrer Seite, prachtvoll anzusehen in seiner scharlachroten Uniform der Leibgarde, im Knopfloch als stolzes Ehrenzeichen das in Diamanten gefaßte Porträt der Kaiserin. Seine Schönheit scheint in jener frühen Zeit außer Zweifel gestanden zu haben. Männer und Frauen waren sich einig über die Vollkommenheit seiner klassischen Züge und die Anmut seiner Bewegungen. Manche, wie zum Beispiel die Fürstin Daschkowa, beschwerten sich über seine Arroganz, aber es war die Arroganz der Jugend und der Unsicherheit, der Verlegenheit eines Mannes, der sich in einer Stellung sah, für die er nicht gerüstet war. Der preußische Gesandte schrieb in einem Brief an König Friedrich:

Es mag Handwerker und sogar Lakaien geben, die sich rühmen können, am selben Tisch mit dem gegenwärtigen Favoriten gesessen zu haben. Aber in Rußland ist man gewöhnt an Günstlingswirtschaft, an den rapiden Aufstieg von Männern niedrigster Geburt. Ich kann mich daher nur freuen über die Wahl eines jungen Mannes von angenehmen, höflichen Manieren, der weder eitel noch stolz ist, der immer noch mit seinen alten Freunden verkehrt und es sich sogar zum Prinzip macht, sie besonders herzlich zu begrüßen, wo auch immer er ihnen begegnet – eines Mannes, der nicht versucht, sich in öffentliche Angelegenheiten zu mischen, es sei denn, um hin und wieder einen Freund zu empfehlen.

Diese Beschreibung stammt aus dem Jahr 1762; sie hätte schwerlich auf den Orlow späterer Zeiten gepaßt. Alexejs Ehrgeiz für seine Familie und Katharinas Ehrgeiz für ihren Geliebten machten diesen heiteren und ritterlichen jungen Soldaten letztlich zu einem launischen, unzufriedenen Menschen, der sich an den goldenen Ketten rieb, die ihn an ein Leben fesselten, für das er nicht geschaffen war. Da er einfach und primitiv und sehr verliebt in Katharina war, wollte er sie natürlich heiraten – nicht so sehr, weil er die Rolle eines Prinzgemahls anstrebte, als vielmehr, weil er sie völlig zu beherrschen wünschte. Es ärgerte ihn, daß ihre Arbeitszeit, die zwölf bis fünfzehn Stunden am Tag in Anspruch nahm, ihr viel zu wenig Zeit für die Befriedigung einer Leidenschaft ließ, die ihr ganzes Leben hätte ausfüllen sollen. Er war eifersüchtig auf Männer wie Kyril Rasumofsky und Nikita Panin, die mit ihrer höheren Bildung oft gebeten wurden, die Kaiserin in Fragen zu beraten, von denen er nichts verstand. Bei diesen Gelegenheiten versuchte er sich dadurch Geltung zu verschaffen, indem er in Gegenwart dieser Männer besonders grob zu Katharina war und sie daran erinnerte, wieviel Dank sie ihm und seiner Familie schuldete.

Katharina war noch nicht nach Moskau aufgebrochen, da prahlte Gregor eines Abends beim Essen in aller Öffentlichkeit mit seinem Einfluß auf seine Kameraden, »wie leicht er Katharina auf den Thron erhoben habe, und wie leicht er sie binnen eines Monats wieder stürzen könnte«. Niemand außer Orlow hätte es gewagt, so zu reden, und Katharina war den Tränen nahe, da warf Rasumofsky gelassen ein: »Schon möglich, mein Junge, schon möglich. Aber lange ehe der Monat vorüber wäre, hätten wir dich bereits gehenkt.« Kyril Rasumofsky war in Katharina verliebt gewesen, als sie noch eine junge Großfürstin war. Als Hetman der halb autonomen Provinz Ukraine und einer der reichsten Männer des Landes hatte er Katharina ebenso unschätzbare Dienste geleistet wie die Orlows. Aber er war zu unabhängig und zu mächtig für den Geschmack einer angehenden Selbstherrscherin, und Katharina, die sich ihrer Treue gegenüber ihren Freunden rühmte, zeigte Kyril Rasumofsky gegenüber wenig Dankbarkeit. Als er sie zwei Jahre später im Interesse seiner Nachkommen ersuchte, den Posten eines Hetmans der Ukraine für erblich zu erklären, lehnte sie dies nicht nur ab, sondern zwang ihn zum Rücktritt, indem sie den Posten abschaffte und die Ukraine zu einer Provinz des Reiches machte, die direkt von St. Petersburg aus verwaltet wurde.

Kyril Rasumofsky war nur einer von vielen, die den zunehmenden Einfluß der Orlows beklagten. Alle Bittschriften und Gunstbezeigungen gingen durch ihre Hände. Wer seinen Weg bei Hof zu machen wünschte, mußte beim *levée* des Favoriten zugegen sein, der wie ein Prinz behandelt wurde. Die Söhne der alten Adelsfamilien beschwerten sich, daß sie den Wagen der Kaiserin zu Pferde begleiten mußten, während der ehemalige Subalternoffizier drinnen saß. Katharina war sich bewußt, daß die bedeutenderen und kultivierteren Angehörigen des Adels die Gesellschaft der Orlows mieden, und sie gab in einem Brief an Poniatowski offen zu: »Die Männer, die mich umgeben, sind ungebildet, aber ich verdanke ihnen die Stellung, die ich jetzt innehabe. Sie sind tapfer und ehrlich, und ich weiß, sie werden mich nie im Stich lassen.«

Katharina gab sich ungeheure Mühe, ihrem Liebhaber eine gewisse Bildung zu vermitteln. Sie hatte Freude am Lehren und ein ausgesprochen pädagogisches Talent, und sie fand nichts so befriedigend wie »einen jungfräulichen Geist zu schulen«. Gregor war nicht sehr intelligent, aber er besaß ein großes Maß an Intuition, und es gelang Katharina, den einfachen Soldaten in einen *grand seigneur* zu verwandeln. Der großartige Fürst Orlow der späteren Jahre hatte wenig gemein mit dem schneidigen jungen Subalternoffizier, der sich mehr in Tavernen als bei Hofe zu Hause fühlte und ebenso bereitwillig das Bett der Frau eines Pferdeknechts teilte wie das der schönen Fürstin Kurakin. Katharina schuf eine Legende, aber sie zerstörte den Mann. Orlows tragisches Ende, die allmähliche Trübung seines Geistes und der Wahnsinn seines letzten Jahres sind auf ein Leben zurückzuführen, für das er völlig ungeeignet war und das ihn ständig überforderte.

Aber im Jahr 1762 war Gregor Orlow allmächtig. Die Kaiserin vergötterte ihn als den Mann, der sie auf den Thron erhoben hatte und der sie sexuell voll befriedigte. Ihre Dankbarkeit kannte keine Grenzen, und ihre Großzügigkeit Orlow gegenüber war so schrankenlos, daß sie die Eifersucht all derer weckte, die einen ebenso großen Anspruch auf ihren Dank zu haben glaubten. Die Fürstin Daschkowa war natürlich die erste, die sich beschwerte, denn sie hatte fest damit gerechnet, als *alter ego* der Kaiserin zu fungieren. Sie hatte sich in Gedanken bereits in der kaiserlichen Karosse fahren und bei den Krönungsbanketts am oberen Ende der Tafel sitzen sehen. Aber die Orlows, die mit den Vorbereitungen betraut waren, hatten den Befehl gegeben, die Gruppierung streng nach militärischem Rang vorzunehmen, und als Frau eines bloßen Obersten sah sich die Fürstin auf einen untergeordneten Platz verbannt. Sowohl Panin als auch ihr Onkel, der Kanzler, baten sie, den Mund zu halten. Aber sie war nicht einmal zufrieden, als Katharina sie zu entschädigen suchte, indem sie ihren Mann zum General beförderte.

Der junge Fürst stand sowohl bei der Kaiserin als auch bei den Orlows in besonderer Gunst, und Katharina nannte ihn scherzhaft »ihren kleinen Feldmarschall«. Er war viel beliebter als seine Frau, die als eine mögliche Unruhestifterin angesehen wurde. Ihr größter Fehler war, daß sie sich im Ausland als die Heldin des *coup d'état* ausgab. Die Legende von einer Neunzehnjährigen, die den Lauf der Geschichte verändert hatte, regte die Phantasie der Franzosen an. Iwan Schuwalow wurde von Katharina als »der niederträchtigste aller Männer« bezeichnet, weil er die Daschkowa Voltaire gegenüber gelobt hatte. Katharina bat Poniatowski, den Irrtum zu berichtigen und den großen Mann wissen zu lassen, »daß die Fürstin nur eine kleine Rolle in den Ereignissen gespielt hat. Sie stand ihrer Familie wegen in schlechtem Ruf und war nicht beliebt bei den Anführern, die ihr mißtrauten und ihr so wenig wie möglich sagten. Zugegeben, sie ist intelligent, aber ihr Charakter ist durch ihre Halsstarrigkeit und ihren Eigendünkel verdorben.« Diese Zeilen lassen wenig Dankbarkeit oder Sympathie für die Freundin erkennen, die um ihretwillen so viel gewagt hatte. Aber Katharina konnte es nicht ertragen, daß eine andere Frau auch nur einen Teil des Rampenlichts für sich in Anspruch nahm, und schon gar nicht gegenüber einem so bedeutenden Mann wie Voltaire, den sie so gern für sich gewinnen wollte. Der berühmteste Mann Europas und der größte Publizist seiner Zeit, der Rußland bereits mit seiner Geschichte Peters des Großen dem Westen vorgestellt hatte, sollte durch Schmeicheleien und die Großzügigkeit ihrer Geschenke dazu veranlaßt werden, das Bild der aufgeklärten Kaiserin in der ganzen Welt zu verbreiten.

XIII
DER TOD IWANS

Katharinas Besorgnis um ihr Bild im Ausland macht sich schon sehr früh in ihrer Regierungszeit bemerkbar. Sie war ein Teil ihrer grundlegenden Unsicherheit und erklärt ihre freundschaftlichen und manchmal fast vertraulichen Beziehungen zu den ausländischen Gesandten sowie ihre zärtliche Korrespondenz mit Stanislaus Poniatowski zu einer Zeit, in der sie bereits mit Leib und Seele Gregor Orlow verfallen war. Der polnische Adel hatte viele Verbindungen mit Wien und Paris, und Katharina rechnete fest damit, daß ihr ehemaliger Liebhaber sie seinen Freunden im Ausland gegenüber in strahlenden Farben darstellen würde.

Das letzte, was sie wünschte, war jedoch Poniatowskis Rückkehr nach St. Petersburg, ein Thema, das er in seinen Briefen immer wieder anschnitt, denn er ahnte nicht, daß sich die Gefühle seiner »geliebten Sophie« ihm gegenüber geändert hatten. Seine Liebe war durch die Trennung gewachsen, und er hatte völlig vergessen, wie froh er seinerzeit gewesen war, vom russischen Hofe fortzukommen. Jetzt bat er sie immer wieder, ihn zu ihr zurückkehren zu lassen, worauf sie diplomatisch erwiderte: »Unter den gegenwärtigen Umständen wäre Ihre Ankunft gefährlich für Sie und schmerzlich für mich. Ich bin überhäuft mit Arbeit und könnte Ihnen nur wenig Zeit widmen... Ich verspreche Ihnen, daß ich Ihrer stets gedenken und für Sie und Ihre Familie alles tun werde, was ich kann. Aber die Lage ist im Augenblick sehr kritisch.« Stanislaus mußte um jeden Preis von St. Petersburg ferngehalten werden, wo er bei Hof immer unbeliebt gewesen war, und wo er jetzt von den Orlows regelrecht gehaßt wurde. Ihre Liebesaffäre mit dem gutaussehenden jungen Polen hatte damals großes Aufsehen erregt, und jetzt würde seine Rückkehr sofort Anlaß zu dem Gerücht geben, daß sie ihn zu heiraten plane, was in der Tat genau das war, was Stanislaus sich erhoffte.

Es dauerte lange, bis Nachrichten von St. Petersburg nach Warschau gelangten, und Poniatowski wußte nichts von seinem Nachfolger, bis Katharinas Brief, in dem sie mit übertriebener

Herzlichkeit und Bewunderung über die Brüder Orlow schrieb, seinen Verdacht erregte. Trotzdem wäre er nie auf den Gedanken gekommen, daß seine kultivierte, weltkluge Sophie ihr Herz an einen großmäuligen, ungebildeten Leutnant von niederer Geburt verloren haben könnte. Wäre Gregor Orlow nicht in ihr Leben getreten, hätte Katharina möglicherweise am Ende tatsächlich Poniatowski geheiratet, nachdem sie ihn zum König von Polen gemacht hätte. Es wäre eine einfache Art gewesen, ihren Einfluß nach Westen auszudehnen, ohne die Eifersucht ihrer mächtigen Nachbarn zu erregen. Aber ihre Leidenschaft zu Grigori Grigorjewitsch war so groß, daß sie während ihres ersten Winters in Moskau ernsthaft daran dachte, das zu werden, was Panin geringschätzig als »Madame Orlow« bezeichnete.

Der begeisterte Empfang, der ihr in Moskau bereitet wurde, gab ihr ein falsches Gefühl der Sicherheit. Stets darauf bedacht, ihre Erfolge bekanntzugeben, schreibt sie an Graf Kayserling, ihren Gesandten in Warschau, es sei unmöglich, die Freude zu beschreiben, mit der sie empfangen worden sei: »Ich brauche mich nur an einem Fenster zu zeigen, und sofort gibt es einen neuen Ausbruch des Jubels.« Aber die Flitterwochen-Atmosphäre hielt nicht lange an. Zwar konnte der Moskauer Adel sich nicht genug tun, ihr seine Huldigungen darzubringen, und die Bettler segneten ihren Namen während sie im Schlamm der ungepflasterten Straßen nach den Münzen wühlten, die sie ihnen zuwarf. Aber all das gehörte zu einer Vorstellung, bei der die Hauptpersonen bereits über ihre Rollen zu murren begannen. Der größte Schlag für Katharinas Sicherheit war die Tatsache, daß das Murren und die aufrührerischen Reden in erster Linie von der Palastwache ausgingen, vor allem vom Ismailowschen Regiment, das sie als erstes zur Kaiserin proklamiert hatte. Es war im großen und ganzen nicht viel mehr als ein unzusammenhängendes Gerede von ein paar betrunkenen Offizieren. Aber sie waren so unklug gewesen zu fragen, weshalb nicht der Zarewitsch Paul anstelle seiner Mutter gekrönt worden sei. Manche waren noch weiter gegangen und hatten davon gesprochen, Iwan VI. wieder auf den Thron zu setzen. Inmitten ihrer Triumphe war Katharina gezwungen, sich an die Existenz des namenlosen Gefangenen in der Schlüsselburg zu erinnern und zu erkennen, daß sie sich niemals sicher fühlen konnte, solange er am Leben war.

Es war keine Rede von einer Verschwörung oder einem Komplott, aber die Kaiserin war beunruhigt genug, um einen

Ausschuß zu ernennen, der die Angelegenheit prüfen sollte. Nicht zufrieden mit dem Resultat, übergab sie den Fall dem Senat, der angesichts ihrer Besorgnis diejenigen, die sie eine Usurpatorin genannt, zum Tode verurteilte, während andere, die nur Kritik geübt hatten, in die Verbannung geschickt wurden. rdiese Strafen, die in keinerrlei Verhältnis zu dem Vergehen standen, gaben Katharina Gelegenheit, sich großmütig zu zeigen und die Todesstrafe auf Gefängnis und Verbannung herabzusetzen.

Katharina nahm jede Gelegenheit wahr, sich als glühende Anhängerin der orthodoxen Kirche zu zeigen; sie folgte Elisabeths Beispiel, indem sie an kirchlichen Feiertagen fastete, an allen Schreinen der Stadt betete und die jährliche Pilgerfahrt zum Kloster von St. Sergius und der Dreifaltigkeit unternahm. Aber sie konnte ihre Abneigung gegen Moskau nicht überwinden und fühlte sich auch in dem mittelalterlichen Palast des Kreml nie richtig zu Hause. Nur wenige Wochen nach ihrer Ankunft hörte sie eines Morgens beim Aufwachen, daß die Triumphbögen mit ihrem Bild während der Nacht niedergerissen worden seien. Wenn sie durch die Straßen fuhr, rief oftmals plötzlich eine Stimme aus der Menge: »Wir wollen Paul Petrowitsch als Zaren!« Zu allem Unglück erkrankte der achtjährige Zarewitsch schwer und konnte nicht an den Festlichkeiten teilnehmen. Dies setzte natürlich eine Reihe von Gerüchten in Umlauf, und Katharina wußte, falls er starb, würden ihre Feinde sich nicht scheuen zu sagen, sie habe ihren Sohn vergiftet. Paul genas und blieb während ihrer ganzen Regierungszeit ihr Rivale und gleichzeitig ihre Rechtfertigung.

Sie, die Kinder liebte und sich später die Zeit von den Staatsgeschäften abknappste, um liebevolle Briefe an die Schüler des Smolny-Instituts zu schreiben, und im Alter mit ihren Enkeln stundenlang Blindekuh spielte, brachte es nie fertig, die Zuneigung ihres Sohnes zu gewinnen. Das Kind, das weinend zu seiner Kinderfrau lief, wenn sie ihm den von Elisabeth erlaubten wöchentlichen Besuch abstattete, verlor niemals das anfängliche Mißtrauen gegen die Mutter, die um seine Liebe warb, wie sie um die Liebe eines jeden warb, der in ihre Nähe kam. Das Lächeln, das sie ihm schenkte, war nicht herzlicher als das Lächeln, das sie für ihre treuen Diener hatte. Als er später von den Umständen des Todes seines Vaters erfuhr, verwandelte sich das ursprüngliche Mißtrauen in Eifersucht und Angst. Paul war ein blonder, hübscher kleiner Junge, den man leicht für

Sergej Saltykows Sohn hätte halten können; aber mit Beginn der Pubertät wurde er Peters Sohn, mit dem gleichen schwächlichen Körper, dem Grimassen schneidenden Gesicht und dem linkischen Gang. Katharina sah in einem Kind, das sie lieben sollte, all die Neigungen und Eigenarten, die ihr so verhaßt gewesen waren, und ihre anfängliche Liebe verwandelte sich in Abneigung.

Im ersten Jahr ihrer Regierung war Paul noch ein zarter, einsamer kleiner Junge, der seine Großtante, die üppige, schöne Frau vermißte, die ihm soviel Zärtlichkeit und Wärme entgegengebracht und ihm jeden Wunsch erfüllt hatte. Er sah seine Mutter fast nur in Begleitung von Orlow, und die ganze Eifersucht, deren ein Einzelkind fähig ist, konzentrierte sich auf diesen Mann, der die Aufmerksamkeit für sich in Anspruch nahm, die, wie der kleine Paul meinte, eigentlich ihm zugestanden hätte. Es lag nicht in Orlows Natur, sich die Mühe zu nehmen, Katharinas Sohn für sich zu gewinnen. Im Haus eines treu ergebenen Sekretärs lebte ein kräftiges, gesundes Baby, das, sollte es ihm je gelingen, Katharina zu heiraten, rechtmäßig als ihrer beider Kind anerkannt werden würde.

Es scheint einen Zeitpunkt gegeben zu haben, an dem Katharina ernsthaft daran dachte, ihren Liebhaber zu heiraten. Zwanzig Jahre am Hofe Rußlands hatten noch nicht völlig die Grundsätze ihrer Jugend zunichte gemacht. Sie war noch nicht unter den Einfluß des Mannes geraten, der ihre Moral verderben und damit ihre ganze Lebensweise ändern sollte. Sie war noch jung und naiv genug, Orlow als ihren Lebensgefährten ins Auge zu fassen. In diesem Winter war sie wieder schwanger und in einer zärtlichen, sehr weiblichen Stimmung, die Orlows Plänen entgegenkam. Sie hat immer behauptet, daß sie von Natur aus treu sei, daß sie selbst ihrem Mann treu geblieben wäre, hätte er ihr nur das geringste Zeichen von Zuneigung gegeben. Aber »sie hatte das Bedürfnis, geliebt zu werden, und konnte nicht eine Stunde ohne einen Mann leben«.

In diesen ersten Monaten fühlte sie sich schrecklich einsam, allein auf dem Gipfel der Macht, auf den ihr eigener Ehrgeiz sie geführt hatte, und sie war besessen von der Angst, ihren Liebhaber zu verlieren, wenn sie nicht all seinen Wünschen nachgab. Die Orlows machten sich diese Angst zunutze. Gregor erklärte, er würde lieber auf seinen Posten als Subalternoffizier zurückkehren, als die Rolle »einer männlichen Pompadour« zu spielen; Alexej erinnerte sie beharrlich an Dienste, die sie lieber vergessen hätte. Und die Ansprüche der Orlows wurden von dem alten Intriganten Graf Bestushew unterstützt, der dadurch wieder an die Macht zu kommen hoffte. Aber während Katharina noch zögerte, geschah etwas, das selbst den Brüdern Orlow zeigte, daß sie die Götter nicht herausfordern konnten. Sie mußten feststellen, daß ihre alten Kameraden vom Ismailowschen Regiment, gerade die Männer, bei denen sie vorher so beliebt gewesen waren, sich gegen sie gewandt hatten. Ihr Aufstieg war zu schnell gewesen, um von denjenigen akzeptiert zu werden, die die gleichen Risiken auf sich genommen und ihrer Kaiserin die gleiche Treue und Ergebenheit bewiesen hatten.

Das Heiratsgerücht verbreitete sich in Moskau; es wurde zuerst mit Lachen und Unglauben aufgenommen, aber als es an Gehalt gewann, verwandelte sich die Belustigung in Bestürzung und Zorn. Die Kaiserin befand sich auf einer Pilgerfahrt nach Rostow, als sie die Nachricht von einem Anschlag auf das Leben der Orlows erhielt. Die Sache war um so ernster, als es sich bei dem Mann, der den Mord geplant hatte, um einen Offizier ihres eigenen Regiments, einen gewissen Hauptmann Chitrowo, handelte, der sich unter den vierzig Helden befunden hatte, die für ihre Dienste beim *coup d'état* belohnt worden waren. Es gab Andeutungen, daß andere, bedeutendere Persönlichkeiten, einschließlich des Grafen Panin und der Fürstin Daschkowa, in das Komplott verwickelt seien. Aber bei seiner Vernehmung leugnete Chitrowo stolz, irgendwelche Komplizen gehabt zu haben. Er erklärte,

er habe aus eigener Initiative gehandelt und hätte nicht gezögert, entweder Alexej oder Gregor zu töten, obwohl er den ersteren für den gefährlicheren halte und den letzteren nur als einen anmaßenden Dummkopf betrachte. Er habe lediglich eine Heirat verhindern wollen, die verhängnisvoll für die Kaiserin und für Rußland wäre. Er sei durchaus dafür, daß sie wieder heirate, vorausgesetzt, sie wähle einen Gemahl, der ihres Ruhmes würdig sei.

Die Untersuchung wurde abgebrochen, als sich herausstellte, daß die Kommissare selbst auf seiten Chitrowos standen. Weit davon entfernt, ein Verbrecher zu sein, hatte er seine Herrscherin davor bewahrt, ihre ganze Zukunft aufs Spiel zu setzen. Die öffentliche Meinung war so offensichtlich auf seiten des Angeklagten, daß selbst die Orlows es nicht wagten, ihn vor Gericht zu bringen, und Chitrowo lediglich auf seine Güter verbannt wurde. Aber es gab andere, tiefer greifende Nachwirkungen. Die bloße Tatsache, daß jemand, der der Kaiserin so nahestand wie die Fürstin Daschkowa, mit einer Verschwörung gegen den kaiserlichen Favoriten in Verbindung gebracht wurde, war ein deutlicher Beweis für das Ausmaß der Unzufriedenheit. Die Orlows forderten sogar, daß die Fürstin verhört werde, obwohl Katharina es vorgezogen hätte, die ganze Sache so geheim wie möglich zu behandeln. Aber nichts, was die Daschkowa betraf, konnte je geheimgehalten werden.

Von den Mitgliedern des Untersuchungsausschusses befragt, erklärte die kleine Fürstin, sie wisse nichts von dem Komplott, aber selbst wenn sie etwas wüßte, würde sie nichts sagen. Und mit typischer Bravour setzte sie hinzu, »wenn die Kaiserin ihren, Daschkowas, Kopf auf den Richtblock legen wolle, als Belohnung dafür, daß sie ihr eine Krone auf den ihren gesetzt habe, so sei sie bereit zu sterben«. Es war die Art von Bemerkung, die Katharina nicht verzeihen konnte, und die Fürstin sorgte dafür, daß sie in ganz Moskau wiederholt wurde. Erzürnt schrieb die Kaiserin auf Veranlassung der Orlows an den Fürsten Daschkow und ersuchte ihn, seine Frau zur Ordnung zu rufen: »Es ist mein ernsthafter Wunsch, nicht die Dienste der Fürstin Daschkowa vergessen zu müssen, weil sie vergißt, was sie sich selbst schuldig ist. Ich bitte Sie, Fürst, erinnern Sie Ihre Frau daran, denn wie man mir berichtet, nimmt sie sich die Freiheit, mich in ihren Gesprächen zu bedrohen.« Da sie sich die mächtige Familie Daschkow nicht zu Feinden machen wollte, erklärte sich die Kaiserin einverstanden, bei dem Kind, das die Fürstin im Frühling 1763 zur Welt brachte, Patin zu stehen. Aber Katharina erkundigte sich weder vor noch nach der Geburt nach ihrem Befinden, und die Daschkowa zog sich bald darauf in ein Landhaus außerhalb der Stadt zurück, wo es ihr freistand, ihrem Groll gegen die Orlows Luft zu machen.

Nach der Chitrowo-Affäre war von einer Heirat nicht mehr die Rede. Aber Katharina blieb Grigori Grigorjewitsch noch weitere zehn Jahre treu, fand sich mit seiner Launenhaftigkeit, seinen Eifersuchtsszenen, seiner schamlosen Untreue ab und überschüttete ihn mit Ehren als Entschädigung dafür, daß sie ihm das eine, was er sich wünschte, nicht hatte geben können. Entgegen besserer Einsicht des Senats machte sie ihn zum Großmeister der Artillerie, zum Mitglied des Großen Rats und schließlich zum Reichsfürsten, und er nahm alle Reichtümer und Ehren mit gelangweilter Gleichgültigkeit entgegen. Zehn Jahre lang war er der mächtigste Mann Rußlands, und es ist ihm als Verdienst anzurechnen, daß er im Bewußtsein seiner Unzulänglichkeit nur selten den Versuch unternahm, sich in Staatsangelegenheiten zu mischen. Im Jahr 1771 hatte er noch einmal Gelegenheit, seine Tapferkeit unter Beweis zu stellen: Als in Moskau die Pest ausbrach und die von panischem Schrecken ergriffene Bevölkerung in Raserei geriet, erbot er sich gegen den Wunsch der Kaiserin freiwillig, die Ordnung in der Stadt wiederherzustellen. Mit dem verwegenen Mut, den er als junger Subalternoffizier in der Schlacht von Zorndorf bewiesen hatte, gelang es Orlow, die Bewohner von Moskau wieder zur Ruhe und Vernunft zu bringen. Der Pest wurde Einhalt geboten, und der kaiserliche Favorit war der Held des Tages. Goldmünzen wurden zu seinen Ehren geprägt, und Kahtarina errichtete im Park von Zarskoje Selo einen Triumphbogen aus Dankbarkeit für »Orlow, der Moskau von der Pest befreit hat«.

Die zehn Jahre ihres Zusammenlebens mit Orlow vervollkommneten die russische Erziehung der Kaiserin. Die Prinzessin von Anhalt-Zerbst lernte es, Dinge hinzunehmen, die sie noch wenige Jahre zuvor zutiefst schockiert hätten. Gregors Großvater war einer der Strelitzen gewesen, die mitansehen mußten, wie ihre Kameraden niedergemetzelt wurden, als Peter der Große beschloß, der Meuterei seiner Leibwache ein Ende zu machen, indem er die Rädelsführer eigenhändig hinrichtete. Gregor bestärkte jetzt Katharina in der Anschauung, daß die Vernichtung der Palastwachen durch Peter den Großen ebenso notwendig für Rußland gewesen sei wie der Tod ihres Mannes und wie so viele andere Taten, die im Laufe der Jahre ihrem Namen Ruhm und Schande bringen sollten.

Die Kaiserin kehrte am Jahrestag ihrer Thronbesteigung in ihre Hauptstadt zurück, und der Jubel, mit dem die Bevölkerung sie in St. Petersburg willkommen hieß, entschädigte sie für die Enttäuschungen, die sie in Moskau erfahren hatte. Zwei der aufrührerischen Garderegimenter waren zurückgelassen worden nd hatten damit das Privileg verloren, ihre Begleitmannschaft zu bilden. Verärgerte Angehörige des alten Adels hatten sich auf ihre Landsitze zurückgezogen, andere, wie der alte Feldmarschall Münnich, hatten sich mit der Lage der Dinge abgefunden und standen wieder in der kaiserlichen Gunst, denn Katharina war bereit, sich mit allen zu versöhnen, die ihrerseits bereit waren, ihr zu dienen.

Aber die Gerüchte, die Katharina in Moskau zu unterdrücken versucht hatte, lebten in St. Petersburg wieder auf. Es verging kaum ein Monat, in dem nicht in Polizeiberichten über aufrührerische Reden und anonyme Briefe Iwans Name erwähnt wurde. Nur wenige Meilen von der Hauptstadt entfernt wurde das Kind, das mittlerweile zum Mann geworden war, in einem Kerker der Schlüsselburg gefangengehalten. Während der Regierung Elisabeths war die Erinnerung an den jungen Zaren Iwan in Vergessenheit geraten. Niemand hatte ihr Recht, zu herrschen, in Frage gestellt. Selbst Peters Thronbesteigung war widerspruchslos hingenommen worden. Aber Katharina war eine ausländische Usurpatorin, und Iwan war jetzt ein Mann von vierundzwanzig, in seiner geistigen Entwicklung verkümmert, aber kein Idiot, unwissend, aber nicht analphabetisch. Als er in seiner frühen Kindheit noch mit seinen Eltern in Cholmogory gefangen war, hatte ein freundlicher Geistlicher ihm Lesen und Schreiben beigebracht und ihm Geschichten von den verschiedenen Heiligen und Märtyrern erzählt. Der einsame Junge, dessen Leben ein einziges langes Martyrium war, hatte Kraft aus diesen Legenden geschöpft und erzählte sie seinen Gefängniswärtern, den einzigen Menschen, die er zu sehen bekam und die in gewissem Sinn ebenfalls Gefangene waren, denn sie durften die Festung niemals verlassen, nicht einmal, um ihre Angehörigen zu besuchen, und wurden infolgedessen brutal und abgestumpft gegen die Leiden ihres unschuldigen Opfers.

Iwan wurde in ein anderes Gefängnis gebracht, als die Schlüsselburg für einen noch erlauchteren »Gast« vorbereitet wurde. Aber der plötzliche Tod Kaiser Peters brachte ihn innerhalb eines Monats zurück. Auf seinem Weg von einem Gefängnis ins andere erhielt er den Besuch der Kaiserin Katharina, die den jungen Romanow, dessen fortdauernde Existenz ihren Thron bedrohte, persönlich kennenlernen wollte. Später beschrieb sie ihn als »stammelnd und unverständlich in seiner Redeweise und außerstande, irgend etwas zu begreifen«. Aber hätte sie wirklich einen stotternden Idioten vorgefunden, so hätte sie es sich leisten können, ihn zu verschonen und damit der Welt zu zeigen, wie großmütig sie war. Seine Gefängniswärter berichteten, daß er sich seiner Stellung durchaus bewußt war und ihnen oft erklärte, daß er ihr rechtmäßiger Herrscher sei. Er scheint durch all die Jahre der Gefangenschaft hindurch genügend geistige Klarheit bewahrt zu haben, um die kühle, skrupellose Frau zu erschrecken, die keinerlei Mitleid empfand mit diesem armen Wesen mit verfilztem Haar und der blassen Haut eines Menschen, der niemals die Sonne zu sehen bekam.

Katharinas Verhalten ihrem königlichen Gefangenen gegenüber zeigte sie von ihrer schlechtesten Seite. Elisabeth hatte geweint, als sie Iwan in seinem Kerker besuchte, und hatte Befehl gegeben, seine Lebensbedingungen zu verbessern – einen Befehl, den seine Hüter, die Schuwalows, prompt mißachteten. Selbst Peter hatte Anzeichen von Menschlichkeit erkennen lassen; aber sie waren beide Romanows, und es mag sie beschämt haben, einen Menschen ihres eigenen Blutes in solch erbärmlicher Verfassung zu sehen. Katharina hatte keine derartigen Skrupel. Iwan war für sie nichts weiter als eine Bedrohung ihres Thrones. Da sie es vorgezogen hätte, ihn eines natürlichen Todes sterben zu sehen, gab sie Anweisungen, daß man ihm im Falle einer Krankheit jede ärztliche Hilfe zu verweigern habe. Aber ein zweites und noch unmenschlicheres Dekret, das ihre Unterschrift trug, befahl, den Gefangenen im Falle eines Befreiungsversuchs von außen sofort zu töten; keinesfalls, so hieß es, dürfe er lebendig in die Hände seiner Befreier fallen. Diesmal ernannte Katharina Panin anstelle der Orlows zum Chef der geheimen Kommission, die über den königlichen Gefangenen zu wachen hatte, denn angesichts ihres bereits befleckten Rufes konnte sie sich keinen zweiten Fehler leisten.

Starb Iwan infolge einer Verschwörung? Oder war der unglückliche Verschwörer selbst das Opfer eines geschickt angelegten und weitverzweigten Komplotts? Anfang 1764 wurde ein junger Leutnant namens Mirowitsch zum Wachoffizier in der Schlüsselburg ernannt. Mirowitsch war ein stolzer und verbitterter junger Mann, der bis über die Ohren in Schulden steckte. Er stammte aus einem alten ukrainischen Adelsgeschlecht, war jedoch völlig mittellos, weil der Besitz seiner Familie von Peter dem Großen beschlagnahmt worden war, nachdem sein Großvater am Mazeppaschen Aufstand teilgenommen hatte. Katharina hatte sich geweigert, ihm seine Güter zurückzugeben, aber er hatte nicht lockergelassen und sich mit einer weiteren Bittschrift an Panin gewandt, der ihm gewisse Hoffnungen gemacht zu haben scheint. Im Frühling 1764 teilte der Minister ein großes Landhaus mit den Daschkows. Der Fürst, der mit seinem Regiment in Polen weilte, hatte seine Familie der Obhut seines Onkels anvertraut; vermutlich hoffte er, daß der umsichtige Panin das ungestüme Temperament seiner Frau in Schach halten würde. Die Tatsache, daß die Fürstin und der Minister unter einem Dach lebten, und daß man Mirowitsch gelegentlich vor dem Haus hatte vorfahren sehen, wurde später von den Feinden der Daschkowa als Beweis für ihre Mitwirkung an dem Komplott angesehen. Aber Onkel und Nichte hatten verschiedene Eingänge und ihre Besuche völlig unabhängig voneinander. Im vergangenen Jahr hatten Iwans Gefangenenwärter wiederholt an Panin geschrieben und ihn inständig gebeten, sie von ihrem Dienst zu befreien und zu ihren Familien zurückkehren zu lassen. Im Dezember teilte der Minister ihnen kategorisch mit, daß sie nicht mehr lange zu warten brauchten, und daß »alles bis zum Sommer erledigt sein werde«.

Drei Monate später wurde Mirowitsch der Garnison der Schlüsselburg zugeteilt. Nach Aussage seiner Kameraden war er ein launenhafter und schwieriger Geselle, der stark trank und zu Hirngespinsten neigte. Auf die eine oder andere Art scheint er die Identität des namenlosen Gefangenen herausgefunden und in dem Labyrinth von Kerkern denjenigen entdeckt zu haben, in dem Iwan unter ständiger Bewachung gehalten wurde. Daraufhin faßte sein wirrer Geist den Plan, den rechtmäßigen Erben zu befreien und wieder einen Romanow auf den Thron zu setzen. Damit würde er es den Orlows gleichtun, die von unbekannten Subalternoffizieren zu den mächtigsten Männern Rußlands geworden waren. Warum sollte nicht er, der verachtete Mirowitsch, einen *coup d'état* inszenieren, der ihm die ewige Dankbarkeit des Zaren eintragen würde?

Aber die Geschichte hat gewisse seltsame Aspekte. Wie kam es, daß ein Offizier, der erst kürzlich in der Schlüsselburg eingetroffen war, ihr sorgsam gehütetes Geheimnis ergründen konnte? Oder war Mirowitsch in Wirklichkeit lediglich ein Werkzeug Panins, der ihm die Rückerstattung seiner Güter und die Gunst der Kaiserin versprach, wenn er ihm half, eine gewisse heikle Mission durchzuführen? Vielleicht hatte man ihm gesagt, daß die mitleidige Kaiserin Iwan dazu verhelfen wollte, außer Landes zu fliehen. Wir werden nie die Wahrheit erfahren. Aber das Komplott war so schlecht erdacht, so ungeschickt gehandhabt, daß nur ein betrunkener Phantast wie Mirowitsch jemals an seinen Erfolg geglaubt haben kann. Nichtsdestoweniger bot es eine Entschuldigung für die Ausführung der Tat, die das letzte Hindernis für die Sicherheit von Katharinas Thron aus dem Wege räumte. Mirowitsch konnte nur mit der Gefolgschaft einer Handvoll unwissender und verwirrter Männer rechnen. Aber er scheint keinen Augenblick geschwankt zu haben, und am Abend des 4. Juli unternahm er seinen tragischen Versuch, den Lauf der Geschichte zu ändern.

Nach einem kurzen Kampf gelang es ihm und seinen Soldaten, ins Innere der Festung vorzudringen und den Eingang zu Iwans Zelle zu erreichen. Auch dies scheint seltsam in Anbetracht der Tatsache, daß das Gefängnis als uneinnehmbar galt. Am Eingang zum Kerker standen die grimmigen, schweigenden Gestalten der beiden Gefängniswärter, und zu ihren Füßen lag in einer breiten Blutlache die Leiche des jungen Zaren. Als die ersten Schüsse fielen, hatten die Männer den erhaltenen Befehl ausgeführt und damit ihre Freiheit gewonnen. Mirowitsch scheint so starr vor Entsetzen gewesen zu sein, daß er keinerlei Versuch machte, sich zu verteidigen. Ehe er sich ergab, fiel er neben dem Leichnam des ermordeten Zaren auf die Knie und küßte ehrfurchtsvoll die blutbefleckte Hand. Bei seinem Verhör gab er unumwunden seine Schuld zu und benahm sich mit einer ruhigen Würde, die alle Anwesenden beeindruckte. Er bat lediglich, daß man die Soldaten, die ihm gefolgt waren, freisprechen solle, weil sie nichts von seinem Vorhaben gewußt hätten. Sein teilnahmsloses Verhalten während des ganzen Prozesses und die Gleichgültigkeit, mit der er das Todesurteil vernahm, lassen vermuten, daß er aufgrund von Versprechungen, die Panin ihm gemacht hatte, fest mit seiner Begnadigung rechnete.

Die Kaiserin befand sich auf ihrem ersten Staatsbesuch in Riga, als die Nachricht sie erreichte. Sie war sichtlich erfreut und machte nicht den geringsten Versuch, auch nur eine Spur von Mitleid zu zeigen. Völlig ungerührt schrieb sie an Panin: »Gottes Wege sind wundervoll und unvorhersehbar. Die Vorsehung hat mir einen sichtbaren Beweis ihrer Gnade gegeben, daß sie diesem Unternehmen ein so rasches Ende bereitet hat.« Sie hatte nicht eine Träne für das unschuldige Opfer, das so grausam ermordet worden war, und auch nicht ein Wort der Gnade für den unbekannten jungen Leutnant, der vermutlich zuviel wußte, als daß man ihn am Leben lassen konnte. Aber es gab reiche Belohnungen für die beiden Wächter, »unsere Diener«, die so schnell und wirksam ihre Pflicht erfüllt hatten, und Glückwünsche für Panin, den geschickten, umsichtigen Minister, der sorgsam darauf bedacht gewesen war, sie in keiner Weise in die Sache hineinzuziehen. Sie muß sich beglückwünscht haben, daß sie sich diesmal Panins statt der geliebten, aber unbesonnenen Orlows bedient hatte. Mirowitsch starb auf dem Schafott, seit über zwanzig Jahren der erste Russe, der hingerichtet wurde, denn Elisabeth hatte bei ihrer Thronbesteigung geschworen, niemals ein Todesurteil zu unterzeichnen, und sie hatte diesen Schwur gehalten. Aber Katharina war aus härterem Holz geschnitzt. Das Leben eines unbekannten Leutnants war nicht von Bedeutung, wenn es um die Sicherheit ihres Thrones ging.

Auf Panins Rat hin kehrte sie sofort in ihre Hauptstadt zurück, wo sie zu ihrem Zorn feststellen mußte, daß der Tod Iwans und die erste Hinrichtung seit nahezu einem Vierteljahrhundert weit mehr Aufsehen erregt hatten, als sie erwartet hatte. Trotz Panins Diskretion wurde sie eindeutig mit dem Verbrechen in Verbindung gebracht, was ihr in England von Horace Walpole den wenig beneidenswerten Namen »Zarenmörderin« eintrug. Selbst die französischen Enzyklopädisten, um deren Anerkennung sie sich so sehr bemühte, zögerten, ihre reichen Gaben entgegenzunehmen. Ihr Held Voltaire, mit dem sie seit kurzem in Korrespondenz getreten war, fing an, Bedenken zu haben; er schrieb an seinen Freund d'Alembert: »Ich glaube, wir sollten unsere Begeisterung für den Norden ein wenig mäßigen.« Und d'Alembert, der sich rühmen konnte, das sehr verlockende Angebot der Kaiserin, als Erzieher ihres Sohnes nach Rußland zu kommen, abgelehnt zu haben, erkannte jetzt, wie klug es von ihm gewesen war, sich nicht in ein Land zu begeben, wo »Menschen so leicht an einer Kolik sterben können«. Er schrieb: »Ich werde allmählich einer Kaiserin überdrüssig, die Menschen aus dem Wege räumt und dann erklärt, wie leid es ihr tue, aber daß sie natürlich nichts damit zu tun gehabt habe.« D'Alembert war jedoch weder so eitel noch so käuflich wie Voltaire, der nach seinem Streit mit König Friedrich nur allzu froh war, wieder ein gekröntes Haupt als Anhänger zu haben, vor allem eine Kaiserin, die im Gegensatz zu Friedrich so freigebig war. Es dauerte nicht lange, bis die Großzügigkeit von Katharinas Geschenken auch seine letzten Skrupel verscheucht hatte, und er verteidigte sie in einem Brief an Madame Deffand, indem er schrieb:

> Ich bin mir vollkommen bewußt, daß die Menschen ihr gewisse Kleinigkeiten hinsichtlich der Behandlung ihres Mannes vorwerfen. Aber dies sind Familienangelegenheiten, um die ich mich nicht kümmere. Außerdem ist es nicht schlecht, einen Fehler zu haben, den man wiedergutmachen muß. Das gibt ihr ein Motiv, große Anstrengungen zu machen, um die Bewunderung der Öffentlichkeit zu erringen.

XIV
»LES PHILOSOPHES«

Katharinas Korrespondenz mit Voltaire, dem Wortführer der *philosophes* und dem belesensten Schriftsteller Europas, beruhte auf einer Mischung von Heldenverehrung, Zweckdienlichkeit und dem leidenschaftlichen Wunsch nach Ruhm. Voltaire war ein Name, der Zauberkraft besaß. Eine Erwähnung aus seiner Feder versetzte einen unter die Unsterblichen; selbst eine Kritik war der Anonymität vorzuziehen. Um sich die Gunst des Patriarchen von Ferney zu erschmeicheln, erklärte sich die Selbstherrscherin aller Russen, das Oberhaupt der orthodoxen Kirche in ihren Briefen als voltairisch in ihrer Lebensanschauung und als eine Zweiflerin, was die Religion betraf. Zu Anfang zögerte Voltaire, sich auf eine Korrespondenz mit der Frau einzulassen, die er und seine Freunde im vertrauten Kreis als *la belle catau* bezeichneten, ein doppelsinniger Name, der sowohl »die schöne Käthe« als auch »die schöne Dirne« bedeuten kann. Im tiefsten Inneren war er sich mit d'Alembert einig, »daß Proseliten dieser Art der Philosophie wenig Ehre machten«. Aber Katharina war sowohl beharrlich als auch großzügig, und der alte Philosoph, der sich als Bewunderer der Fürstin Johanna ausgegeben hatte, konnte schwerlich das Angebot der Freundschaft ihrer weit berühmteren Tochter ausschlagen. Iwan Schuwalow, der Freund Voltaires, der ihm unter der Regierung Elisabeths den Auftrag erteilt hatte, eine Biographie Peters des Großen zu schreiben, wurde aus der Verbannung zurückgerufen, und Katharina verzieh ihm die *gaffe,* das Heldentum der Fürstin Daschkowa gepriesen zu haben. Er und sein neunzehnjähriger Neffe Andrej, der seine Ausbildung in Ferney beendet hatte, erhielten Posten am Hof und wurden in den Zauberkreis der persönlichen Freunde der Kaiserin aufgenommen. Es wird sogar behauptet, daß der junge Andrej, ein feingebildeter französischer Gelehrter und begabter Poet, Katharinas Briefe an Voltaire redigierte und korrigierte. Aber 1763, als Katharina durch einen ihrer französischen Sekretäre ihre ersten Annäherungsversuche unternahm, waren weder er noch sein Onkel in Rußland.

Voltaire hatte kaum seine russische Geschichte beendet und

stand noch völlig im Bann des schwierigen Charakters Peters des Großen, als er einen Brief von der jungen Frau erhielt, die sich den Thron der Romanows angeeignet, die Ermordung von Peters Enkel verziehen und derjenigen seines Großneffen Vorschub geleistet hatte. In diesem Brief versicherte sie, eine begeisterte Anhängerin des Patriarchen zu sein, dessen Werke sie entdeckt habe, als sie am Rande des Selbstmords stand. Sie huldigte ihm als dem »Gott der Fröhlichkeit«, der sie in ihrem Leid getröstet und später ihre Erziehung vollendet hätte. »Was auch immer ich an Lebensart besitze«, schrieb sie, »was auch immer an Denkfähigkeit, verdanke ich ausschließlich der Lektüre Voltaires.«

Der alte Mann war gerührt und geschmeichelt, wieder die Verehrung eines Staatsoberhauptes zu genießen, das seine Doktrinen in Nordeuropa verbreiten würde. Er war beeindruckt von der kleinen deutschen Prinzessin, von der die übrigen Monarchen vorausgesagt hatten, daß sie sich nicht länger als ein paar Wochen auf dem Thron werde halten können, und die ihnen nicht nur bewiesen hatte, daß sie sich geirrt hatten, sondern sogar im ersten Jahr ihrer Regierung den Mut besessen hatte, die alten Bündnisse Rußlands aufzukündigen, und durch einen Vertrag mit dem König von Preußen ihren ehemaligen Liebhaber auf den polnischen Thron gebracht hatte. Sie hatte ihre Grenzen für die Einwanderung geöffnet und deutsche Kolonisten aufgefordert, sich in den dünnbesiedelten Gebieten des Wolgabeckens niederzulassen. Knapp zehn Jahre später berichtete sie Voltaire stolz, »daß ihr Kolonie Saratow auf siebenundzwanzigtausend Seelen angewachsen« sei.

Neue Städte und Dörfer veränderten das Gesicht Rußlands. Hospitäler und Schulen wurden gebaut, nicht nur in St. Petersburg und Moskau, sondern auch in allen Provinzstädten. Dem Brauch ihrer Vorgängerin folgend, holte Katharina europäische Architekten und Maler gegen fürstliche Gehälter in ihre Hauptstadt. Nicht ein Ukas wurde vom Senat verabschiedet, ohne daß die Kaiserin ihn zuvor begutachtet hatte. Trotzdem fand diese außergewöhnliche junge Frau immer noch Zeit, mehrere Stunden am Tag mit der Zusammenstellung ihres sogenannten *nakaz* zu verbringen – dem ehrgeizigsten Plan einer Gesetzgebung, der bisher in Rußland in Angriff genommen worden war.

Voltaire zeigte sich zuerst ein wenig saumselig in seiner Korrespondenz mit Katharina, und es sind aus den ersten Jahren wenige Briefe von ihm erhalten geblieben. Aber bis Ende 1765 war er völlig dem Zauber der neuen »Semiramis des Nordens« erlegen. Der Name paßte besser auf Katharina als auf Elisabeth. Er paßte beinahe zu gut, denn Semiramis hatte ebenso wie Katharina ihren Mann ermordet, um auf den Thron zu gelangen. Aber Katharina war nicht übermäßig sensibel. Semiramis oder *catau,* was machte es schon aus, solange wie sie sein Genie vor ihren Triumphwagen spannen konnte. Die Schmeichelei Voltaires entschädigte sie für die Mißbilligung der Pariser *salonières,* die sie, mit Ausnahme von Madame Geoffrin, als eine »Zarenmörderin, Usurpatorin und Hure« bezeichneten. Die Herzogin von Choiseul äußerte in einem Brief an Madame Deffand die allgemeine Ansicht:

> Sie [Katharina] war klug genug zu erkennen, daß sie die Protektion der Literaten braucht. Sie bildet sich ein, daß die Lobhudeleien dieser Männer vor den Augen ihrer Zeitgenossen und vor der Nachwelt die diversen Verbrechen verbergen werden, mit denen sie die Welt erstaunt und die Menschheit empört hat. Daß unbekannte, gemeine und käufliche Schreiberlinge ihr ihre Feder leihen, kann ich verstehen – aber Voltaire?

Und gerade Voltaire war derjenige, der sich am Ende als der kriecherischste von allen erwies. »Der Stern des Nordens«, »Semiramis«, »Sainte Catherine« waren nur einige der Namen, die er seiner Heldin gab, und am meisten freute es sie, wenn er sie »Kaiser« statt »Kaiserin« nannte. Sie ihrerseits überschüttete ihn mit reichen Geschenken, sandte ihm zobelgefütterte Mäntel und mit Edelsteinen besetzte Schnupftabakdosen. Ihre Großzügigkeit kannte keine Grenzen. Sie schenkte seiner Nichte Diamanten und zahlte ungeheure Summen für die Uhren, die von seiner Kolonie von Arbeitslosen angefertigt wurden – ein philanthropisches Experiment, das Voltaire wie üblich in ein einträgliches Geschäft verwandelte.

Der Ankauf von Diderots Bibliothek trug der Kaiserin Lobeshymnen von seiten der Enzyklopädisten ein. Sie ließ sie nicht nur auf Lebenszeit in Diderots Besitz, sondern ernannte ihn zum Bibliothekar mit einem Gehalt von tausend Livres pro Jahr, denen sie noch weitere tausend hinzufügte, »für die Mühe und Arbeit, die er sich gemacht hatte, um eine so herrliche Kollektion zusammenzustellen«. Selbst d'Alembert schrieb, um ihr für ihre Großzügigkeit gegenüber seinem Mitarbeiter und Freund zu danken, worauf Katharina mit geziemender Bescheidenheit erwiderte, »sie habe nie angenommen, daß der Ankauf von Diderots Bibliothek ihr so viele Komplimente einbringen werde«. Aber sie konnte es d'Alembert nicht ganz verzeihen, daß er sich geweigert hatte, Erzieher ihres Sohnes zu werden, und mit jener sanften Belehrung, auf die sie sich so gut verstand, schrieb sie ihm: »Ihre Philosophie, die sich auf die Liebe zur Menschheit gründet, verlangt von Ihnen, der Menschheit zu dienen. Damit, daß Sie sich weigern, das zu tun, versäumen Sie Ihre Pflicht.« Aber jetzt, da sie Denis Diderot in ihrem Sold hatte, konnte sie es sich leisten, d'Alembert zu verzeihen.

Diderot, der fünfzigjährige Sohn eines Messerschmieds aus Langres, war die berühmteste und umstrittenste Persönlichkeit der sogenannten »*République des Lettres*«, einer Republik ohne Grenzen, deren Bürger eine neue Lebenseinstellung zu finden suchten, ein neues Mittel, sich selbst und ihre Gedanken auszudrücken. Diderot war so warmherzig, wie Voltaire kalt und zynisch war; er bewahrte sich sein Leben lang die Begeisterung der Jugend und die Unschuld eines Kindes, die durch die reine Flamme seines Genies genährt wurde. Wie Katharina ihn einmal beschrieb: »Er war in mancher Hinsicht hundert Jahre alt, in anderer noch nicht zehn.«

Er wurde berühmt als führender Geist und Hauptherausgeber der neuen Enzyklopädie, »der Bibel der Aufgeklärten«, deren erster Band 1751 erschien. Zehn weitere sollten folgen, und ihr Erscheinen wurde als das größte Ereignis der Zivilisation seit der Erfindung des Buchdrucks angesehen. Sie änderte die gesamte Lebensauffassung von Grund auf und weckte Neugier und Zweifel im Geist der Menschen. Ihre humanistische Philosophie setzte neue Maßstäbe, verherrlichte die Würde der Arbeit, hob die Bedeutung von Industrie und technischem Wissen hervor und warnte vor Aberglauben und »den Mythen und Mysterien der römisch-katholischen Kirche«. Wenige Monate nach Erscheinen war sie bereits von der französischen Regierung, den Jesuiten und den Jansenisten verpönt, und zweimal wurde ihr während ihrer buntbewegten Laufbahn die Druckerlaubnis entzogen und nur widerwillig zurückerstattet.

Das Auf und Ab ihrer Veröffentlichung in Frankreich gab Katharina Gelegenheit, sich als Gönnerin der Künste und Wissenschaften zu zeigen, indem sie sich erbot, die restlichen Bände in Riga drucken zu lassen. Aber dieses Angebot wurde wenige Monate nach ihrer Thronbesteigung gemacht, und die Herausgeber der Enzyklopädie waren noch nicht bereit, ihre Zukunft einem Land anzuvertrauen, das »so gefährlich nah bei Sibirien« lag.

Zehn Jahre später waren sowohl Denis Diderot als auch Friedrich Melchior Grimm, der Zeitungsverkäufer Europas, dessen *Chroniques Littéraires,* in Paris herausgegeben, die Langeweile an diversen deutschen Höfen belebte, im Dienste Kaiserin Katharinas auf dem Weg nach Rußland. Selbst Voltaire, der zu jener Zeit Ende der Siebzig war, spielte mit dem Gedanken, »Sainte Catherine« persönlich seine Aufwartung zu machen. Aber seltsamerweise schien dies das letzte zu sein, was Katharina sich wünschte, und sie schrieb dringend an Grimm: »Um Himmels willen, versuchen Sie, den Achtzigjährigen zu überreden, daß er zu Hause bleibt. Was sollte er hier tun? Er würde entweder ier oder unterwegs vor Kälte und Erschöpfung sterben. Sagen Sie ihm, es sei besser, *catau* aus der Ferne zu sehen. Übrigens, *»catau«* hat mich nicht wenig amüsiert.« Diesmal scheint ihre übliche Selbstsicherheit sie verlassen zu haben, sie wollte sich und ihr Land nicht den kalten, prüfenden Blicken Voltaires aussetzen. Weder »das Käthchen« noch der alte Mann verspürten den Wunsch nach einer näheren Beziehung. Falls Voltaire jemals ernsthaft daran gedacht hat, nach Rußland zu gehen, so war es wohl weniger, um der Prinzessin von Anhalt-Zerbst seine Aufwartung zu machen, als vielmehr das Reich zu sehen, das sein Held, Peter der Große, geschaffen hatte. Der letzte Band der Geschichte Rußlands war gerade erst erschienen, und Katharina hätte gewünscht, daß er lange genug lebte, um über die Erfolge ihrer Regierung zu berichten. Alles, was sie wollte, waren seine Loblieder, vor allem seine Loblieder auf ihren *nakaz,* die Gesetzessammlung, oder besser, die Instruktionen, die sie als ihren bedeutendsten Beitrag zur Größe Rußlands ansah.

Den Augiasstall einer korrupten und unwirksamen Verwaltung zu reinigen, den schrecklichen Mißbräuchen ein Ende zu machen, die in Provinzen, Tausende von Meilen von der Hauptstadt entfernt, an der Tagesordnung waren, und die Armen und Schwachen vor den ungebührlichen Forderungen der Großgrundbesitzer zu schützen, war mehr, als selbst die begeistertste und entschlossenste Kaiserin zuwege bringen konnte. In den Verwaltungsbezirken herrschten chaotische Zustände. Die Gesetzessammlung, die aus der Zeit des Zaren Aleksej Michailowitsch um die Mitte des 17. Jahrhunderts stammte, war völlig überholt. Peter der Große hatte die Schleusen für Reformen geöffnet, aber die Hälfte seiner Dekrete waren niemals auch nur in die Gesetzbücher eingegangen. Uralte Privilegien und Mißbräuche waren nur vorübergehend von der Bildfläche verschwunden, um unter Peters schwachen und unfähigen Nachfolgern in neuer, noch schlimmerer Form wiederaufzutauchen. Er hatte versucht, die Macht der Aristokratie zu zügeln, indem er alle Adeligen zum Staatsdienst zwang. Die zivile, militärische und höfische Rangordnung war in Klassen eingeteilt worden, die sich von den niedrigsten Schichten bis zu den höchsten erstreckten. Der Erbadel wurde durch den Dienstadel ersetzt. In den Städten wurde ein neuer und wohlhabender Mittelstand von Bankiers, Kaufleuten und Fabrikanten gegründet, der gewisse Privilegien nach dem Muster der deutschen Gilden erhielt.

Aber der große Reformer tat nichts, um das Los der riesigen Masse der Landbevölkerung zu verbessern. Im Gegenteil, er degradierte sie, denn in früheren Zeiten waren die Menschen, die das Land bestellten, in drei Gruppen eingeteilt gewesen. Es gab den wohlhabenden und freien Bauern, der eigenen Grund und Boden besaß; es gab den Landarbeiter, der das Land seines Herrn gegen die Hälfte des Ertrages bestellte und ein freier Mann war. Und letztlich gab es, in bei weitem größter Zahl, den Leibeigenen, der an das Land gebunden war. Eine der grausamsten und unmenschlichsten Maßnahmen Peters des Großen war, daß er diese drei Klassen zu einer einzigen vermengte, die freien Bauern an die Scholle fesselte und sie alle einer Kopfsteuer unterwarf, die vom Grundbesitzer eingetrieben wurde, der gleichzeitig das Recht hatte, die Arbeitsbedingungen zu bestimmen. Dies kam nicht nur der Leibeigenschaft gleich, es verstärkte auch die Macht des Adels, dessen Übergriffe Peter in anderer Hinsicht zu zügeln versucht hatte.

Kein Romanow hätte eine größere Verehrung für den Reformer-Zaren hegen können als die kleine deutsche Prinzessin, die sich widerrechtlich den Thron seines Nachkömmlings angeeignet hatte. Die Abenteuerin in ihr war gepackt von der Großartigkeit und den Errungenschaften eines Mannes, dem nichts unmöglich gewesen war. Er hatte das Land in eine europäische Großmacht verwandelt und eine moderne westliche Hauptstadt aus dem Sumpf erstehen lassen; er hatte eine Flotte gebaut, das Heer umgestaltet, hatte den Frauen gleiche Rechte zugestanden, die Glaubensfreiheit eingeführt und den Handel gefördert. Aber er war zu jung gestorben, und seine Nachfolger, ihres großen Erbes unwürdig, hatten seine Reformen im Chaos untergehen lassen. Es war Katharinas Aufgabe, sein Werk zu vollenden und das Reich zu zivilisieren, das er geschaffen hatte. Noch konnte sich die kultivierte westliche Prinzessin, die Schülerin einer humanitären hugenottischen Erzieherin, nicht mit dem Gedanken abfinden, daß das, was Peter der Große erreicht hatte, jemals ohne Sklavenarbeit hätte erreicht werden können. Die Kanäle, die Festungen, die Hafenanlagen und vor allem seine Stadt an der Newa, dies alles waren die Früchte der Leibeigenschaft.

Es war ein System, das Katharina derart verabscheute, daß sie in den ersten Monaten ihrer Regierung schrieb: »Die Leibeigenschaft schadet dem Staat, denn sie tötet die Initiative, den Arbeitseifer, die Künste und Wissenschaften und vernichtet Ehre und Wohlstand.« Der berühmte *nakaz* oder die Instruktionen, denen sie in den ersten fünf Jahren ihrer Regierung täglich drei Stunden widmete, und die als Richtschnur für eine neue Gesetzessammlung dienen sollten, erwähnen nicht die Leibeigenschaft als solche. Aber sie erklären, daß selbst der Ärmste das Recht habe, wie ein Mensch behandelt zu werden, und daß alle Bürger den gleichen Gesetzen unterworfen sein sollten. Beseelt von Montesquieus *Geist der Gesetze* und später von Beccarias *Von den Verbrechen und Strafen,* das 1764 erschien, wünschte Katharina, daß jeder Russe die gleichen Rechte als Bürger genießen sollte. Aber es gelang ihren Freunden und Beratern bald, sie zu überzeugen, daß die analphabetischen Bauern an der Wolga und die nomadisierenden Stämme der Steppe schwerlich als Bürger eingestuft werden konnten. Ihr Versuch, das Los der Leibeigenen in den Fabriken und Bergwerken zu verbessern, war ein Fehlschlag, und die leiseste Andeutung auf die künftige Befreiung der Leibeigenen stieß auf den heftigen Widerspruch gerade derjenigen, die sich ihres Liberalismus rühmten. Selbst die Fürstin Daschkowa, die sich als Schülerin von Montesquieu betrachtete, wäre entsetzt gewesen bei dem Gedanken, ihre Besitztümer mit bezahlten Arbeitskräften zu bewirtschaften. Sie war so überzeugt von den Rechten und Privilegien ihrer Klasse, daß es ihr später gelang, einen so eingefleischten Demokraten wie Diderot von der Notwendigkeit der Leibeigenschaft in Rußland zu überzeugen.

Katharina selbst war nie ganz überzeugt. Als Diderot bei ihr in St. Petersburg zu Gast war und einmal den Schmutz und die Verwahrlosung des russischen Muschik kritisierte, erwiderte die Kaiserin mit ungewohnter Bitterkeit: »Warum sollten sie sich die Mühe nehmen, sauber zu sein, wenn ihre Seele nicht ihnen gehört.« Der Widerstand ihrer eigenen Untertanen hinderte sie daran, ihre Ideale zu verwirklichen. Sie wagte es nicht, sich den herrschenden Klassen zu widersetzen, von denen zu Anfang die Sicherheit ihres Thrones abhing, und die später zum Ruhm ihrer Regierung beitrugen. Als der *nakaz* 1767 veröffentlicht wurde, waren all die gefährlichen und umstrittenen Ideen, die sie von den westlichen Philosophen übernommen hatte, sorgfältig daraus entfernt. Umsichtige Ratgeber wie Nikita Panin hatten sie warnend darauf hingewiesen, daß einige ihrer Maximen sich in den Händen von unreifen und unerfahrenen Gesetzgebern als hochexplosiver Sprengstoff erweisen könnten. Montesquieu gegenüber Beamten zu zitieren, die noch nie etwas von Menschenrechten gehört hatten, und zu erwarten, daß die Grundsätze von Beccaria Richter beeindrucken würden, deren Vorstellungen von Strafe aus Folter und Prügel bestanden, bedeutete, etwas Unmögliches von einem Volk zu verlangen, das dreihundert Jahre unter dem Tatarenjoch gelebt hatte und das menschliche Leben mehr nach asiatischen als nach europäischen Maßstäben bewertete.

Trotz all seiner Streichungen, Unvollkommenheiten und offensichtlichen Plagiate war der *nakaz* ein eindrucksvolles Dokument, das Katharina den Beifall und die Bewunderung der *philosophes*, der Propheten der Aufklärung, eintrug, deren anerkannter Hohepriester Voltaire war. Viele der Maximen in ihren Instruktionen waren mehr für sie bestimmt als für die Kommission, die von 1766 bis 1768 zuerst in Moskau und dann in St. Petersburg zusammentrat, um unter der Leitung ihrer Kaiserin ein neues Gesetzbuch zu erörtern und zusammenzustellen. Es gab Vertreter aus allen Teilen des Reiches, angefangen mit den Delegierten der Staatsdienste, des Senats, des Heiligen Synods und der verschiedenen Kollegien der Staatskanzlei. Der Adel schickte einen Vertreter aus jedem Bezirk, die Kaufleute und Händler einen aus jeder Stadt. Das Heer, die Miliz, die frei geborenen Bauern und die fest ansässigen Stämme, sie alle durften für jede Provinz einen Abgeordneten wählen; selbst die Atamans der Kosaken hatten das Recht, an der Versammlung teilzunehmen – alle, außer der großen, stummen Mehrheit von fast neunzig Prozent der Bevölkerung.

Fünfhundertvierundsechzig Bevollmächtigte waren bei der Konferenz zugegen, die am 4. August 1767 in Moskau eröffnet wurde. Jeder Vertreter erhielt ein Exemplar der Instruktionen und eine Goldmedaille mit einem Bild der Kaiserin und der Inschrift: »Für das Glück von allen und jedem.« Es ist anzunehmen, daß die Medaille von der Mehrzahl der Abgeordneten mehr geschätzt wurde als die Instruktionen, aber was sollte ein Lappe, ein Kalmück oder ein Kosak vom Don mit einem Dokument von sechshundertfünfzig Paragraphen anfangen, das von einer deutschstämmigen Prinzessin zusammengestellt und zum großen Teil den Schriften der fortschrittlichsten Denker der westlichen Welt entliehen war? »Die Nation ist nicht für den Herrscher geschaffen, sondern der Herrscher für die Nation.« »Freiheit ist das Recht, alles zu tun, was nicht vom Gesetz verboten ist.« »Es ist besser, zehn Schuldige zu verschonen, als einen Unschuldigen hinzurichten.« Dies waren Grundsätze, so neu und fremd für die Mehrheit des russischen Volkes, daß sie beinahe unverständlich waren. Die meisten Abgeordneten interessierten sich ausschließlich für die Mißstände ihres eigenen Gebiets. Stundenlang wurden in zahllosen Komitees unwichtige Einzelheiten erörtert, und die wesentlichen Fragen wurden kaum berührt, aber Katharina war stolz auf ihr Werk und erklärte mit großartigem Selbstvertrauen, »je mehr Menschen ihre Instruktionen lasen, um so weniger Verbrechen werde es geben«.

Sie erkannte, daß es nicht mehr als ein Experiment gewesen war, und gab später zu, daß es nicht den gewünschten Erfolg gebracht hatte:

Ich ließ Vertreter aus dem ganzen Land kommen, um Einzelheiten über die Lage in jedem Teil meines Reiches zu erfahren. Jeder Paragraph meiner Instruktionen war Anlaß zu Meinungsverschiedenheiten. Ich ließ sie streichen, was sie wollten, und sie strichen über die Hälfte meines Entwurfs. Ich bat sie, den Rest als Richtschnur für ihre gesetzgebende Tätigkeit anzusehen. Sie stellten weder ein Gesetzbuch zusammen, noch schufen sie ein Parlament.

Viel wurde begonnen, nichts wurde beendet. Die Kaufleute forderten die gleichen Privilegien, wie die Adeligen sie hatten, sowie das Recht, Leibeigene zu besitzen. Die Adeligen forderten noch größere Vollmachten, als sie bereits hatten, und letztlich wurde kaum etwas erreicht. Aber Katharinas *nakaz* wurde im Ausland mit größtem Interesse gelesen und erhielt sehr anerkennende Kritiken. Der übertriebenste in seinem Lob war Voltaire; er bezeichnete Katharina als eine Nachfolgerin von Solon und Lykurg und nannte ihren *nakaz* »das schönste Monument des

Sergej Saltykow

13b Generalfeldmarschall Alexander Lanskoy

General Alexej Jermolow

13d General Prinz von Zubow

14 Voltaire in seiner Bibliothek (Gemälde von John Bowles)

Charles Montesquieu

15b Jean-Jacques Rousseau

Denis Diderot

15d Jean le Rond d'Alembert

6 Begegnung zwischen Friedrich II. und Joseph II. in Neisse

Jahrhunderts, das Ihnen mehr Ruhm bringen wird als zehn Schlachten, denn es wurde von Ihrem eigenen Genie erdacht und von Ihrer eigenen zarten, kleinen Hand geschrieben.« Zu ihrem Glück hörte Katharina niemals die Kommentare des diplomatischen Korps, die gänzlich anders waren als diejenigen der *philosophes*. Der englische Gesandte bezeichnete ihren *nakaz* als eine Komödie, der französische tat ihn als eine Farce ab, aber der preußische Botschafter war vorsichtiger in seinen Bemerkungen, denn der Philosophenkönig und die Philosophenkaiserin taten sich jetzt zusammen, um eines der abscheulichsten politischen Verbrechen des Jahrhunderts zu begehen.

XV

EIN KÖNIG FÜR DIE POLEN

Stanislaus Poniatowski wartete immer noch darauf, nach St. Petersburg gerufen zu werden, da schrieb Katharina ihm 1763 von ihrer Absicht, ihn zum König von Polen zu machen. Der regierende Monarch, August von Sachsen, lag im Sterben, und es wurde allgemein angenommen, daß sein Sohn ihm auf dem Thron folgen würde. Seine Anwartschaft wurde von Österreich und Frankreich unterstützt und war unter dem alten Bündnissystem auch von Kaiserin Elisabeth gutgeheißen worden.

Aber Katharina hatte andere Pläne. Ihrem ehemaligen Liebhaber eine Krone zu verleihen, war die Art von dramatischer Geste, die ihr gefiel. Diesmal wurde ihr Entschluß jedoch nicht von ihrem Sinn für Theatralik, sondern von kühlem, gesundem Menschenverstand bestimmt. Polen, das seit dem 14. Jahrhundert dem Fürstentum Litauen angehört hatte, war in gewissem Sinn immer noch ein zweifacher Staat. Eine seiner vielen Anomalien war die Tatsache, daß es gleichzeitig Republik und Monarchie war. Es gab sowohl einen König als auch einen Reichstag. Der Monarch wurde gewählt, und der Reichstag hatte wenig Autorität; denn jede regionale Vertretung hatte die Macht, seine Beschlüsse zu widerrufen, während jeder einzelne Abgeordnete eine Sitzung zum Scheitern bringen konnte, indem er von dem verhängnisvollen *Liberum Veto* Gebrauch machte, das die Demokratie an den Rand der Anarchie brachte.

Polen war im Verfall begriffen, aber bisher war es ihm dank einiger starker, patriotischer Könige wie Johann III. Sobieski und der Rivalität seiner mächtigen Nachbarn gelungen, sich zu behaupten. Sein Territorium umfaßte immer noch die ausgedehnten Ebenen zwischen dem Dnjepr und der Oder und erstreckte sich von der Ostsee bis fast hinunter zum Schwarzen Meer. Innerhalb dieser Gebiete befanden sich große Landstriche des ehemaligen Großfürstentums Kiew, das jeder russische Zar, von Iwan III. bis zu Peter dem Großen, als sein natürliches Erbe betrachtete. In den letzten hundert Jahren hatten sie durch eine Reihe von erfolgreichen Kriegen Smolensk und Kiew sowie die gesamte Ukraine zurückgewonnen. Aber es gab noch Teile von Weiß- und Rotrußland (Galizien), in denen orthodoxe Sklaven von ihren katholischen Oberherren verfolgt wurden. Katharina hegte den gleichen Ehrgeiz wie ihre Vorgänger, aber sie beabsichtigte, sich durch friedliche Mittel zu sichern, was diese mit Gewalt errungen hatten. Sie wußte, wenn sie die Anwartschaft von Stanislaus Poniatowski förderte, so würde es in Anbetracht seines sanften und willfährigen Charakters nur eine Frage der Zeit sein, bis Polen völlig unter russischem Einfluß stand. Die Czartoryskis zogen am gleichen Strang, indem sie sie baten, ihnen zu helfen, die Thronfolge eines im Lande geborenen Prätendenten zu sichern. Aber weder Fürst Michael noch Fürst August faßten ihren Neffen als möglichen Anwärter ins Auge. Stanislaus war für sie nicht mehr als eine nützliche Verbindung zum russischen Hof, und sie hofften jetzt, aus einer Beziehung Nutzen zu ziehen, auf die sie bisher wenig stolz gewesen waren. Der Dauphin war Fürst Adam, der älteste Sohn von Fürst August – ein außergewöhnlich begabter und sehr beliebter junger Mann. Während Poniatowski im Ausland umhergereist war, in Paris zu Füßen von Madame Geoffrin gesessen und sich in Rußland in ein gefährliches und romantisches Abenteuer mit der unglücklichen Großfürstin eingelassen hatte, hatte sein Vetter seine Position im eigenen Land gefestigt, so daß jeder polnische Patriot ihn als seinen geborenen Führer ansah; als einen Führer, der stark genug sein würde, eine Erbmonarchie zu begründen, ein stehendes Heer zu schaffen und die Mißbräuche des *Liberum Veto* zu beseitigen. Aber das letzte, was die Großmächte – und vor allem Rußland – wollten, war ein starkes Polen. Katharina schrieb an ihren Gesandten in Warschau, Stanislaus Poniatowski sei genau der Mann, den sie brauchten, »liebenswürdig, arm und kein allzu großer Patriot«, mit einem Wort, der vollkommene Marionettenkönig. Es lag sehr wenig Gefühl in ihren Briefen sowohl an den Gesandten als auch an König Friedrich von Preußen, von dem sie wußte, daß er ebenso daran interessiert war wie sie, Polen in einer Verfassung zu halten, die sie zynisch als »jenen glücklichen Zustand der Anarchie« bezeichnete.

Friedrich, dessen Land erschöpft und völlig mittellos, vom Krieg verwüstet und ohne einen einzigen Freund in ganz Europa war, nahm mit Freuden Katharinas Angebot der Freundschaft an, das ihm zu diesem Zeitpunkt ebenso gelegen wie unerwartet kam. Er versicherte ihr, daß er bereit sei, die Wahl jeden Anwärters zu unterstützen, den sie für den richtigen halte.

Poniatowskis eigene Einstellung war schwer zu definieren. Er war ehrgeizig und schüchtern zugleich und sah sich viel eher in der Rolle eines Prinzgemahls, der der Kaiserin half, ihr Reich zu zivilisieren, als in der eines Herrschers über ein Land, in dem er sich stets als Fremder gefühlt hatte. Er hatte wenig gemein mit dem aufsässigen, zügellosen Lehensadel, der keine Autorität außer seiner eigenen anerkannte und sich beim ersten Anzeichen einer Bedrohung seiner Privilegien bedenkenlos gegen seinen König wenden würde. Und andererseits hatte Stanislaus auch nicht viel Sympathie für seine Familie. Die hervorragende Begabung, die er in seiner frühen Jugend gezeigt hatte, war in den letzten Jahren von seinem Vetter Adam so weit in den Schatten gestellt worden, daß eine gewisse Eifersucht ihre Beziehungen trübte. Er war sich bewußt, seine Onkel enttäuscht zu haben, und verübelte ihnen die Mißbilligung dessen, was sie »seine unverbesserliche Leichtfertigkeit« nannten. Katharina, die ihn so gut kannte, wußte genau, daß sie nur Fürst Adam als ihre zweite Wahl zu erwähnen brauchte, damit er seine Bedenken und seine Unschlüssigkeit überwand.

Seine erste Reaktion war, ihren Vorschlag abzulehnen. »Lassen Sie mich bei Ihnen sein, in jeglicher Eigenschaft, die Sie wünschen, nur machen Sie mich nicht zum König. Als Privatmann werde ich Ihnen viel bessere Dienste leisten können, Sophie. Ich bitte Sie – ich flehe Sie an, hören Sie auf mich – ich hätte nie geglaubt, daß gerade Sie von allen Frauen sich ändern würden. Das Leben ohne Sie ist nichts als eine leere Schale.« Dieses Wiederaufflammen einer alten Leidenschaft, von seiner Phantasie beflügelt, beschwor das völlig irrtümliche Bild einer einsamen jungen Kaiserin, die mit den Problemen ihres riesigen Reiches fertigzuwerden suchte und verzweifelt Hilfe brauchte.

Aber Katharina war weder einsam noch hilflos. Im Gegenteil, sie genoß es in vollen Zügen, sich zum erstenmal auf das Gebiet der Außenpolitik zu wagen, auf dem sie viel mehr zu Hause war als in der Rolle einer Gesetzgeberin. Bei König Augusts Tod im Herbst 1763 schrieb sie an Panin: »Sie werden lachen, wenn ich Ihnen sage, daß ich bei der Nachricht vom Tode des polnischen Königs fast vom Stuhl aufgesprungen bin.« Sie hätte nicht so gejubelt, hätte sie annehmen müssen, daß Österreich und Frankreich zur Unterstützung des Kurfürsten von Sachsen zu den Waffen greifen würden. Aber der Siebenjährige Krieg war gerade erst beendet, und keine der Großmächte war bereit, um der polnischen Thronfolge willen weiter zu kämpfen. Unterdessen hatte Friedrich von Preußen sein Einverständnis mit der Wahl der Kaiserin gezeigt, indem er Stanislaus Poniatowski den Schwarzen Adlerorden verlieh, eine nicht ganz passende Auszeichnung für den unmilitärischsten aller Männer. Aber es freute Katharina, und es war ein geringer Preis für das Verteidigungsbündnis, das Preußen und Rußland am 31. Mai 1764 unterzeichneten und durch das die Kaiserin, sich an das nördliche Bündnissystem Panins haltend, die Freundschaft Österreichs gegen ein fragwürdiges Bündnis mit Preußen eintauschte. Gleichzeitig wurden die Höfe Europas über die Absichten Rußlands und Preußens in bezug auf Polen unterrichtet.

Die Nachricht überraschte Europa. Niemand konnte sich vorstellen, daß die junge Kaiserin es wagen würde, die Thronbesteigung ihres ehemaligen Liebhabers gegen den Willen der Mehrheit des polnischen Volkes zu erzwingen. Fürsten wie die Potockis und die Radziwills, seit jeher erklärte Feinde der Czartoryskis, waren bereit, sich der Wahl gewaltsam zu widersetzen. Die Czartoryskis triumphierten, denn obwohl sie Fürst Adam vorgezogen hätten, hielten sie Stanislaus für so gefügig, daß sie glaubten, in seinem Namen regieren zu können. Sie wußten nichts von der geheimen Klausel, die dem russisch-preußischen Vertrag hinzugefügt worden war; in dieser Klausel sicherten die beiden Mächte der polnischen Republik das Recht auf freie Wahl ihres Königs zu und verpflichteten sich, »alle Mittel anzuwenden, wenn nötig auch Waffengewalt, um die konstitutionellen Rechte der Republik zu wahren«. Diese hochtrabenden Phrasen dienten als Deckmantel für Katharinas und Friedrichs geheime Pläne. Sie bedeuteten, daß ein Kandidat Rußlands in Polen gewählt werden würde; daß es keine Reformen nach den von den Czartoryskis vorgeschlagenen Richtlinien geben würde, und daß Polen mit Rußlands Segen auch weiterhin in seinem »glücklichen Zustand der Anarchie« verharren würde, bis Preußen und Rußland bereit waren einzugreifen, »um es vor sich selbst zu retten«.

Sowohl in Rußland selbst als auch im Ausland wurde allgemein angenommen, daß Katharina ihren ehemaligen Liebhaber zum König von Polen machen wollte, um ihn später zu heiraten. Stanislaus selbst war der erste, der das glaubte, und nach seinen Memoiren war dies der einzige Grund, weshalb er die Krone annahm. Diese Ansicht war so weit verbreitet, daß selbst die Orlows davon überzeugt waren, und sogar Grigori Grigorjewitsch dem Senat einen seiner seltenen Besuche abstattete, um gegen die Ernennung eines Mannes zu protestieren, den er stets als möglichen Rivalen angesehen hatte. Eine weitere Stimme, die sich zum Protest erhob, war die von Katharinas neuem Kriegsminister Zacharias Tschernyscheff. Er war einer der beiden Brüder, die in den ersten Jahren ihrer Ehe als junge Großfürstin in die Verbannung geschickt worden waren, weil sie es gewagt hatten, ihr amouröse Avancen zu machen. Aber weit wichtiger als die Proteste ihrer Liebhaber war der Einspruch des Kanzlers Worontzow, der der Kaiserin riet, an ihren traditionellen Bündnissen festzuhalten und den Kurfürsten von Sachsen zu unterstützen, statt Österreich und Frankreich vor den Kopf zu stoßen und zu riskieren, daß sie sich rächten, indem sie Unruhe an der Hohen Pforte stifteten.

Als Nachbarstaat war das osmanische Reich unmittelbar an der Frage der polnischen Thronfolge interessiert. Österreich wurde immer noch als Feind Nummer eins angesehen, und der Sultan hatte den russisch-preußischen Vertrag gebilligt und die Wahl eines im Lande geborenen Prätendenten begrüßt, weil er um jeden Preis verhindern wollte, daß Maria Theresias Kandidat auf den Thron kam. Aber die französischen Diplomaten an der Pforte wiesen ihn sofort darauf hin, wie gefährlich es sei, einen jungen, unverheirateten Mann auf dem polnischen Thron zu haben, einen Mann, den die russische Kaiserin bereits als Geliebten gehabt hatte und sehr leicht zum Ehemann erwählen könnte, wenn der Ehevertrag ihr die Gebiete westlich des Dnjepr sicherte. Im Juni 1764 erhob der Sultan Einspruch gegen Poniatowskis Anwartschaft mit der Begründung, er sei zu jung und unerfahren und vor allem unvermählt.

Aber Katharina war berauscht von Macht. Sie hörte nicht auf den Rat ihres Kanzlers und trat die Gefühle des sanften Poniatowski mit Füßen, indem sie ihn von den Einwänden der Hohen Pforte unterrichtete und ihm kurz und bündig erklärte, daß es unerläßlich für ihn sei, vor oder nach seiner Wahl zu heiraten. Die Czartoryskis waren der gleichen Meinung und verlangten von ihrem Neffen, daß er umgehend seine Verlobung mit einer polnischen Adeligen bekannt gebe. Zuerst weigerte sich Stanislaus. Niemand könne ihn zwingen, erklärte er, die Krone unter diesen Bedingungen anzunehmen. Seine Onkel appellierten an seinen Patriotismus, die Kaiserin an seinen Ehrgeiz, und der Primas von Polen, der von Rußland mit ungeheuren

Summen bestochen war, appellierte an seine religiösen Gefühle. Tief enttäuscht und gebrochenen Herzens gab er schließlich nach; aber bei all seiner Sensibilität war er doch realistisch genug, seiner treulosen »Sophie« zu schreiben, wenn sie ihn zum König machen wolle, so sei es an ihr, ihn mit den nötigen Mitteln zu versorgen, damit er seiner Stellung gerecht werden könne. Katharina, die ihren Liebhabern gegenüber stets großzügig war, schickte ihm hunderttausend Dukaten für seine dringendsten Schulden.

Die sogenannten »freien« Wahlen fanden im Sommer 1764 statt. Daschkow führte das Kommando über zehntausend Mann, die Katharina entsandt hatte, um die Ruhe zu wahren. Die Potockis und Radziwills, die es wagten, das Banner des Aufruhrs zu hissen, mußten außer Landes fliehen; andere erlagen der Bestechung, und am 19. August 1764 wurde Stanislaus Poniatowski im Schatten der russischen Kanonen einstimmig zum König von Polen gewählt. Der erste Akt der polnischen Tragödie hatte begonnen.

Drei Monate nach Poniatowskis Thronbesteigung unterrichtete ihn der russische Gesandte, Fürst Repnin, daß die Kaiserin keinerlei Reformen in Polen dulden werde, solange er nicht bereit sei, den religiösen Minderheiten Konzessionen zu machen, indem er ihnen gestattete, in ihren eigenen Kirchen unter ihren eigenen Bischöfen ihre Andacht zu verrichten und am öffentlichen Leben der Gemeinschaft teilzunehmen. Dies waren unmögliche Forderungen gegenüber einem so fanatisch katholischen Volk, das eher bereit war zu kämpfen, als die leiseste Verletzung seiner Privilegien zu dulden. Man kann nur Mitleid haben mit dem jungen König, der sich erträumt hatte, Katharinas Ehemann zu werden, und sich statt dessen als ihr Vasall sah, der Befehle von ihrem Gesandten entgegenzunehmen hatte. Repnin war ein hervorragender Soldatendiplomat, aber der Soldat in ihm hatte die Oberhand, und er konnte besser militärische Befehle erteilen als diplomatische Vorschläge machen. Stanislaus war stolz, und seine Onkel waren noch stolzer. Sie begannen zu erkennen, daß es ein verhängnisvoller Fehler gewesen war, die Hilfe Rußlands zu erbitten, und spornten jetzt ihren Neffen an, seine Unabhängigkeit zu demonstrieren, indem er in der religiösen Frage, bei der er auf Unterstützung des ganzen Landes rechnen konnte, auf seinem Standpunkt beharrte.

Katharina wurde zornig, als Stanislaus begann, seine Rechte zu verteidigen, denn sie war von Natur aus herrschsüchtig, und nicht bereit, den geringsten Widerstand gerade von einem Mann zu dulden, dessen Schwäche ihr in vergangenen Zeiten soviel Leid verursacht hatte. Sie hatte ihm Geld gegeben, damit er seine Schulden bezahlte, und diese waren immer noch unbezahlt, während er sich jetzt daranmachte, seinen Palast in ein kleines Versailles zu verwandeln und Dichter und bildende Künstler an seinen Hof zu ziehen. Selbst die ehrfurchtgebietende Madame Geoffrin konnte einer Einladung in seine Hauptstadt nicht widerstehen und unternahm ungeachtet ihres Alters und ihrer Gebrechen die weite Reise durch Europa, um den König zu besuchen, der sie immer noch »Bonne Maman« nannte. Seine Gemäldegalerie, mit geliehenem Geld geschaffen, spiegelte mit ihren Chardins, Lancrets, Bouchers und Fragonards seinen erlesenen Geschmack wider. Er hätte sich weit besser zum Prinzgemahl geeignet als zum Herrscher über ein Land, in dem er sich stets als Fremder fühlte und nichts gemein hatte mit seinen widerspenstigen, halbgebildeten Adeligen, von denen viele weit reicher und mächtiger waren als er. Er fühlte sich viel wohler in den Boudoirs ihrer Frauen, die für gewöhnlich klüger und gebildeter waren. Fremde, die nach Polen kamen, waren immer wieder beeindruckt von der offensichtlichen Überlegenheit der Frauen und ihrem lebhaften Interesse an Politik und den schönen Künsten. Aber leider war dieses Interesse an Politik auch gefährlich, denn es machte die Streitigkeiten und Intrigen nur noch ärger. Es gab eine österreichfreundliche, eine preußenfreundliche sowie eine russenfreundliche Partei, für die letztere der gutaussehende Fürst Repnin zahlreiche Anhängerinnen gewann. Und schließlich gab es die Partei des Königs, deren Angehörige zum Teil in den charmanten Stanislaus verliebt waren. Aber als ihre religiösen Privilegien bedroht wurden, erinnerten sich die Mitglieder aller Parteien, Männer wie Frauen, daß sie Patrioten waren, und der Reichstag von 1766 weigerte sich energisch, die russischen Forderungen nach weiteren Konzessionen für die andersgläubigen Minderheiten in Betracht zu ziehen.

Aber Katharina hatte eine starke Stellung. Diejenigen, denen sie helfen wollte, waren die Armen und Bescheidenen. Sie war die liebende Mutter, die die Verfolgten und die Schwachen beschützte, und kein Geringerer als Voltaire unterstützte sie.

Unterdessen schürte König Friedrich erfolgreich die Unzufriedenheit in der polnischen Enklave Ostpreußen. 1766 fand eine lutherische Abspaltung statt, der kurz darauf eine orthodoxe in Weißrußland folgte. Diese Ereignisse dienten lediglich dazu, die Opposition der Polen zu verstärken. Kompromißlose Groß-grundbesitzer, unter ihnen die Radziwills, Potockis und Branik-kis, versammelten sich in Radom in Südpolen und veröffentlich-ten ein Manifest, in dem sie den König und die Czartoryskis beschuldigten, ihr Land an die Russen verraten zu haben. Angesichts der Tatsache, daß sich die Hälfte der Nation in Aufruhr befand, die Mitglieder des Reichstags zornig und rebellisch waren und die katholischen Prälaten gegen die Nieder-tracht der Dissidenten wetterten, hatte Katharina keine andere Wahl, als ihre Truppen nach Polen zu senden. Diesmal schickte sie sie nach Warschau, um den Marionettenkönig zur Unterord-nung zu zwingen. Der patriotische Bischof von Krakau wurde nach Rußland deportiert, eine Maßnahme, die Katharina gegen den Rat ihres Gesandten und des Grafen Panin ergriff. König Stanislaus war tief enttäuscht. Die sanfte weiße Hand der »bezau-bernden Sophie« war zu einer gepanzerten Faust geworden. Bestürzt über die Verwandlung hatte er nicht den Mut, sich zu widersetzen. Der Gedanke, daß russische Kanonen seinen Palast bombardieren, seine Gemälde zerstören und ihn zu einem mittellosen Verbannten machen könnten, war ihm unerträglich, und am 7. November 1767 fügte sich ein Reichstag, bei dem die Mehrzahl der Mitglieder durch Abwesenheit glänzten, dem russischen Druck. Im Februar des folgenden Jahres wurde ein russisch-polnischer Bündnisvertrag unterzeichnet, der den an-dersgläubigen Minderheiten die Glaubensfreiheit zugestand, und durch den der König sich verpflichtete, ohne russische Einwilli-gung keinerlei Verfassungsänderungen vorzunehmen. Obwohl zutiefst verärgert über ihren feigen Neffen, mußten sich die Czartoryskis nichtsdestoweniger auf den Schutz der Kaiserin gegen die Drohungen der konservativen Großgrundbesitzer verlassen. Der föderative Zusammenschluß in Bar, unweit der türkischen Grenze, gab das Signal zum Bürgerkrieg. Die Konfö-derierten baten Österreich, Sachsen und Frankreich um Hilfe, woraufhin Katharina sofort Verstärkungen entsandte, die die Sezessionisten in die Flucht schlugen und die alte polnische Hauptstadt Krakau eroberten. Die Rebellen hatten nicht nur gegen die russischen Truppen zu kämpfen; in der polnischen Ukraine spornten die orthodoxen Mönche ihre Gemeinden an, zu brandschatzen und zu morden, bis sich die russischen Trup-pen schließlich zum Eingreifen gezwungen sahen, um Recht und Ordnung wiederherzustellen. Es war Katharina gelungen, Polen zu einem Vasallenstaat zu machen, dessen König ein willenloses Werkzeug in ihren Händen war. Aber sie hatte sich die Czartoryskis, die einzige Familie, die imstande war, die Ordnung im Lande aufrechtzuerhalten, zu Feinden gemacht. Sie hatte die Eifersucht Österreichs und die Habgier Preußens geweckt. Friedrich hatte keinen Bündnisvertrag mit Rußland geschlossen, um ganz Polen unter russischen Einfluß geraten zu sehen, um so mehr als zwei Millionen Lutheraner in Ostpreußen bereit waren, ihm die Untertanentreue zu schwören. Sowohl Schweden als auch Dänemark machten sich Sorgen um die Zukunft Polens, während weiter westlich die zwei traditionellen Feinde, Frankreich und England, mit zunehmendem Mißtrauen das Wiederaufleben der russischen Expansionspolitik beobachteten.

Die Großfürstin Katharina hatte im Sold Englands gestanden und ihm nützliche Dienste erwiesen. Die zehntausend Pfund, die Hanbury-Williams ihr geliehen hatte, waren nie zurückgezahlt worden; das war jedoch nicht ihre Schuld, denn der englische Gesandte Lord Buckingham hatte ausdrückliche Anweisungen vom Auswärtigen Amt erhalten, sich das Geld nicht zurückzahlen zu lassen, sondern die Kaiserin zu bitten, es als ein Geschenk des Königs von England zu betrachten. Heute sind zehntausend Pfund keine allzu große Summe, aber damals genügten sie, die russische Kaiserin England für alle Zeiten zu verpflichten. Katharina scheint das Geschenk angenommen und ihre Verpflichtungen vergessen zu haben. Theoretisch bewunderte sie England und die englische Verfassung, und in ihren sentimentaleren Augenblicken sprach sie mit Dankbarkeit von dem Land, das ihr die Freundschaft des »Chevalier Williams« geschenkt hatte. Aber der tragische geistig-seelische Zusammenbruch des Gesandten, der letztlich zum Selbstmord führte, scheint sie seltsam ungerührt gelassen zu haben. Sie hieß seine Nachfolger bei Hof willkommen, lud sie zu ihren intimen Abendgesellschaften ein und wählte sie beim Kartenspiel als ihre Partner. Aber ihre persönliche Freundlichkeit spiegelte keineswegs ihre politischen Absichten wider. Sie war kaum ein Jahr auf dem Thron, da unterzeichnete sie einen Handelsvertrag, der England daran hinderte, sich das Monopol des baltischen Handels zu sichern, und später, als die Rebellion in den amerikanischen Kolonien ausbrach, mußte England entdecken, wie wenig man sich auf russische Versprechen verlassen konnte.

Katharinas Beziehungen zu Frankreich waren von Anfang an gespannt gewesen. Sie hatte nie die Intrigen des »*cabinet noir de Versailles*« verziehen und auch nicht Breteuils Weigerung, ihr Geld zu leihen, als sie es am dringendsten brauchte. Es war ihr schrecklich zu wissen, daß König Ludwig jede Einzelheit des *coup d'état* kannte, der sie auf den Thron gebracht hatte. Ein französischer Gesandtschaftssekretär namens Rulhière hatte die Ereignisse in einem Tagebuch niedergeschrieben und dabei einige aufschlußreiche und amüsante Details erwähnt, die ihr nicht immer Ehre machten. Dieses Dokument war bisher nicht veröffentlicht worden, aber der Autor wurde oft gebeten, gewisse interessante Auszüge in den Salons vorzulesen; der König hatte, wie man wußte, eine Kopie erhalten. Katharina tat ihr möglichstes, das Dokument unterdrücken zu lassen, aber Rulhière war nicht zu überreden, sich von dem Manuskript zu trennen, das erst nach seinem Tod veröffentlicht wurde.

Am meisten verübelte Katharina dem König von Frankreich, daß er sie als eine Usurpatorin ansah und sich beharrlich weigerte, ihr den Titel »Kaiserliche Majestät« einzuräumen, den er widerwillig Elisabeth gewährt hatte. Sie versuchte nicht, ihren Ärger zu verbergen, und der französische Außenminister Choiseul schrieb:

Wir alle kennen die Feindseligkeit, die der russische Hof gegen Frankreich hegt. Der König verachtet die Fürstin, die jenes Land regiert, ihre Gefühle und ihr Verhalten so abgrundtief, daß wir nicht einen einzigen Schritt tun werden, die Situation zu ändern. Der König ist der Ansicht, daß Katharinas Haß bei weitem ihrer Freundschaft vorzuziehen ist. Gleichzeitig wünscht er jedoch, einen offenen Bruch zu vermeiden.

Frankreich war von alters her der traditionelle Verbündete des Sultans. Es genoß größere Privilegien in der Levante als irgendeine andere christliche Macht, und begann jetzt, bei den Türken Unruhe wegen der polnischen Frage zu stiften, an der sie unmittelbar interessiert waren. In den letzten hundert Jahren hatte sich das russische Reich bis zum Pruth, dem Asowschen Meer und dem Kaukasus ausgedehnt. Sein Heer in Polen war jetzt in der Lage, die Walachei und die Moldau zu bedrohen und bis zum Unterlauf des Dnjepr und der Donau vorzudringen. Es kostete Frankreich nicht viel Mühe, die Hohe Pforte zu überzeugen, daß es klüger wäre, Rußland den Krieg zu erklären, ehe der Feind voll gerüstet war. Und als die Konföderierten von Bar um Hilfe baten, war das osmanische Reich das erste, das darauf reagierte. Der Krieg brach im Oktober 1768 aus, als russische Truppen bei der Verfolgung rebellischer Kosaken die türkische Grenze zwischen dem Bug und dem Dnjepr verletzten. Es war ein Krieg, auf den sich Katharina noch mindestens ein weiteres Jahr lang nicht hatte einlassen wollen, und der sie, falls sie ihn verlor, den Thron kosten konnte. Aber für das russische Volk hatte ein Krieg gegen die Türken den inbrünstigen Charakter eines religiösen Kreuzzugs. Nachdem Katharina als Beschützerin des orthodoxen Glaubens in Polen aufgetreten war, wurde sie jetzt als Verteidigerin der Christen gegen die Ungläubigen angesehen. »Eure Majestät«, schrieb Voltaire, »haben jetzt gegen zwei Feinde zu kämpfen – den Papst und den Padischah.«

Katharina mußte den Krieg ohne einen einzigen Verbündeten ausfechten. Trotz all seiner Freundschaftsbeteuerungen mobilisierte Friedrich von Preußen nicht einen einzigen Soldaten, um gegen einen Feind zu kämpfen, dessen Niederlage ihm keinerlei Gewinn bringen würde. Er beobachtete den Mangel an Vorbereitungen auf beiden Seiten, die unzulängliche Versorgung und die Desorganisation im Hauptquartier mit typisch teutonischer Verachtung und tat den russisch-türkischen Krieg als einen Kampf zwischen »dem Einäugigen und dem Blinden« ab. Hatte er die heldenhaften Russen vergessen, die weniger als acht Jahre zuvor die Tore von Berlin gestürmt und seine besten Armeen dezimiert hatten? Elisabeths Adlerküken waren zu Katharinas Adlern geworden; Rumianzew, Suwarow und Dolgoruky waren Namen, mit denen man im russischen Heer Zauberkunststücke vollbringen konnte, denn sie feuerten die schlecht ausgerüsteten und schlecht ernährten Soldaten zu einer Tapferkeit an, die ihrer eigenen gleichkam. Und die kleine pommersche Prinzessin verstand es, ihre Generäle anzufeuern, indem sie ihnen lange Briefe an die Front schickte, die fast wie Liebesbriefe waren und sie zu immer neuen Siegen anspornten. Offiziere auf Urlaub wurden zu eleganten Diners im Winterpalast eingeladen, und es gab nicht eine einzige Parade, bei der die Kaiserin nicht in der Uniform eines Obersten des Regiments erschien; in Uniformen, die im Laufe der Jahre immer ein wenig enger wurden. Denn Katharina war fülliger geworden, was zu Anfang ihr Aussehen verbesserte, denn es machte ihr Gesicht runder, ihre Züge sanfter und ließ ihr Kinn nicht mehr so aggressiv hervortreten. Ihre Arme und Schultern waren glatt und drall, und sie hatte jetzt die der Mode entsprechende *décolletage*, die sie sich immer gewünscht hatte.

Es herrschte allgemein die Ansicht, daß sie mit vierzig weit besser aussah als mit zwanzig. Trotz all seiner Untreue war Orlow immer noch leidenschaftlich in sie verliebt und eifersüchtig auf jeden jungen Offizier, der ihre Aufmerksamkeit auf sich zog. Zwölf Jahre lang lebten sie fast wie Mann und Frau, und während dieser Zeit lernte Katharina, wie eine Russin zu denken und zu sprechen. Orlow war nicht mehr der schlanke junge Gardeoffizier, der das Herz der jungen Großfürstin erobert hatte. Er glich jetzt mehr einem Herkules als einem Apollo, aber er war immer noch der bestaussehende Mann am Hof, der unter den schönsten Ehrendamen wählen konnte.

Er betrog die Kaiserin mit einer Schamlosigkeit, die ihre Umgebung schockierte und oft empörte. Selbst die ausländischen Gesandten beschwerten sich, »sein Verhalten entbehre jeden Anstands und Dekorums, und es werde sogar behauptet, er schlüge sie«. »Er ist Kaiser in allem außer dem Namen nach«, schrieb der französische Botschafter, »und er nimmt sich seiner Monarchin gegenüber Freiheiten heraus, wie sie in einer wohlerzogenen Gesellschaft keine Mätresse bei ihrem Liebhaber dulden würde«. Es gab einen offenen Skandal, als Orlow die Frau eines hohen Hofbeamten verführte; Katharina mußte dem gekränkten Ehemann ein großes Besitztum schenken, um ihn zu beschwichtigen. Jede Frau hätte diese Art der Behandlung unerträglich gefunden, zumal sie besonders verletzend für jemanden war, der so eitel und selbstbewußt wie Katharina war. Aber sie liebte Gregor immer noch leidenschaftlich, und in gewissem Sinne fürchtete sie ihn auch, denn die Brüder Orlow vertraten eine mächtige Clique am Hof, und Katharina hatte weder den Mut noch den Wunsch, ihnen Widerstand zu leisten.

Die Intrigen der Orlows hatten sie bereits die Freundschaft von zwei ihrer treuesten Anhänger gekostet: Kyril Rasumofsky und Katharina Daschkowa. Rasumofsky lebte jetzt den größten Teil des Jahres auf seinen Besitztümern in der Ukraine, wo er sich von dem italienischen Architekten Antonio Rinaldi in Baturin einen prunkvollen Palast hatte bauen lassen. Die Daschkowa, deren ungestümes und kompromißloses Naturell sie zu einem leichten Opfer von Intrigen machte, lebte praktisch in der Verbannung, obwohl sie sich keines anderen Verbrechens als der verletzten Eitelkeit und des unbesonnenen Geredes schuldig gemacht hatte. In einem seiner Berichte gibt der englische Gesandte Macartney ein treffendes Bild vom Charakter der Fürstin Daschkowa:

Sie ist eine Frau von ungeheurer Geistesstärke, verwegen bis über den männlichsten Mut hinaus, geneigt, Unmögliches zu unternehmen, um ihren leidenschaftlichen Hang zur Intrige zu befriedigen – ein Charakter, der in einem Land wie diesem außerordentlich gefährlich ist. Jeder fürchtete, was sie als nächstes tun würde, und seit sie fort ist, scheint größte Harmonie am Hof zu herrschen.

Die Verbannung der Daschkowa fiel zeitlich mit dem Tode ihres Mannes in Polen zusammen. Ihr »kleiner Feldmarschall«, wie sie ihn zu nennen pflegte, war ein Liebling der Kaiserin gewesen und hatte eine wichtige Rolle bei den gesellschaftlichen Veranstaltungen im Winterpalast gespielt, deren Niveau nicht immer nach dem Geschmack seiner geistig anspruchsvolleren Frau war. Denn die Kaiserin liebte nichts so sehr wie ausgelassene Geselligkeit. Sie stürzte sich begeistert in die verrücktesten Spiele und lachte über die albernsten Witze. Weder Krieg noch Aufruhr konnten ihr die unbezähmbare Heiterkeit nehmen. Eine ihrer Lieblingsunterhaltungen war es, Duette mit Fürst Daschkow zu singen und dabei das Gebaren der berühmten Opernsänger nachzuahmen, ein Amüsement, das äußerst schmerzlich für die musikalischeren ihrer Höflinge gewesen sein muß, denn sie hatten beide keine Spur von musikalischem Gehör und brachten kaum eine richtige Note hervor. Fremde am Hof waren überrascht, die ehrfurchtgebietende Kaiserin wie eine Katze miauen zu hören, während sie den Rücken krümmte und mit der Hand ausschlug, als ob es eine Pfote wäre. Bei anderen Gelegenheiten wackelte sie mit den Ohren, eine Fähigkeit, auf die sie außerordentlich stolz war. Fürst Daschkow war die Seele dieser Spiele und Amateurvorführungen gewesen. Jetzt war er tot, und es blieb seiner jungen Frau überlassen, seine riesigen Schulden zu zahlen und sich gegen ihre Feinde zu verteidigen. Nicht einmal Panin konnte sie vor dem rachsüchtigen Haß der Orlows bewahren, und kurz nach dem Tode ihres Mannes wurde ihr von der Polizeibehörde mitgeteilt, daß ihr das Klima von Moskau zuträglicher wäre als das von St. Petersburg.

Ihr Verhalten war bewundernswert. Sie zog sich nach Moskau zurück, wo sie sehr bescheiden lebte; sie entließ fast ihr gesamtes Personal, versorgte selbst ihre Kinder und verkaufte den größten Teil ihres Schmucks und ihres Silbers, um nicht einen einzigen Morgen vom Erbteil ihres Sohnes verpfänden zu müssen. Der Erfolg war, daß sie fünf Jahre später jeden Rubel der Schulden ihres Mannes abgezahlt hatte und es ihr freistand, mit ihren Kindern ins Ausland zu reisen. Leider war ihre scharfe Zunge immer noch ihr größter Feind. Unvorsichtige Bemerkungen kamen der Kaiserin zu Ohren, und sie wurde mit merklicher Kälte empfangen, als sie nach St. Petersburg zurückkehrte und kurz auf einem Fest in Peterhof erschien, um zu bitten, daß man ihr die Genehmigung für eine Auslandsreise erteilen möge. Die Genehmigung wurde erteilt, und Katharina schenkte ihr sogar viertausend Rubel als Zuschuß für ihre Reisekosten. Aber die Daschkowa weinte vor Zorn über das, was sie als ein armseliges Geschenk ansah, und nur Panins Eingreifen hinderte sie daran, das Geld zurückzugeben. Durch ihre Abreise verlor Katharina die einzige Freundin, die den Mut gehabt hatte, ihr die Wahrheit zu sagen, die sie im Lauf der Jahre immer weniger gern hören wollte. Sie beklagte sich, daß Gregor Orlow ihr nie ein Kompliment machte, aber er hätte es andererseits auch nie gewagt, eine Frau zu kritisieren, die ihm an Verstand und Erfahrung so weit überlegen war.

Orlow unternahm lobenswerte Versuche, sich zu bilden und dadurch seine Unabhängigkeit zu behaupten. Er wurde der Gönner des berühmten Gelehrten Lomonossow, der, nachdem er von Elisabeth geehrt worden war, von Katharina vernachlässigt wurde, ebenso wie sie Rastrelli kaum gestattet hatte, den Winterpalast zu vollenden, ehe sie ihn durch andere Architekten ersetzte. Noch erstaunlicher war Orlows Vorliebe für Jean-Jacques Rousseau, dessen Doktrinen Katharinas Anschauungen völlig entgegengesetz waren; nichtsdestoweniger scheint sie den großzügigen Entschluß ihres Liebhabers, Rousseau auf einem seiner Landgüter ein Heim zu bieten, gebilligt zu haben.

Orlows Brief an Rousseau war der eines einfachen, ehrlichen Soldaten, ohne viel Eleganz und Stil, aber sachlich und geradeheraus.

Sie werden überrascht sein, daß ich Ihnen schreibe. Wie Sie wissen, hat jeder seine Eigenarten. Sie haben die Ihren, ich habe die meinen. Das ist natürlich, und der Grund für meinen Brief ist es ebenso. Ich sehe, daß Sie seit langem im Ausland leben und von einem Ort zum anderen ziehen. Ich kenne auch den Grund dafür, obgleich ich vielleicht falsch unterrichtet bin. Ich glaube, daß Sie augenblicklich in England beim Herzog von Richmond sind, der Ihnen zweifellos ein angenehmes Leben bietet. Aber ich habe ein Besitztum, sechzig Werst von St. Petersburg entfernt, wo die Luft gesund ist und das Wasser gut, wo die Hügel und Seen sich zur Meditation eignen und die Bewohner weder Englisch noch Französisch und schon gar nicht Griechisch oder Latein sprechen. Der Priester ist unfähig zu diskutieren oder zu predigen, und seine Gemeinde glaubt, sie hat »ihre Pflicht getan, wenn sie das Zeichen des Kreuzes gemacht hat«. Falls Sie glauben, daß dieser Ort Ihnen gefallen würde, sind Sie dort willkommen. Sie werden mit allem versorgt, was Sie zum Leben brauchen, und werden reichlich Gelegenheit zum Fischen und Jagen finden. Das Postskriptum, das offenbar auf Katharinas Veranlassung hinzugefügt wurde, war eleganter abgefaßt. Orlow erklärte darin, »es sei ihm ein Vergnügen gewesen, die Werke des Meisters zu lesen, und er freue sich auf die Stunde ihrer Begegnung«. So wesensfremd ihr auch die Lehren Rousseaus gewesen sein mögen, die Kaiserin war hocherfreut über jede intellektuelle Neigung ihres Geliebten. Rousseau kam nie nach Rußland, und Orlow verlor bald das Interesse an Philosophie. Aber während seines ganzen Lebens beharrte Katharina darauf, ihn als Genie zu betrachten: »Das verwöhnte Kind der Natur, mit allen Talenten begabt, aber zu träge, sie sich, außer in Notfällen, zunutze zu machen.« Auf Veranlassung der Kaiserin gründete Orlow eine Gesellschaft, die sich »Freie Gesellschaft für Volkswirtschaft« nannte und in der die wirtschaftlichen und kommerziellen Probleme des Reiches erörtert werden sollten. Als Präsident der Gesellschaft verfaßte Orlow, entweder aus eigener Initiative oder auf Katharinas Befehl, eine Abhandlung: »Über die Zweckdienlichkeit des Rechts der Bauern auf eigenen Landbesitz« – ein etwas seltsames Thema für den verwöhnten Favoriten, der nicht weniger als zehntausend Leibeigene als Geschenk seiner dankbaren Kaiserin erhalten hatte.

Katharinas Urteil war vielleicht gar nicht so falsch, wenn sie ihren Liebhaber als »ungeschultes Genie« bezeichnete. Er erschien selten im Senat oder bei den Sitzungen des Großen Rats, dem er angehörte. Aber bei zwei Gelegenheiten überraschte er seine Zuhörer durch seine Klarheit und Redegabe. Die erste war am Vorabend des Krieges, als er den Rat zu entscheiden bat, »ob ein Krieg wirklich notwendig sei, und welches seine Hauptziele seien. Wenn diese Ziele nicht eindeutig definiert werden könnten, sei es besser, Verhandlungen für einen Frieden zu führen«. Diese Worte spiegelten Katharinas Unbehagen und ihre Befürchtungen wider, daß eine Niederlage sie den Thron kosten könnte. Aber als der Krieg einmal erklärt war, war Orlow der erste, der sich freiwillig meldete, und er war bitter enttäuscht, als Katharina ihn nicht gehen ließ.

Orlows zweite Rede, im Senat gehalten, bezog sich auf das berühmte »Griechische Projekt«, das später mit Potiomkin in Verbindung gebracht wurde, das jedoch ursprünglich von Peter dem Großen geplant worden war, als er im Kaukasus gegen die Türken kämpfte. Die Wiedererweckung des byzantinischen Kaiserreichs durch die Eroberung Konstantinopels war für eine deutsche Prinzessin ein ebenso faszinierender Traum wie für einen Romanow. Katharina, die nicht einen Tropfen Paléologueschen Blutes in ihren Adern hatte, betrachtete sich bereits als Erbin von Byzanz.

Jetzt zeigte Gregor Orlow einen neuen Weg nach Konstantinopel auf, und zwar über das östliche Mittelmeer und die griechischen Inseln, wo die Bevölkerung immer noch unter türkischem Joch zu leiden hatte. Er erklärte (und selbst Katharina mag sich gefragt haben, woher er diese Kenntnis hatte), daß die russische Flotte nur im Archipel zu erscheinen brauche, dann werde sich jeder Grieche gegen seinen Unterdrücker erheben, und die Flamme des Aufstands werde sich nach Kleinasien, nach Ägypten und bis in die syrische Wüste ausdehnen. Die Verwegenheit des Planes überraschte sowohl die Kaiserin als auch den Senat. Bisher hatte sich die russische Flotte kaum über die Ostsee hinausgewagt. Der Kriegsminister erhob sich, um gegen diesen hirnverbrannten und gefährlichen Plan zu protestieren. Aber der Minister war kein anderer als Katharinas alter Verehrer Zacharias Tschernyscheff, der von Eifersucht und Haß auf die Orlows verzehrt wurde.

Katharina hatte zu Anfang des Jahres die britische Regierung gebeten, ihr vorübergehend die Dienste einiger rangälterer Marineoffiziere zur Verfügung zu stellen, die ihr helfen sollten, ihre Flotte zu reorganisieren. England hatte eingewilligt, denn damit, daß Rußland gegen die Türken kämpfte, kämpfte es in gewissem Sinn auch gegen Frankreich, das der traditionelle Bundesgenosse der Türkei war und ihr in den vergangenen Jahren Techniker und Pioniere zur Verfügung gestellt hatte. So sicherte sich Rußland die Dienste von hervorragenden Marineoffizieren wie Elphinstone und Grieg, die beide zu Konteradmiralen ernannt wurden und ein weit höheres Gehalt erhielten als im eigenen Land. Sie begrüßten die Gelegenheit, gegen die Türken zu kämpfen, und unterstützten begeistert den Plan der Orlows, während die Kaiserin, die die größte Abenteuerin von allen war, ihre Einwilligung zu einem Unternehmen gab, das von nahezu ihrem ganzen Senat mißbilligt wurde.

Im Jahr 1769 liefen zwei russische Flottengeschwader, von Europa mit Staunen betrachtet, aus der Ostsee aus. Obwohl Alexej Orlow offiziell das Oberkommando hatte, war Admiral

Elphinstone praktisch derjenige, der das Unternehmen leitete, und er muß ein Mann von außergewöhnlichem Talent gewesen sein, um sowohl mit Alexejs fast krankhafter Selbstgefälligkeit als auch mit der Eifersucht seiner russischen Kollegen fertigzuwerden. Seine Schiffe erhielten die Genehmigung, sich in britischen Häfen mit neuem Proviant zu versorgen und Reparaturen vorzunehmen, und es wurde ihnen jede Erleichterung für die Fahrt durch die Straße von Gibraltar gewährt; der Großherzog der Toskana bot den Schiffen Winterquartier in Livorno, und hätte Elphinstone allein das Kommando innegehabt, wäre es ihm vielleicht gelungen, sich einen Weg durch die Dardanellen zu erzwingen, Konstantinopel zu bombardieren und sich mit den russischen Armeen am Nordufer des Schwarzen Meeres zu vereinigen. Aber Alexej Orlow sah sich in der Rolle des Befreiers der Griechen, ohne die nötigen Vorbereitungen getroffen zu haben, um ihnen aktive Hilfe zu leisten. Das Auftauchen der russischen Schiffe im Archipel war das Signal für einen Aufstand. Aber die Griechen waren unter sich zerstritten und rechneten damit, daß die Russen ihnen Führung und Munition liefern würden, was beides nicht verfügbar war. Es bedurfte nur eines Regiments von Janitscharen, um den Aufstand niederzuschlagen.

Nachdem die russischen Geschwader ein Fort in Navarino in die Luft gesprengt hatten, fuhren sie nach Norden in Richtung der Dardanellen und stießen vor Lemnos auf die türkische Flotte. Der Feind war ihnen an Schiffen und Kanonen weit überlegen, aber die Russen gingen zum Angriff über und besiegten schließlich die Türken, die sich in die Bucht von Tschesme flüchteten. Mit einer Kühnheit, die die ganze türkische Flotte in Panik versetzte, versperrte ihnen Elphinstone die Ausfahrt und schickte Brander hinein, um ihre Schiffe zu zerstören. Augenzeugen berichteten, daß die Flammen der brennenden Schiffe meilenweit längs der anatolischen Küste zu sehen waren, während tagelang Hunderte von ertrunkenen Matrosen ans Ufer gespült wurden. Es gab viele Helden in Tschesme, sowohl russische als auch türkische, und Alexej Orlow stand unter ihnen mit an erster Stelle. Aber der wirkliche Held des Tages war ein junger britischer Leutnant namens Dugdale, der die Brander in die Bucht führte und selbst das Feuer anzündete.

Tschesme war ein großer Sieg, so dramatisch, wie Katharina und die Orlows ihn sich nur wünschen konnten. Aber es mußte ein völlig russischer Sieg sein. Die britischen Offiziere wurden ausgezeichnet und reich belohnt, doch in den Päans, in denen Katharina ihre heldenhafte Flotte besang, werden sie nicht erwähnt. Der Propagandawert von Tschesme war ungeheuer. Rußland hatte sich als Seemacht erwiesen. Die Anwesenheit seiner Schiffe im Mittelmeer und die Errichtung eines russischen Stützpunkts im Archipel verbreiteten Schrecken an den europäischen Höfen, obwohl alle offizielle Glückwünsche sandten. In St. Petersburg herrschte Jubel, und in allen Kirchen wurden Dankgottesdienste abgehalten. Die Kaiserin sandte Voltaire unverzüglich einen Bericht über die Schlacht. »Ich habe Ihnen immer gesagt, die Orlows sind zu großen Dingen fähig«, schrieb sie. Und er seinerseits feierte ihren Sieg in Versen.

Die Russen beherrschten die Ägäis, und der Weg nach Konstantinopel lag offen. Elphinstones Plan war, die Dardanellen zu passieren, noch ehe die Türken sich von dem Schlag erholt hatten. Aber Orlow vergeudete kostbare Zeit mit Siegesfeiern auf den Inseln des Archipels. Ein Plan, Ägypten und Kleinasien zum Aufstand anzustacheln, schlug fehl, und bis er das Signal zum Aufbruch gab, war es französischen Pioniertruppen gelungen, die Dardanellen uneinnehmbar zu machen. Da die Hälfte der Mannschaft an Ruhr erkrankt oder verwundet war, zog sich die stolze russische Flotte ins Winterquartier nach Livorno zurück. Aber 1770 war ein glückliches Jahr für Katharina. Es gab Nachrichten über Siege an Land und auf See. Rumianzew war in die Moldau vorgedrungen und hatte die Hauptstadt Jassy erobert. Dolgoruky bombardierte türkische Festungen am Schwarzen Meer, und Katharina schrieb stolz an Voltaire: »Selbst auf die Gefahr hin, mich zu wiederholen oder Sie zu langweilen, kann ich Ihnen nur über Siege berichten.« Von seinem friedlichen Schweizer Ruhesitz aus grüßte der alte Philosoph sie als die neue Kaiserin von Byzanz. Friedrich von Preußen war noch übertriebener: »Ich kann Ihnen nicht zu jedem Sieg einzeln gratulieren. Ich werde warten, bis es ein halbes Dutzend gibt.« Aber niemand war beunruhigter als Friedrich über den Lauf der Ereignisse, die Frankreich und Rußland so leicht in einen Krieg mit Preußen verwickeln konnten. Er wollte keinesfalls in einen europäischen Kampf hineingezogen werden. Im Jahr 1770 trafen sich der König von Preußen und der junge Kaiser Joseph II. heimlich in Neustadt, und die beiden früheren Feinde berieten gemeinsam, mit welchen Mitteln sie dem aggressiven Vordringen der russischen Kaiserin in Richtung des Balkans und der unteren Donau Einhalt gebieten konnten.

Alexej Orlow kehrte im Frühling 1771 nach Rußland zurück und wurde als Held willkommen geheißen. Katharina ließ zur Erinnerung an seinen Sieg eine Goldmedaille prägen, und ein Palast und eine Kirche, die am Rande der Stadt gebaut wurden, erhielten den Namen Tschesme. Wäre Gregor seinem Bruder nicht so treu ergeben gewesen, hätte er wohl Eifersucht empfunden, als er mitansehen mußte, wie Alexej die Lorbeeren erntete, die er selbst so gerne verdient hätte. Aber die Stärke der Orlows lag in ihrer Treue zueinander, in der Tatsache, daß sie stets als eine Einheit handelten. Alexej mag derjenige gewesen sein, den Katharina am meisten fürchtete und bewunderte, aber es war Gregor, den sie mit all der Zärtlichkeit und Leidenschaft einer Frau liebte, die sinnlich und sentimental zugleich ist. Er hatte fast zwölf Jahre lang die Stellung des kaiserlichen Favoriten inne und begleitete sie als ihr persönlicher *aide-de-camp* wohin sie auch immer ging.

Katharina zählte zu den ersten europäischen Staatsoberhäuptern, die sich gegen die Pocken impfen ließen, jene gefürchtete Krankheit, der gerade der König von Frankreich zum Opfer gefallen war, und ihre Einladung an Dr. Dimsdale erfolgte gegen den Willen des gesamten Hofes. Es wurde als ein Sakrileg angesehen, daß ein ausländischer Häretiker Gift in die Venen der geliebten Kaiserin spritzte, und Dr. Dimsdale hatte das zweifelhafte Vergnügen, die Kaiserin zur Begleitung der gemurmelten Gebete und Zaubersprüche ihrer Hofdamen zu impfen. Katharina erklärte, daß sie frei über ihr Leben verfügen und es nach Belieben aufs Spiel setzen könne; erheblich größer war das Risiko für den Großfürsten, der damals ein kränklicher Junge von vierzehn war. Die Kaiserin hatte alle nötigen Vorkehrungen getroffen, damit der Arzt im Falle eines Fehlschlags vor der Rache ihrer Untertanen fliehen konnte. Zum Glück waren die Impfungen erfolgreich, und schließlich folgte der gesamte Hofstaat dem Beispiel Ihrer Majestät. Der Arzt wurde reich belohnt. Er erhielt ein Honorar von zehntausend Pfund, eine Pension von fünfhundert pro Jahr und weitere zweitausend für seine Reisekosten. Er wurde zum Baron erhoben und zum Staatsrat und Mitglied der Akademie der Wissenschaften ernannt. Später kehrte er mit seiner Frau nach Rußland zurück, um ein Hospital zur »Impfung der Armen« einzurichten.

Grigori Grigorjewitsch war zu einer Institution geworden. Ausländische Gesandte taten ihr möglichstes, seine Gunst zu erringen. Vor allem die Engländer zogen großen Nutzen aus seiner Anglomanie und seinem Haß gegen alles, was französisch war. Im ersten Jahrzehnt der Regierung waren es die Orlows und ihre Freunde, die den Mittelpunkt von Katharinas privaten Gesellschaften in der Eremitage bildeten.

Die Kaiserin hatte sich in der Rokokopracht von Rastrellis Winterpalast niemals heimisch gefühlt. Und in den ersten Jahren ihrer Regierung beauftragte sie den französischen Architekten Vallon de la Mothe, ihr ein Haus »wie ein kleines französisches Palais« zu bauen, das durch einen jener riesigen Wintergärten, die man so oft in russischen Palästen findet, mit dem Hauptgebäude verbunden war. Die Eremitage war das erste wirkliche Zuhause, das Katharina je gehabt hatte. Es war ein Ort, wo sie die Kunstgegenstände unterbringen konnte, die sie aus ganz Europa zusammentrug, den sie nach ihrem Geschmack einrichten konnte, und an dem sie nicht ihre Untertanen, sondern ihre Freunde empfing. Es war ein Ort, wo die Kaiserin ganz Frau sein konnte und wo es keinerlei Förmlichkeit gab. »*Arrangez-vous où vous voudrez et venez quand il vous plaît sans qu'on le répète tout les jours*«, war die Einladung an die wenigen, die in den Zauberkreis der Eremitage aufgenommen wurden. Es gab selten mehr als ein Dutzend Gäste. Fröhlichkeit war Vorbedingung, und ein verdrießliches Gesicht wurde ein für allemal verbannt. »Zehn Gebote«, die an der Tür aufgestellt waren, bestimmten das Verhalten. Verstöße gegen diese Regeln wurden entweder mit Ausschluß bestraft oder mit einer kleinen Geldsumme, die in eine Kasse für die Armen kam. Unter den Geboten stand zu lesen:

daß Rang und Förmlichkeit am Eingang abzulegen seien; daß man sitzen, stehen oder umhergehen könne, ganz gleich, wer zugegen sei, auch wenn es die Kaiserin selber sei; daß über alles gesprochen und disputiert werden könne, aber immer ohne Bitterkeit oder Zorn; daß man nie über eigene Probleme klagen oder andere langweilen dürfe; daß kein Klatsch, den man gehört habe, wiederholt werden dürfe. Was zum einen Ohr hineingehe, müsse zum anderen hinausgehen.

Aber vor allem »mußte man versuchen, zu amüsieren«, und wegen seines Talents, zu amüsieren, sah sich ein unbekannter junger Hauptmann eines Abends als Gast in der Eremitage. Grigori Potiomkin hatte bereits vor Jahren beim *coup d'état* die Aufmerksamkeit der Kaiserin auf sich gezogen. Er war ein heiterer, verwegener junger Kavallerieoffizier, der ständig in

Schulden steckte, weil er weit über seine Verhältnisse unter der *jeunesse dorée* der Hauptstadt lebte, wo seine Originalität und sein Talent, andere Menschen in Mimik und Tonfall nachzuahmen, ihm die Gunst der Orlows erwarb.

Katharina erkannte Potiomkin sofort wieder. Sie scheint vom Tag ihrer ersten Begegnung an ohne Wissen der Orlows über seine Laufbahn gewacht und ihn hin und wieder zur Beförderung empfohlen zu haben. Sie war fasziniert von diesem hochgewachsenen, gutaussehenden Mann mit den spöttisch blitzenden Augen und dem vollen, sinnlichen Mund, der, als sie ihn um eine seiner Darstellungen bat, sie selbst in Gebärden und Redeweise, einschließlich ihres gutturalen deutschen Akzents, vollendet nachahmte. Die Gäste waren erschreckt über diese Majestätsbeleidigung. Aber Katharina brach in jenes helle, schallende Gelächter aus, das sie so jung erscheinen ließ. Sie war entzückt über seine Kühnheit, und von diesem Augenblick an war Potiomkins Stellung gesichert. Später entdeckte sie, daß dieser seltsame junge Mann nicht nur ein amüsanter Hanswurst war, sondern hochgebildet, ein hervorragender Theologe und tiefreligiös – ein Mann, der ständig hin und hergerissen wurde zwischen seinen weltlichen Ambitionen und dem Wunsch nach einem besinnlichen, klösterlichen Leben. Ihre Freude an seiner Gesellschaft, ihre Befriedigung, jemanden gefunden zu haben, mit dem sie über die verschiedensten Themen, vom religiösen Dogma bis hin zu den Bräuchen ihrer asiatischen Untertanen, sprechen konnte, wurde bald so offensichtlich, daß sie den Zorn der Orlows erregte. Gregor war nicht eifersüchtig. Er war sich seiner selbst viel zu sicher, um einen Rivalen zu fürchten. Nichtsdestoweniger war er verärgert. Der junge Potiomkin wurde zu vermessen. Es war Zeit, daß man ihm eine Lektion erteilte.

Plötzlich verschwand Potiomkin von der Bildfläche. Man sagte, er habe ein Auge verloren und sich in ein Kloster zurückgezogen. Es gab Gerüchte von einem heftigen Streit mit den Orlows, bei dem Alexej ihm angeblich ein Auge ausgeschlagen habe. Die Wahrheit war prosaischer: Potiomkin war von Natur aus schmutzig und schlampig. Er zog sich eine Infektion am Auge zu, die einen Abszeß verursachte, den er vernachlässigte, so daß das Gift sich ausbreitete und er schließlich das Auge verlor. Entsetzt über seine Entstellung, die er als Strafe Gottes für seine Sünden betrachtete, zog sich Potiomkin aus dem öffentlichen Leben zurück, und man hörte zwei Jahre nichts von ihm. Die Kaiserin, die sich nach seinem Befinden erkundigte, erfuhr, daß er in einem Kloster lebe. Unterdessen blieb Orlow auch weiterhin der unumstrittene Favorit, der immer noch die prunkvollen Gemächer bewohnte, die unmittelbar neben denen der Kaiserin lagen. Um ihm, und vielleicht auch sich selbst, die Illusion von Freiheit zu geben, hatte Katharina den Architekten Antonio Rinaldi beauftragt, ihrem Geliebten zwanzig Meilen von der Hauptstadt entfernt ein Landschloß zu bauen. Und sie verbrachten zwischen den Wäldern und Seen von Gatschina einige ihrer glücklichsten Stunden.

Katharina war eine Frau, die, wenn sie verliebt war, ständig geben mußte, und im Jahr 1770 schenkte sie Orlow ein Stadtschloß, das so großartig und luxuriös wie irgendeiner der kaiserlichen Paläste war. Zu einer Zeit, wo die elegantesten Häuser in St. Petersburg noch aus Ziegelsteinen und Mörtel gebaut wurden, ließ die Kaiserin einen Palast ganz aus finnischem Granit und dem feinsten sibirischen Marmor bauen. Wie von Ehrfurcht vor der Schönheit des Materials erfüllt, verzichtete Rinaldi auf den überladenen Schmuck des Rokoko und wählte die nüchterne Eleganz des Neoklassizismus. Und der »Marmorpalast«, der am Ufer der Newa nur wenige Hundert Meter vom Winterpalast entfernt steht, ist heute noch eines der schönsten Gebäude der Stadt. Die Kaiserin hat ihn zum Ruhm der Orlows gebaut, und über den Eingang setzte sie die schlichte Inschrift: »Von Katharina in dankbarer Freundschaft.«

Aber Grigori Grigorjewitsch lebte nur wenige Monate in seinem Marmorpalast. Bis zu seiner Fertigstellung war er übersättigt von Luxus, gelangweilt von den Kriechern und Schmarotzern, die seine Vorzimmer füllten, und nicht mehr verliebt in die Frau, die bisher sein Leben bestimmt hatte. Katharina bemerkte die Veränderung und litt unsäglich darunter, obwohl ihre weibliche Selbstgefälligkeit sich zuerst weigerte, die Wahrheit einzugestehen. Aber als in Moskau die Pest ausbrach und die Behörden die Kontrolle über die von panischem Schrecken gepackte Bevölkerung verloren, erbot sich Orlow freiwillig, zu versuchen, die Ruhe und Ordnung in der Stadt wiederherzustellen, und zur Überraschung aller ließ die Kaiserin ihn widerspruchslos gehen.

XVII
»IL FAUT ÊTRE GAIE«

»Il faut être gaie.« Die Maxime, die Katharina in die Regeln der Eremitage einschloß, war auch der Wahlspruch ihres eigenen Lebens. Niemand durfte sie traurig oder mutlos sehen, niemand hörte sie je eine Niederlage erwähnen. Den Siegen von 1770 folgten zwei Jahre der militärischen Rückschläge und des persönlichen Kummers. Aber sie hielt den Kopf hoch wie eh und je, nicht ein einziges Mal verschwand das Lächeln von ihren Lippen, und sie hatte stets ein freundliches Wort für jeden, von ihrer Dienerschaft bis hin zum jüngsten Offizier der Garde. Besonders ihre Dienerschaft vergötterte sie, denn keine Herrin konnte rücksichtsvoller sein. Es wird berichtet, daß sie in den ersten Jahren ihrer Regierung um sechs Uhr früh aufstand, im Winter eigenhändig den Kamin anzündete und eine Stunde las oder schrieb, ehe sie ihre Kammerfrau, die treue Marie Sawitschina, rief, die mehr als irgendeine Hofdame über die Geheimnisse ihrer Herrin wußte.

Eine Schüssel heißes Wasser, um ihren Mund zu spülen, ein paar Stückchen Eis, mit denen sie ihre Wangen rieb, das war alles, was Katharina zu dieser frühen Stunde brauchte, ehe sie zum Frühstück ihre fünf Tassen schwarzen Kaffee trank, ein Gebräu, das so stark war, daß allmorgendlich ein Pfund Kaffeebohnen dazu benötigt wurden. Katharina war stolz auf ihre Verdauung. Es gehörte zu ihrem Kult, sowohl gesund als auch fröhlich zu sein. Aber sie war in Wirklichkeit nicht so kräftig, wie sie aussah. Die Krankheiten ihrer Jugend hatten ihre Spuren hinterlassen, und sie litt an starken Kopfschmerzen und Magenkrämpfen. Ihr englischer Arzt Rogerson hatte oft Mühe mit seiner Patientin, die widerspenstig und nachlässig war und wie ein Kind gezwungen werden mußte, die einfachste Medizin zu nehmen.

Sie war von Natur aus hitzköpfig und jähzornig, aber die eiserne Selbstbeherrschung ihrer achtzehnjährigen Lehrzeit hatte es ihr zur Gewohnheit werden lassen, ihre Zunge im Zaum zu halten und ihre Gefühle zu verbergen, man hörte sie in der Öffentlichkeit selten ein mürrisches Wort äußern. Wenn ein Strafurteil, das ihrer Unterschrift bedurfte, gerade zu einem Zeitpunkt eintraf, an dem sie schlechter Laune war, so legte sie das Dokument bis zum nächsten Tag beiseite, aus Angst, in ihrer Gereiztheit möglicherweise ein allzu strenges Urteil zu fällen. Als sie den Thron bestieg, hegte sie noch die liberalen Ideen einer aufgeklärten westlichen Prinzessin. Und bis zum Ende ihrer Tage pflegte sie mit Vorliebe zu sagen, »sie sei ihren Neigungen nach Republikanerin und aus Pflicht Autokratin«. Aber die kühle Aufnahme ihres *nakaz* hatte ihr klargemacht, daß, mit wenigen Ausnahmen, weder die oberen Schichten noch die Bauern für »Aufklärung« reif waren.

Unterdessen zog sich der Krieg mit schweren Verlusten auf beiden Seiten immer mehr in die Länge. Unter den Soldaten, die von der Front zurückkehrten, brach eine schreckliche Seuche aus. Aus verschiedenen Teilen des Landes trafen Berichte über Aufstände ein, die obwohl vorübergehend unterdrückt, bei der nächsten Rekrutierung wieder aufflammen konnten. Die Oppositionspartei in der Hauptstadt gewann an Einfluß. Der Großfürst näherte sich seiner Volljährigkeit, und immer mehr Menschen begannen, Katharinas Anrecht auf den Thron in Frage zu stellen. Sie hatte das Glück, einen Sohn zu haben, dem es nicht gegeben war, die Zuneigung ihrer Untertanen zu gewinnen. Von einem hübschen, anziehenden Kind war Paul zu einem blassen, schwächlichen Jüngling herangewachsen, der eine auffallende Ähnlichkeit mit seinem mutmaßlichen Vater hatte. Was auch immer Katharina in ihren Memoiren angedeutet haben mag, jeder, der den Großfürsten Paul sah, mußte zu der Überzeugung gelangen, daß er Peters Sohn war. Er hatte den gleichen nervösen Tick, die gleiche hohe Stimme, die abrupten, linkischen Bewegungen – Eigenschaften, die die Kaiserin an den Mann erinnerten, den sie gehaßt hatte. Während der kurzen Zeitspanne, in der Gregor Orlow in Moskau weilte, verstand sich Katharina, wie sie behauptete, besser mit ihrem Sohn. Sie schrieb an ihre Freunde im Ausland, »sie und Paul stünden jetzt auf sehr freundschaftlichem Fuß, und er scheine ihre Gesellschaft wirklich zu genießen«. Man ist in Versuchung, an der Aufrichtigkeit dieser Worte zu zweifeln. Paul war ein willenloses Werkzeug in den Händen Panins, der immer noch der mächtigste von Katharinas Ministern war und mehr als einmal versucht hatte, ihre autokratische Macht einzudämmen, indem er irgendeine Form der Verfassung vorschlug. Paul hatte sich verpflichtet, diesen Plan durchzuführen, sobald er auf den Thron käme. Aber Katharina widersetzte sich entschlossen jeglicher Beschränkung kaiserlicher Macht, und ihr Minister mußte sich ihrer Entscheidung fügen.

Ihre gefährlichsten Feinde waren die Angehörigen des Klerus. Bei ihrer Thronbesteigung hatte sie sich die Sympathien der Geistlichkeit erworben, indem sie den Ukas ihres Mannes widerrief, der die Säkularisierung der Kirchengüter anordnete. Sie tat dies aus dem gleichen Grund, aus dem sie das Bündnis mit Preußen annulliert hatte. Es waren Maßnahmen, die dazu bestimmt waren, ihr die Unterstützung des Heeres und der Kirche zu sichern. Aber als zwei Jahre später ihre Macht gefestigt war, unterzeichnete sie selbst einen Vertrag mit König Friedrich und überlegte sich die Frage des Kirchenguts noch einmal reiflich. Ihr rationaler Geist konnte sich mit der Vergeudung und der mangelhaften Verwaltung eines so großen Teils des nationalen Besitzes nicht abfinden.

Peter der Große hatte versucht, Ordnung in das Chaos zu bringen, indem er die Finanzen der Kirche unter staatliche Verwaltung stellte und das Kollegium des Heiligen Synods gründete, das sich um die weltlichen Angelegenheiten der Kirche kümmern sollte. Aber die ungeheuren Zuschüsse und Privilegien, die die Klöster unter der Regierung der frommen Elisabeth erhielten, hatten die Macht der Provinzialbischöfe derart gefestigt, daß sie ihre Leibeigenen und ihre Besitztümer nach wie vor unabhängig von jeder zentralen Kontrolle verwalteten. Bereits ein Jahr nach ihrer Thronbesteigung hatte Katharina einen Ausschuß ernannt, der die Situation prüfen sollte. Sie selbst hatte bereits ihren Entschluß gefaßt, und im Februar 1764 unterzeichnete sie ein Dekret, das den gesamten Kirchenbesitz säkularisierte und die Kirche zu einer staatlichen Institution machte.

Der Beschluß weckte bitteren Groll. Aber es ist Tradition der orthodoxen Kirche, sich der weltlichen Macht zu fügen, und trotz all ihrer Beschwerden gehorchte die Mehrzahl der Prälaten letztlich dem Befehl der Kaiserin. Es gab jedoch ein paar freimütige Bischöfe, die es wagten, öffentlich zu protestieren, und besonders einer wurde Katharinas größter Feind: Arsenij Matjewitsch, der Metropolit von Rostow, einer Stadt, die für ihre Frömmigkeit und die große Zahl ihrer heiligen Reliquien bekannt war, scheute sich nicht, Katharina von der Kanzel aus als Ketzerin und Kirchenräuberin zu brandmarken. Und seine Ausdrucksweise mäßigte sich auch nicht, als er nach St. Petersburg vor die Kaiserin gerufen wurde, wo er laut Katharina

»wie ein Irrer redete und derart ungebührliche Ausdrücke gebrauchte, daß sie sich die Ohren zuhalten mußte«. »Intrigantin, Mörderin, Usurpatorin und Hure« waren noch die mildesten Schmähungen, die durch die Gänge des Winterpalasts hallten.

Diesmal war die Kaiserin zu erschreckt, um gnädig zu sein. Der Erzbischof wurde seines Ranges entkleidet und Ende der sechziger Jahre in ein Kloster am Weißen Meer geschickt, wo er die niedrigsten Arbeiten verrichten mußte. Aber selbst das brach seinen Widerstand nicht, und vier Jahre später schmuggelte er noch immer Pamphlete aus dem Kloster, die so nachteilig für Katharinas Ruf waren, daß sie ihn in der Festung von Reval gefangensetzen ließ, wo nicht einmal die Wärter Russisch sprachen, und wo man ihn nur als Bauern unter dem Namen »Andrej der Lügner« kannte. Dort lebte er völlig abgeschlossen und ohne Schreibmaterial und Bücher noch weitere vier Jahre, aber er war selbst nach seinem Tod noch eine Persönlichkeit, die man fürchten mußte – einer jener Märtyrer, die in einem Land wie Rußland mit den Jahren zu Heiligen werden.

Lord Cathcart, der neue britische Gesandte am Hof von St. Petersburg, war bestürzt über die allgemeine Atmosphäre des Unbehagens in der Hauptstadt. Er schreibt:

Jeder, der des Verrats verdächtig ist, wird stillschweigend eingesperrt, ohne daß irgend etwas davon an die Öffentlichkeit dringt. Die Kaiserin erklärt ihrem lieben Volk, daß es sich angesichts ihrer mütterlichen Fürsorge, die sie bei Tag in Atem hält und ihr schlaflose Nächte bereitet, keine Sorgen um die öffentlichen Angelegenheiten zu machen braucht, sondern nur widerspruchslos ihren Befehlen folgen soll; um ihren Untertanen unnötige Mühe zu ersparen, verbietet sie ihnen, über Politik zu reden, zu schreiben oder nachzudenken.

Aber die Situation mußte schon sehr ernst sein, damit Katharina eine schlaflose Nacht verbrachte. Über zehn Jahre lang verließ ein kraftvoller und leidenschaftlicher Liebhaber um Mitternacht ihr Bett, woraufhin sie in einen tiefen, traumlosen Schlaf sank. Sie war genügend bedacht auf ihre Gesundheit, um zu wissen, daß sie ihre sechs Stunden Schlaf brauchte, und es wird erzählt, daß sie Gregor Orlow gebeten hatte, sie stets von sich aus um Mitternacht zu verlassen, da sie weder die Kraft noch den Wunsch haben würde, ihn fortzuschicken.

Wie alle guten Propagandisten war Katharina überzeugt, daß man etwas nur oft genug zu wiederholen braucht, damit es am Ende geglaubt wird, und daß nichts so gut für den Kredit ist, wie das Geld mit vollen Händen auszugeben. Die Schatzkammer mochte leer sein, aber Rußland hatte unerschöpfliche Reichtümer. Man hatte eben erst angefangen, die sibirischen Minen und die Steinbrüche des Urals anzuzapfen. St. Petersburg war immer noch eine Stadt im Werden, und die Kaiserin war entschlossen, sie zu einer der größten Hauptstädte Europas zu machen. Sie hatte die großartigen Bauwerke Trezzinis und Rastrellis, die herrlichen Kirchen und prunkvollen Paläste, geerbt, aber die Kais an der Newa ruhten noch auf hölzernen Fundamenten, und die vergoldeten Spiegelsäle in Rastrellis Palästen waren praktisch ohne Möbel. Elisabeth war eine Gönnerin der Architektur und der schönen Künste gewesen, aber ihr nomadenhaftes Leben und die ständigen Pilgerfahrten hatten ihr weder Zeit noch Neigung gelassen, Möbel zu sammeln. Riesige Ballsäle für Konzerte und Maskenfeste, Betten und Kanapees in allen Räumen – denn während der letzten Jahre ihrer Regierung hatte Elisabeth aus Angst vor Mordanschlägen jede Nacht in einem anderen Raum geschlafen –, Tische, bis obenhin angehäuft mit kulinarischen Delikatessen, mehr brauchte sie nicht. Was sie an Einrichtungsgegenständen besaß, zog mit ihr von einem Palast zum anderen. Nur der Besitz ihres Vaters, seine Sammlung von holländischen und flämischen Gemälden, wurde als hochheilig angesehen.

Katharina interessierte sich erst in zweiter Linie für Kunst. Ihre Leidenschaft galt der Literatur. Als junge Großfürstin hatte sie ihre ersten Schulden gemacht, um Bücher kaufen zu können, die zu jener Zeit noch selten und teuer waren. Elisabeths Liebhaber, der hochgebildete Iwan Schuwalow, hatte sie gelehrt, Voltaire zu würdigen, und zum Zeitpunkt ihrer Thronbesteigung, hatte sie bereits eine der bestsortiertesten Bibliotheken des Landes. Was immer sie an ästhetischem Gefühl besaß, hatte sie von ihrer Mutter geerbt, die trotz all ihrer Leichtfertigkeit außerordentlich kultiviert gewesen war. Nur die beschränkten Verhältnisse hatten die Fürstin Johanna daran gehindert, ihr kleines Fürstentum in ein Mekka für Dichter und bildende Künstler zu verwandeln. Katharinas Mann, der lümmelhafte und trunksüchtige Peter, hatte überraschenderweise eine größere Vorliebe für Gemälde gehabt als seine Frau, und seine Sammlung in Oranienbaum enthielt unter anderem einen prachtvollen Rembrandt. Während ihrer Ehe hatte sich Katharinas künstlerische Betätigung auf die Anlage des Parks von Oranienbaum und den Bau einer reizend ausgeschmückten »Solitüde« beschränkt. Pavillons, die »Eremitagen« oder »Solitüden« genannt wurden, waren damals die Mode, und es war in Katharinas »Solitüde«, daß Rinaldi seine bezauberndste Phantasie zur Schau stellte. Sowohl Kyril Rasumofsky als auch Stanislaus Poniatowski trugen dazu bei, ihre künstlerische Bildung zu vollenden. Man fragt sich, ob es nicht während ihrer zahlreichen Dispute mit Orlow gelegentlich Augenblicke gegeben habe, in denen Katharina es bedauerte, nicht den charmanten, kultivierten Stanislaus geheiratet zu haben, der es selbst inmitten eines Bürgerkriegs fertigbrachte, seinen Hof zu einem kleinen Versailles zu gestalten.

Es wird manchmal behauptet, Katharina hätte keinerlei Liebe oder Verständnis für Kunst gehabt und hätte nur Bewunderung für riesige Schlachtenszenen russischer Siege gezeigt. Katharina selbst beschreibt sich als »keine Kunstliebhaberin, aber eine Kunstschwelgerin«. Es war eine Zeit, zu der sich jeder wohlhabende zivilisierte Mensch, vom englischen *milord* auf der Kavalierstour bis zum deutschen Markgraf, als Kenner ausgab. Der Wettstreit auf dem Kunstmarkt war scharf, und Katharina beteiligte sich daran mit dem stolzen Selbstvertrauen einer heutigen Millionärin, die nur das Beste haben will und bereit ist, jeden Preis dafür zu zahlen. Ihre ersten Käufe stammten von einem polnischen Kunsthändler, der über nicht weniger als zweihundertfünfundzwanzig Gemälde verfügte, die er für König Friedrich von Preußen gekauft hatte, ehe die Verwüstungen des Siebenjährigen Krieges seine Schatzkammer geleert hatten und ihm Geld für den Sold seines Heeres wichtiger wurde als die Ausstattung von Schloß Sanssouci. Die Kaiserin hatte soviel Vertrauen zu Friedrichs Geschmack, daß sie die ganze Sammlung ungesehen kaufte; und obwohl nicht alle zweihundertfünfundzwanzig Bilder Meisterwerke waren, befanden sich unter ihnen nichtsdestoweniger ein großartiger Franz Hals, ein Rubens, einige Teniers und ein Rembrandt – Kern dessen, was später eine der besten Kunstgalerien der Welt werden sollte. Es muß für Katharina sehr befriedigend gewesen sein, etwas zu erwerben, was der große Friedrich sich nicht mehr leisten konnte. Und noch befriedigender mag es gewesen sein, als einige Jahre später die berühmte Sammlung des sächsischen Premierministers Graf Brühl auf den Markt kam; eine Sammlung, die zwölf Wouwermans, einen Watteau und einen der schönsten Caravaggios enthielt. Es hatte eine Zeit gegeben, in der der mächtige sächsische

Minister ihr Glück in den Händen gehalten hatte: als er nach Rückberufung Poniatowskis nach Warschau ihn kurz darauf auf Wunsch des Kanzlers Bestushew zum Gesandten am Hofe von St. Petersburg ernannte. Aber die größte Genugtuung erfuhr Katharina, als die Sammlung des stolzen Duc de Choiseul zum Kauf angeboten wurde, und ihre Agenten ihr den größten Teil der Beute sicherten. Choiseul hatte ihr als französischer Außenminister seinerzeit den Titel einer Kaiserin verweigert, und das hatte sie ihm nie verziehen.

Katharina hatte Glück in der Wahl ihrer Gesandten. Dimitri Galitzin in Paris und später in Den Haag, Graf Musen und Puschkin in London waren Männer von außergewöhnlichen Fähigkeiten, die Zutritt zu den Kunst- und Gesellschaftskreisen der Hauptstädte hatten, in denen sie akkreditiert waren. Aber die wertvollste Verbindung in Paris war Diderot, dem es gelang, die besten Stücke der großen Crozat-Sammlung zur Hälfte ihres Wertes zu bekommen, und der seinen Freund, den Bildhauer Etienne Falconet, überredete, Katharinas Einladung nach Rußland anzunehmen, um eine Reiterstatue von Peter dem Großen zu schaffen.

Es sollte ein großartiges Monument werden, ein geziemender Tribut für den Gründer der Stadt. Man wundert sich, daß sowohl Diderot als auch Voltaire einen Künstler vorschlugen, der in den letzten Jahren der Königlichen Porzellanmanufaktur in Sèvres angehört hatte und vielleicht der chauvinistischste aller französischen Bildhauer war. Falconet verbrachte zwölf einsame und unglückliche Jahre an Katharinas Hof, aber sein Werk in St. Petersburg machte ihn unsterblich. Der Bronzereiter, der aus dem riesigen Granitblock zu springen scheint, den man in den Karelischen Sümpfen, sieben Meilen von der Hauptstadt entfernt, gefunden hatte, spiegelt den Geist des großen Zaren wider, der seine Hauptstadt auf dem Sumpfland des Newa-Deltas in einem der unwirtlichsten Klimas von ganz Europa errichtet hatte. Der Transport des Granitblocks war schon an sich eine technische Leistung, die über ein Jahr in Anspruch nahm. Als Falconet 1766 in St. Petersburg eintraf, schrieb Katharina begeistert: »Monsieur Diderot hat uns seinen Freund empfohlen. Er hat es erreicht, daß ich einen Mann verpflichten konnte, der, wie ich glaube, nicht seinesgleichen hat.« Aber der stolze, streitsüchtige und leicht verletzbare Franzose war nicht dazu geschaffen, sich lange in der Gunst einer Gönnerin zu halten, die es haßte, Beschwerden zu hören. Als er ihr das erste Modell der Statue zeigte und sie nach ihrer Meinung fragte, ohne sich jedoch im Grunde ernsthaft dafür zu interessieren, scheint Katharina diese Einstellung erraten zu haben und erwiderte: »Warum fragen Sie mich? Was kann ich dazu äußern, wo ich nicht einmal imstande bin, etwas zu zeichnen? Sie selbst können Ihre Arbeit viel besser beurteilen.«

Der Mann, auf den sie sich in künstlerischen Fragen am meisten verließ, war Graf Betzkoy, Direktor der Akademie der Schönen Künste, mit dem Falconet sich bedauerlicherweise stritt. Alle ausländischen Künstler mußten durch die Hände dieses jähzornigen alten Höflings gehen, der eine der seltsamsten Gestalten in Katharinas Umgebung war und sich bis zum Tage seines Todes mit über neunzig Jahren ihre Zuneigung bewahrte. Betzkoy war früher der Liebhaber ihrer Mutter gewesen, eine Affäre, die anläßlich des Besuchs der Fürstin Johanna in Rußland viel Staub aufgewirbelt hatte. Es wurde gemunkelt, er und die Fürstin hätten sich bereits im Jahr 1728 in Paris kennengelernt, und es bestünde sogar die Möglichkeit, daß Katharina seine Tochter sei. Niemandem entging, daß die Kaiserin jedesmal aufstand, wenn Betzkoy den Raum betrat, und daß sie ihn mit besonderem Respekt behandelte. Nicht einmal die Orlows waren imstande, ihn aus seiner Vormachtstellung zu verdrängen, und als seine Gesundheit und geistigen Fähigkeiten nachließen, gestattete Katharina ihm auch weiterhin, all seine Privilegien und Posten zu behalten.

Sein Hauptinteresse galt der Erziehung, und Rußland hat seinem Einfluß auf die Kaiserin viel zu verdanken. Er war ein sehr wohlhabender Mann, und viele der Schulen, die Katharina gründete, wurden zum Teil aus seinen Privatmitteln finanziert. Bereits 1764 erhielt Graf Betzkoy den Auftrag, einen Plan für die Schulbildung von Kindern beiderlei Geschlechts zu entwerfen. Dieses Dokument, das viele von Katharinas eigenen Ideen widerspiegelt, war für die damalige Zeit absolut revolutionär und stand in krassem Gegensatz zum gesamten Konzept russischen Familienlebens. Die Kinder sollten mit sechs Jahren ihren Eltern fortgenommen und, abgesehen von einem monatlichen Besuch, bis zu ihrem zwanzigsten Lebensjahr von ihnen getrennt bleiben. Man muß bedenken, daß Katharinas Bildungspläne sich auf die Kinder der oberen Klassen konzentrierten, die für gewöhnlich der Obhut von Dienstboten oder ausländischer Lehrer oder Erzieherinnen, oft Abenteurern niedriger Herkunft und zweifelhafter Moral, überlassen waren. Die Leibeigenen waren zu ungebildet, um zu zählen, der Mittelstand war zu klein, um ins Gewicht zu fallen, und die meisten der ausländischen Kaufleute hatten bereits eigene Schulen.

In späteren Jahren wurde der Versuch unternommen, eine staatliche Schule nach österreichischem Vorbild zu gründen, aber Katharina hatte es wie gewöhnlich auch damit wieder einmal zu eilig. Zunächst mußten Lehrer für die Schüler ausgebildet werden, und junge Männer von außergewöhnlicher Begabung wurden auf Kosten der Kaiserin zum Studium an ausländische Universitäten gesandt; aber wenn sie aus Paris, Oxford oder Leipzig zurückkehrten, waren viele von ihnen von politischen Ideen erfüllt, die nicht immer dazu angetan waren, selbst eine so aufgeklärte Autokratin wie Katharina zu erfreuen. Der Mangel an Lehrern war das größte Hindernis für Katharinas Programm, das im übrigen, wie so viele ihrer Pläne, der russischen Mentalität völlig fremd war. Grundsätze, die von Locke und selbst von Rousseau übernommen waren, standen in krassem Gegensatz zu den Überzeugungen, Sitten und Traditionen eines slawischen Volkes. Nichtsdestoweniger wurden unter Katharinas Regierung Schulen und Universitäten im ganzen Land gegründet. Es gab Kadettenanstalten von Marine und Heer, medizinische und landwirtschaftliche Fakultäten, staatliche Priesterseminare und sogar eine Schauspielschule. Aber die erfolgreichsten all dieser Institutionen, die die Kaiserin in Zusammenarbeit mit dem Grafen Betzkoy gründete, waren das Findelhaus in Moskau und das noch berühmtere Smolny-Institut für Mädchen in St. Petersburg.

Katharina interessierte sich leidenschaftlich für die Erziehung der Mädchen und Frauen. Die Fürstin Daschkowa dürfte kaum übertrieben haben, als sie mit der ihr eigenen Anmaßung erklärte, daß sie und die Kaiserin die einzigen Frauen im Lande seien, die imstande wären, eine intellektuelle Unterhaltung zu führen. Die Unwissenheit der elegant gekleideten Frauen und der hübschen, koketten Ehrendamen war bodenlos. Das Smolny-Institut, in Rastrellis schönem Kloster untergebracht und nach dem Vorbild von Madame de Maintenons berühmter Mädchenschule von St. Cyr geführt, war der erste ernsthafte Versuch, die weibliche Erziehung in Rußland zu verbessern. Das Institut war so erfolgreich, daß es noch im Jahr 1916 in voller Blüte stand.

Katharina mochte sich bezichtigen, eine »Anfängerin« zu sein. Nicht alle ihre Pläne verwirklichten sich, aber es ist unglaublich, was sie trotz Krieg, Pest und Revolution im ersten Jahrzehnt ihrer Regierung erreichte. Die Pest in Moskau hatte Tausende von Menschenleben gekostet. Aber letztlich gelang es Gregor Orlow dank seiner Tapferkeit und Entschlußkraft der Seuche Einhalt zu gebieten. Er kehrte als Retter seines Landes nach St. Petersburg zurück. Goldmedaillen wurden ihm zu Ehren geprägt, und die Kaiserin schenkte dem heimkehrenden Helden einen Palast, der fast so prunkvoll wie ihr eigener war. Aber der Argwohn, den Katharina vor seiner Abreise gehegt hatte, stellte sich bald wieder ein; obwohl Orlow ihr als Monarchin immer noch ergeben war, schien er das Interesse an ihr als Frau verloren zu haben. Die Leidenschaft, die Brutalität und die gleichzeitige Zärtlichkeit seiner Liebe hatten ihr die Illusion von Jugend gegeben. Sie hatte jede Nacht von neuem das Gefühl gehabt, daß er sie zum erstenmal erobere. Doch jetzt schien seine Liebe zur Pflicht geworden zu sein. Er war ausweichend, zerstreut und offensichtlich gelangweilt von ihren Aufmerksamkeiten. Gerüchte, die zu glauben sie sich zuvor geweigert hatte, ließen ihr keine Ruhe mehr. Es hieß, Grigori Grigorjewitsch habe sich in seine dreizehnjährige Kusine verliebt, die ihn völlig in ihrem Bann hätte. Katharina war zu stolz, ihm Szenen zu machen. Aber als auf Anregung Preußens und Österreichs Friedensgespräche mit der Türkei eingeleitet wurden, ernannte sie ihn zu ihrem Vertreter. Es war eine Aufgabe, für die er, wie sie wußte, denkbar ungeeignet war, denn er war viel zu anmaßend und unduldsam, um mit den saumseligen und empfindlichen Türken zu einer Einigung zu gelangen. Aber sie wollte ihm ein Amt zuweisen, das seines Verhaltens in Moskau würdig war, und gleichzeitig wollte sie ihn aus ihrer Nähe entfernen. Sie wußte, man konnte sich darauf verlassen, daß er die Würde seines Landes aufrechterhielt, und sie schenkte ihm zum Abschied einen mit Diamanten bestickten Rock, der sie eine Million Rubel kostete.

XVIII
DIE TEILUNG POLENS

Die Friedensgespräche in Fokschany, einer kleinen Provinzstadt in der Moldau, waren von Anfang an zum Scheitern verurteilt. Orlow traf im Februar 1773 dort ein, und die Türken ließen ihn bis Juni warten, ehe sie sich endlich entschlossen, dem Kongreß beizuwohnen. Bis dahin hatte er die wenige Geduld, die er besaß, verloren und war nicht mehr zu Verhandlungen aufgelegt. Stolz stand Stolz gegenüber, und keine der beiden Parteien war bereit, auch nur einen Zoll nachzugeben. Die russischen Abgesandten waren überheblich und diktatorisch, die Türken spitzfindig und ausweichend. Orlow verließ nach zwei Wochen den Kongreß, um die Türken einzuschüchtern, und zog sich nach Jassy, der Hauptstadt der Moldau, zurück. Dort erhielt er einen Brief seines Bruders Alexej, in dem er ihm mitteilte, daß die Kaiserin einen zwanzigjährigen Gardeoffizier zu ihrem neuen Liebhaber gemacht habe. Wäre die Nachricht von einem anderen als Alexej gekommen, hätte er sich geweigert, ihr Glauben zu schenken. Er kannte die meisten der prominenteren jungen Offiziere beim Namen, aber von einem Mann namens Wassiltschikow, den sein Bruder als »gutaussehend, liebenswürdig und eine absolute Null« beschrieb, hatte er noch nie etwas gehört. Offensichtlich war diese ganze unerfreuliche Geschichte von seinen Feinden erfunden worden – dem scheinheiligen Panin und Feodor Barjatinski, dem früheren Freund, den Neid und Eifersucht in die Arme der Opposition getrieben hatten.

In blinder Wut verließ er Jassy, ohne sich noch einmal mit den Türken in Verbindung zu setzen oder das Hauptquartier zu benachrichtigen. Er durchquerte Rußland von Süden nach Norden und legte binnen weniger Wochen über dreitausend Meilen zurück. Kurz hinter Moskau erreichte ihn eine Botschaft der Kaiserin, die ihm befahl, sich in Gatschina in Quarantäne zu begeben; ein etwas ironischer Befehl einem Mann gegenüber, der knapp ein Jahr zuvor eine Seuche in Moskau unterdrückt und selbst angeordnet hatte, alle Soldaten, die auf Urlaub von der Front zurückkehrten, seien für eine gewisse Zeitspanne unter Quarantäne zu stellen. Ein weiterer Anflug von Ironie lag in der Tatsache, daß Katharina ihm ihren englischen Arzt sandte, unter dem Vorwand, »er müsse krank sein, anderenfalls hätte er doch gewiß nicht ohne Genehmigung oder hinreichende Erklärung seinen Posten verlassen«. In Wirklichkeit hatte die Kaiserin Angst. Sie war so wenig gewöhnt, den Orlows Befehle zu erteilen, daß sie ihre Reaktion fürchtete. Sie bildeten immer noch die mächtigste Clique in Rußland. Alle fünf Brüder hatten einflußreiche Positionen in der Regierung, und Alexej, das Hirn der Familie, wurde oft als der eigentliche Herrscher des Landes bezeichnet.

Einsamkeit, gepaart mit verletztem Stolz, hatten Katharina zu einem willigen Opfer der Ränke jener werden lassen, die den Fall der Orlows herbeiwünschten. Grigori Grigorjewitsch war ihr sowohl ein Liebhaber als auch ein Freund gewesen, mit dem sie über ihre intimsten Gedanken, ihre ehrgeizigsten Pläne sprechen konnte. Ungeachtet all seiner Mängel betrachtete sie ihn als ein Genie, und ihre Liebe und Bewunderung machten sie nachsichtig gegenüber seinen Fehlern. Aber sie konnte ihm seine Leidenschaft für ein dreizehnjähriges Mädchen nicht verzeihen, und Panin versäumte keine Gelegenheit, Salz in die Wunde zu streuen, indem er ihr sagte, daß Orlow sogar so weit gegangen sei, seine kleine Kusine zu verführen. Katharina hatte sich stets geweigert, die Tatsache des fortgeschrittenen Alters einzugestehen; jetzt fühlte sie zum erstenmal, daß sie alt wurde, und in ihrer Angst vor dem Alter suchte sie nach Jugend.

Sie gab offen zu, daß sie »nicht einen Tag ohne Liebe leben konnte«. Aber bei dem gutaussehenden Gardisten, den sie fast aufs Geratewohl unter den jungen Offizieren auswählte, die zu ihren Abendgesellschaften in Zarskoje Selo geladen wurden, handelte es sich wohl kaum um Liebe. Orlow mußte einen Nachfolger bekommen. Es war ihre einzige Verteidigung, die Rettung ihres Stolzes. Und in Anbetracht der Eile, mit der er gewählt wurde, hätte die Wahl schlechter ausfallen können, denn Alexander Semeonowitsch Wassiltschikow stammte aus einer alten Bojarenfamilie, hatte tadellose Manieren und sprach ausgezeichnet Französisch. Er war bescheiden, sanftmütig und ein wenig schüchtern, und war sieben Jahre lang Fähnrich bei der berittenen Garde gewesen, ohne sich irgendwie auszuzeichnen, bis ihn der Zufall eines Tages zum Befehlshaber der Eskorte der Kaiserin machte. An diesem selben Abend dinierte er bei Hof, und Katharina bemerkte seine elegante Erscheinung, seinen kräftigen, muskulösen Körper, die feinen Züge, die sanften schwarzen Augen und den sensiblen Mund. Panin, Barjatinski und die Brüder Tschernyscheff, die alle aus dem einen oder anderen Grund Groll gegen die Orlows hegten, beobachteten das plötzliche Interesse der Kaiserin an dem jungen Fähnrich, und sie sorgten dafür, daß seine Vorgesetzten ihn zum Befehlshaber der persönlichen Leibwache der Kaiserin ernannten, während sie selbst sich daranmachten, ihn über seine künftigen Pflichten zu unterrichten.

Es war Juni 1772 – der Monat der »weißen Nächte«, in denen die Gärten von Zarskoje Selo in silbrigen Glanz getaucht waren und die Nachtigallen in den Birkenwäldern sangen; es war der Monat für Feste im Freien und mitternächtliche Maskeraden, bei denen der junge Wassiltschikow der ständige Begleiter der Kaiserin war. Er scheint seine Pflichten zu ihrer Befriedigung erfüllt zu haben, denn das scharfe Auge des preußischen Botschafters bemerkte »das sichtliche Vergnügen der Kaiserin an der Gesellschaft des jungen Gardisten, ihre Fröhlichkeit und gute Laune und die entsprechende Unzufriedenheit und schlechte Laune der Verwandten Orlows«. Als erstes Zeichen der Gunst schenkte Katharina dem jungen Offizier eine goldene Schnupftabakdose mit der Inschrift: »Als Dank für die guten Dienste meiner Leibgarde«. Andere, kostbarere Geschenke folgten, und Wassiltschikows Widerstreben, sie anzunehmen, machten die inzwischen völlig betörte Kaiserin nur noch großzügiger. Im August wurde er Kammerherr, im September Katharinas persönlicher *aide-de-camp,* und bald darauf wurde er als kaiserlicher Favorit anerkannt und bezog die früheren Gemächer Orlows in Zarskoje Selo. Es herrschte allgemeines Erstaunen, gepaart mit einem gewissen Unbehagen, unter denjenigen, die sich weigerten zu glauben, daß dieser nette, unbedeutende junge Mann den Platz des »prachtvollen Orlow« eingenommen habe. Der preußische Botschafter schrieb abermals an seinen Herrn: »Die Lakaien und Ehrendamen Ihrer Majestät sind unzufrieden, denn Orlow war bei ihnen sehr beliebt und war stets ein großzügiger Gönner.« Die allgemeine Ansicht sei, daß Wassiltschikow sehr schnell von der Bildfläche verschwinden werde, sobald Orlow zurückkehre.

Friedrich von Preußen, der Katharinas Charakter kannte, wußte jedoch, daß ihr Stolz ihr niemals gestatten würde, einen Fehler einzugestehen. Für den Augenblick würde Wassiltschikow mit Eigenschaften ausgestattet werden, die er nie besessen hatte, denn jeder Mann, den die Kaiserin wegen seiner rein physischen Vorzüge wählte, mußte gleichzeitig seiner geistigen Überlegenheit wegen gepriesen werden. Daher empfahl der König seinem Botschafter, »sich auf guten Fuß mit dem neuen Favoriten zu stellen, denn der erste, der solchen Menschen schmeichelt, kann sicher sein, ihre Freundschaft zu gewinnen«. Es paßte zu Friedrichs Plänen, daß die Kaiserin einen mittelmäßigen und anspruchslosen Liebhaber anstelle des aggresiven, preußenfeindlichen Orlow hatte. Er war im Begriff, sich um Katharinas Einwilligung zur Zerstückelung Polens zu bemühen, bei der sowohl Preußen als auch Österreich ihren Anteil an der Beute erhalten sollten.

Man fragt sich mit Recht, ob die erste Teilung Polens jemals stattgefunden hätte, wenn Orlow noch an der Macht gewesen wäre oder Potiomkin bereits seinen Platz eingenommen hätte, denn beide waren erbitterte Feinde Preußens, und letzterer hielt viel von einem starken und stabilen Polen. In jene zweiundzwanzig Monate, in denen Wassiltschikow als Favorit herrschte, fielen die zwei tragischsten Ereignisse von Katharinas Regierung – die Teilung Polens und der schreckliche Kosakenaufstand unter Emelian Pugatschew, der im Mai 1773 im östlichen Rußland ausbrach.

Die Kaiserin mochte glauben, daß die Gesellschaft des sanften und willfährigen Wassiltschikow ihr Schutz vor dem Sturm bot, aber Orlows Rückkehr aus der Moldau machte der Hoffnung auf Frieden ein Ende.

Iwan Orlow, der älteste und vernünftigste der Brüder, überredete den ehemaligen Favoriten, sich den Befehlen der Kaiserin zu fügen. Katharina selbst soll angeblich eine derartige Angst vor Gregors Reaktion gehabt haben, daß sie die Schlösser an den Türen ihres Schlafgemachs ändern ließ und Wachtposten vor Wassiltschikows Gemächern aufstellen ließ. Aber nachdem sein erster Zorn sich gelegt hatte, schien sich Grigori Grigorjewitsch widerspruchslos den Wünschen der Kaiserin zu fügen. Sie ersuchte ihn lediglich, St. Petersburg ein Jahr lang fernzubleiben und von den Posten zurückzutreten, die ihm Befehlsgewalt über die Truppen gaben, denn sie hatte nicht die Absicht, einen weiteren *coup d'état* zu riskieren. Sie hätte gewünscht, er ginge auf Reisen, aber gleichzeitig bot sie ihm an, in jedem der königlichen Paläste in Moskau oder sonstwo zu wohnen. Sie gab ihm hunderttausend Rubel, eine Leibrente von weiteren hundertfünfzigtausend sowie die Genehmigung, sich einen Besitz und sechstausend Leibeigene aus jeder beliebigen Krondomäne zu wählen. Dies waren die Geschenke, die die Kaiserin Graf Orlow aus Dankbarkeit für seine Dienste der Nation gegenüber machte. Aber nicht zufrieden damit, fügte sie ihnen noch eine Reihe kostbarer persönlicher Geschenke hinzu, darunter die gesamte Einrichtung, die Gemälde und andere Kunstgegenstände seiner Gemächer im Winterpalast, das herrliche Tafelservice für hundert Personen, das sie ihm im vergangenen Jahr aus Sèvres hatte kommen lassen, und ein weiteres aus massivem Silber. Und dabei hatte sie ihm erst vor wenigen Monaten bereits ein volleingerichtetes Stadtpalais geschenkt.

Kein Monarch, der einen undankbaren Untertanen entläßt, hätte großmütiger sein können. Kein Wort des Vorwurfs kam über ihre Lippen. Aber für einen Mann, der niemals die Rolle einer »männlichen Pompadour« hatte spielen wollen, mag ihre Großmut demütigender gewesen sein als die bittersten Vorwürfe. Orlow nahm ihre Geschenke mit mürrischem Dank entgegen und wählte diesen äußerst ungeeigneten Augenblick, Katharina daran zu erinnern, daß der Höflichkeitstitel eines Fürsten des Heiligen Römischen Reiches, den Maria Theresia auf Veranlassung ihres Sohnes, Kaiser Joseph II., dem Liebhaber Katharinas widerwillig verliehen hatte, niemals in Rußland rechtskräftig gemacht worden sei. Die Urkunde wurde sofort ausgestellt, aber noch in derselben Woche ersuchte Katharina den Fürsten, seinen kostbarsten Besitz, ihr in Diamanten gefaßtes Miniaturporträt, das er stets im Knopfloch getragen hatte, zurückzugeben. Bezeichnenderweise sandte Orlow die Diamanten zurück, behielt jedoch das Porträt – eine Geste, die Katharina zutiefst rührte, denn im Grunde ihrer Seele war sie immer noch die sentimentale kleine deutsche Prinzessin. Die Feinde Orlows mochten murren über die Freigebigkeit der Kaiserin, aber Großzügigkeit wurde mit Großzügigkeit erwidert: Im folgenden Frühling schenkte Fürst Orlow seiner Monarchin am Tag der Heiligen Katharina einen der größten Diamanten der Welt, der zur indischen Kriegsbeute von Schah Nadir gehörte, und den er für vierhunderttausend Rubel von einem armenischen Händler gekauft hatte. Niemand hätte dieses Geschenk huldvoller entgegennehmen können, als Katharina es tat; sie ließ den Diamanten in ihr Zepter einsetzen – vielleicht als Erinnerung daran, daß sie dem Mann, der ihn ihr geschenkt hatte, ihre Krone verdankte.

Orlow kümmerte sich nicht um die Befehle, die er erhalten hatte. Er machte keine Anstalten zu reisen oder nach Moskau überzusiedeln, sondern blieb auf seinem Schloß Gatschina, nur zwanzig Meilen von St. Petersburg entfernt. Als die Kaiserin durchblicken ließ, daß er krank sei und eine Kur in einem der europäischen Bäder brauchte, erwiderte er, daß er sich nie in seinem Leben besser gefühlt habe. Und am Abend des 22. Dezember 1773 erschien er plötzlich auf einem Maskenball bei Hof. Trotz seines Dominos und der Maske war er leicht an seiner Größe zu erkennen, und die Höflinge wußten nicht, sollten sie vor ihm katzbuckeln oder ihn meiden. Keiner der diensthabende Wachtposten wagte es, ihn ohne Befehl der Kaiserin zu verhaften. Aber Katharina, die um jeden Preis einen Skandal vermeiden wollte, dachte nicht daran, einen solchen Befehl zu geben; mit großartiger Selbstbeherrschung behielt sie den ganzen Abend ihr gelassenes Lächeln bei und nahm kaum Notiz von seiner Anwesenheit. Zwei Tage später ließ sie sich herbei, ihm die erbetene Audienz zu gewähren. Aber sie bestand darauf, daß zwei Zeugen zugegen waren – ihr alter Freund Betzkoy und ihr Sekretär, der treue Jelagin, die beide leider zu diskret waren, um einen schriftlichen Bericht über diese denkwürdige Begegnung zu hinterlassen.

An diesem selben Abend wohnte Fürst Orlow einer Messe in der Palastkapelle bei, und nahm auch während der nächsten Tage an den Weihnachtsfeierlichkeiten teil, bei denen die Kaiserin stets in Begleitung ihres neuen Liebhabers erschien. Wassiltschikow schien ein wenig überwältigt von seiner Stellung und errötete jedesmal vor Verlegenheit, wenn die Kaiserin ihm am Ende des Abends in Gegenwart des gesamten Hofes den Arm reichte, damit er sie in ihre Privatgemächer begleitete. Die Höflinge wußten nicht, wie sie sich verhalten sollten. Keiner, der Orlow und Wassiltschikow nebeneinander sah, konnte daran zweifeln, daß es sich beim letzteren nur um eine vorübergehende Laune der Kaiserin handelte. Sie waren erstaunt zu sehen, daß der Fürst liebenswürdig mit seinem Nachfolger plauderte und sogar soweit ging, mit seinen Freunden über seinen eigenen Sturz zu scherzen. Dieses für ihn so untypische Verhalten war nicht ganz nach Katharinas Geschmack. Sie wußte, daß der Orlow früherer Zeiten eine solche Situation niemals akzeptiert hätte, und daß die Vorsichtsmaßnahmen, die sie getroffen hatte, um Wassiltschikow vor seiner Rache zu schützen, nur allzu notwendig gewesen waren. Trotz ihrer Erleichterung muß es schmerzlich für sie gewesen sein zu spüren, daß sie nur seine Eitelkeit verletzt hatte. Nach außen hin gab sie sich huldvoll, lächelnd und gelassen, aber Orlow erkannte bald, daß er sich geschlagen geben mußte, daß der unbedeutende kleine Gardeoffizier, der sich durch nichts anderes als seine Jugend und seine Männlichkeit auszeichnete, für den Augenblick fest im Sattel saß. Es war keine Frage von Zuneigung und schon gar nicht von Liebe. Katharina hatte sich auf die gleiche Art einen jungen Liebhaber genommen, wie Orlow sich viele Mätressen genommen hatte – einfach, um ihre sinnliche Begierde mit einem neuen Objekt zu befriedigen. In der Erkenntnis, daß er das Gesicht verlor und daß seine Position unhaltbar geworden war, bat er um Erlaubnis zu reisen, und es wurde allgemein bemerkt, daß die Kaiserin bei der Abschiedsaudienz nichts von seiner Rückkehr erwähnte.

Mit der Abreise des Fürsten kehrte wieder Frieden in Katharinas Seele ein. Es war jedoch ein Frieden, den sie sich mit Langeweile erkaufte. Wassiltschikow war ein gutaussehender und zufriedenstellender Liebhaber, robust genug, um ihre unersättlichen Forderungen zu erfüllen, aber sein Intellekt war so beschränkt, daß es unmöglich war, eine Unterhaltung mit ihm zu führen. Sie, die soviel *joie de vivre* besaß und in den wenigen Stunden der Entspannung amüsiert werden wollte, mußte feststellen, daß sie in den geheiligten Bereich der Eremitage einen Langweiler eingeführt hatte, der unter anderen Umständen niemals hereingelassen worden wäre. Wassiltschikow war sensibel genug, zu erkennen, daß er sie langweilte, und das sanftmütige Naturell, das einer seiner Vorzüge war, wurde übellaunig und verstockt. Katharina wußte, daß es ihre eigene Schuld war, weil sie es so eilig gehabt hatte, einen Nachfolger für Orlow zu finden. Aber nachdem sie einmal diese unglückliche Wahl getroffen und einen unbekannten jungen Gardisten zu solch einer erhabenen Stellung erhoben hatte, wäre es grausam gewesen, ihn wegen Fehlern zu entlassen, für die er nicht verantwortlich war. Und dies war auch nicht der Augenblick, an dem sie sich einer Anklage wegen Leichtfertigkeit und Sittenlosigkeit aussetzen wollte.

Die polnische Frage, in der Friedrich von Preußen sich rühmte, die Rolle eines ehrlichen Vermittlers zu spielen, hatte zwei Frauen zusammengebracht, die sich aus tiefster Seele haßten. Die fromme Kaiserin Maria Theresia, für die Katharina bisher immer nur »die Frau« gewesen war, hatte sich widerwillig von ihrem Sohn und Mitregenten überreden lassen, lieber an der Teilung Polens teilzunehmen, als einen weiteren europäischen Krieg zu riskieren. In den vergangenen Monaten hatten sowohl Österreich als auch Frankreich die Türken aktiv unterstützt, während Offiziere in französischen und deutschen Uniformen auf seiten der Konförderierten in Polen kämpften. Friedrich fürchtete, daß die russische Kaiserin in ihrem törichten Stolz die Flammen eines allgemeinen Brandes entfachen könnte, in den sich Preußen als widerwilliger Verbündeter Rußlands verwickelt sehen könnte. Der alte Kriegshetzer war ein Befürworter des Friedens geworden. Ein Krieg an der unteren Donau würde ihm keinerlei Nutzen bringen, ganz gleich, ob er mit einem russischen oder türkischen Sieg endete. Und so versuchte er mit all seiner Diplomatie, die beiden Kaiserinnen zu überreden, ihren Machthunger auf Kosten des wehrlosen Polens zu befriedigen. Derjenige, der durch die Teilung am meisten zu gewinnen hatte, war Friedrich selbst, denn der Erwerb polnischen Gebiets an der Ostseeküste würde die Provinzen Brandenburg und Ostpreußen vereinen.

Die Begegnung mit Joseph II. in Neustadt war ein voller Erfolg gewesen. Joseph war ein ungeheuer ehrgeiziger junger Mann, der sich einen Namen in der Welt machen wollte und unter der Bevormundung durch seine Mutter litt. Friedrich, der sich so gut darauf verstand, Menschen zu fesseln und zu bezaubern, hatte seinem Ego geschmeichelt und seinen Ehrgeiz angespornt. Aber es fiel Joseph schwer, die tugendhafte Maria Theresia zu überzeugen, daß es mehr im Interesse Österreichs läge, sich mit den zwei Menschen zu verständigen, die sie am meisten haßte und verachtete, als die Sache der katholischen Polen zu unterstützen. Weniger Mühe kostete es Friedrich, sich mit Katharina zu einigen; denn obwohl sie es vorgezogen hätte, Polen ohne fremde Einmischung als russischen Satelliten zu behalten, war sie doch vernünftig genug, zu erkennen, daß selbst Rußlands grenzenlose Hilfsquellen nicht der Anspannung gewachsen waren, einen Krieg an drei Fronten auszufechten und dabei ganz Polen unter Gewahrsam zu halten; zudem hatte sie im tiefsten Inneren Angst, Frankreich und Österreich könnten als Verbündete der Türkei in den Krieg eintreten.

Ihr Versuch, einen Marionettenkönig auf Polens Thron zu setzen, hatte sich als ein Fehlschlag erwiesen. Stanislaus war nicht einmal ein brauchbarer Vizekönig gewesen. Er hatte sich von den Strömungen der öffentlichen Meinung beeinflussen lassen, hatte versucht, die Rolle eines patriotischen Königs zu spielen, für die er völlig ungeeignet war, und hatte gleichzeitig erwartet, daß Rußland seine Schulden bezahlte. Katharina hatte kein Mitleid mit Versagern. Sie hatte keine Bedenken, das Königreich ihres früheren Liebhabers aufzuteilen. Die Schwäche des Königs hatte zur Ausweitung des Bürgerkriegs geführt und sie gezwungen, mehr Truppen nach Polen zu schicken, als sie sich leisten konnte. Es lohnte sich, einen Teil der Karpaten, Hunderte von Meilen von der russischen Grenze entfernt, zu opfern, wenn sie sich damit die Neutralität Österreichs sichern konnte. Es dauerte Monate, ehe es Maria Theresias Staatskanzler Fürst Kaunitz und ihrem ältesten Sohn gelang, ihren Widerstand zu überwinden. »Staatsräson, ein Ausdruck, den die Habsburger mit Vorliebe gebrauchen, um ihr schlechtes Gewissen zu beruhigen, veranlaßte Maria Theresia am Ende, ein Abkommen zu akzeptieren, das ihrer Regierung Schande machte, ihren Ruf befleckte und sie als die Heuchlerin, ›*qui prenait en pleurant*‹ in die Geschichte eingehen ließ.«

Katharina und Friedrich sind beide beschuldigt worden, das schwerste politische Verbrechen des Jahrhunderts angestiftet zu haben; aber zum Staunen Europas war es Österreich, das den ersten Schritt unternahm, indem es Truppen in die Region Zips in den Karpaten sandte, ein Gebiet, das zum großen Teil von Schwaben bewohnt war, die im Mittelalter die Donau hinunter gewandert waren. Österreichs Unternehmen fand bereits im Januar 1771 statt, mit der Erklärung, es handle sich dabei lediglich um die Wiederbesetzung eines Landstreifens, der an die Jagellonen verpachtet und niemals zurückgegeben worden sei. Es war ein gefährliches Unternehmen, Ansprüche geltend zu machen, die seit Jahrhunderten erloschen waren.

Diese Ereignisse fielen mit dem Staatsbesuch Prinz Heinrichs von Preußen in St. Petersburg zusammen, wo der steife und ziemlich spartanische Prinz gleichermaßen schockiert wie auch beeindruckt war von dem sybaritischen Luxus an Katharinas Hof, den Bällen für fünftausend Gäste, bei denen die Tische mit Kaviar und französischem Champagner, mit Trauben aus der Krim und Melonen aus Astrachan beladen waren, bei denen Männer und Frauen miteinander in der Pracht ihrer Juwelen wetteiferten und der Wintergarten der Eremitage in einen sizilianischen Orangenhain voll tropischer Vögel verwandelt war.

Inmitten eines Galakonzerrts in der Eremitage erhielten die Kaiserin und ihre Gäste die Nachricht von Österreichs Eindringen in die Karpaten, und Prinz Heinrich soll auf seine plumpe Art scherzhaft zur Kaiserin gesagt haben: »In Polen braucht man sich nur zu bücken, um ein Stück des Landes aufzuheben«, woraufhin sie lachte und das Thema wechselte. Nach einer anderen Version soll Katharina erwidert haben:»Warum sollten wir uns nicht beide unser Teil nehmen?« Die erste Version ist wahrscheinlicher, denn Katharina hatte es nicht eilig, sich festzulegen. Selbst der preußenfreundliche Graf Panin hatte sich gegen die Teilung ausgesprochen. Im März 1771 deckte Friedrich seine Karten auf, indem er einen persönlichen Brief an die russische Kaiserin schrieb und andeutetee, ob es angesichts des österreichischen Überfalls und»der Tatsache, daß Österreich sich weigerte, das enteignete Gebiet freiwillig zurückzugeben, nicht das beste wäre, wenn Preußen und Rußland seinem Beispiel folgten und sich ebenfalls nähmen, was sie wollten?« Aber Katharina zögerte mit ihrer Antwort, und erst Mitte Mai 1771 konnte der preußische Gesandte in St. Petersburg seinem Herrn triumphierend berichten, daß die Kaiserin sich mit der Teilung Polens einverstanden erklärt habe und auf die Vorschläge des Königs warte.

Das schmutzige Schachern zog sich ein Jahr lang hin. Der Teilungsvertrag, der schließlich im August 1772 unterzeichnet wurde, stieß auf heftigen Widerstand der Polen. In den Karpaten traten die Bauern den österreichischen Truppen mit Steinen und Knüppeln entgegen. Im polnischen Ostpreußen und in Weißrußland spornten katholische Priester ihre Gemeinden an, gegen die lutherischen und orthodoxen Eindringlinge zu marschieren. Die Polen, die nun endlich einig unter sich waren, widersetzten sich mit dem Mut der Verzweiflung. Selbst Stanislaus erwachte aus seiner Lethargie und stellte sich an die Spitze seines Heeres. England, Frankreich und Schweden verurteilten die Plünderung Polens. Die Spanier und Italiener schlossen sich den Protesten des Papstes an. Aber niemand war bereit, für Polen in den Krieg zu ziehen. Bis zum Sommer 1773 war der letzte Widerstand gebrochen, und die Polen wurden gezwungen, in einer von ausländischen Truppen besetzten Hauptstadt für ihre eigene Verstümmelung zu stimmen. Die Teilung kostete sie fast zwei Siebtel ihres Gebiets und nahezu fünf Millionen Bewohner. Der König von Preußen beschwerte sich, daß Österreich den Löwenanteil bekommen habe. Und tatsächlich hatte Maria Theresia, ungeachtet ihrer anfänglichen Weigerung, ihre Finger in den großen polnischen Kessel zu tauchen, ein bemerkenswertes Verlangen gezeigt, sich große Streifen Landes anzueignen, auf die sie nicht den geringsten Anspruch hatte. Der größte Teil von Galizien, mit Ausnahme von Krakau, fiel ihr zu. Friedrich begnügte sich mit der Ostsee-Enklave mit Ausnahme Danzigs und einigen schlesischen Grenzstädten. Rußland war das einzige der drei Länder, das verkündete, sein Anteil an Weißrußland, einschließlich der Städte Dvinsk, Polotsk, Vitebsk und Mogilew, habe ursprünglich zum Großfürstentum Kiew gehört. Es war auch das einzige Land, das versuchte, Polen für seine Verluste zu entschädigen, indem es ihm umfangreiche Unterstützung gewährte und ihm eine Verfassung gab, die, obwohl sie den Polen nur einen Schatten ihrer früheren Rechte ließ, dennoch wirksamer war als jede, die sie bislang gehabt hatten. Die Thronbesetzung erfolgte noch immer durch Wahl, und das verhängnisvolle *Liberum Veto* wurde beibehalten. Aber 1775 erhielt die Krone Stärkung, indem der König zum Präsidenten eines permanenten Staatsrats ernannt wurde. Die Tatsache, daß russische Truppen im Lande stationiert blieben, und daß der russische Gesandte Zutritt zum Reichstag hatte, ist ein Beweis dafür, daß Katharina ihre Gewalt über Polen ohne fremde Einmischung aufrechtzuerhalten plante. So demütigend dies für die Polen gewesen sein mag, der permanente Staatsrat gab dem Land eine noch nie dagewesene Stabilität, und Stanislaus wurde sich endlich der Verantwortung seiner Stellung bewußt.

Nach außen hin hatte Katharina gesiegt. Selbst Voltaire äußerte sich beifällig über ihr Vorgehen und bezeichnete es »als die einzige Möglichkeit, Ordnung in einem Land zu schaffen, das von katholischen Fanatikern, den Freunden des Papstes und des Padischah, bewohnt wird«. Katharina selbst schien jedoch nur ungern über eine Tat zu sprechen, deren sie sich vielleicht insgeheim schämte. Sie erwähnt sie nur ganz beiläufig in einem Brief, in dem sie sich über den Wohlstand ihres Reiches ausläßt. »In den vergangenen Monaten haben wir das Gehalt eines jeden Offiziers, vom Marschall bis zum Fähnrich, erhöht... Wir haben die Gemäldesammlung des verstorbenen Monsieur Crozat erworben, und wir besitzen einen Diamanten, so groß wie ein Ei.« Als Postskriptum fügt sie hinzu: »Infolge eines Übereinkommens mit den Höfen von Preußen und Wien hat sich auch unser Territorium ein wenig ausgedehnt. Es gab keine andere Möglichkeit, unsere Grenzen gegen Einfälle von sogenannten polnischen Konföderierten unter dem Befehl französischer Offiziere zu schützen.« Aber selbst Voltaire hatte Mühe, seine Freunde unter den *philosophes* dazu zu bringen, Semiramis die Teilung Polens zu verzeihen.

Die Friedenskonferenzen in Fokschany und Bukarest waren gescheitert. Es wurde berichtet, daß der Großwesir ein riesiges Heer für den Frühlingsfeldzug zusammenzog. Nachdem General Rumianzew die Donau überquert hatte, war er zum Rückzug gezwungen worden, und die Zahl der Deserteure nahm rapide zu.

Unter diesen Deserteuren befand sich ein gewisser Donkosak namens Emelian Pugatschew, nach dem 1773 der erste der großen sozialen Aufstände benannt wurde, die Rußland während des ganzen folgenden Jahrhunderts erschütterten. Es war die erste Massenerhebung der Bauern gegen die Großgrundbesitzer, die, vom Staatsdienst befreit, zu einer Gesellschaft von Parasiten geworden waren und sich an dem erschreckenden Mißbrauch des »Leibeigenenrechts« bereicherte. Es hatte in der Vergangenheit bereits zahlreiche Aufstände gegeben: von Kosaken, die gegen die Aushebung rebellierten; von sibirischen Bergarbeitern, die sich gegen ihre Aufseher erhoben; von den Verwalteten gegen ihre Verwalter. Aber der »Pugatschew-Aufstand« war die erste Explosion eines Klassenkampfes, der den Großgrundbesitzern deutlich machte, was für einen abgrundtiefen Haß ihre Mißbräuche unter ihren Sklavenarbeitern hervorgerufen hatten, und die Kaiserin zwang, sich über eine Situation klarzuwerden, die in krassem Gegensatz zu dem reizenden Bild stand, das sie Voltaire von den wohlhabenden Bauern »mit ihrem Sonntagshühnchen im Topf« gegeben hatte. Die Tragödie Rußlands war, daß weder die Großgrundbesitzer noch die Kaiserin irgendwelche Lehren aus der Lektion zogen.

Es dauerte viele Wochen, ehe die Nachricht von einer Revolte im östlichen Grenzgebiet des Reiches St. Petersburg erreichte. Orenburg, am Jaik (Ural) gelegen, war eine Grenzstadt, hinter der die auf keiner Landkarte eingezeichnete, von den Jaikkosaken und dem Nomadenstamm der Baschkiren bewohnte Steppe lag. Sie war ein Zufluchtsort für Banditen und Flüchtlinge, und der Deserteur Emelian Pugatschew brauchte zwei Jahre, um von der Kriegsfront am unteren Dnjepr zum Jaik zu gelangen. Militärpolizisten, auf der Suche nach Deserteuren, hatten ihn an der Wolga gefangengenommen, aber es gelang ihm, den Fluß hinunter zu entkommen und sich einen Weg von Hunderten von Meilen nach Osten zu bahnen. Im Frühling 1773 erschien er plötzlich an der Spitze einer zerlumpten Bande von Anhängern in der Gegend von Orenburg und behauptete, Kaiser Peter III. zu sein, dem es wie durch ein Wunder gelungen sei, seinen Mördern in Ropscha zu entkommen. Pugatschew hatte nicht die geringste Ähnlichkeit mit dem verstorbenen Kaiser, aber Peter hatte so kurz regiert, daß die Masse des Volkes sein Gesicht nicht kannte, und es fiel dem Schwindler nicht schwer, sowohl die Bauern als auch die Kosaken zu überzeugen. Peters geheimnisvoller Tod hatte ihn zu einer Legende werden lassen. Man erzählte sich, der Adel habe versucht, ihn zu töten, weil er geplant habe, die Leibeigenen zu befreien. Die Versuche der Kaiserin in den ersten Jahren ihrer Regierung, Reformen in den sibirischen Bergwerken einzuführen, wurden ihrem Mann zugeschrieben, während sie selbst für die Grausamkeit verantwortlich gemacht wurde, mit der die Streiks unterdrückt worden waren.

In Rußland, wo das einfältige, leichtgläubige Volk nur allzu bereit war, an Wunder und Mysterien zu glauben, hatten Schwindler schon von jeher ein leichtes Spiel gehabt. Aber Pugatschew muß eine ungewöhnliche Anziehungskraft und Talent zur Führerschaft besessen haben, denn schon nach kurzer Zeit war seine bunt zusammengewürfelte Bande zu einem Heer geworden. Knüppel wurden durch Gewehre ersetzt, und die Revolte, die an einem Lagerfeuer im Ural begonnen hatte, breitete sich mit verheerender Schnelligkeit im Lande aus. Jaikkosaken, in der Mehrzahl Altgläubige, die der orthodoxen Kirche und der kaiserlichen Regierung feindlich gegenüberstanden; Flüchtlinge aus den sibirischen Bergwerken; Nomadenstämme auf der Flucht vor den Beamten der Aushebungsbehörde, die sie wie Vieh in die Kasernen trieben – sie alle scharten sich um den angeblichen Kaiser. Bis Pugatschews Heer die Wolga erreichte, war es auf über fünfzehntausend Mann angewachsen. Als sie aus der Wildnis in das Gebiet der großen Landbesitze kamen, schlossen sich ihnen Tausende von Bauern an, die sich, vom aufgestauten Haß der Unterdrückten erfüllt, gegen ihre Herren wandten. Die erschreckten Großgrundbesitzer flohen vor dem Ansturm. Diejenigen, die sich nicht rechtzeitig in Sicherheit bringen konnten, wurden in ihren Betten ermordet oder am nächsten Baum aufgehängt. Kinder wurden vor den Augen ihrer Eltern vergewaltigt und niedergemetzelt; Häuser wurden dem Erdboden gleichgemacht. Die wenigen Truppen, die an der türkischen Front entbehrt werden konnten, waren außerstande, dem Sturm der Zerstörung, der durch Ostrußland fegte, Einhalt zu gebieten. Bis zum Frühling 1774 war aus einer anfänglich kleinen Kosakenrevolte eine regelrechte Revolution geworden, vor der die Großgrundbesitzer sich in die Sicherheit der Städte flüchteten, während ihre Dienerschaft auf Gnade oder Ungnade den plündernden Horden ausgeliefert war.

Nur die Kaiserin behielt einen kühlen Kopf und versuchte, nicht viel Aufhebens von einer Situation zu machen, die im Ausland ohnedies schon viel zuviel Staub aufwirbelte. In einem Brief an Voltaire vom Januar 1774 erwähnt sie scherzhaft den »Marquis de Pugatschew, der ihr einige Ungelegenheiten im Ural bereitet«. Anscheinend ließ sich Voltaire von ihrem unbekümmerten Ton täuschen, denn er unterrichtete seinen Freund d'Alembert: »*Catau* ist nicht im geringsten beunruhigt über diesen neuen Ehemann, der in der Provinz Orenburg aufgetaucht ist.« Aber der Mann, den Katharina so beiläufig als einen räuberischen Kosaken abtat, bereitete ihr viele schlaflose Nächte, und im Frühling 1774 mußte sie zugeben: »Ich war während der letzten sechs Wochen gezwungen, der Sache meine ungeteilte Aufmerksamkeit zu widmen.« Einer ihrer fähigsten Generäle wurde von der Front zurückgerufen, um dem Aufstand ein Ende zu machen, aber obgleich Bibikow die Rebellen dreimal hintereinander besiegte, gelang es Pugatschew immer wieder, sich der Gefangennahme zu entziehen und in den Ural zu flüchten, um ein neues Heer zu sammeln. Erst im Spätsommer 1774, als eine Reihe von entscheidenden russischen Siegen an der türkischen Front den Sultan zwangen, sich mit einem Friedensschluß einverstanden zu erklären, konnte der Pugatschew-Aufstand endlich unterdrückt werden.

Pugatschew war im Begriff, auf Moskau zu marschieren, als er die Nachricht von der türkischen Kapitulation erhielt, und diesmal scheint seine Verwegenheit ihn im Stich gelassen zu haben. Er änderte seinen Plan und wandte sich, dem Lauf der Wolga folgend, nach Süden; ein verhängnisvoller Entschluß, denn die Elite der russischen Armeen unter General Suwarow rückte von der Front her nach Osten vor. Die schlecht bewaffneten und schlecht gedrillten Bauern gerieten in Panik und ergriffen scharenweise die Flucht. Aber Pugatschew kämpfte weiter, bis er schließlich von einigen seiner eigenen Leute verraten wurde, die ihn gegen das Versprechen der Begnadigung in Ketten gebunden einem russischen Vortrupp am Jaik übergaben. Der Pseudokaiser wurde in einem eisernen Käfig nach Moskau gebracht, wo er vor Gericht gestellt und öffentlich hingerichtet wurde.

Katharina legte sowohl während als auch nach der Rebellion eine bewundernswerte Kaltblütigkeit an den Tag. Ihr gesunder Menschenverstand riet ihr zur Mäßigung, und sie ersuchte die Justizbehörden, die Rebellen menschlich zu behandeln und sich gegenüber allen außer den Rädelsführern gnädig zu zeigen. Sie verbot sogar die Anwendung der Folter bei Pugatschews Prozeß. Dies waren ihre Wünsche, aber es war selbst für eine Autokratin schwer, ihren Willen in Ortschaften und Bezirken geltend zu machen, die zweitausend Meilen von der Hauptstadt entfernt waren. Nur eine kleine Minderheit unter den Adeligen teilte die Überzeugung der Kaiserin, die an ihren Justizminister schrieb: »Wenn wir nicht Schritte unternehmen, um das Los der Bauern zu erleichtern, werden diese es früher oder später selber tun.« Aber trotz aller guten Vorsätze tat Katharina niemals den ersten Schritt zur Befreiung ihrer Leibeigenen. Im Gegenteil, sie gestattete den Großgrundbesitzern, mit ihren Mißbräuchen fortzufahren, und machte nicht einmal den Versuch, die Grausamkeit zu zügeln, mit der sie sich an ihren wehrlosen Bauern rächten, von denen viele überhaupt nicht an dem Aufstand teilgenommen hatten. Ausländer, die in diesen Jahren nach Rußland kamen, sahen mit Abscheu, wie ehrwürdige Männer mit grauen Bärten öffentlich ausgepeitscht und junge Mädchen auf den Marktplätzen zum Verkauf feilgeboten wurden, obwohl ein Erlaß von Kaiserin Elisabeth »den öffentlichen Verkauf von Seelen« ausdrücklich verboten hatte.

Hätte Katharina den Mißständen ein Ende machen können, ohne ihren Thron zu gefährden? Das ist eine Frage, auf die es bis heute keine Antwort gibt. Der Augenblick war günstig für Reformen. Der Adel, erschüttert und demoralisiert, um seine Zukunft besorgt, hatte sich um die Krone geschart. Diesmal war er es, der die Kaiserin brauchte, statt umgekehrt. Als Katharina zum erstenmal nach dem Aufstand nach Moskau kam, wurde sie mit einem Jubel empfangen wie nie zuvor. Die Beendigung eines siegreichen Krieges hatte sie zum Idol des Heeres gemacht. In der Person Nikita Panins hatte sie einen liberalen Minister, der vom ersten Tag ihrer Regierung an für Reformen eingetreten war. Aber wie viele Panins waren in Twer, Kiew oder Nischnij-Nowgorod zu finden? Wie viele Beamte waren mutig genug, sich der Macht des ortsansässigen Großgrundbesitzers zu widersetzen? Um dafür zu sorgen, daß ihre Reformen durchgeführt wurden, hätte Katharina ihre ganze Lebensweise ändern müssen; sie hätte den Sitz ihrer Regierung nach Moskau verlegen und selbst im Kreml statt im Winterpalast leben müssen; und sie hätte sich dem Haß und dem Widerstand der alten Bojarenfamilien ausgesetzt, wenn sie versucht hätte, ihnen auch nur einen Deut von ihren Privilegien zu nehmen.

Sie gehörte nach St. Petersburg, der Stadt Peters des Großen, die sie zu ihrer eigenen gemacht hatte, und wo die Pracht einer kaiserlichen Residenz mit dem geschäftigen Treiben eines blühenden Handelshafens wetteiferte; wo sie von den Fenstern ihres Palasts aus die hohen Maste ausländischer Schiffe sehen konnte, die die Reichtümer Rußlands in den anderen Teil der Welt brachten. Das Holz und der Flachs, der Hanf und die ungegerbten Häute, die mit Beginn des Frühlings die großen Flüsse herunter und durch die Kanäle, die das Land durchzogen, ins Newadelta kamen, waren samt und sonders das Produkt der Arbeit von Leibeigenen. Und wie kam sie dazu, ein System in Frage zu stellen, das von Peter dem Großen geduldet und akzeptiert worden war? So wich die Kaiserin dem Problem aus und verlor damit ihren Anspruch auf wirkliche Größe.

Die Kataklysmen, die in den vergangenen Jahren das Land erschüttert hatten, die Kriege und Aufstände am Dnjepr und an der Wolga, hatten wenig Auswirkungen auf die Bürger von St. Petersburg gehabt. Die Stadt war nie so überfüllt und der Hof nie so glanzvoll gewesen wie im Sommer 1773, als er sich auf die Heirat des neunzehnjährigen Zarewitsch vorbereitete. Der altehrwürdigen Tradition folgend, hatte die Kaiserin eine passende Braut unter einer Anzahl heiratsfähiger deutscher Prinzessinnen gewählt und hoffte, wie auch Elisabeth einst gehofft hatte, daß eine gesunde junge Frau einen zufriedenstellenden Erben für ihren wenig zufriedenstellenden Sohn hervorbringen würde. König Friedrich wurde abermals bei der Wahl um Rat gefragt, mit dem Resultat, daß die verwitwete Markgräfin von Hessen-Darmstadt und ihre drei Töchter im Herbst 1773 nach St. Petersburg eingeladen wurden. Der Besuch war ein Erfolg. Die Kaiserin zeigte sich sehr angetan von ihren Gästen, vor allem von der ältesten Tochter Wilhelmine, einem Mädchen ganz nach ihrem Herzen, kräftig und gesund, nicht sehr hübsch, gut erzogen, aber nicht allzu intelligent und offenbar mit einem fügsamen Charakter. Es schien keine Gefahr zu bestehen, daß die junge Prinzessin jemals versuchen würde, ihrer Schwiegermutter den Rang streitig zu machen, und obwohl die Familie von Hessen-Darmstadt viel berühmter war als die von Anhalt-Zerbst, war sie weder wohlhabend noch politisch von Bedeutung, und die Garderobe der jungen Prinzessin war fast ebenso spärlich, wie es ihre eigene bei ihrer Ankunft in Rußland gewesen war. Sowohl sie als auch ihre Schwestern wurden großzügig von der Kaiserin beschenkt. Katharina war besonders froh zu sehen, daß ihr schüchterner und launenhafter Sohn sich offensichtlich vom ersten Augenblick an zu seiner rundlichen, sommersprossigen kleinen Braut hingezogen fühlte und ausnahmsweise bereit war, den Wünschen seiner Mutter zuzustimmen. Die Prinzessin Wilhelmine, die bald zur Großfürstin Natalie Alexejewna werden sollte, scheint jedoch gewisse Eigenschaften besessen zu haben, von denen ihre künftige Schwiegermutter nichts ahnte, denn es gelang ihr nicht nur, die Leidenschaft ihres Verlobten zu wecken, sondern auch die seines besten Freundes, des gutaussehenden Andrej Rasumofsky, eines jungen Marineoffiziers, der die Markgräfin und ihre Töchter auf dem Schiff von Lübeck nach St. Petersburg begleitet hatte. Bis zu ihrer Ankunft in Rußland war die kleine Prinzessin, von der Katharina glaubte, daß sie so unschuldig und harmlos sei, bereits in eine leidenschaftliche Liebesaffäre mit Rasumofsky verwickelt und zeigte ein bemerkenswertes Talent für Intrigen.

Fürst Orlow wurde dazu ausersehen, die Markgräfin und ihre Töchter bei ihrer Ankunft in Rußland in seinem Palast zu empfangen – eine etwas seltsame Wahl angesichts der Abneigung des Großfürsten gegen den ehemaligen Liebhaber seiner Mutter. Orlow war im Frühsommer nach St. Petersburg zurückgekehrt, wo er von Katharina mit offenen Armen als alter und geschätzter Freund empfangen und wieder in all seine früheren Posten eingesetzt worden war. Die Höflinge fragten sich, wann er wohl wieder in seine alten Gemächer im Winterpalast zurückkehren würde. Aber die Kaiserin schrieb vertraulich an eine Freundin:

Ich habe elf Jahre lang gelitten. Jetzt möchte ich völlig unabhängig nach meinem Geschmack und meinen Neigungen leben. Was Fürst Orlow betrifft, er kann tun, was ihm beliebt. Er kann trinken, jagen, sich Mätressen halten. Er kann in seine Paläste zurückkehren, denn es steht ihm frei, sie wieder zu bewohnen. Wenn er sich gut benimmt, wird er sich Ehre machen. Wenn er sich schlecht benimmt, wird er sich mit Schande bedecken. Aber ich werde nie meine Verpflichtungen gegenüber den Brüdern Orlow vergessen, und ich werde sie immer beschützen, denn sie können mir noch nützlich sein.

In dem Jahr, in dem ihr Sohn volljährig wurde, war es für Katharina wichtiger denn je, treue und ergebene Männer um sich zu haben. Panin war nicht treu, aber für den Augenblick gab es niemanden, der imstande gewesen wäre, ihn zu ersetzen. Die Orlows waren die einzigen, auf die sie sich verlassen konnte, wenn es darum ging, sie vor seinen Intrigen zu schützen. Wassiltschikow, ein Geschöpf Panins, war nach wie vor der offizielle Favorit, obwohl die Kaiserin jetzt offen zugab, daß er sie »zu Tode langweilte«. Ihre Gedanken wandten sich mehr und mehr Potiomkin zu, der jetzt als General in der Armee Rumianzews an der Donau kämpfte. Ihr Interesse an diesem seltsamen, vernunftlosen Menschen, der bei seinem letzten Besuch in St. Petersburg davon gesprochen hatte, sich in ein Kloster zurückzuziehen, und gleichzeitig verwegen genug gewesen war, ihr offen seine Liebe zu erklären, wurde allmählich zur Besessenheit. Da Katharina in dieser Hinsicht eine Gefahr von seiten der Orlows auf sich zukommen sah, tat sie jetzt ihr möglichstes, den Fürsten öffentlich zu ehren, indem sie ihn bat, die Landgräfin von Hessen-Darmstadt und ihre Töchter bei sich in Gatschina aufzunehmen.

Die Schönheit Gatschinas im frühen Herbst, der Palast, der so prunkvoll war wie nur irgendeine der kaiserlichen Residenzen, die Pracht von Orlows Empfang, bei dem fünfhundert Gäste mit den erlesensten Speisen bewirtet wurden, bildeten vermutlich einen seltsamen Kontrast zu der vornehmen Sparsamkeit Berlins, wo die Prinzessinnen einen Aufenthalt eingelegt hatten, um letzte Instruktionen vom König zu empfangen. Friedrich, der so wesentlich dazu beigetragen hatte, die Heirat in die Wege zu leiten, bat seine Protegées beim Abschied, sich stets ihrer deutschen Abstammung zu erinnern, eine Tatsache, die Sophie von Anhalt-Zerbst nur allzu bereitwillig vergessen hatte.

Bei ihrer ersten Begegnung mit der Kaiserin waren die hessischen Prinzessinnen überrascht, sie nach russischer statt nach europäischer Art gekleidet zu sehen; sie trug eine lange, ärmellose Jacke über einer plissierten Chemise aus Batist – eine Mode, die sowohl würdevoll als auch kleidsam war. Bei dieser Gelegenheit war das Gewand mit goldenen Fäden und Perlen bestickt, und die Knöpfe bestanden aus riesigen Diamanten, während die Kappe, die sie auf ihren leicht gepuderten Locken trug, mit Perlen und Smaragden besetzt war. Mit vierundvierzig Jahren konnte Katharina immer noch die Illusion einer Schönheit erwecken, die sie in Wirklichkeit nie besessen hatte. Ihrer künftigen Schwiegertochter erschien sie als eine gute Fee, die den Schlüssel zu einer neuen, wundervollen Welt besaß. Aber es sollten nur wenige Monate vergehen, bis sich die Großfürstin Natalie Alexejewna des eiskalten Glanzes hinter jenen lächelnden Augen bewußt wurde.

Der nervöse junge Bräutigam wurde völlig überschattet von seiner Mutter und dem Fürsten Orlow, der den mit Diamanten bestickten Rock trug, dessen Pracht die Abgesandten des Sultans nicht hatte beeindrucken können, die Landgräfin und ihre Töchter jedoch in Entzücken versetzte. Teils um die Kaiserin zu ärgern, die darauf bestanden hatte, in Begleitung Wassiltschikows zu erscheinen, teils um seine männliche Überlegenheit zur Schau zu stellen, fing Orlow an, mit der jüngsten der drei Prinzessinnen zu flirten, die ihrerseits laut Aussage eines Augenzeugens »mit bemerkenswerter Lebhaftigkeit« auf seine Avancen reagierte. Eine Woche später berichtete der preußische Gesandte bereits seinem Herrn: »Die außergewöhnlichen Aufmerksamkeiten, die Fürst Orlow der Landgräfin erweist, und die Vertraulichkeit, mit der er die Prinzessinnen, vor allem die jüngste, behandelt, gibt Anlaß zu der Frage, ob dieser ehrgeizige Mann eine fürstliche Ehe in Erwägung zieht.«

Bei seiner Rückkehr nach St. Petersburg hatte Orlow feststellen müssen, daß seine junge Kusine mit ihren Eltern auf den Landsitz der Familie in der Nähe von Moskau übersiedelt war, und daß wenig Hoffnung bestand, sie in den nächsten Jahren zu sehen. Die Kaiserin ehrte ihn auch weiterhin in der Öffentlichkeit, zeigte jedoch kein Verlangen, ihn privat zu sehen, und obwohl er sie als Frau nicht mehr liebte, entbehrte er die Anregung ihrer Gesellschaft. Er war gelangweilt, einsam und unzufrieden mit sich selbst und mag durchaus mit dem Gedanken an eine glänzende Heirat gespielt haben, die ihn zum Schwager des Thronerben gemacht hätte. Aber die Kaiserin machte dieser Anmaßung sehr bald ein Ende, indem sie die Hochzeit beschleunigte und die Landgräfin und ihre jüngeren Töchter nach Deutschland zurückschickte, sobald das Fest vorüber war.

Im hessischen Gefolge befand sich ein Mann, der Katharinas lebenslänglicher Freund werden sollte, und ihr in vieler Hinsicht näher war als irgendeiner ihrer Liebhaber. Friedrich Melchior Grimm war ein französierter Deutscher, der seine Laufbahn als Erzieher eines kleinen deutschen Prinzen begonnen hatte, ehe er sich in Paris niederließ und sich als Autor der berühmten *Correspondence Littéraire* einen Namen machte. Grimm war weniger eine literarische Persönlichkeit als ein amüsanter Schwätzer, und seine monatlichen Briefe, die an den diversen deutschen Höfen die Runde machten, behandelten Themen von der Politik bis zur Kunst, brachten die neuesten Nachrichten aus Paris und beschrieben die führenden Persönlichkeiten der damaligen Zeit. Diese Briefe, für die die Empfänger eine gewisse Summe zeichneten, waren mit der Zeit so beliebt geworden, daß selbst Staatsoberhäupter sich darum rissen, zu Grimms Korrespondenten zu zählen; Kaiserin Katharina zahlte ihm fünfzehntausend Rubel pro Jahr, der König von Polen vierhundert Taler, und König Friedrich von Preußen setzte seinen Namen auf die Liste, ohne einen Pfennig zu zahlen.

Katharina hatte bereits seit fast neun Jahren mit Grimm korrespondiert, als sie ihm jetzt zum erstenmal persönlich begegnete, und sie fand ihn kultiviert, geistreich, weltgewandt und trotz seines Snobismus außerordentlich liebenswert. Er wurde, was sie ihren *»souffre-douleur«* nannte, ein Mensch, dem sie anvertraute, was immer ihr gerade durch den Kopf ging, und den sie nicht zu beeindrucken suchte, wie sie es mit Voltaire tat. Und gerade die Ungezwungenheit und Spontaneität ihrer Briefe an Grimm, die, wie sie selber sagt, »nicht für die Nachwelt bestimmt waren«, machen diese so viel lesenwerter als die gewollt geistreichen Briefe und Epigramme an den »Weisen von Ferney«.

Grimm war von Natur aus ein anpassungsfähiger und zuvorkommender Mensch, dem viel daran lag, anderen zu gefallen, und es gelang ihm ohne Mühe, Katharinas Dankbarkeit und Achtung zu gewinnen. Sein Freund Denis Diderot jedoch, der in diesem Herbst 1773 ebenfalls in St. Petersburg eintraf, erwies sich als weniger zuvorkommend und weniger zum Höfling geeignet. Es war dem sechzigjährigen Philosophen schwergefallen, sich von Paris und dem Kreis seiner Freunde zu trennen und die lange, beschwerliche Reise nach St. Petersburg anzutreten, um seiner Wohltäterin zu huldigen. In einem Brief an den Abbé Galiani schreibt Madame d'Epinay: »Was für ein seltsames Kind ist unser Philosoph! Am Tag seiner Abreise schien er fast erstaunt, Paris verlassen zu müssen, und entsetzt bei dem Gedanken, weiter als bis nach Le Grandval zu reisen. Er war todunglücklich, als er seine Koffer packen mußte.«

Katharina, die ungeduldig auf Diderots Ankunft wartete, tat ihr möglichstes, ihm die Reise zu erleichtern. Dimitri Glatzin, der von Paris in die Niederlande versetzt worden war, bot ihm Gastfreundschaft in Den Haag, wo er sich unter den holländischen Philosophen so zu Hause fühlte, daß er fast drei Monate blieb; er schien den Zweck seiner Reise völlig vergessen zu haben, bis einer der Naryschkins, der sich auf dem Rückweg nach Rußland befand, ihm einen Platz in seiner Reisekutsche anbot. Diderots Ankunft in Rußland war etwas enttäuschend. Er hatte gehofft, bei seinem alten Freund Falconet wohnen zu können. Aber der nervöse und reizbare Bildhauer war bereits völlig aus der Fassung über den unerwarteten und unerwünschten Besuch seines Sohnes. Es war ihm peinlich, einem seiner ältesten Freunde die Gastfreundschaft verwehren zu müssen, und seine Verlegenheit wurde als Kälte ausgelegt. Die Hotels und Herbergen waren überfüllt von Menschen, die zur Hochzeit des Großfürstenpaares nach St. Petersburg gekommen waren, und es wäre Diderot schwergefallen, ein Bett zu finden, hätte nicht Alexej Naryschkin ihn aufgefordert, für die Dauer seines Aufenthalts sein Gast zu sein.

Die Kaiserin, die ihn bereits im Sommer erwartet hatte, war zu sehr von den Festlichkeiten am Hof in Anspruch genommen, um ihn während der ersten Tage zu empfangen. Er konnte der Hochzeit nicht beiwohnen, weil sein Gepäck noch im Zoll war; so wanderte er während der ersten Woche in St. Petersburg stundenlang ziellos durch die Straßen und sah die Pracht und das Elend von Katharinas Hauptstadt. Viele der Fragen und langen Memoranden, mit denen er später die Kaiserin bombardierte, hatten ihren Ursprung in diesen Streifzügen. Der Herbst ist in St. Petersburg die unangenehmste Jahreszeit, zu der die kalten Winde von der Ostsee die letzten Blätter von den Bäumen fegen und der Regen die schlecht gepflasterten Straßen in ein einziges Meer von Schlamm verwandelt.

Diderot bemerkte die seltsamen Widersprüche der Stadt, in der die Häuser des Adels und der wohlhabenden Kaufleute, aus Ziegeln und Stein gebaut, ebenso luxuriös waren wie diejenigen des Faubourg St. Germain, während nur einen Steinwurf von ihnen entfernt die armseligen Behausungen der ursprünglichen finnischen Siedler standen. Prachtvolle Kais aus Granit wurden längs der Newa angelegt, aber nichts war getan worden, um die Straßen zu verbessern, so daß der Sechsspänner eines Adeligen, der die Milonaja entlanggestürmt kam, die Fußgänger mit Schlamm bespritzte und sie in die Gosse taumeln ließ.

Diderot sah St. Petersburg mehr wie ein Bühnenbild als wie eine Stadt und beklagte sich später, daß das, was er gesehen habe, nicht das wirkliche Rußland sei, »sondern eine wirre Anhäufung von Palästen und armseligen Hütten, von *grand seigneurs,* die von Bauern und Lieferanten umgeben wären«. Er bedauerte es, nicht Moskau besucht zu haben, aber er hatte auf der beschwerlichen Reise von Mitau nach St. Petersburg soviel gelitten, daß der Gedanke, weitere vierhundert Meilen auf den mit hölzernen Querbalken belegten und mit einer dünnen Schlammschicht bedeckten Straßen zurückzulegen, ihm unerträglich war. Er wurde für seine Leiden durch den Charme und die Leutseligkeit der Kaiserin entschädigt, die ihrem berühmten Gast, sobald die Festlichkeiten vorüber waren, ihre volle Aufmerksamkeit schenkte.

Diderot war zu einem günstigen Zeitpunkt gekommen, an dem Katharina viel Zeit übrig hatte. Wassiltschikows Gesellschaft langweilte sie, und Potiomkin befand sich noch an der türkischen Front. Zum Erstaunen und Ärger ihrer Höflinge verbrachte sie täglich mehrere Stunden in privaten Gesprächen mit diesem bürgerlichen Franzosen, ein Vorrecht, das sie niemals irgendeinem russischen Intellektuellen eingeräumt hätte. Sie gestattete ihm, sie über jedes nur denkbare Thema auszufragen, angefangen von religiöser Toleranz bis zur Verwaltung ihres Kaiserreichs. Er hatte fünfundsechzig Memoranden über politische, soziale, rechtliche und wirtschaftliche Angelegenheiten vorbereitet, und man kann sich nur wundern über die Geduld, mit der sich Katharina diese mit Fragen vermischten Predigten anhörte, die im einschüchternden Tonfall eines arroganten Schulmeisters vorgetragen wurden. Diderot hatte den Ehrgeiz, sie völlig zu den Doktrinen der Aufklärung zu bekehren, und zu Anfang zeigte sie sich entzückt über seine Aufrichtigkeit und Schlichtheit und wünschte, »daß alle Menschen ein Herz wie das seine hätten«. Melchior Grimm schrieb an einen seiner Pariser Freunde: »Diderot ist der Kaiserin gegenüber ebenso absonderlich, ebenso originell und ebenso er selbst wie Ihnen gegenüber. Er nimmt ihre Hand, wie er die Ihre nimmt; er schüttelt ihren Arm, wie er den Ihren schüttelt; und er setzt sich zu ihr, wie er sich zu Ihnen setzt, obgleich er hier dem kaiserlichen Befehl gehorchen muß und in Gegenwart Ihrer Majestät nur Platz nehmen darf, wenn er dazu aufgefordert wird.«

Manchmal wurde Diderot so mitgerissen von seiner Beredsamkeit, daß er die Regeln des Protokolls vergaß, die Kaiserin mit »Meine gute Frau« anredete und ihr einen Schlag aufs Knie versetzte. Alles ging gut, bis der französische *chargé d'affaires* Durand versuchte, sich Diderots Stellung am russischen Hof zunutze zu machen, und ihm erklärte, es sei seine Pflicht als Franzose, sein möglichstes zu tun, um die Beziehungen zwischen Frankreich und Rußland zu verbessern und »die Vorurteile zu beseitigen, die die Kaiserin gegen uns hegt«. Diderot versuchte, sich diesen Forderungen zu widersetzen, ließ sich jedoch schließlich dazu überreden, der Kaiserin ein Dokument zu überreichen, das Vorschläge für einen Frieden mit der Türkei enthielt, bei dem die französische Regierung als Vermittler fungieren wollte. Er entschuldigte sich bei Katharina, daß er sich in eine Angelegenheit mische, die völlig außerhalb seiner Sphäre läge, aber eine Weigerung könne ihn, so erklärte er, bei seiner Rückkehr nach Frankreich in die Bastille bringen. Katharina verzieh ihm die Ungehörigkeit seines Verhaltens unter der Bedingung, daß er Monsieur Durand wahrheitsgetreu berichte, was sie mit seinem Dokument gemacht habe; dann zerriß sie das Schreiben und warf es ins Feuer.

Während der ersten Wochen ehrte und lobte Katharina ihren Philosophenfreund, sooft sich eine Gelegenheit bot. Sie nannte ihn »*un homme extraordinaire*«, ein Ausdruck, der vielerlei Bedeutung hat, aber im Dezember fing sie an, seiner Taktlosigkeit und seines flegelhaften Benehmens überdrüssig zu werden. Sie wollte nicht von ihm hören, daß er die Teilung Polens mißbilligte, denn dies war ein Thema, über das sie nicht gerne sprach. Sie war auch nicht sonderlich angetan von seiner Verurteilung despotischer Regierungen. Selbst sein Lob, das so überschwenglich wie das irgendeines anderen Höflings war – er sagte ihr, sie habe die Seele von Brutus und den Charme Kleopatras –, konnte sie nicht für seine fortwährende Kritik entschädigen.

Zu Anfang des Winters mußte sich die Kaiserin mit so vielen ernsten Problemen befassen, daß ihr nicht mehr viel Zeit für ihre literarischen Gespräche blieb. Im östlichen Rußland breitete sich der Kosakenaufstand aus, und der Friedensvertrag mit der Türkei war immer noch nicht unterzeichnet. Was sie brauchte, war kein geschwätziger Philosoph, sondern ein starker, ehrgeiziger Mann, der ihr ihre Selbstachtung als Kaiserin und Frau wiedergab. Diderot blieb noch weitere drei Monate in Rußland, wurde auch weiterhin als hochgeachteter Gast behandelt, genoß jedoch jetzt nicht mehr das Vergnügen von Katharinas Gesellschaft. Er vermerkte in seinem Memorandum, daß die letzte ihrer Diskussionen am 6. Dezember 1773 stattfand. War es ein Zufall, daß die Kaiserin am Tag zuvor eigenhändig einen Brief an General Potiomkin geschrieben hatte, in dem sie ihn ersuchte, nach St. Petersburg zurückzukehren?

XX
DER KORNETT DER GARDE

Der Brief der Kaiserin war dazu bestimmt, die Hoffnungen eines Mannes zu wecken, der seit über elf Jahren auf seine Chance wartete. Potiomkin hatte viele Beweise des wachsenden Interesses seiner Monarchin erhalten. Seine schnelle Beförderung beim Heer, die ihn in wenigen Jahren vom Rang eines Hauptmanns zu dem eines Generalleutnants hatte aufsteigen lassen, sowie der herzliche Empfang, der ihm jedesmal zuteil wurde, wenn er bei Hof erschien, hatten seinen Ehrgeiz angespornt, und bei seinem letzten Besuch in St. Petersburg hatte er die Verwegenheit besessen, seine ganze Zukunft aufs Spiel zu setzen, indem er der Kaiserin offen seine Leidenschaft gestand. Katharina hatte nicht versucht, ihn zurechtzuweisen. Im Gegenteil, sie war so erfreut gewesen, daß sie ihm die Erlaubnis erteilte, direkt mit ihr zu korrespondieren, eine Gunst, die für gewöhnlich nur die höchsten Generäle und Feldmarschälle genossen. Potiomkin lag im letzten siegreichen Feldzug des Jahres 1774 mit seinen Truppen vor Silistria an der unteren Donau, als er den Brief der Kaiserin erhielt, der folgendermaßen lautete: Mein Generalleutnant und Chevalier, Sie sind wahrscheinlich derart davon in Anspruch genommen, auf Silistria zu blicken, daß Sie keine Zeit zum Lesen von Briefen haben, und obgleich ich noch nicht weiß, ob Ihr Bombardement erfolgreich war, bin ich nichtsdestoweniger überzeugt, daß alles, was Sie unternehmen, Ihrer Ergebenheit gegen mich persönlich und gegen Ihr geliebtes Vaterland im allgemeinen entspringt. Aber da mir für meinen Teil sehr viel daran liegt, mir diensteifrige, tapfere, intelligente und geschickte Männer zu erhalten, bitte ich Sie, sich keiner Gefahr auszusetzen. Sie werden mich vielleicht fragen, zu welchem Zweck dieser Brief geschrieben wurde, worauf ich Ihnen antworten würde: »Zum Zweck der Bestätigung meiner Gefühle für Sie«, denn ich bin stets Ihre sehr geneigte, Katharina. Trotz seines doppelsinnigen Wortlauts bedeutete Katharinas Brief für Potiomkin nur eines – daß Wassiltschikows Tage als Favorit gezählt waren, und daß er zum Erben erwählt worden war. Innerhalb von zwei Wochen war er wieder in St. Petersburg, wo er zu seiner Enttäuschung feststellen mußte, daß Wassiltschikow noch nicht entlassen worden war, obwohl der Hofklatsch behauptete, daß sein Sturz unmittelbar bevorstehe. Die Kaiserin kümmerte sich nicht um seine Bitten, verweigerte ihm alle Ehren und Auszeichnungen und behandelte ihn nach seinen eigenen Worten »wie eine ausgehaltene Frau«.

Grigori Potiomkin begab sich unverzüglich zur Kaiserin nach Zarskoje Selo und ersuchte um eine Privataudienz, bei der Katharina offenbar so hingerissen war von seinen leidenschaftlichen Bitten, daß sie ihm ihrerseits ihre Gefühle gestand, ihn jedoch gleichzeitig bat, Geduld zu haben, »bis ein gewisses langweiliges Individuum ehrenhaft entlassen worden ist«. Potiomkin war jetzt sicher, daß ihn eine glänzende Zukunft erwartete, und während der nächsten Wochen hielt er sich ständig bei Hofe auf, strahlte Fröhlichkeit und Charme aus und war die Seele aller geselligen Veranstaltungen sowohl in Zarskoje Selo als auch in der Eremitage. Die Kaiserin fand vor Glück über seine Gesellschaft ihre *joie de vivre* wieder, und Wassiltschikow blickte noch mürrischer drein als zuvor.

Nicht nur Wassiltschikow, sondern auch die diversen Cliquen um den Thron – die Partei des Großfürsten unter der Führung Panins, die Orlows, die Tschernyscheffs und Worontzows, die einander alle haßten – beobachteten mit zunehmender Besorgnis den steilen Aufstieg des jungen Generals, den die Höflinge und ausländischen Gesandten bereits als den künftigen Favoriten ansahen. Die Orlows waren huldvoll und herablassend, hatten Potiomkin jedoch schon seit der Zeit seiner ersten gesellschaftlichen Erfolge in der Eremitage als gefährliches Element betrachtet, und wußten, daß, war er erst einmal im Palast installiert, es keine Möglichkeit mehr geben würde, ihn loszuwerden. Es wird erzählt, daß Fürst Orlow eines Tages beim Verlassen des Palasts auf der Treppe Potiomkin begegnete, der ihn fragte, »ob es Neuigkeiten am Hofe gäbe«, worauf Orlow erwiderte: »Nichts Besonderes, abgesehen davon, daß Sie die Treppe heraufkommen und ich hinuntergehe.« Dann wandte er sich ab und ging weiter.

Aber die Kaiserin zögerte immer noch. Es war, als ahnte sie, wie gefährlich es für sie werden konnte, in den Bann eines Mannes zu geraten, den sie in einem Brief an Grimm als »den größten, den originellsten und amüsantesten Sonderling dieses eisernen Jahrhunderts« bezeichnete. Nachdem sie den bestaussehendsten Mann Rußlands geliebt hatte, erlag sie jetzt dem Zauber eines jungen Offiziers, den der Verlust seines einen Auges so traf, daß er sein Äußeres völlig vernachlässigte. Seine schlanke, geschmeidige Figur war so massiv und unproportioniert geworden, daß sie schon beinahe grotesk wirkte. Die Züge seines Gesichts hatten sich vergröbert; zwar war der Mund immer noch weich und sinnlich, aber seine Nase war breit und fleischig, und die linke Augenhöhle, über der er für gewöhnlich keine Klappe trug, machte »sein Gesicht alles andere als reizvoll«. Aber er besaß so viel animalische Anziehungskraft, daß er eine fast hypnotische Gewalt über Frauen hatte; von der Kaiserin bis zur jüngsten und schönsten seiner Mätressen betrachteten ihn alle als den bestaussehendsten und verführerischsten aller Männer.

Wenn Katharina zögerte, so war es nicht, weil sie Angst hatte, sich in ihn zu verlieben – ein Zustand, den sie genoß, und der für sie so notwendig war wie die Luft zum Atmen –, sondern weil sie in ihm einen grenzenlosen Ehrgeiz spürte, der ihn nicht ruhen lassen würde, bis es ihm gelang, sowohl sie selbst als auch ihr Reich zu beherrschen. Das russische Volk hatte die Orlows als den Grundstein ihres Thrones akzeptiert. Es hatte sogar Wassiltschikow akzeptiert, der aus einer Familie stammte, die älter als die Romanows war. Aber würde es eine Reihe von Liebhabern dulden? Katharina war stets besorgt um die öffentliche Meinung, sowohl im eigenen Land als auch im Ausland. Konnte sie der Welt diesen launischen, exzentrischen Ukrainer aufdrängen, dessen Vater ein kleiner Adeliger aus der Provinz gewesen war, der bei seiner Hochzeit als Bigamist entlarvt wurde? Glücklicherweise hatte sich seine rechtmäßige Frau in ein Kloster zurückgezogen, so daß der künftige »Fürst von Taurien« als ehelicher Sohn geboren werden konnte. Potiomkins Launen und Verschrobenheit, seine Eifersucht, die fast an Irrsinn grenzte, und von der nicht einmal die Kaiserin verschont blieb, waren ein Erbteil seines Vaters, der zum Glück für die Familie frühzeitig starb, so daß es seiner jungen Frau überlassen blieb, fünf kleine Kinder großzuziehen.

Daria Potiomkin war jedoch eine eigenständige Persönlichkeit, die von allen, die sie kannten, geliebt und geachtet wurde, und was Erziehung und Kultur betraf, hatte ihr Sohn einen erheblich größeren Anspruch auf die Aufmerksamkeit der Kaiserin als die meisten ihrer ungebildeten und oberflächlichen Höflinge. Armut hinderte seine Mutter daran, einen jener ausländischen Hauslehrer zu engagieren, die mit wenigen bemerkenswerten Ausnahmen einen so schädlichen Einfluß auf die jungen russischen Adeligen ausübten. Grigori erhielt seinen ersten Unterricht beim Dorfdiakon, einem einfachen und frommen Mann mit einer schönen Singstimme, der in ihm die Liebe zur Musik weckte, und dem er in späteren Zeiten eine rührende Verehrung entgegenbrachte. Im Alter von zehn Jahren wurde er nach Moskau zu seinem Patenonkel geschickt, einem hohen Zivilbeamten, der ihn wie einen eigenen Sohn aufzog und sein frühes Interesse an Sprachen und Theologie förderte. Er war einer der besten Schüler der Moskauer Universität, wo er eine Goldmedaille für seine theologischen Abhandlungen erhielt. Alle waren überzeugt, daß er Priester werden würde, aber dann begann sich in seinem Charakter jene seltsame Ambivalenz zu zeigen, die ihn zum provozierendsten und zugleich gequältesten aller Menschen machte.

Potiomkin war einer der sechs hervorragendsten Studenten, die der Rektor der Universität, Iwan Schuwalow, nach St. Petersburg brachte, um sie Kaiserin Elisabeth vorzustellen. Aber die Pracht des kaiserlichen Hofes übte eine derart demoralisierende Wirkung auf den jungen Mann aus, daß er jegliches Interesse an seinem Studium verlor und sich als Kavallerist bei der Garde anwerben ließ – nach damaliger Sitte war es möglich, zugleich Soldat bei der Garde und Theologiestudent zu sein. Mit sechzehn unterrichtete der junge Gardist seine Mutter, daß er entweder Erzbischof oder Minister werden würde. »Ich fange mit einer Militärlaufbahn an. Wenn ich damit keinen Erfolg habe, werde ich dazu übergehen, Priester zu befehligen.« Aber der Ehrgeiz, der in St. Petersburg in ihm erwacht war, machte ihn untauglich für das besinnliche Leben. Er vernachlässigte seine Arbeit, besuchte niemals eine Vorlesung und wurde schließlich aus der Universität ausgeschlossen.

Potiomkin kehrte zu seinem Regiment nach St. Petersburg zurück und stürzte sich kopfüber in die Ausschweifungen des Soldatenlebens. Aber auch das befriedigte ihn nicht. Es gab Zeiten, in denen die Theologie ihn mehr faszinierte als die Militärwissenschaft, und in denen er es vorzog, mit dem Militärgeistlichen über religiöse Fragen zu sprechen, statt mit seinen Kameraden zu trinken und zu huren. Stolz und Sinnlichkeit, Demut und Mystizismus bekämpften sich ständig in seinem seltsamen, schwierigen Charakter, aber stärker als alles andere war die eine fixe Idee, die ihm keine Ruhe mehr gelassen hatte, seit er an jenem Junimorgen des Jahres 1762 als junger Kornett der Garde aus dem Glied getreten war, um der neuernannten Kaiserin sein Portepee zu reichen.

Sein Ruhm wuchs jedoch längst nicht so schnell wie der der Orlows. Zwölf Jahre vergingen zwischen jenem Sommertag des Jahres 1762, an dem Katharina eigenhändig den Namen des Kornetts Potiomkin auf die Liste derer setzte, die ihrer Dienste beim *coup d'état* wegen befördert werden sollten, und jenem Wintermorgen des Jahres 1774, als ihr Brief, der den Generalleutnant Potiomkin nach St. Petersburg zurückrief, im Lager von Silistria eintraf. In den dazwischenliegenden Jahren hatte er Schicksalsschläge, Enttäuschungen und Verzweiflung erfahren müssen. Der Verlust seines Auges und die zunehmende Verunstaltung seines Körpers mehrten in ihm die Überzeugung, daß er nicht mehr hoffen konnte, jemals die Zuneigung der Kaiserin zu gewinnen. Er zog sich wie ein verwundetes Tier von der Umwelt zurück, verkehrte nicht mehr mit seinen früheren Freunden und geriet in Vergessenheit bis zu dem Tag, an dem die Kaiserin, als sie an seinem Haus vorbeifuhr, einen Stallmeister hineinschickte, um sich nach seinem Befinden zu erkundigen und ihn aufzufordern, wieder bei Hof zu erscheinen. Ihr Wohlwollen und die Tatsache, daß sie kein Wort über seine veränderte Erscheinung verlor, halfen ihm, sein Selbstvertrauen wiederzugewinnen. Aber sie unternahm keinen Versuch, ihn zurückzuhalten, als er sich freiwillig zum Dienst an der Ostfront meldete, und sie ließ ihn während des ganzen Krieges in dem Glauben, seine schnelle Beförderung verdanke er ausschließlich den Empfehlungen General Rumianzews.

Es ist schwer zu sagen, wann Katharina erkannte, daß sie sich in Potiomkin verliebt hatte. Sie war zuerst amüsiert und schließlich verzaubert. Sie fand ihn verwirrend, zum Verzweifeln, unerträglich und absolut hinreißend, und sie wußte von Anfang an, daß alle übrigen Verpflichtungen beseitigt, alle anderen Bindungen gelöst werden mußten, ehe sie seiner überlebensgroßen Gestalt gestatten konnte, die Bühne zu beherrschen. Während sie zum letztenmal zögerte, lief sie Gefahr, ihn zu verlieren. Er hatte genug von ihren Aufschüben und ewigen Versprechungen, und in einer seiner unberechenbaren Stimmungen, die sie später zu erkennen und zu fürchten lernte, verschwand er plötzlich ohne Entschuldigung oder Erklärung vom Hof. Ob es nur ein schlauer Trick war, um eine Entscheidung zu erzwingen, oder ob er wirklich so leidenschaftlich verliebt

war, daß er die Spannung nicht länger ertragen konnte, ist
schwer zu sagen; jedenfalls erreichte er dadurch, daß er sich
ins Alexander Newskij-Kloster zurückzog, die völlige und be-
dingungslose Kapitulation der Kaiserin. Sein seltsames Verhalten im Kloster ließ Zweifel an seiner geistigen Gesundheit aufkommen. Religiöser Überschwenglichkeit folgten Ausbrüche
tiefer Niedergeschlagenheit, bei denen er sich tränenüberströmt
vor der Ikone der heiligen Katharina zu Boden warf. Die Kaiserin zweifelte an seiner Aufrichtigkeit, denn sie wußte, daß er
ein ebenso vollendeter Schauspieler war wie sie selbst, aber
sie wagte es nicht, seine Beweggründe in Frage zu stellen und
damit vielleicht einen Liebhaber zu verlieren, der interessanter
und erregender zu sein versprach als irgendeiner, den sie bisher
kennengelernt hatte. In Fragen dieser Art verließ sie sich für
gewöhnlich auf den Rat ihrer Freundin und Vertrauten, der
Gräfin Prascovia Bruce, einer Frau von großem Takt und Einfühlungsvermögen, mit einem General von schottischer Herkunft verheiratet, der einen ehrenvollen Posten als Gouverneur
in der Provinz bekleidete, während seine Frau ihrer Herrin
unentbehrliche Dienste in der Hauptstadt leistete.

Der Besuch der Gräfin in Potiomkins Klosterzelle war die
erste einer Reihe vertraulicher Missionen, die äußerste Diskretion erforderten. Die diversen jungen Gardeoffiziere, die in späteren Jahren die Aufmerksamkeit der Kaiserin auf sich zogen,
mußten alle von Prascovia Bruce auf die Probe gestellt und
gebilligt werden, ehe sie ins kaiserliche Bett gelassen wurden.
Natürlich wurde Potiomkin keiner derartigen Prüfung unterzo-
gen, denn Katharina, jetzt in den Vierzigern, war verliebt wie
ein junges Mädchen. Die Botschaft, die Potiomkin von der Gräfin überbracht wurde, versprach ihm »die höchste Gunst«, wenn
er nur an den Hof zurückkehrte; Potiomkin, der angeblich unter
den Qualen unerwiderter Liebe litt, hatte seine Gefühle genügend im Zaum, um der Kaiserin seine Bedingungen zu unter-
breiten:

Wenn meine Dienste die Aufmerksamkeit Ihrer Kaiserlichen
Hoheit rechtfertigen, und die Großmut und Gunst meiner
Herrin mir gegenüber nicht erschöpft sind, so flehe ich sie
an, alle Bedenken hinsichtlich meiner Unwürdigkeit zu zerstreuen, indem sie mich zu ihrem persönlichen Generaladju-
tanten ernennt. *Dies kann niemanden kränken,* und ich werde
es als den Höhepunkt meines Glücks betrachten, um so mehr
als ich, unter dem besonderen Schutz Ihrer Majestät stehend,

Stanislaus II. August, früher Stanislaus Poniatowski (Gemälde von Marcello Bacciarelli)

8 Friedrich II., der Große (Gemälde von Anton Graff)

Emelian Pugatschew, Führer des Kosakenaufstands von 1773

20a Kaiserin Maria Theresia (Kupferstich von Schmuzer nach einem Gemälde von Creux)

20b Joseph II., deutscher Kaiser (Miniatur von Heinr Friedrich Füger)

20c Kaiser Leopold II., Sohn Maria Theresias (Stich von Karcher, 1790)

20d Friedrich Wilhelm II., König von Preußen (Stich von Clemens nach H. Schroder)

die Ehre hätte, ihre weisen Befehle zu erhalten, deren genaue Befolgung mich besser befähigen würde, sowohl Ihrer Kaiserlichen Majestät als auch dem geliebten Vaterland zu dienen.«

Es war der Brief eines Mannes, der die Situation völlig beherrschte und sich nicht scheute, um eine Ernennung zu bitten, die, weit davon entfernt, *niemanden zu kränken,* sowohl die Regierung als auch den Hof schockieren und empören mußte. Der Posten des persönlichen Adjutanten wurde als das Vorrecht des herrschenden Favoriten angesehen, und Katharina kam mit Freuden seiner Bitte nach. Es war die erste von vielen Ehren. Eine Woche später wurde er zum Generalleutnant der Preobrashensken ernannt, deren Befehlshaberin Katharina war, und damit wurde allen klar, daß ein neuer Favorit aufgetaucht war, der ihnen bald Anlaß geben würde, dem freundlichen und bescheidenen Wassiltschikow nachzutrauern. Potiomkins Tatkraft kannte keine Grenzen, und schon nach kurzer Zeit gestattete die Kaiserin ihm, Befehle an die Minister weiterzugeben. »Sagen Sie Panin, er soll Wassiltschikow veranlassen, irgendwohin zur Kur zu gehen; er bringt mich in Verlegenheit, und außerdem klagt er über Schmerzen in der Brust. Nach der Kur ernennen wir ihn zum Gesandten an irgendeinem Ort, wo es nicht zu viel Arbeit gibt.« Aber Wassiltschikow zeigte kein Verlangen, seiner Kaiserin im Ausland zu dienen. Großzügig mit einer Pension ausgestattet und mit Geschenken beladen, zog er sich nach Moskau zurück und wurde allmählich zu einem jener verdrießlichen älteren Herren, die von ihrer Monarchin in Ungnade entlassen und vergessen worden sind.

Nachdem sie so lange gewartet hatten, wollten jetzt weder die Kaiserin noch Potiomkin weitere Zeit vergeuden. Ausländische Gesandte waren verblüfft über den raschen Lauf der Ereignisse und die Schnelligkeit, mit der der neue Favorit in jeden Bereich des öffentlichen Lebens eindrang. Aber wenn Potiomkin wollte, konnte er so bescheiden und anspruchslos wie nur irgendein kleiner Leutnant sein. Auf den Rat der Kaiserin hin bemühte er sich um die Gunst des Großfürsten und Panins. Der Minister, der Katharina anfangs warnend darauf hingewiesen hatte, daß es gefährlich sei, einen Mann mit Ehren zu überhäufen, der bereits mehr als seine gerechte Belohnung erhalten habe, fand sich schließlich stillschweigend mit einer Situation ab, die ihm nur insofern nützte, als sie den Orlows schadete. Der Name des neuen Favoriten war in aller Munde. Briefe zwischen St. Petersburg und Moskau sprachen von kaum etwas anderem. Es hieß, die Kaiserin sei trotz seiner schmutzigen, ungepflegten Erscheinung und seiner abstoßenden Gewohnheit, an den Fingernägeln zu kauen, wie behext von diesem »Zyklopen«. Andere, hauptsächlich Frauen, berichteten von seinen höflichen Umgangsformen, seiner schönen Stimme und seiner geistreichen Unterhaltung. Angesichts des großen Respekts der Kaiserin vor seinen Talenten rieten sie ihren Ehemännern, daß es »vielleicht klug wäre, sich in Zukunft an Potiomkin zu wenden«.

War der neue Favorit wirklich so verliebt, wie er und seine Freunde die Kaiserin glauben machen wollten? »Zu denken, daß Sie jahrelang nach einem Weg gesucht haben, der Sie zu mir führen würde, und ich habe es überhaupt nicht bemerkt«, schrieb Katharina in einem ihrer ersten Liebesbriefe. Aber zu ihrem Unglück war Potiomkin einer von jenen Träumern, für die das Unerreichbare einen Zauber hat, dem der Besitz nie gleichkommen kann. Jahrelang hatte er das Bild einer jungen Frau in einer grünen Uniform und einer mit Eichenlaub bekränzten Zobelmütze in seinem Herzen getragen, das Bild einer Frau, die das Gesicht lachend der Sonne zugewandt hatte, als ob sie die ganze Welt herausfordern wollte. Jetzt, da er endlich die letzten Verteidigungsanlagen erstürmt und eine nicht mehr junge Frau vorgefunden hatte, die willenlos und demütig in ihn verliebt war, mag sich eine gewisse Enttäuschung mit dem Triumph vermischt haben, eine gewisse Übersättigung, weil er zu viel erhalten hatte. Sie bewunderte ihn – sie vergötterte ihn – sie idealisierte ihn – sie liebte ihn mehr als sich selbst und brauchte ihn zu jeder Stunde des Tages. Die Briefe, die sie ihm während jenes ersten verzauberten Frühlings 1774 schrieb, meist in den frühen Morgenstunden, nachem er erst vor kurzer Zeit ihr Bett verlassen hatte, sind ein Beweis für ihre Leidenschaft. »Oh, Monsieur Potiomkin! Durch welche Zauberei ist es Ihnen gelungen, einen Kopf zu verdrehen, der allgemein als einer der besten Europas angesehen wird?« Die große Katharina gestand sich später ein, daß sie wieder zu Sophie von Anhalt-Zerbst geworden war, der kleinen pommerschen Prinzessin, die närrisch und unzurechnungsfähig vor Liebe war. Aber für den Augenblick war sie so überglücklich, daß sie bereit war, allen Stolz und alle Würde außer acht zu lassen. »Wir sind stundenlang zusammen, ohne eine Spur von Langeweile, und es tut mir jedesmal weh, Sie zu verlassen. Die Welt versinkt für mich, wenn ich bei Ihnen bin. Es ist etwas Außergewöhnliches, das man nicht ausdrücken kann, denn das Alphabet ist zu kurz, und die Worte reichen nicht aus.«

Die Briefe waren teils auf französisch, teils auf russisch geschrieben, und ihr Vokabular an Kosenamen war fast unerschöpflich, manchmal poetisch, manchmal ausgesprochen absurd. Der klobige Riese wurde »mein kleines Täubchen«, »mein goldener Fasan«, »mein Kätzchen«, »mein kleiner Vater«, »mein liebes kleines Herz« genannt. Nichts brachte sie so sehr zum Lachen, als wenn er sie neckte, denn manchmal konnte er »so amüsant wie der Teufel« sein. Sie waren beide geborene Komödianten, aber während sich Katharina hervorragend auf die Kunst der Verstellung verstand, machte Potiomkin sich ein Vergnügen daraus, seine Fehler zu übertreiben. Die schweren Jahre als Großfürstin am Hofe Elisabeths hatten Katharina gelehrt, ihr Temperament zu zügeln und in der Öffentlichkeit stets ein lächelndes Gesicht zu zeigen, während er im Gegenteil völlig undiszipliniert war und sich aus den lächerlichsten Anlässen zu wilden Szenen hinreißen ließ. Er war rasend eifersüchtig, nicht nur auf die Gegenwart, sondern auch auf ihre Vergangenheit. Er beschuldigte sie, Liebhaber gehabt zu haben, die sie nie gehabt hatte, und wagte es sogar, sie zu beleidigen, indem er sie als Hure bezeichnete.

Um ihren aufgebrachten Geliebten zu besänftigen, nahm Katharina sich sogar die Mühe, eine Liste seiner Vorgänger aufzustellen:

Nun, mein Held. Nach dieser Beichte darf ich hoffen, daß Sie mir meine Sünden vergeben werden. Sie werden sehen, daß Sie nicht einer von fünfzehn, sondern von einem Drittel dieser Zahl sind. Beim ersten von ihnen [Saltykow] geschah es aus innerem Zwang, beim vierten aus Verzweiflung, was nicht als Leichtsinn bezeichnet werden kann. Was die anderen drei betrifft, Gott weiß, daß es nicht auf Ausschweifung zurückzuführen war, denn dazu neige ich nicht. Hätte ich als junge Frau einen Ehemann gehabt, den ich hätte lieben können, so wäre ich ihm für alle Zeiten treu geblieben. Mein Problem ist, daß mein Herz nicht eine Stunde ohne Liebe sein kann.

Dieser Brief zeigt Katharina in ihrer ganzen Größe und ihrer ganzen Schwäche. Es war gefährlich, solch ein Geständnis in die Hände eines Mannes zu geben, dessen Ehrgeiz es war, sie völlig zu beherrschen. Er war sich stets der Kluft zwischen ihnen bewußt, aber auch in diesem Punkt war er vollkommen inkonsequent. Er stellte ihre Intimität vor dem gesamten Hof zur Schau, indem er beispielsweise mit nackten Füßen und einem schmutzigen Schlafrock bei ihrem *levée* erschien. Aber es ist keine Spur von Vertraulichkeit in den Briefen zu finden, die er an seine geliebte Herrin oder an »Matuschka« richtete. Der Bote, der ihre Briefe brachte, mußte sie auf seine Knie legen, und er machte jedesmal das Zeichen des Kreuzes, ehe er das Kuvert öffnete.

Ungeachtet all seiner Absonderlichkeiten und Ausschweifungen war Potiomkins einziges Ziel im Leben, der Kaiserin und seinem Vaterland zu dienen. Er brachte Katharina die aufrichtige Ergebenheit entgegen, die sie ersehnte, und warb um sie mit einer Intensität, die sie beide verzehrte. Sie verkörperte für ihn »die Mutter aller Russen«, die »Gottheit«. Die Frau, die er seinem Willen unterwarf, die er sittlich verdarb und derer er letztlich überdrüssig wurde, war nur ein kleiner Teil der Herrscherin, die er bis zum letzten Tag seines Lebens verehrte. Viele Liebhaber sollten ihm in Katharinas Bett folgen, aber als sie achtzehn Jahre später die Nachricht von seinem Tode erhielt, schrieb sie an Grimm: »Mein Kummer ist so groß, wie Sie es sich nicht vorstellen können. Mein Schüler, mein Freund und praktisch mein Idol, Fürst Potiomkin von Taurien, ist gestorben... Auf wen kann ich mich jetzt verlassen?«

XXI
»UN SI JOLI PAIX«

Das Jahr 1774–75 war für Katharina ein Jahr des Triumphs. Der lange, kostspielige Krieg war vorüber, und der Frieden von Kutschuk-Kainardsche machte Rußland zu einer Weltmacht, deren Grenze sich längs der Nordküste des Schwarzen Meeres bis zur Straße von Asow erstreckte. Rußlands Eroberungen in den Gebieten des Kuban und Terek gaben ihm einen Stützpunkt im Kaukasus und an der Ostküste des Meeres, das bisher ein streng behütetes türkisches Meer gewesen war. Weiter westlich erhielt Rußland Kinburn an der Mündung des Dnjepr sowie das Steppengebiet zwischen dem Dnjepr und dem Bug. Noch wichtiger waren seine Eroberungen am Isthmus von Perekop und die Unabhängigkeit, die dem Khanat der Krim gewährt wurde, und die es nur noch zu einer Frage der Zeit machte, bis die ganze Halbinsel unter russische Herrschaft kam.

Zwei Klauseln des Friedensvertrags beunruhigten die westlichen Mächte: Die eine war das Recht der russischen Handelsschiffe, den Bosporus und die Dardanellen zu passieren. Die andere war der Anspruch der russischen Kaiserin, alle unter der Herrschaft des Sultans lebenden orthodoxen Christen zu beschützen. Um diese beiden Klauseln entstand ein erbitterter Streit, und es dauerte Monate, bis der Vertrag von Kutschuk-Kainardsche ratifiziert wurde. In gewissem Sinn war er nichts weiter als ein Waffenstillstand, denn die Türkei hatte nicht die Absicht, sich an die Klauseln zu halten, und Rußland war nicht bereit, seine Expansionspläne einzuschränken. Nichtsdestoweniger war der 21. Juli 1774, das Datum der offiziellen Unterzeichnung des Vertrags, ein denkwürdiger Tag in der europäischen Politik, denn von jetzt ab war nicht mehr an eine Lösung der »Östlichen Frage« ohne Rußlands Einwilligung zu denken.

Die westlichen Höfe mußten jetzt der Tatsache ins Auge sehen, daß Rußland eine neue Macht war, mit der man zu rechnen hatte, und daß die deutschstämmige Kaiserin sich ebenso gut wie der fähigste europäische Diplomat auf das Spiel der Machtpolitik verstand. Katharina hatte allen Grund, mit dem zufrieden zu sein, was sie in einem Brief an Voltaire als *»un *si joli paix*« bezeichnete, und sie fand, daß er sie eigentlich loben sollte, statt sie zu tadeln, weil sie nicht den Weg nach Konstantinopel eingeschlagen hatte. Von seinem Lehnsessel in Ferney aus hatte der achtzigjährige Philosoph für einen Kreuzzug gegen die Ungläubigen plädiert, und jetzt warf er der Kaiserin vor, die Griechen im Stich gelassen zu haben – als ob Katharina die befreiten Griechen anders behandelt hätte, als sie die Polen behandelte.

Mit dem Erscheinen Potiomkins begannen sich Katharinas Beziehungen zu den Enzyklopädisten zu lockern. Diderots lang angekündigter Besuch war kein restloser Erfolg gewesen. Die Kaiserin hatte sich zwar gut unterhalten, aber wenig belehren lassen, und einige von Diderots Fragen waren zu direkt gewesen, um selbst eine so liberal gesinnte Monarchin wie Katharina zu erfreuen. Obwohl er Rußland mit Geschenken beladen verließ und, von einem Hofbeamten begleitet, in einer bequemen englischen Kutsche fuhr, die die Kaiserin ihm zur Verfügung gestellt hatte, scheint ihre Freigebigkeit nicht dem entsprochen zu haben, was seine bedürftige und habgierige Familie erwartet hatte. Katharina war huldvoll und großmütig in ihren Geschenken, aber die Dienste des Philosophen wurden nicht im gleichen Ausmaß belohnt wie diejenigen, die ihre Liebhaber ihr leisteten. Die dreitausend Rubel, die Diderot für seine Reisekosten erhielt, waren eine klägliche Summe im Vergleich zu den einhundertfünfzigtausend, die Potiomkin während seiner ersten zwei Monate im Palast bekam.

Aber dies war nur ein Vorgeschmack dessen, was kommen sollte. Die Unterzeichnung des Friedensvertrags brachte ihm den Titel eines Grafen, der ihm »für seine Hilfe und seine guten Ratschläge beim Abschluß desselben« verliehen wurde. Seine Tapferkeit wurde mit dem Geschenk eines Schwertes mit einem diamantenbesetzten Griff belohnt, während seine Ergebenheit ihm die begehrteste aller Auszeichnungen eintrug: ein Porträt der Kaiserin, in Diamanten gefaßt, das er auf dem Herzen tragen sollte. Diese Ehre war bisher nur Orlow zuteil geworden, und Katharina scheint solche Angst vor dem Zorn ihres ehemaligen Geliebten gehabt zu haben, daß sie Potiomkin das Geschenk erst im folgenden Jahr übergab, nachdem der Fürst, nicht gewillt, den Triumph seines Rivalen mitanzusehen, das Land verlassen hatte.

Potiomkins rascher Aufstieg stieß auf erheblichen Widerstand. Senator Jelagin, in dessen Haus er wohnte, ehe er in den Palast zog, berichtet, daß Potiomkin sich eines Tages beklagte, noch nicht Mitglied des Großen Rates zu sein, wo er nicht erwünscht war, aber nichtsdestoweniger um jeden Preis einen Sitz erlangen wollte. Die Kaiserin scheint seine Bitte auch ein zweitesmal abgelehnt zu haben, denn wenige Tage später dinierte der Senator an ihrem Tisch und bemerkte, daß Potiomkin, der neben Ihrer Majestät saß, während der ganzen Mahlzeit kein Wort sprach. »Die Kaiserin war völlig außer sich, und alle übrigen waren sichtlich bestürzt. Am nächsten Morgen schien sie jedoch wieder besserer Stimmung zu sein, und an diesem selben Tag wurde Potiomkin Mitglied des Großen Rats.« »Nirgends«, schrieb der britische Gesandte, Sir Robert Gunning, »sind Favoriten jemals so schnell emporgekommen wie in diesem Land. Aber selbst hier gibt es kein Beispiel für einen so rapiden Aufstieg wie den des gegenwärtigen Günstlings.«

Nicht einmal die Schönheit und Tapferkeit eines Orlow konnten sich mit den Fähigkeiten Potiomkins messen. Der Soldat entpuppte sich als ein Staatsmann, der die Bewohner der südlichen Provinzen weit besser kannte als irgendein anderer in der Regierung. Es war noch nicht lange her, da hatte die Kaiserin bei einer Sitzung des Senats um eine Landkarte von Rußland gebeten und entdecken müssen, daß ihre Exzellenzen sich nicht einmal die Mühe genommen hatten, sich eine zu beschaffen. Während der Jahre, die Potiomkin an der Ostfront verbrachte, hatte er sich eingehend mit den Sitten und Sprachen der verschiedenen Kosaken- und Tatarenstämme befaßt, und Katharina übertrieb nicht, als sie an Grimm schrieb, »er habe eine weit wichtigere Rolle als irgendein anderer bei der Unterzeichnung des Vertrags gespielt«. Ihre Briefe an ihren deutschen *»souffre douleur«* sind angefüllt mit Lobliedern auf »diesen außergewöhnlichen Mann«. Es war eine so wundervolle und für sie völlig neue Erfahrung, einen Geliebten zu haben, mit dem sie die Freuden des Bettes teilen konnte (und in der ersten Erregung der Eroberung scheint Potiomkin sogar Orlow an Vitalität übertroffen zu haben), und der ihr gleichzeitig während ihrer Arbeitsstunden half, ihr Reich zu regieren. In früheren Jahren hatte sich Orlow oft beschwert, daß sie so wenig mit ihm zusammen war, daß andere einen größeren Anspruch auf ihre Zeit hätten als er. Jetzt war sie diejenige, die zu jeder Stunde des Tages nach Potiomkin verlangte, die ihn vermißt, wenn er einmal länger als ein paar Stunden von ihr getrennt war. Sie bombardierte ihn fortwährend mit Briefen, von denen viele nur dazu bestimmt waren, ihn ihrer Liebe zu versichern. »Kann man jemand anderen lieben, nachdem man Sie gekannt hat?« oder: »Mein Geliebter, ich möchte wissen, ob Sie mich ebenso lieben wie ich Sie.« Manchmal war sie rührend verspielt: »General, lieben Sie mich? Ich sehr liebe General.« Solch eine fordernde, besitzergreifende Liebe wäre letztlich wohl jedem Mann auf die Nerven gefallen, besonders aber einem so unbeständigen und schwer faßbaren Mann wie Potiomkin, der ständig nach dem Unerreichbaren suchte.

Aber er war es, der sie bewußt zu seiner Sklavin machte, der eine Intimität herstellte, die alle Schranken niederriß. Ihrer beider Briefe enthalten Anspielungen auf die unromantischsten Krankheiten wie Erkältungen, Koliken und Diarrhoe. Einer ihrer beliebtesten Treffpunkte war das Dampfbad (die finnische Sauna), und der Gedanke an die fünfundvierzigjährige, bereits recht üppige Kaiserin, die nackt und schwitzend in den Armen ihres gewaltigen, zottigen Geliebten lag, stellt kein sehr anziehendes Bild dar. Es war auch nicht der diskreteste Ort für ein Stelldichein, denn sowohl in Peterhof als auch in Zarskoje Selo lagen die Badehäuser in Sichtweite des Palasts, und da Potiomkin anscheinend darauf bestand, nachts dorthin zu gehen, war es unvermeidlich, daß bald der gesamte Hof Bescheid wußte. Alexej Orlow hatte bereits in jenem Frühling in Zarskoje Selo die Lichter im Badehaus bemerkt und fragte Katharina, ob es wahr sei, daß sie und Potiomkin sich nachts dort träfen.

Alexej war einer der wenigen Männer bei Hof, die es wagen durften, ihr eine direkte Frage zu stellen, und denen sie stets eine wahrheitsgetreue Antwort gab. Es gibt manche, die behaupten, daß Alexej sich eine Zeitlang mit seinem Bruder ihre Zuneigung geteilt habe. Aber die aufrichtige Liebe zwischen den beiden Brüdern und die Art, wie Alexej den Aufstieg Gregors förderte, läßt diese Vermutung unwahrscheinlich erscheinen. Katharinas Dankbarkeit gegenüber den Orlows war grenzenlos, vor allem Alexej gegenüber, auf dessen Treue sie sich, wie sie wußte, stets verlassen konnte, und der bereit war, Aufträge für sie auszuführen, die sie nicht einmal Potiomkin hätte anvertrauen können.

Alexej Orlow war rechtzeitig vom Mittelmeer zurückgekehrt, um an den Friedensfeiern in Moskau teilzunehmen, wo er als einer von Katharinas »Adlern« in Paradeformation unter den goldenen Triumphbögen hindurchritt, die auf dem Platz des Kreml errichtet worden waren. Der Held von Tschesme, ein Sieg, der in der Öffentlichkeit helle Begeisterung erregt hatte, wurde mit größerem Jubel empfangen als irgendeiner der Generäle. Potiomkin war derjenige, der darauf bestanden hatte, die Siegesfeiern in Moskau abzuhalten, denn Moskau war das Herz Rußlands, die »Heilige Stadt«, mit den Traditionen von Byzanz durchtränkt, und es war hier, wo er zum erstenmal sein Talent als Schausteller zeigte. Feuerwerke, Illuminationen und Militärparaden waren nur ein Teil der Festlichkeiten, die sich über den ganzen Monat Juli erstreckten, und deren Höhepunkt eine große öffentliche Schau bildete, bei der Potiomkin den Moskowitern eine Vorstellung dessen zu geben versuchte, was das Heer mit so vielen Opfern zuwege gebracht hatte. Ein großes Feld, zwei Meilen außerhalb der Stadt, wurde als Platz für das Schwarze Meer gewählt; zwei Straßen, die zu ihm führten, wurden Don und Dnjepr genannt. Neben diesen Straßen wurden Modellfarmen, Dörfer und Gasthäuser errichtet. Das Feld selbst wurde überflutet und mit Booten angefüllt, und auf den umliegenden Hügeln wurden hier und dort Pavillons gebaut, von denen jeder nach einer Stadt in der Region des Schwarzen Meers benannt wurde. Asow diente als Bankettsaal, Kertch und Jenakijewo waren Ballsäle, Kinburn war ein Theater und Taganrog ein Rummelplatz. Das ganze Gebiet wurde in einen einzigen riesigen Vergnügungspark für die Bevölkerung von Moskau verwandelt.

Die Kaiserin brauchte jetzt nicht mehr im Ausland nach Propagandisten zu suchen. Ihr Liebhaber war ihr Impresario geworden. »Kein Wunder, daß sie vernarrt in ihn ist«, sagte Jelagin, einer der wenigen Höflinge, die ihnen beiden treu ergeben waren. »Sie lieben sich, denn sie sind genau gleich.« Ihr Geist bewegte sich in parallelen Linien, ihre Ziele und Bestrebungen waren die gleichen. Beide hatten das gleiche Verlangen nach Macht. Katharina hatte einen schärferen Verstand, aber Potiomkin hatte mehr Vorstellungsvermögen; sie hatte den stärkeren Charakter, aber er hatte mehr Verständnis für seine Mitmenschen. Sie waren wie geschaffen für eine enge Zusammenarbeit, wobei Katharina nur gelegentlich die wilde Phantasie ihres Liebhabers im Zaum halten mußte. Nichts wurde dem Zufall überlassen. Auch wenn Katharina zwölf bis vierzehn Stunden am Tag arbeitete, fand sie doch immer noch Zeit, die Nachricht von ihren Triumphen im Ausland zu verbreiten. Niemand war zu unbedeutend, um beachtet zu werden. Eine Jugendfreundin aus Stettin, die jetzt einen *salon* in Hamburg unterhielt, wo sie die führenden Politiker und Schriftsteller der damaligen Zeit empfing, erhielt lange, zärtliche Briefe, in denen Katharina ihr in allen Einzelheiten über die Feierlichkeiten und das »Volksfest« berichtete. »Es ist unmöglich, Ihnen das Bild dieser Fülle von Menschen jeden Ranges und Alters, die sich dort versammelt hatten, zu beschreiben. Es gab etwa viertausend Wagen, aber trotz des Gedränges verlief alles unter allgemeiner Fröhlichkeit und Freude, ohne das geringste Mißgeschick.«

Während sie so in ihren Briefen mit der *salonière* Madame Bielke und mit Melchior Grimm plauderte, arbeitete die Kaiserin an einem großen Programm für eine administrative Reform, die das ganze System der Provinzialregierung veränderte. Das Land, das aus elf gewaltigen, schwerfälligen Regierungen bestanden hatte, die von Peter dem Großen begründet worden waren, wurde jetzt in fünfzig Provinzen, jede unter einem getrennten Gouverneur, aufgeteilt und dann in Bezirke unterteilt. Die Justiz- und Finanzbehörden kamen unter getrennte Verwaltung. Obgleich dieses System gegenüber dem alten eine ungeheure Verbesserung darstellte, bedeutete es große zusätzliche Kosten für die Unterhaltung eines riesigen Beamtenstabs und vergrößerte zudem die Macht des Adels erheblich, indem es ihn zur einzigen Klasse erhob, die für höhere Posten des Zivildienstes in Frage kam. Die großen Privilegien, die Katharina den Angehörigen des Adels gewährte, waren ein ständiger Streitpunkt zwischen ihr und Potiomkin. Während er sich bemühte, die Ursachen für die schwelende Unzufriedenheit, die im Pugatschew-Aufstand zum Ausbruch gekommen war, zu ergründen und wenn möglich zu beheben, fuhr sie fort, die Klasse zu schützen, auf die sie sich stets verlassen hatte, und deren Mißbräuche sie nicht verhindern konnte.

Potiomkin gehörte mehr nach Moskau als nach St. Petersburg. Die orientalische Mentalität lag ihm mehr als die westliche, und er fühlte sich wohl in der östlichen Stadt, in der sich Katharina seit jeher als Fremde gefühlt hatte. Dies kam ihr am deutlichsten zum Bewußtsein, als er sie auf der traditionellen Pilgerfahrt zum Kloster der Heiligen Dreifaltigkeit begleitete. Sie hatte dieses Lieblingskloster ihrer Vorgängerin schon immer gehaßt. Seine langen, widerhallenden Gänge bargen Erinnerungen an ihre unglückliche Jugend und ihre Streite mit Elisabeth. Diesmal hoffte sie, daß die Glaubensstärke ihres Liebhabers ihr helfen würde, die mystischen Doktrinen einer Kirche zu verstehen, zu der sie trotz aller Bemühungen nie wirklich gehört hatte.

Aber kaum waren sie im Kloster angelangt, da wurde Potiomkin kalt und unnahbar, zog sich in seine Zelle zurück, verbrachte Stunden im Gebet oder ließ sich auf lange theologische Diskussionen mit den Mönchen ein. Es gab Gelegenheiten, bei denen er sie bewußt zu meiden schien; andere Gelegenheiten, bei denen er davon sprach, der Macht und der Eitelkeit der Welt zu entsagen. Die Kaiserin war verzweifelt. Meinte er es ehrlich, oder war es Theater? Langweilte er sich bereits und suchte nach einer Möglichkeit des Entkommens, oder war es eine Art religiöser Verzückung, die sie in ihrem Rationalismus nur als Irrsinn bezeichnen konnte? Sie schrieb ihm im Ton eines schmollenden, verwöhnten Kindes:»Ich werde nie wieder auf eine Pilgerfahrt gehen. Sie sind so kalt. Ich fühle mich ganz schwach, Sie»Giaur«, Sie Moskowit, Sie Mischung von einem Wolf und einem Vogel!« Wie anders sind ihre Briefe an Madame Bielke, in denen sie die Pilgerfahrt als»ein wirkliches Vergnügen ohne einen Augenblick der Langeweile« beschreibt. In den Briefen an ihre Jugendfreundin und an Melchior Grimm ist sie erfüllt von dem begeisterten Empfang, den man ihr in Moskau bereitet hatte, aber in ihren Zeilen an Potiomkin wird der Ausdruck»Moskowit« als Schimpfwort gebraucht. Nach Berichten unparteiischer Augenzeugen war die Begeisterung der Moskowiter dem Großfürstenpaar vorbehalten, und die jubelnde Menge vor dessen Fenster war eine bewußte Beleidigung der Kaiserin. Der frühere Haß des Großfürsten gegenüber den Orlows konzentrierte sich jetzt auf Potiomkin, der sich nicht mehr die Mühe nahm, um seine Gunst zu werben, und ihn offen als Narren abtat, während Katharinas Abneigung gegen ihre Schwiegertochter, der sie einen schlechten Einfluß auf ihren Sohn unterstellte, und die nach zweijähriger Ehe noch keinen Erben zur Welt gebracht hatte, von allen unzufriedenen Elementen in Moskau ausgenutzt wurde. Aber im Herbst desselben Jahres sollten all diese Unstimmigkeiten vorübergehend vergessen werden, denn als der Hof nach St. Petersburg zurückkehrte, wurde offiziell verkündet, daß man im Frühling einen Thronerben erwarte.

Katharinas Glück dauerte nicht lange. Am Morgen des 10. April 1776 wurde sie ans Bett ihrer Schwiegertochter gerufen, die nach drei Tagen voller Qual, bei der ihr weder die Ärzte noch die Hebamme helfen konnten, ein totes Kind gebar. Die Ärzte traf keine Schuld; es lag an einer Mißbildung des Beckens, die, wie man Katharina sagte, nicht zu beheben war und Natalie

Alexejewna daran hindern würde, jemals ein Kind zu bekommen. Die Wehen waren so schrecklich, daß alle Versuche, sie zu retten, vergebens waren, und am Abend des 13. April empfing sie die Letzte Ölung. Die Kaiserin blieb bis zum Ende bei ihrer Schwiegertochter und schrieb einen untröstlichen Brief an Grimm:»Drei Tage lang habe ich weder gegessen noch getrunken. Es gab Augenblicke in denen ich angesichts ihrer Qual das Gefühl hatte, daß mein eigener Körper in Stücke gerissen wurde. Dann wurde ich vollkommen kalt. Ich, die ich von Natur aus zum Weinen neige, sah sie sterben, ohne eine Träne zu vergießen. Ich sagte mir: ›Wenn du weinst, werden andere schluchzen. Wenn du schluchzt, werden andere in Ohnmacht fallen.‹«

Der Großfürst, der seine Frau vergötterte, war außer sich vor Kummer, und der ganze Hof hüllte sich in Trauer. Aber die Kaiserin schien sich bemerkenswert rasch von dem Schock zu erholen. Sie hatte ihre Schwiegertochter nie besonders gemocht und hatte sie oft wegen ihrer Verschwendungssucht und ihrer Schulden getadelt, wobei sie offenbar völlig vergaß, daß Elisabeth sie einst aus dem gleichen Grund gescholten hatte. Sie verdächtigte Natalie Alexejewna sogar, gegen sie intrigiert zu haben, und meinte, ihre Handschrift in dem langen Memorandum zu erkennen, das der Großfürst ihr zu präsentieren gewagt hatte. Er beschuldigte sie darin, das Reich durch ihre Expansionspolitik zu ruinieren, und schlug eine Militärreform nach preußischem Muster vor. Katharina hatte ihr Mißvergnügen gezeigt, indem sie das Memorandum ohne Kommentar zurückgegeben hatte. Jetzt war sie erzürnt, ihren Sohn um eine Frau weinen zu sehen, die ihn vom ersten Tag ihrer Ehe an mit seinem besten Freund betrogen hatte. Ihr waren gewisse belastende Briefe in die Hände gefallen, von denen sie im geeigneten Augenblick Gebrauch zu machen plante. Trotz des Mitgefühls, das sie in ihrem Brief an Grimm zum Ausdruck gebracht hatte, empfand Katharina wenig Kummer über den Tod ihrer Schwiegertochter. Eine Frau, die nicht einmal einen Erben zur Welt bringen konnte, war kaum eine Träne wert.

Im Ausland tauchten Gerüchte auf, die durchblicken ließen, daß die Großfürstin möglicherweise keines natürlichen Todes gestorben sei. Man sagte, die Kaiserin habe einen geheimen Rat einberufen, bei dem beschlossen wurde, daß man Natalie Alexejewna im Interesse der Dynastie sterben lassen solle. Wie auch immer es in Wirklichkeit gewesen sein mag, auf jeden

Fall machte sich die Kaiserin sofort daran, eine andere deutsche Ehefrau für ihren Sohn zu suchen, denn Deutschland war nach wie vor die beliebteste »Brutstätte« für heiratsfähige Prinzessinnen. Aber Paul war viel zu unglücklich, um an eine Wiederheirat zu denken, bis seine Mutter ihm die Briefe übergab, aus denen hervorging, daß seine junge Frau ihm von Anfang an untreu gewesen war. Es war ein schwerer Schlag für ihn, zu erfahren, daß sie und Andrej Rasumofsky, die zwei einzigen Menschen, die er je wirklich geliebt, ihn schamlos betrogen hatten. An Natalie Alexejewna konnte er sich nicht mehr rächen, aber er verlangte, daß Rasumofsky nach Sibirien verbannt werden solle. Aus Treue zu seinem Vater weigerte sich die Kaiserin, seinem Wunsch zu folgen, und der junge Rasumofsky kam als Gesandter nach Venedig. Unterdessen wurde Prinz Heinrich von Preußen zu einem zweiten Staatsbesuch in St. Petersburg erwartet. Da Paul ebenso wie sein Vater alles verehrte, was preußisch war, hoffte seine Mutter, daß Prinz Heinrich einen guten Einfluß auf ihn ausüben und ihn überreden würde, wieder zu heiraten. Diesmal war sie entschlossen, keinen Fehler zu begehen, und ihre Wahl fiel auf König Friedrichs Nichte, eine Prinzessin von Württemberg, die aus einer großen, fruchtbaren Familie von hochgewachsenen, kräftigen Männern und gesunden, breithüftigen Frauen stammte. Die Tatsache, daß das Mädchen bereits offiziell mit dem Erbprinzen von Hessen-Darmstadt verlobt war, wurde nicht in Betracht gezogen. Friedrich, immer darauf bedacht, die Bande mit dem russischen Hof zu festigen, veranlaßte sofort, daß die Verlobung gelöst wurde, und im Hochsommer begleitete der Großfürst seinen Freund Prinz Heinrich zu einer Staatsvisite nach Berlin, wo er seine künftige Braut kennenlernen sollte.

Die Kaiserin muß froh gewesen sein, ihn fortgehen zu sehen, denn sie hatte ihre eigenen Probleme. Der Mann, der ihr das größte Glück bescherte das sie je kennengelernt hatte, war gleichzeitig imstande, sie todunglücklich zu machen. Einer der wenigen Ausländer, mit denen Potiomkin jemals auf vertrautem Fuß stand, beschrieb ihn folgendermaßen: »Ein wahrer Liebling Fortunas, so wankelmütig, so unbeständig und so launenhaft wie sie, überdrüssig dessen, was er besaß, neidisch auf das, was er nicht bekommen konnte, alles begehrend, aber von allem angewidert.« Katharina hatte ihm alles außer ihrer Krone gegeben, und es gab Tage, an denen sie das Gefühl hatte, er beneide sie um ihren Thron, und könne den Gedanken, ein Untertan zu sein, nicht ertragen. An solchen Tagen machte er sich ein Vergnügen daraus, sie zu demütigen, ihr die körperliche Befriedigung zu verweigern, nach der sie verlangte, und bei diesen Gelegenheiten war die große Kaiserin imstande, sich so töricht wie ein liebeskrankes kleines Mädchen zu benehmen. Sie verbrachte schlaflose Nächte, in denen sie verzweifelt wartete, daß er zu ihr käme, oder aber sie lief zu ihm und fand die Tür versperrt. Sie wartete stundenlang in einer zugigen Bibliothek auf ihn, während er sich mit seinen Freunden auf einer Sauftour befand, und sie schrieb ihm traurige Briefe, in denen sie sich über sein Verhalten beklagte. »Wenn man Sie reden hört, möchte man meinen, ich sei ein Ungeheuer, mit allen nur erdenklichen Fehlern behaftet, und vor allem eine hoffnungslose Närrin. Die Gründe für unsere Streitigkeiten sind stets trivial, das Thema unserer Meinungsverschiedenheiten ist immer Macht und niemals Liebe.«

Er verübelte ihr die geringste Gunst, die sie alten Freunden gewährte, und war imstande, den ganzen Tag zu murren, wenn Tschernyscheff oder einer der Orlows Dienst bei Hofe hatte. Katharina machte ihm sanfte Vorhaltungen:

Das einzige, worum ich Sie bitte, nehmen Sie mich nicht gegen die Orlows ein, denn ich würde dies als eine große Undankbarkeit Ihrerseits betrachten. Es gibt niemanden auf der Welt, über den der Fürst mir soviel Gutes gesagt oder den er so geschätzt hat wie Sie. Wenn der Fürst seine Fehler hat, so ist es nicht an Ihnen oder mir, sie zu kritisieren oder die Aufmerksamkeit anderer auf sie zu lenken. Er hat Sie geliebt, und was mich betrifft, sowohl er als auch seine Brüder sind meine guten Freunde, und ich werde sie nie im Stich lassen.

Dies ist eine der wenigen Gelegenheiten, bei denen sie ihn zurechtzuweisen wagte. Für gewöhnlich nahm sie seine Launen und Wutanfälle mit überraschender Duldsamkeit hin, war dankbar für jede Freundlichkeit und überglücklich, wenn er zärtlich mit ihr war. Sie war stets großzügig ihren Favoriten gegenüber, aber Potiomkin war der erste, der ein regelmäßiges Einkommen von zwölftausend Rubel im Jahr bezog. Die Kosten für seinen Lebensunterhalt, die sich auf weit über hunderttausend Rubel beliefen, wurden ihrem persönlichen Konto angerechnet. Es verging nicht ein Feiertag, ohne daß er ein Geschenk von weiteren hunderttausend erhielt. Als sie ihm einmal statt dessen einen mit Juwelen besetzten Gürtel schenkte, stellte er sein Mißvergnügen so offen zur Schau, daß sie ihren Fehler sofort wiedergutmachte, indem sie ihm zusätzlich das Geld sandte. Als Gouverneur der südlichen Provinzen hatte er seinen eigenen Stab, der nach Erwerb der Krim zu einem regelrechten Hofstaat anwuchs. Aber trotz alledem war er so verschwenderisch und unbesonnen in seinen Ausgaben, so phantastisch großzügig in seinen Geschenken, daß er ständig in Schulden steckte. Er schenkte seiner kaiserlichen Herrin ein Schmuckstück mit den erlesensten Smaragden, oder er sandte einen Boten zweitausend Meilen weit, nur um ihr eine seltene Pflanze oder die feinsten Trauben schicken zu lassen. Sie ihrerseits bezahlte seine Gläubiger, wenn diese allzu hartnäckig wurden.

Was war das Geheimnis seines Zaubers? Des Einflusses, den er auch weiterhin auf sie ausübte, nachdem er schon lange nicht mehr ihr Liebhaber war? Ist es ihm gelungen, zu erreichen, was sie Orlow verweigert hatte, und waren sie heimlich verheiratet, wie der sowjetische Historiker, Professor Barskow, behauptet? Seinen Nachforschungen entsprechend wurden sie Ende 1774 in einer kleinen Kirche eines entlegenen Bezirks der Stadt getraut. Nur drei Zeugen waren zugegen: die treue Kammerfrau der Kaiserin, der Neffe des Bräutigams, Samailow, und der Haushofmeister, Graf Tschertkow. Es gab zwei Ausfertigungen der Heiratsurkunde; eine erhielt die Kammerfrau, die andere der Neffe des Bräutigams, und beide scheinen vernichtet worden zu sein. Obwohl nur vier Personen bei der Zeremonie zugegen waren, scheinen Gerüchte über die Heirat sowohl Kaiser Joseph als auch dem Comte de Ségur zu Ohren gekommen zu sein, obgleich Ségur erst zehn Jahre später nach Rußland kam.

Die überzeugendsten Argumente für die Theorie von Professor Barskow sind in der Korrespondenz der Kaiserin zu finden. In Briefen, die über einen Zeitraum von nahezu zwanzig Jahren geschrieben wurde, nennt sie Potiomkin »Mein liebster Ehemann«, »Mein zärtlicher Gatte« und unterschreibt »Ihre liebende Frau«. Solche Redewendungen können als Ausdruck der Zärtlichkeit zwischen Liebenden gebraucht werden, aber wohl kaum zu einer Zeit, in der beide bereits in andere Liebesaffären verwickelt waren. Als schlüssigster Beweis von allem mögen vielleicht die kurzen Zeilen gelten, die anscheinend Ende 1774, gleich nach der Hochzeit, geschrieben wurden, und in denen sich Katharina darüber ausläßt, wie peinlich es ihr ist, daß Potiomkin Dienst bei Hofe tun muß: »Ich glaube, wenn Sie hinter meinem Stuhl stehen müssen, werde ich so rot wie ein Hummer.«

Als zwei Jahre später erbitterte Streitigkeiten ihre Beziehungen zu trüben begannen, schrieb sie ihm:
Mein Gebieter und zärtlicher Gemahl, als erstes will ich auf das eingehen, was mich am meisten berührt. Warum wollen Sie weinen? Warum schenken Sie Ihrer ungesunden Einbildung mehr Glauben als den wirklichen Tatsachen, die alle die Worte Ihrer Frau bestätigen, die durch das stärkste aller Bande an Sie gebunden ist und seither nie ihre Einstellung zu Ihnen geändert hat? Wie ist es möglich, daß ich Sie nicht mehr lieben sollte? Haben Sie Vertrauen in meine Worte. Ich liebe Sie und bin durch alle denkbaren Bande an Sie gebunden.

Aber Potiomkin war ein Opfer seines eigenen Charakters, eines Charakters, der viel femininer und verschlagener war als der seiner Herrin – niederträchtig und edel zugleich, anmaßend, aber unsicher, neidisch auf diejenigen, die er am meisten liebte, und unfähig, selbst der Kaiserin gegenüber loyal zu sein. Er kritisierte sie in Gegenwart seiner Freunde, die nicht immer die ihren waren, und stellte sie vor den ausländischen Gesandten bloß. Natürlich wurden an einem Hof, an dem er so viele Feinde hatte, seine Bemerkungen Katharina sofort hinterbracht. Bei anderen Gelegenheiten versetzte er sie in Angst und Schrecken, indem er sagte, daß er jeden umbringen werde, dem sie nach ihm ihre Zuneigung schenkte. Aber bis Anfang 1776 ging er bereits das größte Risiko seiner außergewöhnlichen Laufbahn ein, indem er sich allmählich aus der sexuellen Beziehung zu einer Frau löste, deren unersättliches Verlangen er nicht mehr befriedigen konnte. Seine angeborene Empfindsamkeit, die in solch eigenartigem Gegensatz zu der Derbheit seiner Gewohnheiten stand, schreckte vor ihren übermäßigen Forderungen zurück. Der Mann, dessen äußere Erscheinung so ungeschlacht war, hatte jedoch den Geist und die Seele eines Poeten. Seine Liebesbriefe an seine jungen Nichten, die alle zur einen oder anderen Zeit seine Gunst genossen, waren hinreißend lyrisch. Die arme Katharina erhielt nie derartige Briefe. Aber während seines ganzen Lebens war sie für ihn die Verkörperung des Landes, das er abgöttisch liebte.

Am meisten fürchtete er, früher oder später zugunsten irgendeines strammen jungen Gardisten entlassen zu werden, bliebe er weiterhin ihr Liebhaber. Seine eifersüchtigen Augen hatten bereits die anerkennenden Blicke bemerkt, mit denen sie einige der diensthabenden jungen Offiziere musterte. Der Gedanke, mit einem nichtssagenden, klingenden Titel verabschiedet zu werden, war ihm unerträglich. Die Kaiserin hatte ihn zur Zeit der Moskauer Friedensfeiern zum Fürsten ernannt, aber er hatte nicht die Absicht, in Orlows Fußstapfen zu treten. Es gab noch so vieles, was er für Rußland tun konnte, so vielerlei Möglichkeiten, der Kaiserin zu dienen. Als Vizekönig über das größte Reich der Welt zu herrschen, bedeutete ihm mehr, als das Bett seiner Monarchin zu teilen, und er verstand es sehr geschickt, Katharina zu überzeugen, daß ihrer beider Verantwortungen zu groß, ihre Pflichten zu drückend seien, als daß sie ihre Zeit mit trivialen Streitigkeiten vergeuden dürften. Die Regeln, die das Verhalten minderer Männer und Frauen bestimmten, gingen sie nichts an. Die »mignons«, die ihrem Vergnügen dienten, könnten nach Belieben gewählt und gewechselt werden. Aber er, Potiomkin, werde immer da sein, um über ihre Interessen zu wachen und ihr mit selbstloser, unvergänglicher Ergebenheit zu dienen. Ihre geistigen Bande waren unlösbar, ihre Ideale waren die gleichen: die Ungläubigen aus Europa zu vertreiben und Katharina in der geheiligten Hagia Sophia in Konstantinopel zur Kaiserin von Byzanz krönen zu lassen. Das, was als das »griechische Projekt« bekannt wurde, der Traum Peters des Großen, von den Orlows wiedererweckt und von Voltaire befürwortet, wurde zur Wirklichkeit in den Händen Potiomkins, den Katharina liebte und bewunderte, weil sie ihn als die Reinkarnation des großen Zaren ansah.

Zu einer Zeit, wo sein persönlicher Einfluß im Schwinden begriffen schien, wo die Kaiserin ganz unverhohlen einen anderen Liebhaber genommen hatte, und seine Feinde über seinen bevorstehenden Sturz frohlockten, nahm Potiomkin in ständig steigendem Maße an den Regierungsgeschäften teil; er bemächtigte sich der Stellung Panins im Kollegium für Auswärtige Angelegenheiten und fungierte bei den Festlichkeiten in Moskau als Gastgeber für die ausländischen Gesandten. Der preußenfreundliche Panin mußte sich mit dem zweiten Platz begnügen, als der Fürst den Bruder des Königs bei dessen Staatsbesuch in St. Petersburg empfing und bei dieser Gelegenheit den begehrten Schwarzen Adlerorden erhielt. Ein Mann mit mehr Stolz als Panin hätte seinen Rücktritt eingereicht, aber der umsichtige alte Staatsmann erklärte, er habe freien Zugang zur Kaiserin, solange er seinen Posten behalte, und könne somit die Intrigen schüren, die dem anmaßenden Favoriten selbst auf dem Höhepunkt seiner Macht das Leben erschwerten.

Potiomkin verstand es geschickt, Katharina, die immer noch leidenschaftlich in ihn verliebt war, zu überzeugen, daß sie diejenige war, die sich der Untreue schuldig gemacht hatte. Eine immer wieder aufflackernde Krankheit, unter der er Ende 1775 und während der ersten Monate des folgenden Jahres litt, förderte seine Pläne, da es ihm dadurch möglich wurde, sich vom Hof zu entfernen. Katharina spricht in ihren Briefen von seiner »Milz«, die ihn so verdrießlich und mißtrauisch machte, aber vermutlich handelte es sich in Wirklichkeit um akute Gallenanfälle, die das Resultat übermäßigen Essens und Trinkens waren. Seine Feinde gaben seiner Krankheit einen unangenehmeren Namen, und Potiomkin scheint dieses Gerücht bewußt gefördert zu haben. Katharina hatte panische Angst vor jeder Art von Geschlechtskrankheit, und es ist bezeichnend, daß all ihre folgenden Liebhaber, deren Zahl sich nach vorsichtigster Schätzung auf nicht weniger als sieben belief, von ihrem englischen Arzt Dr. Rogerson untersucht werden mußten, ehe sie ins kaiserliche Bett gelassen wurden. Weder Orlow noch Potiomkin, die beide berüchtigte Wüstlinge waren, mußten sich dieser demütigenden Prozedur unterziehen, und es blieb ihnen auch erspart, ihre Männlichkeit von der unternehmungslustigen Gräfin Bruce auf die Probe stellen zu lassen, die als *»l'éprouveuse«* in die Geschichte eingegangen ist.

Potiomkins spätere amoureuse Laufbahn, die Ungeduld, mit der ihm die schönsten Frauen, einige von ihnen aus den ältesten Adelsgeschlechtern Rußlands, in die Arme fielen, ist ein Beweis, daß seine Krankheit nicht so schwer gewesen sein kann, wie seine Feinde behaupteten. Aber immerhin mag sie damals dazu gedient haben, eine Leidenschaft abkühlen zu lassen, die ihn letztlich, wie er fürchtete, hätte vernichten können. Im Sommer 1776 brach er zu einer Rundreise durch die Provinzen Zentralrußlands auf, und bei dieser Gelegenheit spielte er zum erstenmal die Rolle von Katharinas Vizekönig, denn ob in Nowgorod oder Twer, jeder für seinen Gebrauch bestimmte Gegenstand, von Möbeln bis zu Kochtöpfen, wurde vom Hof geliefert.

Katharinas Briefe – und sie schrieb ihm täglich – sind ebenso zärtlich wie zuvor. Sie vermißt ihn, sie sehnt sich nach seiner Rückkehr. »Ich brenne vor Ungeduld, Sie wiederzusehen. Es kommt mir vor, als hätte ich Sie schon seit einem Jahr nicht gesehen. Ich küsse Sie und wünsche mir so sehr, Sie wieder hier zu haben, denn ich liebe Sie von ganzem Herzen. Mein geliebter Falke, Sie bleiben viel zu lange fort.« Gleichwohl nützte sie seine Abwesenheit aus, sich einen neuen Liebhaber zu nehmen, einen gutaussehenden jungen Offizier, der alle Eigenschaften besaß, sie glücklich zu machen, der jedoch in Anbetracht von Potiomkins Eifersucht keine Aussicht hatte, lange an ihrer Seite zu bleiben.

Die Reaktion des Favoriten auf die Nachricht war typisch. Er hatte mit allen Mitteln versucht, frei zu sein. Monatelang hatte er die Kaiserin gedrängt, ihm ein eigenes Haus zu geben, und hatte sich das sogenannte Anitschkow-Palais ausgesucht, das früher Alexej Rasumofsky gehört hatte. Das Haus, das auf einer Seite den Fontankanal und auf der anderen den Newski-Prospekt überblickte, war verfallen, und Katharinas Haupteinwände stützten sich auf die Tatsache, daß es ein Vermögen kosten würde, es wieder bewohnbar zu machen. Aber der verwöhnte Favorit setzte schließlich seinen Willen durch, und Ende Juni 1776 unterzeichnete die Kaiserin ein Dokument, mit dem sie ihm den Besitz und hunderttausend Rubel für seine Wiederherstellung übergab. Potomkin wohnte kaum je in dem Haus; nach einem Jahr bot er es zum Verkauf an, um seine Schulden zu bezahlen, und die langmütige Kaiserin kaufte es ihm ein zweites Mal.

Der neue Favorit war ihm zu intelligent und zu wohlerzogen. Er nahm sich vor, in Zukunft selbst die Liebhaber der Kaiserin zu wählen, und Zawadowsky war kaum zum *aide-de-camp* ernannt, da weckte er bereits sein Mißtrauen und seine Eifersucht. Potiomkin kehrte aus Nowgorod zurück und beklagte sich, daß er einsam und unglücklich sei und nicht wisse, wohin er gehen solle, worauf Katharina ihm mit all ihrer früheren Zärtlichkeit und Liebe antwortete:»Mein Mann hat mir geschrieben, ›Wohin soll ich gehen? Wo finde ich einen geeigneten Platz?‹ Mein lieber und geliebter Mann, kommen Sie zu mir. Sie werden mit offenen Armen empfangen.«

Kein Wunder, daß Peter Alexejewitsch Zawadowsky, der seine kaiserliche Herrin aufrichtig liebte, besessen war von Eifersucht auf Potiomkin. Er war ebenfalls Ukrainer, Sohn einer alten Adelsfamilie in Kleinrußland und bei den Jesuiten erzogen. Er hatte seine Laufbahn in der Kanzlei des Feldmarschalls Rumianzew begonnen, der zugleich Oberbefehlshaber und Gouverneur der Ukraine war. Der Marschall hatte ihn an die Front mitgenommen, wo seine Tapferkeit auf dem Schlachtfeld ihn zum Rang eines Oberstleutnants erhob und ihm als Belohnung ein Besitztum in Kleinrußland einbrachte.

Ehe die Kaiserin sich auf den Weg zu den Friedensfeiern in Moskau machte, schrieb sie an den Feldmarschall und bat ihn, ihr zwei gute Sekretäre aus seiner Kanzlei zu überlassen. Rumianzew kam ihren Wünschen nach, und die zwei jungen Männer, die ihn nach Moskau begleiteten, waren beide dazu ausersehen, eine glänzende Karriere zu machen. Zunächst schien Zawadowsky derjenige zu sein, der all die nötigen Eigenschaften für eine erfolgreiche Laufbahn besaß, denn er war gutaussehend, wohlerzogen und hochintelligent. Betzborodko hingegen war ungehobelt und linkisch in seinem Benehmen und vulgär in seinem Aussehen. Dennoch sollte er von beiden die größere Karriere machen. Während Zawadowsky ein Jahr lang im Rampenlicht der kaiserlichen Gunst lebte, ehe er die Laufbahn eines hochgeachteten Staatsbeamten einschlug, wurde Betzborodko, der mit nichts begonnen hatte, am Ende Fürst und Reichskanzler. Zawadowskys gute Erscheinung gefiel der Kaiserin, die ihn innerhalb eines Monats ihrem persönlichen Stab zuteilte und ihn zum Rang eines Generalmajors erhob. Aber Betzborodko blieb vorläufig Sekretär der Staatskanzlei, einer von vielen namenlosen Beamten, die sich abmühten, das Reich zu verwalten.

Zawadowskys amouröse Beziehungen zu Katharina entwickelten sich sehr langsam. Sie war immer noch im Bann Potiomkins, war oft einsam und unglücklich und allzu sehr damit beschäftigt, die zweite Heirat des Großfürsten zu planen, als daß sie einem Liebhaber viel Zeit hätte widmen können. Diesmal war ihre Rolle die einer zärtlichen Mutter, der es nur um das Glück ihres Sohnes ging. Häßliche Gerüchte, die sowohl Katharina als auch Potiomkin belasteten, hatten in der Stadt die Runde gemacht; es wurde gemunkelt, daß Natalie Alexejewnas Hebamme durch Bestechung dazu veranlaßt worden sei, sie sterben zu lassen, und daß die Krankheit des Fürsten Orlow, der im vergangenen Jahr einige leichte Schlaganfälle erlitten hatte, auf Gift zurückzuführen sei, das Potiomkin ihm verabreicht habe. Nichts war zu schlimm, um dem ehemaligen Favoriten von denjenigen in die Schuhe geschoben zu werden, die an seinen unmittelbar bevorstehenden Sturz glaubten. Aber nicht einmal die Reize ihres neuen Liebhabers konnten Katharina den Mann vergessen lassen, den sie ihren »Held« nannte, und der bei seiner Rückkehr aus Nowgorod ebenso mächtig und anmaßend war wie eh und je.

Der Empfang, der dem Großfürsten in Berlin zuteil geworden war, hatte ihn mit dem Gedanken an eine zweite Heirat versöhnt. Er, der stets eine so unbedeutende Rolle am Hof seiner Mutter gespielt hatte, sah sich jetzt von dem großen Friedrich gefeiert. Niemand verstand sich besser auf die Kunst der Schmeichelei als der alte König, und der eitle und leicht zu beeinflussende Paul, der von dem siegreichen Feldmarschall Rumianzew begleitet wurde, sonnte sich im Glanz des Erfolgs. Seine zukünftige Braut war ein großes, hübsches Mädchen, sanft und liebenswürdig, das keinen Versuch unternommen hatte, Einwände zu erheben, als ihre Verlobung mit dem gutaussehenden hessischen Prinzen plötzlich rückgängig gemacht wurde und ihr Onkel statt dessen den schwächlichen, reizlosen Zarewitsch beibrachte.

Auf Wunsch der Kaiserin sollte die Hochzeit so bald wie möglich stattfinden. Die Bekehrung der Braut zum orthodoxen Glauben sollte in aller Eile durchgeführt werden. Dies war die Gelegenheit, bei der Katharina so zynisch an Grimm schrieb: »Es dürfte nicht länger als zwei Wochen dauern, sich mit den Grundbegriffen der orthodoxen Kirche vertraut zu machen. Was die Überzeugung betrifft, die kann später kommen.« Aber obgleich die Großfürstin Marie Feodorowna sich als gute Ehefrau erwies, die ihrem Mann drei kräftige Söhne und sechs reizende Töchter schenkte, gelang es ihr nie, die Zuneigung ihrer Schwiegermutter zu gewinnen, denn Katharina war sich stets der stillschweigenden Mißbilligung von seiten dieser prüden und tugendhaften Prinzessin bewußt.

Unterdessen half Zawadowsky, der Liebhaber, aber noch nicht offizieller Favorit der Kaiserin, seiner Herrin eifrig bei der Zusammenstellung von Listen für den eleganten Trousseau, dessen Anfertigung sie selbst in allen Einzelheiten überwachte, angefangen mit der Dekoration des Brautgemachs bis zu den Spitzen an der Bettwäsche, die, wie sie eigenhändig vermerkte, »von bester Qualität« sein sollten. Zweifellos wurden ihr diese nicht sehr anregenden Aufgaben durch die Hilfe ihres »kleinen Petussia« sympathischer gemacht. Katharina scheint eine Vorliebe für Diminutive gehabt zu haben, ganz gleich, ob sie zu einem Riesen wie Potiomkin oder zu einem ein Meter achtzig großen Hünen wie Zawadowsky sprach. Sie, die es nie verstanden hatte, Paul oder Bobrinsky, ihrem unehelichen Sohn von Orlow, eine Mutter zu sein, war nichtsdestoweniger seltsam mütterlich ihren Liebhabern gegenüber. »Petussia« war in jeder Hinsicht zufriedenstellend. Er war zärtlich und leidenschaftlich, und als einziger ihrer Favoriten begehrte er weder Ehren noch

Reichtümer. Erst nach der Hochzeit des Großfürstenpaares, bei der Potiomkin, von Diamanten funkelnd, Blickpunkt des gesamten Hofstaats war, übersiedelte Zawadowsky in den Winterpalast. Alles hätte gut sein können, wären nicht seine eifersüchtige, besitzergreifende Liebe und sein Haß auf Potiomkin gewesen. Gerade seine abgöttische Verehrung für Katharina sollte der Anlaß seines Sturzes sein. Er wünschte eine allumfassende Vertraulichkeit und beklagte sich, daß der Schatten seines Vorgängers zwischen ihnen stehe. Katharina versuchte, vernünftig mit ihm zu reden, aber es war zwecklos.

Katharina, die auf eine Art von häuslichen Frieden gehofft hatte, sah sich heftigen Eifersuchtsszenen ausgesetzt, und zwar nicht nur von Zawadowsky, sondern auch von Potiomkin, der wütend war, einen Favoriten im Palast vorzufinden, der ihm mit unverhohlener Feindseligkeit entgegentrat. Im Frühling 1777 hielt er sich bewußt von den Geburtstagsfeiern der Kaiserin fern und zog sich auf einen Landsitz zurück; er scheint Katharina von dort aus eine Art Ultimatum gestellt zu haben, in dem er sich über die Behandlung beschwerte, die ihm zuteil wurde, und Zawadowskys Entlassung forderte, worauf Katharina ihm erwiderte:

Sie wissen, es gibt nichts, was ich nicht für Sie tun würde. Deshalb, in Gottes Namen, seien Sie vernünftig und stellen Sie Ihr Verhalten auf eine Stufe mit dem meinen. Wenn ich schwach gewesen bin, so ist es an Ihnen, dies zu verbergen, denn die öffentliche Meinung – die der Dummen und Unwissenden – wird diese Angelegenheit nach der Bedeutung beurteilen, die Sie ihr beimessen. Sie bitten mich, Zawadowsky zu entlassen, aber das würde nur dazu dienen, meinem Ruf zu schaden und meine Fehler aufzudecken. Ich würde eine Ungerechtigkeit gegen einen Mann begehen, der völlig unschuldig ist. Zwingen Sie mich nicht, etwas so Unbilliges zu tun, und hören Sie nicht auf Verleumdungen.

Potiomkin war jedoch nicht in der Stimmung, Zugeständnisse zu machen. Zawadowsky mußte gehen, nicht ohne Tränen seitens der Kaiserin, die zwei Monate später einen zaghaften Versuch unternahm, ihn zurückzurufen. Aber 1777 war ein Jahr, in dem die Politik sie völlig in Anspruch nahm und Potiomkins Unterstützung zu wichtig war, als daß sie sie durch das Auf und Ab ihres Privatlebens aufs Spiel setzen durfte. Zawadowsky zog sich verbittert und untröstlich auf seine Besitztümer in der Ukraine zurück.

XXII

DER SEKRETÄR UND DIE PFANNKUCHEN

Ohne den Vorfall mit einem Tellervoll übriggebliebener Pfannkuchen wäre Zawadowskys Freund und Kollege Betzborodko
vielleicht niemals befördert worden. Es war im Winter 1775,
in der letzten Woche des Moskauer Karnevals, und die Kaiserin,
die ihre Sekretäre an diesem Abend auf den Fastnachtsjahrmarkt
geschickt hatte, saß allein in ihrem Arbeitskabinett.

Sie hatte sich ein frühes Abendessen dorthin bestellt, und
man servierte ihr Blini – Pfannkuchen, mit Kaviar gefüllt und
mit Sahne übergossen –, die sie besonders gern mochte. Es
waren jedoch zu viele, selbst für ihren herzhaften Appetit, und
sie waren viel zu gut, um vergeudet zu werden. Sie mußte
jemanden finden, der sie mit ihr teilte, aber als sie die Dienerschaft befragte, sagte man ihr, niemand, außer einem der ukrainischen Sekretäre der Kanzlei, sei im Dienst. Mit jener angebore-
nen Einfachheit, die sie so liebenswert machte, lud Katharina
den Sekretär ein, mit ihr zu speisen, und Betzborodko wurde,
schüchtern, aber nicht verlegen, zu ihr geführt. Sie faßte sofort
Zuneigung zu ihm. Er war unscheinbar und reizlos anzusehen,
aber gewinnend in seiner Art. Es war nichts Unterwürfiges
an ihm. Seine Strümpfe mochten faltig sein und sein Hemd
nicht allzu rein, aber er beantwortete freimütig ihre Fragen,
und seine Augen blitzten vor Intelligenz. Wir können uns die
Szene vorstellen: das kleine, überheizte Arbeitskabinett, in dem
es nach Essig und aromatischen Kräutern duftete; die exotischen
Pflanzen in der Leibung der Doppelfenster, die die Illusion
von Frühling erweckten, während draußen der Schnee auf die
winterliche Landschaft fiel; ein kleiner Tisch, vor den Kamin
gerückt, und zwei Menschen, beide mit gesundem Appetit, die
sich genüßlich über die Blini hermachten; die Kaiserin behäbig
und bequem in Haube und Morgenmantel, auf der Nase die
Brille, die die Öffentlichkeit niemals zu sehen bekam, eine Ser-
viette fest um den Hals gebunden, denn sie sagte von sich
selbst, daß sie eine unsaubere Esserin sei.

Und ihr gegenüber der kleine Sekretär, der vor Vergnügen
mit den Lippen schmatzte, während ihm die Sahne aus den

Winkeln seines vollen, sinnlichen Mundes rann. Nach Beendigung der Mahlzeit machten sie sich an die Arbeit. Katharina las Betzborodko Auszüge aus dem neuen »Provinzgesetz« vor und war verblüfft zu hören, daß er es auswendig kannte. Aber noch mehr verblüffte es sie, daß er, als sie über die Ukraine sprachen, den Mut besaß, ihr zu raten, sie solle es nicht mit den Zaporoschje-Kosaken verderben, deren freie Gemeinden an den Katarakten des Dnjepr Potiomkin auflösen wollte.

Der kleine Sekretär wagte es, den Entschluß des allmächtigen Favoriten zu kritisieren, und als Katharina ihn fragte, weshalb er sich so um die Kosaken sorge, erwiderte er, sie könnten sich als nützliche Bundesgenossen erweisen, da sie mit den an die Krim grenzenden Gebieten vertraut seien. Sie fragte ihn, was die Krim damit zu tun habe, und er sagte: »Alles. Wenn die Krim erst einmal Rußland gehört, wird Frieden im Süden herrschen, und es wird keine Überfälle der Krim-Tataren mehr geben. Die Kosaken werden helfen, den Frieden zu wahren.«

Die Kaiserin musterte ihn scharf, denn die Einverleibung der Krim war ein Projekt, das noch in der Zukunft lag. Wie hatte er all das erfahren? Und er erwiderte, er habe überhaupt nichts erfahren, sondern er habe lediglich über diese Dinge nachgedacht, während er noch in der Ukraine gewesen wäre. Katharina war beeindruckt von seinem politischen Scharfblick und seinem ruhigen Selbstvertrauen. Von diesem Tag an begann die erstaunliche Laufbahn, die den kleinen ukrainischen Sekretär zu einem der reichsten und mächtigsten Männer Rußlands machte. Betzborodko suchte niemals das Rampenlicht und hatte auch nicht den Ehrgeiz, Potiomkin den Rang streitig zu machen. Im Gegenteil, er diente ihm ebenso treu, wie er der Kaiserin diente. Wenn der Fürst sich auf einer seiner Rundreisen durch die Provinzen des Südens befand, wachte Betzborodko über seine Interessen und riet ihm, zurückzukommen, wann immer seine Feinde die Oberhand zu gewinnen schienen oder die Kaiserin im Begriff war, sich einen ungeeigneten Liebhaber zu nehmen. Aber er ließ sich nie tyrannisieren, weder von der Kaiserin noch von Potiomkin, und er hatte auch manchmal den Mut, ihnen unangenehme Wahrheiten zu sagen. Er gehörte nie irgendeiner Clique an, mischte sich nie in Intrigen, und blieb Panin gewissenhaft treu, solange der alte Minister dem Kollegium für Auswärtige Angelegenheiten vorstand. Die Kaiserin empfahl ihn Panin, und schon nach kurzer Zeit übernahm Betzborodko all die lästigen Pflichten, für die Panin zu faul war.

Panins Trägheit hatte mit den Jahren zugenommen. Gefräßigkeit und Vergnügungssucht hatten seine Gesundheit untergraben. Er verbrachte seine Zeit zwischen Bett und Kartentisch. Aber vorläufig war sein Verstand noch ungeschwächt. Er war immer noch ein treuer Preußenfreund und ein gefährlicher Gegner für König Friedrichs Feinde. Trotz all seiner Faulheit (nach Aussage des neuen britischen Gesandten arbeitete er nie mehr als eine Stunde pro Tag) brachte er es fertig, die Pläne seiner Feinde zu vereiteln und die Kaiserin daran zu hindern, irgendeine andere politische Linie als die seine zu verfolgen. Potiomkin interessierte sich nur für den Osten, und es blieb Panin überlassen, Rußlands Beziehungen zum Westen zu lenken. Europa sah sich zwei politischen Krisen gegenüber: der Frage der bayerischen Erbfolge und dem amerikanischen Unabhängigkeitskrieg. Für den Augenblick interessierten sich die Großmächte weit mehr für die Zukunft Bayerns als für einen Kolonialkrieg. Einige von ihnen, und dazu gehörte auch Rußland, bedauerten nicht, die anmaßenden Engländer, die sich so gern in anderer Leute Angelegenheiten mischten, jetzt so tief in ihre eigenen verstrickt zu sehen. Aber die Erbfolge von Bayern, wo der Kurfürst Maximilian kürzlich gestorben war, ohne einen direkten Erben zu hinterlassen, war von lebenswichtigem Interesse für alle. Der dem Thron am nächsten stehende Prätendent war der Herzog von Zweibrücken, Wittelsbacher einer Seitenlinie. Aber die Habsburger hatten einen Anspruch durch Heirat, und der junge Kaiser Joseph II. sah in der umstrittenen Erbfolge eine ausgezeichnete Gelegenheit, sein Gebiet auf Kosten Deutschlands zu erweitern. Dabei geriet er mit dem alten König von Preußen in direkten Konflikt, der als Oberhaupt des Deutschen Bundes entschlossen war, zu verhindern, daß Bayern dem Habsburgischen Reich einverleibt würde.

Der Krieg stand unmittelbar bevor. Friedrich zog mit seinen Armeen nach Böhmen und rückte bis zur Elbe vor, wo die Österreicher sich am gegenüberliegenden Ufer massiert hatten. Aber keine der beiden Seiten versuchte, die andere anzugreifen, denn weder der König noch der Kaiser wollten kämpfen; auch die übrigen Mächte Europas waren nicht bereit, wegen der bayrischen Erbfolgefrage in den Krieg zu ziehen, und die erbittertste Kriegsgegnerin von allen war die alte Kaiserin Maria Theresia, deren Sohn ganz gegen ihren Willen gehandelt hatte. Sie war alt und gebrechlich und wollte ihre Tage in Frieden beenden, was für Opfer auch immer dieser Friede nach sich ziehen mochte. Nichts muß ihr während ihrer langen und sorgenvollen Regierungszeit so schwergefallen sein wie der Brief, den sie an die Kaiserin von Rußland schrieb, um sie um ihre Vermittlung zu ersuchen. Sie mochte Katharina nicht, sie fühlte sich abgestoßen von ihrer Zügellosigkeit; aber jetzt bat sie sie als »Christin und Mitmonarchin«, ihren Einfluß auf den König von Preußen geltend zu machen, um einen gerechten und ehrbaren Frieden zuwege zu bringen. Katharina fühlte sich ungeheuer geschmeichelt, daß die tugendhafte Habsburger Kaiserin, das geachtetste Staatsoberhaupt ihrer Zeit, sich herabließ, sie in einem Konflikt, der eine rein deutsche Angelegenheit war, um ihre Vermittlung zu bitten. Ihre persönlichen Sympathien wandten sich jetzt Österreich und dem jungen Kaiser zu, den sie als einen natürlichen Verbündeten für ihre fungierten Projekte ansah. Aber sie wollte diesen Verbündeten nicht mächtiger werden lassen, als er gegenwärtig war, und so folgte sie dem Rat Panins, der erklärte, daß es im Interesse Rußlands sei, den Deutschen Bund zu unterstützen.

Beim Kongreß von Teschen fungierten die Kaiserin von Rußland und der König von Frankreich, der bereits in einen kostspieligen Krieg mit England verwickelt war, als Friedensunterhändler. Durch einen ehrbaren Kompromiß konnte der Kaiser sein Gebiet zwischen der oberen Donau und dem Inn ausdehnen und dadurch das eigentliche Österreich mit Tirol verbinden, während Bayern Erbbesitz der Wittelsbacher blieb. Der Vertrag als solcher war nicht von großer Bedeutung, aber er brachte Rußland zum erstenmal an die Kongreßtische Europas. Es war ein persönlicher Triumph für Katharina, die so an Ansehen gewann, daß der Kaiser von Österreich jetzt entschlossen war, ihr Verbündeter zu werden. Angesichts ihres Erfolgs war sie derart von Stolz gebläht, daß es den an ihrem Hof akkreditierten Diplomaten immer schwerer fiel, vernünftig mit ihr zu verhandeln, und keiner hatte eine schwierigere Aufgabe als James Harris, der neue britische Gesandte, der im Januar 1778 in St. Petersburg eintraf.

Vor zwanzig Jahren war Katharina als junge Großfürstin bereit gewesen, sich für ein Darlehen von zehntausend Pfund in den Dienst Englands zu stellen. Jetzt war England an der Reihe, ein Darlehen zu erbitten, aber nicht in Form von Geld, sondern von Soldaten – zwanzigtausend Mann, die ihm helfen sollten, »seine irregeleiteten Untertanen in Amerika zu bezwingen«. Es war im 18. Jahrhundert üblich, daß neutrale Länder

Söldnertruppen an kriegführende Mächte verdingten. Doch in Rußland war die Erinnerung an den Pugatschew-Aufstand noch zu frisch, und die Grenzen des Landes waren zu unsicher, als daß Katharina es wagen konnte, ihre Truppen nach Übersee zu schicken, und die letzten Abgesandten Englands hatten auf ihre diesbezüglichen Forderungen stets eine ausweichende Antwort erhalten. Aber James Harris kam noch mit einer weiteren Mission: Er sollte herausfinden, ob der russische Hof bereit sei, ein Schutz- und Trutzbündnis mit England zu schließen. Und falls die Kaiserin geneigt schien, sollte er sofort ein Abkommen aushandeln, für das er »ausgedehnte Vollmachten und einen unbegrenzten Kredit« erhalten hatte.

James Harris traf zu einer Zeit in Rußland ein, in der Englands Ansehen auf dem Kontinent seinen Tiefstand erreicht hatte; wo es einen verlorenen Kampf gegen seine amerikanischen Kolonisten ausfocht und verzweifelt bemüht war, seine Herrschaft über die Meere gegen die vereinte Macht von Frankreich und Spanien zu behaupten. Sein größter Staatsmann, Lord Chatham, lag im Sterben, seine Regierung war schwach und unfähig, und die finanzielle Situation war verhängnisvoll.

So war dies wohl kaum der geeignete Zeitpunkt, ein Bündnis mit einem Land anzustreben, dessen Herrscherin und Minister nur durch Erfolge zu beeindrucken waren. Aber es gelang James Harris, während der ganzen fünf Jahre, die er als Gesandter in St. Petersburg verbrachte, eine bevorzugte Stellung an Katharinas Hof einzunehmen und Potiomkins Unterstützung und Freundschaft zu gewinnen. Er erreichte weder einen Bündnisvertrag, noch konnte er die Kaiserin daran hindern, ihrer berühmten Erklärung der »bewaffneten Neutralität« treu zu bleiben, die dazu bestimmt war, ihre Handelsmarine und diejenigen anderer neutraler Länder vor den Übergriffen der kriegführenden Mächte zu schützen. Obwohl nicht direkt gegen England gerichtet, war dies nichtsdestoweniger eine Herausforderung für die britischen Freibeuter, die es als ihr Recht betrachteten, neutrale Schiffe zu durchsuchen und alle für den Feind bestimmte Konterbande zu beschlagnahmen. Die Waren wurden für gewöhnlich bezahlt, aber die neutralen Mächte waren erzürnt über dieses anmaßende Verhalten, das ihren Handel mit Amerika beeinträchtigte. Rußlands Entschluß, seine Frachtschiffe von bewaffneten Fregatten begleiten zu lassen, wurde von den nördlichen Staaten begeistert begrüßt. Für England war diese Maßnahme mehr ein Ärgernis als ein Abschreckungsmittel, aber die Ehrerbietung, die der Kaiserin von den benachbarten Mächten gezollt wurde, diente dazu, sie noch stolzer zu machen, als sie es ohnedies schon war.

Harris war überzeugt, daß die Türkei sich, von Frankreich und Österreich unterstützt, auf einen weiteren Krieg vorbereitete. Aber die folgenden Jahre sollten das Aufblühen des russisch-österreichischen Bündnisses und den Besuch des Habsburgischen Kaisers am Hofe Katharinas sehen, während in dem Jahr der Abberufung des Gesandten die Krim mit stillschweigendem Einverständnis Österreichs dem russischen Reich einverleibt wurde.

Nirgendwo zeigt sich Katharinas seltsamer und widersprüchlicher Charakter deutlicher als in den Tagebüchern und Depeschen des jungen englischen Diplomaten, der uns einen eingehenden Bericht über das Leben in St. Petersburg von 1778 bis 1783, den Jahren zwischen dem bayerischen Erbfolgekrieg und der Annektierung der Krim, hinterlassen hat. Es waren Jahre, in denen Rußlands Politik sich auf das »griechische Projekt« konzentrierte und Potiomkin als Vizekönig über Katharinas südliches Reich herrschte. Aber in diesen glorreichen Jahren machten sich auch die ersten Zeichen des physischen und moralischen Verfalls der Kaiserin bemerkbar: Es war eine Zeit, in der, einer nach dem anderen, eine Reihe von obskuren jungen Gardisten von Potiomkin dazu ausgewählt wurden, das Verlangen einer wollüstigen alternden Frau zu befriedigen. Zawadowskys Nachfolger war ein ungebildeter Husar serbischer Abstammung, für den nichts anderes sprach als seine schöne Gestalt und die Tapferkeit, durch die er sich im Krieg ausgezeichnet hatte. Katharina hatte sich zu dem gutaussehenden jungen Offizier hingezogen gefühlt und war beeindruckt von dem Georgskreuz, dem höchsten russischen Militärorden, den er mit soviel Stolz zur Schau trug. Sie bildete sich sogar ein, in ihn verliebt zu sein, denn sie verwechselte nur allzu oft sexuelle Leidenschaft mit Liebe. Peter Joritz stand seit knapp zehn Monaten in ihrer Gunst, da erklärte sie Potiomkin eines Morgens: »Gestern Abend war ich in ihn verliebt, heute kann ich ihn nicht mehr ertragen.« Potiomkin hatte nicht in Betracht gezogen, daß Katharina sowohl einen Liebhaber als auch einen Gefährten brauchte, jemanden, dessen Geist sie schulen und den sie lehren konnte, ihre Freude an Kunst und Literatur zu teilen.

James Harris beobachtete all die schmutzigen Streitigkeiten und Intrigen, die Katharinas Ruf so sehr geschädigt haben.

Als er in Rußland eintraf, war der Stern des jungen Serben bereits im Sinken begriffen. »Er hat ein riesiges Vermögen erhalten und verpraßt«, schreibt Harris. »Es ist anzunehmen, daß Potiomkin bald den Auftrag erhalten wird, nach einem neuen Günstling Ausschau zu halten.« Aber inzwischen war die Stellung des kaiserlichen Favoriten zu einer Sinekure geworden, und diverse Cliquen am Hof wetteiferten in ihrem Angebot von Kandidaten. Panin hatte einen gutaussehenden Sekretär, der auf einem Ball in Peterhof die Aufmerksamkeit der Kaiserin auf sich gezogen hatte, und von dem behauptet wurde, er habe ihre Gunst genossen. Es gab einen exotischen persischen Prinzen, der angeblich »mit außergewöhnlichen physischen Attributen« ausgestattet sei, und einen Neffen der Tschernyscheffs, einen jungen Prinzen Kantemir, von dem es hieß, er sei so schön wie Adonis. Aber Potiomkin war entschlossen, keine Rivalen zu dulden, und einer seiner jungen Adjutanten, ein Hauptmann namens Korsak, wartete bereits hinter den Kulissen.

All dieser Klatsch war nicht sehr erbaulich, vor allem zu einer Zeit, da Katharina gerade Großmutter geworden war, und ganz St. Petersburg die Geburt des Großfürsten Alexander Pawlowitsch feierte. Die treuen Untertanen der Kaiserin schwelgten in einer Orgie der Verschwendungssucht; das Geschäft der Geldverleiher blühte, und die Lieferanten von Pariser Putz konnten gar nicht genügend Waren herbeischaffen. Eine schreckliche Überschwemmung hatte im vergangenen Herbst die Stadt verwüstet, und der Schaden belief sich auf Millionen Rubel. Aber das Geld floß in einem stetigen Strom aus der Kaiserlichen Notenpresse – ein Novum im russischen Wirtschaftsleben –, und das Prestige der Kaiserin war so groß, daß ihr Profil auf den Banknoten als ausreichende Garantie angesehen wurde.

Der britische Gesandte und seine junge Frau nahmen an einer Reihe von Bällen und Maskeraden teil, bei denen die Männer und Frauen Juwelen trugen, wie man sie am sittsamen Hof von Königin Charlotte niemals zu sehen bekam, und wo die Tische sich bogen unter der Last goldener Schüsseln, die mit Delikatessen aus allen vier Ecken des Kaiserreichs beladen waren. Es hieß, Fürst Potiomkin habe nicht weniger als fünftausend Rubel für ein einziges Fest ausgegeben. Aber das größte Ereignis der Saison war der Ball, den die Kaiserin in der letzten Karnevalswoche gab, und zu dem nur die wichtigsten Gesandten und Russen von höchstem Rang eingeladen wurden.

Das großfürstliche Paar nahm die Glückwünsche der Gäste entgegen, und Pauls häßliches Gesicht strahlte vor Stolz und Glück. Aber seine Mutter war diejenige, die aller Augen auf sich zog, die mit fast fünfzig immer noch den Eindruck von Schönheit erwecken konnte. Ihr Haar wurde grau, und sie hatte schon längst ihre Figur eingebüßt, doch ihre Augen blitzten, und ihr Lächeln war bezaubernd wie eh und je. Sie war eher klein und untersetzt, aber sie hielt sich so aufrecht und trug den Kopf so hoch, daß diejenigen, die sie zum erstenmal sahen, sie für groß hielten. Bei all ihrem Zynismus war sie doch verwundbar genug, um zu leiden, als Fürst Orlow mit seiner jungen Frau am Arm auf dem Ball erschien. Der Fürst hatte sich von dem Schlaganfall erholt, den er vor zwei Jahren erlitten hatte, und war nach einer Rundreise durch die europäischen Hauptstädte nach Rußland zurückgekehrt, um die Kusine zu heiraten, in die er sich verliebt hatte, als sie erst dreizehn war.

Katharina war zu sehr Frau, zu sentimental und vor allem zu eitel, um Fürst Orlows Heirat mit Gleichgültigkeit hinzunehmen. Aber sie benahm sich großartig und half sogar dem jungen Paar, den Dispens zu erlangen, der nach den Gesetzen der orthodoxen Kirche für eine Ehe zwischen nahen Verwandten erforderlich war. Die junge Frau erhielt eine goldene Toilettengarnitur und wurde zur *Dame d'Honneur* ernannt, ein Titel, der im allgemeinen älteren Frauen vorbehalten war. Nur Katharinas treue Kammerfrau und ihre Freundin Prascovia Bruce wußten, welche Überwindung es sie kostete, den Fürsten und die Fürstin Orlow bei Hof zu empfangen. Man war allgemein der Ansicht, daß die Brüder Orlow durch die »dumme und taktlose Heirat« von Grigori Grigorjewitsch ihren Einfluß eingebüßt hätten.

Die Kaiserin rühmte sich ihrer Toleranz, aber es muß Augenblicke gegeben haben, in denen es ihr schwerfiel, sich mit dem offenen Skandal von Potiomkin und seinen hübschen Nichten abzufinden, von denen drei zu gleicher Zeit seine Geliebten waren. Wenn sie ihn als einen Ehemann betrachtete, der sie sexuell nicht mehr reizte, so ist es schwer, sich die zärtlichen, liebevollen Briefe zu erklären, die sie ihm über die Jahre hinweg auch weiterhin schrieb, und die durchblicken lassen, daß immer noch eine körperliche Bindung zwischen ihnen bestand. Und noch seltsamer ist es, Potiomkin die Rolle eines Zuhälters spielen zu sehen, der ihr kräftige junge Männer zuführte, um ihr Verlangen zu befriedigen. Sie ihrerseits akzeptierte seine Nichten, die »wollüstige Warwara«, die »bezaubernde Saschenka« und Katharina, die schönste der drei. Alle wurden Ehrendamen, und alle machten glänzende Partien. Aber wie muß die Kaiserin sie um ihre fröhliche, unbekümmerte Jugend beneidet haben. Die kleine Prinzessin, die mit zwölf Jahren von einem ihrer holsteinischen Onkel sexuell geweckt und mit fünfzehn mit einem zurückgebliebenen Jungen verheiratet worden war, war eine reife Frau von fünfundzwanzig gewesen, ehe sie ihre erste traurige Liebesaffäre mit Saltykow hatte.

Die Verdrängungen der Jugend erklären zu einem großen Teil das ruhelose Verlangen des mittleren Alters. Katharina mochte eine fünfzigjährige Großmutter sein, aber sie fühlte sich noch so jung und leidenschaftlich wie ein Mädchen von zwanzig, das begierig war, zu lieben und geliebt zu werden; und sie wiegte sich in dem Glauben, daß sie immer noch Eifersucht und Leidenschaft bei den schönen jungen Männern wecken konnte, die sie nicht nur als Kaiserin sondern auch als Frau vergöttern sollten. Es war ihr schrecklich, alt zu werden. Ihr Geburtstag, der allgemein öffentlich gefeiert wurde, war für sie ein Tag der Trauer, und sie schreibt in einem ergreifenden Brief an Baron Grimm: »Wäre es nicht schön, wenn eine Kaiserin immer fünfzehn sein könnte?«

Potiomkin machte sich unverzüglich daran, einen Nachfolger für Joritz zu suchen. Er hatte seinen Fehler erkannt, und wählte diesmal einen eleganten und gebildeten jungen Mann von fast klassischer Schönheit, der mit einer guten Singstimme und einem gewissen Talent fürs Geigenspiel begabt war– zwei nicht sonderlich anziehende Eigenschaften in den Augen einer Frau, die wenig von Musik verstand und sie nicht mochte. Aber wenn Katharina verliebt war, wie sie es bei Potiomkin gewesen und jetzt bei Korsakow war, konnte sie stundenlang dasitzen und sich ihre Liebeslieder anhören.

Im Juni 1778 schrieb der britische Gesandte: »Potiomkin, der so schlau ist wie kein anderer, hat Korsakow in einem kritischen Augenblick bei Hof eingeführt, und während ich diese Zeilen schreibe, befindet sich Ihre Kaiserliche Majestät in einem Dorf Potiomkins an der finnischen Grenze, um ihre eigenen Sorgen und die der Regierung in Gesellschaft ihres Günstlings zu vergessen, dessen recht gewöhnlicher Name Korsak bereits in das besser klingende Korsakow umgewandelt worden ist.« Aber in Katharinas verliebten Augen beschwor die Schönheit des jungen Mannes die Legenden der Antike herauf, und in ihren Briefen an Baron Grimm, den prüden deutschen Junggesellen, den sie mit Berichten über ihre amourösen Abenteuer beglückte, nennt sie ihren neuen Liebhaber »Pyrrhus, König von Epirus, den jeder Maler malen, jeder Bildhauer in Stein meißeln und jeder Dichter besingen sollte«.

Grimm, der St. Petersburg zum erstenmal im Gefolge der unglücklichen Prinzessin von Hessen besucht hatte, war bei der zweiten Heirat des Großfürsten abermals zugegen und blieb fast ein Jahr in Rußland. Da er in der Umgebung der Kaiserin weilte, hatte er den Aufstieg und Fall von Zawadowsky und Joritz miterlebt, hatte den fast hypnotischen Einfluß Potiomkins beobachtet und gelernt, die Schwächen seiner kaiserlichen Gönnerin zu akzeptieren. Im Gegensatz zu Diderot versuchte er nie, ihr Vorträge zu halten oder mit ihr zu diskutieren; seine Schmeichelei war klug bemessen; seine Kritik war immer annehmbar, und er war der einzige, der sie auf die ihr wohlbekannte vergnügte deutsche Art zu necken wagte. Er schenkte ihren diversen Liebhabern wenig Beachtung und tat ihre Loblieder auf den jungen Korsakow einfach als einen weiteren Fall von sexueller Verirrung ab.

Seine Gewährsleute am russischen Hof waren der Ansicht, daß der neue Favorit nur wenige Monate auf seinem Posten bleiben würde, nicht etwa, weil es ihm an den nötigen Voraussetzungen mangelte, sondern weil er nicht mit dem Herzen bei der Sache war. Es wurde von ihm erwartet, ständig anwesend zu sein, und ohne Genehmigung der Kaiserin durfte er niemals den Palast verlassen oder auch nur auf Hofbällen tanzen. Diese Beschränkung seiner persönlichen Freiheit war ihm unerträglich. Und diesmal hatte die Methode der Kaiserin, ihre Liebhaber prüfen zu lassen, ihr einen Streich gespielt. Die Gräfin Bruce, die angewiesen war, die jungen Männer in ihre Pflichten einzuführen, war eine noch junge und reizvolle Frau, deren Technik in der Liebe raffiniert und erregend war. Der vierundzwanzigjährige Korsakow fand die »*éprouveuse*« viel mehr nach seinem Geschmack als die immer mehr fordernde Kaiserin. Prascovia Bruce ihrerseits hatte sich vom ersten Tag an zu Korsakow hingezogen gefühlt, und sie führten unbekümmert ihr Liebesverhältnis fort.

»Pyrrhus, König von Epirus« war seit etwas über einem Jahr in seinem Amt, da überraschte ihn die Kaiserin eines Tages im Frühherbst 1779 »*en flagrant délit*« mit ihrer Hofdame und Freundin. Für Katharina, die immer noch physisch in den jungen Mann verliebt war, muß dies ein bitterer und demütigender Augenblick gewesen sein. Aber sie benahm sich sehr würdevoll. Graf Betzkoy wurde angewiesen, den undankbaren Favoriten davon zu unterrichten, daß man ihn großzügig behandeln werde, wenn er sich augenblicklich nach Moskau begäbe. Gleichzeitig wurde der Gräfin Bruce empfohlen, sich zu ihrem Mann zu gesellen, der Generalgouverneur von Moskau war.

Katharina sollte sich bald an ihrer treulosen Freundin gerächt sehen. Die Liebe der Gräfin zu Korsakow war völlig einseitig; sie war für ihn nichts weiter als ein Zeitvertreib gewesen. Das wirkliche Objekt seiner Zuneigung war die schöne und künstlerisch begabte Gräfin Stroganow, die mit einem der reichsten und kultiviertesten Männer Rußlands verheiratet war. Die Stroganows hatten die letzten sechs Jahre in Paris gelebt und waren erst kürzlich nach St. Petersburg zurückgekehrt, wo die junge

Gräfin auf einem Fest bei Hofe den *aide-ce-camp* kennengelernt und sich Hals über Kopf in ihn verliebt hatte. Niemand ahnte etwas von der Romanze, bis der in Ungnade gefallene Favorit nach Moskau ging und die Gräfin Stroganow ihm wenige Tage später dorthin folgte. Korsakow schien unter einem glücklichen Stern geboren zu sein. Graf Stroganow war ein großherziger Mann, der wünschte, daß die Mutter seines Sohnes in dem ihr angemessenen Stil lebe. Er schenkte seiner treulosen Frau einen prunkvollen Palast in Moskau und einen großen Landbesitz, auf dem sie dreißig Jahre lang glücklich mit ihrem Liebhaber lebte, drei Kinder gebar und die gesamte Moskauer Gesellschaft auf ihren eleganten musikalischen *soirées* empfing.

Katharina verdiente den Beinamen »die Große« schon allein der Hochherzigkeit wegen, mit der sie ihre treulosen Liebhaber behandelte. Aber jetzt sollte sie endlich ein paar Jahre der Ruhe und des Glücks in Gesellschaft eines jungen Mannes genießen, der in jeder Hinsicht der Reichtümer und Belohnungen würdig war, mit denen sie ihn überschüttete. Potiomkin war entschlossen, sich das Vorrecht, ihre »mignons« zu wählen, nicht nehmen zu lassen. Es war nicht leicht, seine Stellung zu behaupten, wenn einige von ihnen sich so unbesonnen und unklug wie Korsakow benahmen. Er wußte aus Erfahrung, daß selbst die kräftigsten und vitalsten Männer dem unersättlichen sexuellen Verlangen der Kaiserin nicht lange standhalten konnten. Aber es gab noch einen anderen Zug in ihrem Wesen – den einer frustrierten Mutter, die die jungen Männer ihrer Wahl lieben, belehren und sie darauf vorbereiten wollte, hohe Staatsbeamte zu werden.

Alexander Lanskoy, ein einundzwanzigjähriger Gardist, der einer verarmten Familie des Provinzadels angehörte, war sowohl gutaussehend als auch charmant. Aber ihm fehlte die unverwüstliche Gesundheit, die Katharinas Liebhaber so nötig hatten. Sein Porträt, von Lewitzky gemalt, zeigt einen eleganten, etwas stutzerhaften jungen Mann mit einem zarten, sensiblen Gesicht, läßt jedoch nichts von dem prachtvollen Körperbau erkennen, den Lanskoy gehabt haben muß, um Offizier der *Chevalier Gardes* zu werden, die unter den größten und bestaussehendsten Männern des russischen Heeres ausgewählt wurden, und deren spezielle Aufgabe es war, für die Sicherheit der Monarchin zu sorgen. Aber Lanskoy wurde sich schon nach kurzer Zeit bewußt, daß er zu arm war, um mit seinen Kameraden Schritt zu halten, und er bat, man möge ihn zu einem Linienregiment versetzen und in eine Provinzgarnison schicken. Der Vizepräsident der Kriegsakademie, der kein anderer als Fürst Potiomkin war, lehnte das Gesuch ab, und der erstaunte Lanskoy sah sich plötzlich und völlig unerwartet zum *aide-de-camp* des Fürsten ernannt. Potiomkin scheint ein fast weibliches Einfühlungsvermögen gehabt zu haben, was Katharinas Gedanken und Gefühle betraf. Korsakow stand noch hoch in der kaiserlichen Gunst, als Lanskoy zum künftigen Kandidaten auserwählt wurde. Der Fürst, dem nichts entging, was hinter den Kulissen des Palasts geschah, war sich der Leidenschaft der Gräfin Bruce für den herrschenden Favoriten bewußt, und er wollte nicht riskieren, einen der lukrativsten Posten des Landes – einen Posten, auf den er selbst aus persönlichen Gründen verzichtet hatte – in die Hände einer rivalisierenden Clique fallen zu lassen. Als Katharina sich, in ihrem Stolz verletzt und scheinbar mit gebrochenem Herzen, um Trost an ihren verständnisvollen und »entgegenkommenden Ehemann« wandte, entdeckte sie zu ihrer Freude, daß er einen neuen und gutaussehenden *aide-de-camp* hatte, einen jungen Mann mit guten Umgangsformen, völlig unverdorben und, was das befriedigendste von allem war, offensichtlich auf den ersten Blick von ihr bezaubert. Aber es handelte sich nicht nur um das Problem, einen neuen Liebhaber zu finden, es mußte auch eine neue »*éprouveuse*« gefunden werden, eine Frau, die besonnener und nicht ganz so jung und reizvoll wie Prascovia Bruce war. Mademoiselle Protassow, eine entfernte Verwandte der Orlows, wurde schließlich für diesen höchst vertraulichen Posten gewählt. Wir wissen wenig von der Dame, deren »mystisches Amt« von Byron in seinem *Don Juan* unsterblich gemacht wurde. Aber viele Jahre später befand sich unter den glitzernden Gestalten des Wiener Kongresses eine kleine alte Dame, mit Diamanten behängt, die von der ganzen russischen Delegation, angefangen bei Kaiser Alexander, mit größter Ehrerbietung behandelt wurde, und die keine andere als Kaiserin Katharinas ergebene »*éprouveuse*« war.

Die Kaiserin trauerte nicht lange um den treulosen Korsakow. Am 24. November 1779, dem Tag der Heiligen Katharina, wurde Lanskoy zum General befördert und zum persönlichen *aide-de-camp* Ihrer Majestät ernannt. Nachdem er so arm gewesen war, daß er laut Aussage seines französischen Lehrers nicht mehr als fünf Hemden besaß, erhielt er jetzt hunderttausend Rubel für seine Garderobe, großen Landbesitz und Hunderte von Leibeigenen.

Mit dem Erscheinen Lanskoys begann eine der glücklichsten und konstruktivsten Epochen in Katharinas Privatleben. Lanskoy weckte in ihr nicht die wilde physische Leidenschaft, die sie für Orlow und Potiomkin empfunden hatte; er flößte ihr eine fast mütterliche Zuneigung ein, aus der allmählich eine Liebe wurde, die stärker und dauerhafter war als alle anderen, die sie bisher kennengelernt hatte. Er seinerseits tat alles, um sie zufriedenzustellen. Er war von Natur aus intelligent und taktvoll, und er weigerte sich energisch, aktiven Anteil an den öffentlichen Angelegenheiten zu nehmen oder sich in die Politik zu mischen. Katharina entdeckte zu ihrer Freude, daß er einen außerordentlich scharfen Verstand und den leidenschaftlichen Wunsch zu lernen hatte. Er war künstlerisch veranlagt, hatte guten Geschmack und war der ideale Gefährte für ihre Mußestunden, in denen er ihr half, die Gärten von Zarskoje Selo zu planen und den Bau eines neuen Flügels an Elisabeths Sommerpalast zu überwachen. In diesem riesigen Palast, dessen Fassade sich an die tausend Meter weit erstreckte, hatte Katharina in einer verwahrlosten, unbehaglichen Umgebung die ersten fünfzehn Jahre ihres Aufenthalts in Rußland verbracht.

Die fünf Jahre, in denen Lanskoy ihr ständiger Begleiter war, brachten die Erfüllung ihrer schöpferischen Tätigkeit. Ihre »Bauwut« war fast ebenso kostspielig wie ihre *»gloutonnerie d'art«*. Im Jahr 1778 erwarb sie die große Walpole-Sammlung aus Houghton Hall. Nur wenige Kunstauktionen hatten je soviel Aufsehen erregt wie diese, bei der Sir Robert Walpoles leichtsinniger Erbe die Gemäldesammlung seines Großvaters verkaufte, um seine Schulden bezahlen zu können. Katharinas Gesandter, Graf Musin Puschkin, war der eifrigste Interessent; er überbot alle anderen und erwarb schließlich nach einem langwierigen und erbitterten Kampf die ganze Sammlung für sechsunddreißigtausend Pfund.

Katharina zahlte als Kunstsammlerin die höchsten Preise und schlug damit alle anderen aus dem Feld. Wie so viele ihrer Art schätzte sie am meisten, was sie am teuersten bezahlen mußte. Der arme Falconet, der zwölf Jahre lang an der Riesenstatue von Peter dem Großen gearbeitet hatte und so töricht gewesen war, weniger zu verlangen, als Katharina ihm zu geben gewillt war, wurde bald mehr zu einem Gegenstand des Ärgers als der Bewunderung. Sein nervöses und reizbares Temperament hinderte ihn daran, sich der Kaiserin gegenüber zu behaupten, die schnelle Resultate wünschte und keine *»tracasseries«* ertragen konnte. Körperlich und seelisch gebrochen verließ er Rußland im Herbst 1778, vier Jahre bevor sein Bronzereiter mit der stolzen und schlichten Inschrift *»Petrus Primo, Caterina Secunda«* am Ufer der Newa öffentlich enthüllt wurde. Die Kaiserin lud den Bildhauer nicht ein, zur Einweihung zurückzukehren, und ihr einziger Dank an ihn war eine goldene Erinnerungsmedaille, die sie ihm nach der Enthüllung sandte.

Sie wahrte den von ihr engagierten Künstlern gegenüber rücksichtsloser ihren Vorteil als viele ihrer Untertanen, und es lag mehr von einer nüchternen deutschen Geschäftsfrau als von einer großzügigen Mäzenin in ihren Anweisungen an Grimm, der den Direktor der russischen Akademie in Rom bitten sollte, ihr zwei gute Architekten zu suchen, von italienischer Nationalität und geschickt in ihrem Beruf, die er durch einen mehrjährigen Vertrag für den Dienst bei Ihrer Kaiserlichen Majestät von Rußland verpflichten und wie einen Sack Werkzeuge von Rom nach St. Petersburg schicken soll. Er soll ihnen nicht Millionen sondern ein angemessenes Gehalt bieten – keine Typen wie Falconet – Männer mit den Füßen auf der Erde, nicht in den Wolken.

Fünf Monate später landeten zwei Italiener am Ufer der Newa. Einer war ein unbedeutender Mann namens Trombara; der andere ein gewisser Giacomo Quarenghi aus Bergamo, der einer von Katharinas Lieblingsarchitekten wurde und wesentlich dazu beitrug, St. Petersburg zu einer der schönsten Städte der Welt zu machen. Die französischen Architekten, zu Elisabeths Zeiten so beliebt, waren in Mißkredit geraten. Katharina erklärte, sie wolle Italiener, »denn wir haben bereits Franzosen, die zuviel wissen und abscheuliche Häuser bauen, einfach weil sie zuviel wissen«.

Aber der originellste aller Architekten, die für Katharina arbeiteten, und zugleich derjenige, der in Ideen und Geschmack seiner Gönnerin am nächsten stand, war ein Schotte namens Charles Cameron. Die Kaiserin behauptete nie, viel von Gemälden oder Bildwerken zu verstehen, aber sie zeigte einen erlesenen Geschmack in der Ausschmückung ihrer Häuser, gepaart mit einem untrüglichen Instinkt, wenn es darum ging, den richtigen Mann für eine bestimmte Aufgabe zu finden. Der frivole Geschmack der jungen Großfürstin spiegelt sich in Rinaldis Chinesischem Pavillon in Oranienbaum und in der reizenden Torheit der Katalnaja Gorka wieder, die zu keinem anderen Zweck als zum Vergnügen eines einzigen Tages gebaut wurde – eine verfeinerte Version der »Eishügel oder Schlittenbahnen, die die westliche Welt als *les montagnes russes* kennt«. Und noch in mittlerem Alter klagt die Kaiserin Grimm gegenüber, ihre Bauwut sei »der wahre Teufel, denn sie verschlingt Geld, und je mehr man baut, um so mehr möchte man bauen. Es ist ein Laster wie Trunksucht, dem man rettungslos verfällt«. Beiläufig und in Klammern erwähnt sie, sie habe »einen Mr. Cameron gefunden, von schottischer Nationalität und Jakobit aus Überzeugung, ein hervorragender Architekt, von antiker Kunst genährt und bekannt durch ein Buch, das er über die römischen Bäder geschrieben hat. Wir entwerfen gemeinsam einen terrassenförmig angelegten Garten, unten mit Bädern und oben mit einer Wandelhalle. Es wird das Schönste vom Schönen werden.«

Die Kaiserin entdeckte bald, daß Cameron nicht nur ein guter Architekt, sondern auch ein feinsinniger und origineller Künstler war. In der ersten Zimmerflucht, die er in Zarskoje Selo dekorierte, erzielte er mit den einfachsten Materialien bezaubernde Resultate. Ein reizvolles Farbenspiel von Licht und Schatten kam dadurch zustande, daß man einfach gläserne Säulen oder Fensterscheiben mit buntem Flanell unterlegte, während Wedgwood-Platten, die Cameron aus England kommen ließ, an kühle grüne Wände gehängt und Holz und Stuck so bemalt wurden, daß sie die Illusion von Stein oder Marmor erweckten. Katharina erlaubte einem Architekten nie, teure Materialien zu verwenden, ehe er sein Können bewiesen hatte. Aber bereits 1781 arbeitete Cameron mit Achat und Lapislazuli, mit Malachit und Bronze und ließ, von den jüngsten Ausgrabungen in Herkulaneum und Pompeji inspiriert, seiner Phantasie freien Lauf. Katharina schrieb stolz: »Die Leute strömen herbei, um meine neuen Gemächer zu sehen, denn es hat noch nie etwas Ähnliches gegeben, und ich selbst werde nie müde, sie anzusehen.«

Aber Camerons Gehalt für ein ganzes Jahr erreichte nicht die Summe, die der junge Lanskoy in einer Woche ausgab. Da er sich rühmte, ein Mann von Kultur zu sein, fing er an, *objets de vertu* zu sammeln, und die verliebte Kaiserin zahlte nicht weniger als fünfzigtausend Rubel, um ihm die Sammlung von griechischen und römischen Kameen zu schenken, die aus dem Besitz des Herzogs von Orleans stammte. Aber selbst Lanskoys Verschwendungssucht war nichts im Vergleich zu dem ungeheuerlichen Aufwand, den Potiomkin trieb, und der das Drucken von immer mehr »assignats« erforderlich machte. Ende der siebziger und Anfang der achtziger Jahre zeigte sich Potiomkins Talent als Organisator und Verwalter in seinem vollen Ausmaß. Er beschäftigte sich mit den verschiedensten Dingen, denn jetzt, da er nicht mehr der Liebhaber der Kaiserin war, nahm er mehr denn je an ihrer Regierungstätigkeit teil. Viele von Katharinas Anweisungen an ihre Minister und Gouverneure wurden von ihm eigenhändig aufgesetzt und korrigiert. Sie zog ihn in den wichtigsten und trivialsten Fragen zu Rate, ganz gleich, ob es sich um die Erhebung einer neuen Steuer oder den Empfang eines ausländischen Fürsten handelte. Aber seine Hauptaufgabe war, Rußlands Gebiete im Süden zu stärken und auszudehnen und ihr wirtschaftliches und kulturelles Leben zu fördern, indem er neue Häfen und Städte, Fabriken und Universitäten baute. Millionen von Rubeln wurden für Pläne ausgegeben, von denen sich viele niemals verwirklichten. Grundmauern von Städten versanken in der Steppe, ehe auch nur ein einziges Gebäude errichtet wurde. Potiomkin stellte sich eine Aufgabe, vor der auch das größte Genie zurückgeschreckt wäre, und statt seine Fehlschläge zu kritisieren, können wir nur staunen, wie viel er in einer verhältnismäßig kurzen Zeit erreicht hat. Er war von einer Vision besessen, der Vision eines neuen Byzanz. Der Traum wurde niemals Wirklichkeit, aber die russischen Häfen am Schwarzen Meer sind noch heute eine Erinnerung an den Mann, den Katharina liebte, weil er, ebenso wie Peter der Große, »nichts für unmöglich hielt«.

XXIV
»GRAF FALKENSTEIN«

Maria Theresia von Österreich hatte ihre Abneigung gegen die russische Kaiserin nie überwinden können. Politische Umstände und die Angst vor einem neuen Krieg hatten sie gezwungen, jene übertriebenen und einschmeichelnden Briefe zu schreiben, die Katharina soviel Freude bereiteten. Aber sie war empört, als ihr Sohn die Einladung einer Frau annahm, die sie als »ein Ungeheuer an Lasterhaftigkeit« betrachtete. Joseph hatte nicht die Absicht, auf seine Mutter zu hören. Sowohl er als auch sein Kanzler Fürst Kaunitz waren überzeugt, daß ein österreichisch-russisches Bündnis für das Habsburger Reich die einzige Möglichkeit wäre, sich an Preußen zu rächen, das ihm den Weg zu einer weiteren Expansion in Deutschland versperrt hatte.

Der ernste, zurückhaltende junge Mann mit seinen liberalen Prinzipien und seinen einfachen Neigungen war ebenso begierig auf Ruhm wie die extrovertierte russische Kaiserin. Beide wollten die Türken aus Europa verdrängen. Aber während Katharina, die Romantikerin, sich bereits in Konstantinopel gekrönt sah, war Joseph, der Realist, bereit, sich mit Belgrad und dem Balkan zufriedenzugeben. Katharina, oder vielmehr Potiomkin träumte davon, das römische Königreich Dakien mit Potiomkin selbst als König wiedererstehen zu lassen. Joseph trachtete nach dem Handel der unteren Donau und der Adriahäfen, für die man Venedig entschädigen konnte, indem man ihm den Peloponnes, Kreta und Zypern überließe. All diese schimärenhaften Pläne sollten in Mogilew erörtert oder vielmehr angedeutet werden, denn keiner der beiden Protagonisten war sich vorläufig des anderen sicher genug, um das volle Ausmaß seines Ehrgeizes zu offenbaren.

Friedrich von Preußen hatte allen Grund, sich Sorgen über diese neue Freundschaft zu machen, die das Ende des »nördlichen Systems« und seines Schöpfers, des Grafen Panin, bedeutete. Der alte Staatsmann, der offiziell immer noch dem Kollegium für Auswärtige Angelegenheiten vorstand, wurde nicht aufgefordert, die Kaiserin nach Mogilew zu begleiten. Nicht einmal Potiomkin war bei den privaten Gesprächen zwischen den beiden Monarchen zugegen, die sich auf den ersten Blick zu mögen und vieles gemein zu haben schienen. Beide waren Kinder ihres Zeitalters, erfüllt von den Doktrinen der Aufklärung, Leser von Locke und Adam Smith, Befürworter der religiösen Toleranz und der Glaubensfreiheit eines jeden Menschen. Aber während Joseph gegen die bigotte Strenggläubigkeit des Hofes seiner Mutter zu kämpfen hatte, zu dem kein Häretiker jemals zugelassen wurde, war Katharina stolz darauf, daß sie Archimandriten und römisch-katholische Bischöfe, Rabbiner und Mollas gemeinsam zum Essen einlud. Die Jesuiten, die im katholischen Europa verfolgt wurden, fanden Zuflucht in Rußland. Die Kaiserin bezeichnete sie als ihre *»bons coquins de Jésuites«* und äußerte sich anerkennend über ihren Beitrag zur Erziehung des Volkes. Die schöne Jesuitenschule in Mogilew bildete einen scharfen Kontrast zu den baufälligen Holzhäusern dessen, was Joseph ein »elendes Nest« nannte, das nicht einmal Potiomkin in eine Stadt hatte verwandeln können, die dazu geeignet war, die zwei größten Monarchen ihrer Zeit zu empfangen.

Joseph, der jedes Zeremoniell haßte, bestand darauf, inkognito als »Graf Falkenstein« zu reisen: es war ein Name, den er stets auf seinen Auslandsreisen annahm, und der es ihm ermöglichte, Land und Leute viel besser kennenzulernen, als wenn er von einer offiziellen Begleitung umgeben gewesen wäre. Er hatte seinen Gesandten in St. Petersburg angewiesen, »die Kaiserin zu bitten, seinetwegen nicht ihre Pläne zu ändern. Der Zweck seines Besuches sei lediglich, daß er das Vergnügen haben wolle, ihre Bekanntschaft zu machen... er bitte nur darum, daß man Graf Falkenstein gestatten möge, sich frei unter den Herren ihres Hofes zu bewegen und sich der Gesellschaft der Kaiserin zu erfreuen, wann immer sie Zeit für ihn erübrigen könne.« Keine Schmeichelei hätte raffinierter und mehr auf Effekt berechnet sein können. Privat schrieb er an Fürst Kaunitz:

Wir haben es mit einer Frau zu tun, die sich nur für sich selbst interessiert und sich nicht mehr Gedanken um Rußland macht als ich. Deshalb müssen wir ihr schmeicheln, denn Eitelkeit ist ihr Idol. Anhaltendes Glück, übertriebene Huldigungen und der Neid von ganz Europa haben sie verwöhnt; daher müssen wir mit den Wölfen heulen, und falls etwas erreicht wird, sind die Mittel, durch die es erreicht wird, nicht von Bedeutung.

Aber trotz seines Zynismus und seines Abscheus vor dem Schmutz und der Armseligkeit von Mogilew, wo der Schlamm durch die prachtvollen Teppiche drang, mit denen Potiomkin die ungepflasterten Straßen bedeckt hatte – trotz alledem war er beeindruckt von der unbekannten kleinen deutschen Prinzessin, die das Werk Peters des Großen vollendet und Rußland in eine europäische Macht verwandelt hatte. Ihre Heiterkeit und Gelehrsamkeit begeisterte ihn. Sie, die Voltaire niemals persönlich kennengelernt hatte, nannte ihn »den Meister, dessen Werke ihren Geist geformt und dessen kürzlichen Tod sie als den ihres liebsten Freundes beklagt hatte«. Mit jener Mischung von Schlichtheit und Offenheit, die jeden entwaffnete, und mochte er ihr auch noch so kritisch gegenüberstehen, erzählte Katharina dem Kaiser, daß sie sich in ihrer Jugend bei allem, was sie tat oder schrieb, stets gefragt habe, ob es Voltaire gefallen würde. Sie hatte einen Teil der Eremitage zu einem Schrein des Gedankens an ihn gemacht. Baron Grimm war gerade dabei, über den Ankauf seiner gesamten Bibliothek zu verhandeln, wobei er auf beharrlichen Widerstand seitens der französischen Regierung stieß. Houdons sitzende Figur des Philosophen, in Bronze gegossen, war auf dem Weg nach St. Petersburg, und Hubers berühmte Karikaturen befanden sich bereits in Katharinas Besitz. Ihre Begeisterung ließ Joseph bedauern, daß er Voltaire nicht besucht hatte, als er einmal auf einer seiner Reisen dicht bei Ferney vorbeigekommen war.

Während der Kaiser und die Kaiserin sich über *les philosophes* unterhielten und nach und nach ihre Zukunftspläne enthüllten, bemerkten die ausländischen Gesandten mit Besorgnis, daß Graf Falkenstein seinen Besuch in Rußland ausdehnte und eine Woche in Moskau verbrachte, während die Kaiserin ihre Rundreise durch Weißrußland beendete. Er traf sie in Zarskoje Selo wieder, wo Katharina, seinem Wunsch nach Anonymität entsprechend, eines der Badehäuser in ein österreichisches Gasthaus verwandelt hatte. Hier konnte Joseph sich, wie er es gewünscht, frei unter Katharinas Höflingen bewegen, und er mag erstaunt gewesen sein über die Ungezwungenheit der Atmosphäre, die in einem so seltsamen Kontrast zur Wiener Hofburg stand, wo kein Fremder empfangen wurde, wenn er nicht nachweislich aus einem alten Adelsgeschlecht stammte.

Die düstere Eleganz des Kaisers, der als einzigen Orden das Goldene Vlies trug, wirkte fremdartig inmitten der glitzernden Pracht von Katharinas Hof, wo die letzten Moden aus Versailles mit dem orientalischen Prunk von tatarischen Khanen und georgischen Fürsten wetteiferten. Und Josephs kühle, geringschätzige Art war auch nicht dazu angetan, ihn den Russen sympathisch zu machen. Er mißbilligte die zügellose Verschwendungssucht, die Tausende von Rubeln, die für das Feuerwerk eines einzigen Abends in Peterhof ausgegeben wurden, wo pyrotechnisches Geschick einen Tempel der Freundschaft am Sommerhimmel aufflammen ließ; Joseph wollte nicht unterhalten werden; er wollte nur über Politik sprechen, und selbst die wohlmeinende Katharina wünschte, daß er sich ein wenig mehr bemühen würde, ihren Höflingen zu gefallen. Am wenigsten von allen mochte ihn Potiomkin, der kindisch eifersüchtig auf ihn war. Für ihn waren seine Monarchin und sein Land der ganzen übrigen Welt überlegen, und er verstand nicht, weshalb sich Katharina so geschmeichelt fühlte, einen Habsburg zu Gast zu haben. Es erzürnte ihn, von ihren Gesprächen ausgeschlossen zu sein, und er zeigte seinen Ärger so unverhohlen, daß Katharina ihn wegen seines mürrischen Verhaltens zurechtweisen mußte, »das die Leute veranlassen wird, sich zu fragen, ob sie recht daran tun, Ihnen die Auszeichnungen und Orden zu gewähren, die ich immer für Sie erbitte.«

Potiomkin hatte eine Leidenschaft für Orden, und alle, die auf gutem Fuß mit der Kaiserin stehen wollten, mußten dieser Schwäche nachgeben. Maria Theresia war bereit, ihn zum »Serenissimus« zu machen, verweigerte ihm jedoch das Goldene Vlies mit der Begründung, daß es nur an Katholiken vergeben werden könne. Die Könige von Preußen, Polen und Schweden verteilten ihre höchsten Orden an Katharinas Favoriten. Aber als Sir James Harris dem britischen Kabinett andeutete, daß »der Hosenbandorden ein gutes Mittel wäre, Fürst Potiomkin freundlich zu stimmen«, wurde er von Georg III. persönlich gerügt, »weil er es gewagt hatte, so etwas vorzuschlagen.«

Potiomkins Abneigung dem Kaiser gegenüber beruhte auf Gegenseitigkeit. Der pedantische Joseph betrachtete Katharinas Vizekönig »als nachlässig, träge und unbekümmert« und bedauerte, daß die Kaiserin niemanden um sich hatte »der den Mut hat, ihre Leidenschaften zu zügeln«. Nichtsdestoweniger war sich der Kaiser der außergewöhnlichen Fähigkeiten Potiomkins bewußt, denn er gab zu, »er könne die Leidenschaft der Kaiserin für den Fürsten gut verstehen. Was er nicht verstehen könne, sei ihre ›Schwärmerei‹ für einen dummen Jungen wie Lanskoy.« Der Favorit hatte seine kaiserliche Herrin auf ihrer Rundreise durch Weißrußland nicht begleitet. Aber während Katharina in Mogilew war, betrachtete sie es als völlig natürlich, daß sie und der Kaiser an dem großartigen Bankett teilnahmen, das Graf Joritz, der unwürdigste all ihrer früheren Liebhaber, zu ihren Ehren gab.

Die beiden Herrscher trennten sich als gute Freunde, und ihre Freundschaft wurde durch einen regelmäßigen Briefwechsel aufrechterhalten. Sie überdauerte die gegenseitige Enttäuschung des zweiten türkischen Krieges, und als der Kaiser zermürbt und verbittert im Alter von neunundvierzig Jahren starb, trauerte Katharina aufrichtiger um ihn als viele seiner eigenen Untertanen. Sie beschrieb ihn als »einen Adler, dessen Größe von seinem undankbaren Volk nicht anerkannt worden war«.

Je enger Katharinas Beziehungen zu Joseph wurden, um so mehr wuchs ihre Feindseligkeit gegen König Friedrich. Dem Besuch des Habsburger Kaisers folgte nach kurzer Zeit der des preußischen Thronerben. Friedrich kann jedoch kaum gehofft haben, daß sein plumper, wenig anziehender Neffe die Wirkung des kultivierten und feingebildeten Joseph ausgleichen würde. Der arme Prinz tat sein möglichstes, um zu gefallen; aber die Kaiserin beschränkte ihre Aufmerksamkeiten auf ein Minimum, und die überschwengliche Begrüßung, die ihm vom jungen Hof zuteil wurde, die Freundschaft, die sich zwischen ihm und dem Großfürsten Paul entwickelte, waren nicht dazu angetan, Katharina zu erfreuen; sie soll in aller Öffentlichkeit gesagt haben, »nach ihrem Tod werde ihr Sohn versuchen, Rußland zu einer preußischen Provinz zu machen«.

Der preußische Prinz hatte kaum St. Petersburg verlassen, da wurde der preußenfreundliche Graf Panin im Kollegium für Auswärtige Angelegenheiten durch den österreichfreundlichen Grafen Ostermann ersetzt. Aber die Aufgabe des neuen Ministers beschränkte sich fast ausschließlich darauf, die Befehle seiner Monarchin auszuführen. Denn von jetzt ab war Katharina diejenige, die die Außenpolitik Rußlands lenkte; und hinter ihr stand Betzborodko, der bescheidene Kanzlist, der jetzt das Amt des Ersten Sekretärs innehatte – ein Mann, den der stolze Kaiser verächtlich als »einen kleinen Schreiber, einen bloßen Interpreten, mit allen Vorurteilen seiner Klasse behaftet« bezeichnet hatte, auf dessen Urteil Katharina jedoch mit der Zeit ebenso vertraute wie auf das ihres geliebten Potiomkin.

Innerhalb eines Jahres nach ihrer Begegnung in Mogilew hatten die beiden Monarchen ein Schutz- und Trutzbündnis geschlossen, in dem sie vereinbarten, sich im Falle eines Krieges mit der Pforte gegenseitig mit gleicher Truppenstärke zu unterstützen und keinen Separatfrieden zu schließen. Österreich versprach, im Falle eines türkischen Angriffs gegen Rußland den Kampf als »gemeinsame Sache« zu betrachten und seinem Bundesgenossen zu Hilfe zu kommen. Die Tatsache, daß der schlaue alte Ratgeber des Kaisers, Fürst Kaunitz, die Einfügung dieser Klausel gestattete, ist ein Beweis, wie weit er und sein Herr zu gehen bereit waren, um Rußlands Freundschaft zu gewinnen. Von den beiden Herrschern war Joseph der umsichtigere und berechnendere, Katharina die impulsivere und unbesonnenere. Aber während sie die am meisten vom Glück begünstigte aller Frauen war, war er der unglücklichste aller Männer.

Zwei Jahre nach ihrer Begegnung annektierte Rußland auf friedliche Weise die Krim, während Joseph sich noch überlegte, ob es sich lohnte, sich »wegen eines Streifens Ödland in Bosnien oder Serbien« seinen Schwager in Frankreich zum Feind zu machen. Damit, daß Katharina ihn in einer Frage, die sie als eine rein russische Angelegenheit betrachtete, nicht ins Vertrauen zog, ersparte sie ihm die Notwendigkeit, einen endgültigen Entschluß zu fassen. Nachdem sie die Krim gewonnen hatte, war sie bereit zu warten, ehe sie sich auf irgendwelche weiteren Abenteuer einließ. Die Einverleibung der Krim war zum großen Teil der Geschicklichkeit und dem Scharfsinn Potiomkins zu verdanken, der während der vergangenen Jahre die Ödlandflächen mit russenfreundlichen Elementen besiedelt und nur auf eine passende Gelegenheit gewartet hatte, seine Truppen ins Land einmarschieren zu lassen. Im Frühsommer 1783 brach in der Krim die Pest aus, und Potiomkin brachte seine Soldaten an die Grenze. Aber er wartete immer noch, während die ungestüme Kaiserin ihn mit Briefen bombardierte, in denen sie sich über sein unerklärliches Schweigen beklagte und ihn bat, sie wissen zu lassen, was in der Krim geschah. Zwei Monate lang ließ er sie ohne Nachricht. Die Pest dezimierte die Bevölkerung; ein georgischer Bandenführer nahm die Gelegenheit wahr, um an der Spitze von sechstausend Mann über das Land herzufallen, und jetzt endlich handelte Potiomkin. Russische Truppen drangen in die Krim ein, nahmen den georgischen Anführer gefangen, erzwangen die Kapitulation seiner Männer und lösten die letzten Widerstandsnester der rivalisierenden Khane auf, die alle der Reihe nach der großen Kaiserin aus dem Norden die Treue schworen. Am 23. Juli 1783 wurde die Krim offiziell dem russischen Reich einverleibt, und die dankbare Kaiserin ernannte Potiomkin zum Fürsten von Taurien, wie die Krim ursprünglich

277

genannt worden war. Joseph, Katharinas neuer Bundesgenosse, hatte keine andere Wahl, als die vollendete Tatsache zu akzeptieren und die Kaiserin zu ihrem Erfolg zu beglückwünschen, während er sich im stillen vorbehielt, bei der ersten Gelegenheit eine Entschädigung für Österreich zu fordern. Aber die westlichen Mächte, die Österreichs Demonstration von Großzügigkeit und Rußlands Wunsch nach Frieden wenig Glauben schenkten, sahen mit Besorgnis einen neuen Krieg herannahen.

Potiomkins Tätigkeit erstreckte sich jetzt auf das ganze Reich. Er verwaltete die vier größten Provinzen Rußlands und wurde 1784 zum Präsidenten des Kriegskollegiums ernannt und zum Feldmarschall befördert. Seine Heeresreformen waren fortschrittlich und human. Er milderte die festgesetzten Strafen, verbot, die Rekruten zu prügeln, und gab den Soldaten bequeme und hygienische Uniformen mit losen Jacken, weiten Kniehosen und kürzeren Stiefeln. Das Pudern und Locken der Haare, das für den gewöhnlichen Soldaten eine Qual war, wurde abgeschafft, und das Haar wurde kurz geschnitten, so daß es leicht zu waschen und zu kämmen war. Potiomkin, der selbst der schmutzigste und schlampigste aller Männer war, legte eine fast an Besessenheit grenzende Besorgnis an den Tag, was die Hygiene des Heeres betraf. Derselbe Mann, der oft wenig mehr als eine Hose trug, wenn er ausländische Gesandte empfing, war auf dem Paradeplatz stets makellos gekleidet. Er respektierte religiöse Überzeugungen und Bräuche, und die Bataillone wurden nach Rasse und Nationalität zusammengestellt. Es gab ein albanisches Bataillon und ein serbisches Regiment, das sich aus Flüchtlingen aus der Türkei zusammensetzte, aber das erstaunlichste von allem war ein jüdisches Bataillon, das als das »Israelowsky« bekannt war. Die Juden, die unter Elisabeth verfolgt worden waren und von Katharina nur geduldet wurden, standen unter dem Schutz Potiomkins, der dem Tag entgegensah, an dem sowohl Konstantinopel als auch Jerusalem von der türkischen Herrschaft befreit werden würden und die Juden, die soviel Unruhe in Europa verursachten, wieder in ihre ursprüngliche Heimat zurückkehren konnten. Man könnte sagen, Potiomkin sei ein Vorläufer des modernen Zionismus gewesen. Im Gegensatz zu den meisten seiner Zeitgenossen war er der Meinung, die Juden hätten ein Recht auf Palästina. Realistischer als die Idealisten Herzl und Balfour, sah er voraus, daß es erbitterte Kämpfe geben würde, ehe die Juden sich endgültig in ihrem Land niederlassen könnten, und die jüdischen Bataillone wurden formiert, um ihre Angehörigen auf die Zukunft vorzubereiten.

War Potiomkin ein Verrückter oder ein Genie? Viele neigten dazu, das erstere anzunehmen. Graf Simon Worontzow, der in den frühen achtziger Jahren zum Gesandten in London ernannt wurde, hegte ernsthafte Zweifel an Potiomkins gesundem Verstand, als dieser ihn bat, Kontakt mit der britischen Regierung aufzunehmen, um Kolonnen von englischen Strafgefangenen für die Besiedlung der Krim zu beschaffen. Die Disziplin der britischen Offiziere, die auf russischen Schiffen dienten, und die Sauberkeit und Wohlhabenheit der englischen Kolonie in St. Petersburg hatten Potiomkin überzeugt, daß sie die idealen Siedler für die Krim abgäben. Sein Brief an Worontzow wurde dreißig Jahre vor der Gründung der ersten Sträflingskolonie in Botany Bay geschrieben, aber man kann es dem Gesandten schwerlich verübeln, daß er sich weigerte, Potiomkins Verlangen nachzukommen, und Betzborodko bat, sein möglichstes zu tun, um zu verhindern, daß sich die Kaiserin von Potiomkins verrückten Plänen beeinflussen ließ.

In den frühen achtziger Jahren wurde Betzborodko bereits als eine der bedeutendsten Persönlichkeiten des Kaiserreichs angesehen. Er war nach Potiomkin der einflußreichste Mann, und die Zurückhaltung und Umsicht, die Katharina in ihren diplomatischen Verhandlungen mit England zeigte, sind dem Sekretär zuzuschreiben, von dem Sir James Harris irrtümlicherweise annahm, daß er auf seiner Seite stünde. Potiomkin, der ein Freund und Bundesgenosse des Gesandten war, weigerte sich einzugestehen, daß die Kaiserin manchmal mehr auf Betzborodko als auf ihn hörte, und redete Harris ein, »daß es Katharina selbst sei, die mit zunehmendem Alter schwach und unschlüssig geworden wäre und sich in ihren politischen Entscheidungen ausschließlich von ihren Leidenschaften leiten ließe. Ein kleiner Streit oder ein Mißverständnis mit ihrem Liebhaber genüge, sie aus dem Gleichgewicht zu bringen.«

Drei Jahre Aufenthalt in St. Petersburg hatten die Gesundheit und seelische Verfassung des Gesandten schwer beeinträchtigt. Er hatte wenig Fortschritte hinsichtlich des Bündnisses gemacht, das für sein Land so wichtig war. Obgleich die Kaiserin auch weiterhin ihre Freundschaft für England, ihre Verehrung für den verstorbenen Lord Chatham und ihre Bewunderung für Mr. Fox bekundete, beeinflußten diese Gefühle in keiner Weise ihren Entschluß, sich nicht in Englands Kriege verwickeln zu lassen. Sie feierte öffentlich einen von Lord Rodneys Seesiegen, indem sie Geld an die Armen von St. Petersburg verteilte und die führenden Angehörigen der britischen Kolonie zu einem Empfang im Palast einlud. Aber am nächsten Tag setzte sie ihre Unterschrift unter die »Erklärung der bewaffneten Neutralität«, die eine kaum verhüllte Bedrohung der britischen Seemacht darstellte. Kein Wunder, daß der Gesandte manchmal alle Hoffnung auf einen Erfolg verlor und um seine Abberufung »von diesem ungewöhnlichen Hof« ersuchte, »wo sich die Politik von Tag zu Tag je nach den Launen der Kaiserin ändert«. Potiomkin riet ihm, »dem Ego Ihrer Majestät zu schmeicheln, indem er ihr eine Prämie bot, die so verführerisch war, daß sie es nicht über sich bringen würde, sich zu weigern«. Und schließlich konnte Harris seine Regierung überreden, ein Angebot zu machen, von dem er glaubte, daß niemand, der so ruhmsüchtig war wie die russische Kaiserin, auch nur einen Augenblick zögern würde, es anzunehmen. Das Angebot war mit gewissen Bedingungen verknüpft: Wenn Rußland und England ein Schutz- und Trutzbündnis schlossen und die Kaiserin imstande wäre, einen gerechten und ehrenvollen Frieden zwischen Großbritannien, Frankreich und Spanien zu vermitteln, würde England bereit sein, Rußland die Balearen einschließlich Menorcas und des befestigten Mahón abzutreten.

Potiomkin war der erste, den man nach der vermutlichen Reaktion der Kaiserin befragte. Seine Vorstellungskraft wurde sofort entflammt: Er sah bereits russische Schiffe im Mittelmeer manövrieren, sah den russischen Adler über Fort Mahón wehen und griechisch-orthodoxe Kirchen und Kapellen auf jedem Hügel der Balearen. Er setzte sich mit Beredsamkeit und Leidenschaft für Englands Sache ein, aber die Kaiserin zögerte, obwohl der Vorschlag sie ungeheuer reizte. Zuviel würde als Gegenleistung von ihr erwartet werden. *»La mariée est trop belle. On veut me tromper«,* war der berühmte Satz, mit dem sie ein Angebot ablehnte, das Rußland für die kommenden Jahrhunderte einen Anteil am Mittelmeer gegeben hätte. Hinter Katharina erkennt man die Klugheit und Vorsicht ihres ukrainischen Sekretärs, der sie daran erinnerte, daß Rußlands Interessen mehr in der Nähe des eigenen Landes lagen.

Es dauerte viele Wochen, ehe sie Englands Angebot endgültig ablehnte. Schließlich setzte sie eine Erklärung auf, die Potiomkin dem Gesandten vorlesen sollte. Der Entwurf, der auf russisch geschrieben und vielfach korrigiert war, zeigt, daß Betzborodko daran mitgearbeitet hatte. Sie »dankte der britischen Regierung für ihr Angebot, drückte ihre Anerkennung und Freundschaft aus, ihren Wunsch, in jeder Hinsicht zu helfen, außer ihr Land in einen Krieg zu verwickeln«. Kochend vor Wut sagte Potiomkin dem Gesandten: »Sie wünscht sich brennend, Menorca zu besitzen, aber sie hat nicht den Mut, die Bedingungen zu akzeptieren, unter denen sie es erhalten kann... ihr Ehrgeiz erlischt angesichts der entferntesten Möglichkeit eines Risikos, und sie ist nur empfänglich für Schmeichelei des Augenblicks, denn die ist ohne Gefahr erhältlich.« Aber es war nicht Katharinas Schwäche, sondern ihre Klugheit, die sie veranlaßte, auf Menorca zu verzichten, nicht ihre Feigheit, sondern ihr gesunder Menschenverstand; und es waren gerade diese Eigenschaften, die Europa mit der Zeit beeindruckten und ihr den Beinamen »die Große« einbrachten. Ein Jahr später kam Menorca durch den Vertrag von Paris wieder an Spanien.

XXV
FÖRDERIN DER SCHÖNEN KÜNSTE

England hatte jahrhundertelang die Privilegien der meistbegünstigten ausländischen Nation genossen, und seine Schiffe hatten den Großteil des russischen Handels befördert und gelenkt. Aber die Abreise von Sir James Harris, ohne daß er seine Mission erfolgreich beendet hatte, kennzeichnete die beginnende Abnahme des englischen Einflusses und die zunehmende Beliebtheit der Franzosen. Die steigende Nachfrage nach französischen Luxuswaren, der Einfluß der *philosophes,* die Vorliebe für Pariser Mode und Kultur und die ständig steigende Zahl russischer Adeliger,die ins Ausland reisten und Paris zu ihrem Mekka machten – all das trug zu einem *rapprochement* zwischen den beiden Ländern bei. Selbst Marie-Antoinette, die die Abneigung ihrer Mutter, der Kaiserin Maria Theresia, gegen Katharina geerbt hatte, war bereit, Frauen, so faszinierend wie die Fürstin Dolgoruky, und Männer, so geistreich wie Graf Stroganow, in Versailles zu empfangen, während der legendäre Ruhm eines Orlow und einer Fürstin Daschkowa, die beide Ende der siebziger und Anfang der achtziger Jahre Paris besuchten, dazu beitrug, Katharinas Ansehen noch zu stärken. Rußland und seine Kaiserin waren große Mode geworden, und Baron Grimm berichtete aus Paris, daß die Franzosen an einer Epidemie von »Katharinitis« litten. Die Theater brachten Stücke über russische Themen, und jeder Bezirk hatte entweder ein Café du Nord oder ein Hotel à l'Imperatrice de la Russie.

Kaufleute nannten ihre Läden *»à l'enseigne de la Russie Galante«,* und ein Schneider verdiente ein Vermögen, indem er sich das Modell der Kittelschürze verschaffte, die Katharina für ihre kleinen Enkel entworfen hatte. Die Kaiserin war erfreut, aber nicht beeindruckt: »Die Franzosen begeistern sich für mich, als ob ich eine neue Feder wäre, die sie an ihren Hut stecken können, und es wird nicht länger dauern als ihre anderen Moden.« Und sie schätzte auch die schmeichelhafte Aufmerksamkeit, die den russischen Damen in Versailles zuteil wurde, nicht. »Es wird ihnen nur zu Kopf steigen und sie noch verwöhnter und anspruchsvoller machen, wenn sie nach Hause kommen.«

Aber was sie am meisten ärgerte, war die Art, wie man die Fürstin Daschkowa in Paris gefeiert hatte. Ihr selbstauferlegtes Exil hatte sie zu einer europäischen Berühmtheit werden lassen, die zu bedeutend war, um im Mutterland außer acht gelassen zu werden. Die Fürstin wurde bei ihrer Rückkehr nach Rußland wohlwollend empfangen. Die Kaiserin zeigte sich großzügig in ihren Geschenken, und Potiomkin tat sein möglichstes, sie für sich zu gewinnen. Die beiden Brüder der Daschkowa, Alexander und Simon Worontzow, deren Treue dem verstorbenen Kaiser gegenüber sie zu Beginn von Katharinas Regierung bei Hofe ausgeschlossen hatte, wurden wieder in Gnaden aufgenommen; auch ihre Schwester Elisabeth wurde großmütig behandelt, denn Katharina war zu stolz, um sich an jemandem zu rächen, der so dumm und vulgär wie die ehemaligen Mätressen ihres Mannes war. Elisabeth Worontzow erhielt die Genehmigung, einen Kammerherrn zu heiraten, und bekam als Hochzeitsgeschenk ein Haus in Moskau. Aber die Daschkowa selbst wurde auch jetzt noch stets als eine mögliche Unruhestifterin angesehen. Die Monarchin, der die Huldigung der ganzen Welt zuteil wurde, war eifersüchtig auf die anmaßende kleine Fürstin, die Paris als die Heldin des *coup d'état* gefeiert hatte, und die Daschkowa, verletzt und gekränkt über den Mangel an Vertrauen von seiten der Kaiserin, begab sich wieder auf Reisen, mit der Ausrede, die Erziehung ihres Sohnes mache einen weiteren Auslandsaufenthalt erforderlich.

In Leyden stieß sie auf ihren alten Feind Fürst Orlow, der jetzt nicht mehr der verwöhnte Liebling Fortunas war, sondern ein liebender Ehemann, der jede Stadt Europas aufsuchte, um Heilung für seine junge Frau zu finden, die langsam an Schwindsucht starb. Orlow brachte es fertig, während der ersten Stunden ihres Zusammenseins den Zorn der Fürstin zu erregen, indem er ihr Komplimente über den Charme und das gute Aussehen ihres Sohnes machte und andeutete, daß er ein idealer Kandidat für den Posten des kaiserlichen Favoriten wäre. Das sexuelle Verlangen der Kaiserin wuchs mit den Jahren. Sie brauchte ständig neues und immer jüngeres Blut. Es hieß, Lanskoy sei bereits dem Zusammenbruch nahe. Es würde nicht mehr lange dauern, bis der Posten frei würde, und Orlow versicherte der Fürstin, daß er und seine Familie sich nach besten Kräften bemühen würden, die Chancen ihres Sohnes zu fördern. Orlow betrachtete dies als ein freundschaftliches Angebot, aber die Daschkowa erklärt in ihren Memoiren, sie sei empört gewesen über einen Vorschlag, der ebenso beleidigend für ihren Stolz wie entehrend für die Kaiserin wäre. Dennoch bat die ehrgeizige Fürstin bei ihrer Rückkehr nach Rußland im Jahr 1782 Fürst Potiomkin um eine Offiziersstelle für ihren Sohn. »Serenissimus« war allgemein als Lieferant der *»mignons«* für Ihre Kaiserliche Majestät bekannt, und die Zukunft des jungen Daschkow schien gesichert, als er dem Semjonowschen Garderegiment zugeteilt und zu einem der *aides-de-camp* des Fürsten ernannt wurde. Aber es dauerte nicht lange, bis seine eigene Unbesonnenheit, gefolgt von einer nicht standesgemäßen Heirat, jede Hoffnung zunichte machte, die seine Mutter hinsichtlich seiner Laufbahn gehegt haben mag.

Als die Fürstin nach Rußland zurückkehrte, war der unglückliche Orlow nicht mehr in der Lage, einem Protegé zu helfen. Der Tod seiner Frau im Frühling 1781 in Lausanne hatte seinen von den früheren Schlaganfällen bereits geschwächten Geist vollkommen verwirrt. Er blieb in der Schweiz, wo er tagaus, tagein weinend neben ihrem Grab kniete, bis es seinen Brüdern schließlich gelang, ihn nach Moskau zurückzubringen. Verzweiflung wurde zu Wahnsinn, und er starb im Frühling 1783 in einem Anfall von Tobsucht.

Als die Kaiserin von Orlows Tod erfuhr, schrieb sie an Baron Grimm:

Obwohl ich auf das Ereignis vorbereitet war, muß ich gestehen, daß es mir einen tiefen Schmerz verursacht hat. Ich habe in ihm einen Freund verloren und vor allem einen Mann, dem ich großen Dank schuldig bin... Vergebens sagt man mir und sage ich mir selbst alles, was bei diesen Gelegenheiten gesagt werden kann. Ströme von Tränen sind meine Antwort, und ich habe seit dem Augenblick, da ich die verhängnisvolle Nachricht erhielt, entsetzlich gelitten... Fürst Orlows natürliche Begabung war sehr groß; sein Mut war, glaube ich, das *ne plus ultra* allen Mutes; er wußte stets im kritischen Augenblick genau, was getan werden mußte, damit die Dinge so entschieden wurden, wie er es wünschte; und er besaß, wenn es erforderlich war, eine Beredsamkeit, der niemand widerstehen konnte.

Orlow und Panin, die beiden Männer, die die ersten Jahre von Katharinas Regierung beherrscht hatten, starben im Abstand von wenigen Tagen, einer in einer Gummizelle, der andere kurz nach einem Schlaganfall gelähmt im Rollstuhl. Der alte Staatsmann war nach seiner Entlassung in St. Petersburg geblieben, »um der Kaiserin einen lebenden Beweis für ihre Undankbarkeit zu liefern«. Seine letzten Jahre wurden durch die Vernachlässigung von seiten des Großfürsten noch zusätzlich verbittert. Paul, der ein Feigling war und um seine eigene Zukunft bangte, hatte Angst, sich einem Mann anzuschließen, der bei seiner Mutter in Ungnade gefallen war.

Die Kaiserin zeigte wenig Kummer. Seit jenem Junimorgen des Jahres 1762, als Panin mit ihrem Sohn an der Hand auf dem Balkon des Sommerpalasts erschien, war er für sie stets ein Mensch gewesen, den man versöhnen und fürchten mußte. In dieser frühen Zeit hatten sowohl er als auch die Daschkowa Intrigen und Pläne geschmiedet, um ihre Macht einzudämmen und sie zu zwingen, dem Land eine Verfassung zu geben. Aber gleichzeitig würdigte sie ihn als Patrioten und klugen Staatsmann, der wesentlich dazu beigetragen hatte, ihren Thron zu festigen.

Als letztes vor seiner Amtsenthebung hatte sich Panin beharrlich dem Plan der Kaiserin widersetzt, ihren Sohn und ihre Schwiegertochter auf eine Rundreise durch Europa zu schicken. Er fürchtete, daß sie Pauls Abwesenheit dazu ausnützen könnte, ihn zugunsten ihres dreijährigen Enkels zu enterben, der ihr erklärter Liebling war, und dessen kindliche Aussprüche stolz wiederholt wurden, als ob sie die Weisheit Salomons wären. Die Großfürstin, die sich danach sehnte, zu reisen und ihre Familie wiederzusehen, war zuerst hocherfreut über die Idee, aber ihre Freude ließ nach, als sie hörte, daß ihre Kinder zurückbleiben müßten, und daß ihnen nicht gestattet würde, Berlin zu besuchen.

Die Beziehungen zwischen der Kaiserin und dem preußischen Monarchen hatten ihren Tiefstand erreicht. Der alte König konnte einer deutschstämmigen Prinzessin, der Tochter eines seiner früheren Offiziere, nicht verzeihen, daß sie die Freundschaft des Kaisers der seinen vorgezogen hatte. Friedrich, der sich wie kein anderer auf die Kunst der Schmeichelei verstand, war wütend, sich von einem Habsburger ausgestochen zu sehen. Als Maria Theresia wenige Monate nach der historischen Begegnung von Mogilew starb, ging Joseph sogar so weit, Katharina einen von seiner Mutter gestickten Rahmen zu schicken, »einen von den Gegenständen, die sie mich beauftragt hat, an ihre Verwandten und Freunde zu verteilen, zu denen wir Sie, wie ich hoffe, zählen dürfen«. Nichts hätte Katharina mehr erfreuen können. Der Besuch des preußischen Thronfolgers war nach der anregenden Atmosphäre von Mogilew eine Enttäuschung gewesen. Was auch immer Friedrichs eigene Meinung über seinen Erben sein mochte, er hatte erwartet, daß ein Prinz von Preußen mit Ehrfurcht und Respekt behandelt werden würde. Es kam zum offenen Bruch, und die scharfe Zunge des Königs förderte bewußt eine verleumderische Kampagne gegen »die Messalina des Nordens«.

Katharinas Entschluß, ihrem Sohn zu verbieten, Berlin in seine Reiseroute einzuschließen, führte zu erbitterten Diskussionen zwischen ihr und Paul, dessen freundschaftliche Gefühle für Preußen zu bekannt waren, um außer acht gelassen zu werden. Sie erklärte, daß Marie Feodorowna ihre Eltern woanders treffen könne, denn das Großfürstenpaar sollte auf seiner Reise Staatsbesuche in Wien und Versailles sowie an verschiedenen italienischen Höfen, einschließlich des Vatikans, machen. Die Kaiserin hegte wenig Sympathie für ihre Schwiegertochter, deren tugendhaftes Verhalten in einem so krassen Gegensatz zu ihrem eigenen stand. In ihren persönlichen Briefen an Grimm bezeichnet sie ihren Sohn und seine Frau als »die schwere Bagage«. Aber sie mußte zugeben, daß die junge Fürstin Stil und Lebensart besaß und einen guten Einfluß auf ihren Mann ausübte, indem sie ihn daran hinderte, allzuviele Taktlosigkeiten und Unbesonnenheiten zu begehen. Die Abneigung der Kaiserin Paul gegenüber hatte sich mit den Jahren verstärkt. Auf dem Höhepunkt ihrer Macht war sie im Grunde immer noch so unsicher, daß sie nach wie vor eifersüchtig auf ihren Sohn war. Paul wurde seinem Vater von Jahr zu Jahr ähnlicher, und in Moskau umjubelte ihn das Volk als einen wahren Romanow, während sie selbst auch weiterhin die ausländische Usurpatorin blieb. Deshalb sollte die alte Hauptstadt auf dieser Reise, die Katharina persönlich in allen Einzelheiten geplant hatte, bewußt umgangen werden. Paul war verärgert darüber und betrachtete es als eine der vielen kleinlichen Demütigungen, die er durch seine Mutter zu erdulden hatte.

Aber die Reise, die unter solch düsteren Anzeichen begann – die Großfürstin fiel dreimal in Ohnmacht, ehe sie den Wagen bestieg –, wurde zu einem großartigen Erfolg. Abgesehen von den Staatsbesuchen in Wien und Paris war es eine Bildungs- und Vergnügungsreise, und das junge Paar reiste inkognito unter dem Namen Graf und Gräfin du Nord. Die Kaiserin, für gewöhnlich ihrem Sohn gegenüber nicht gerade großzügig, hatte ihm diesmal nicht weniger als dreihunderttausend Rubel für seine Wagen und Postpferde und weitere hunderttausend als Taschengeld gegeben. Kaum hatten sie Rußland verlassen, schrieb sie lange, zärtliche Briefe an »ihre geliebten Kinder«, sagte ihnen, sie sollten sofort nach Hause kommen, wenn sie Heimweh hätten, und erzählte ihnen, »daß Alexander eine Landkarte von Europa bekommen habe, damit er die Reiseroute seiner Eltern verfolgen könne«, und daß der kleine Konstantin begeistert von seiner griechischen Kinderfrau sei.

Die arme Großfürstin hatte nie erfahren, warum ihr Sohn Konstantin heißen und eine griechische Kinderfrau haben mußte, und sie war entsetzt, als sie ihre Schwiegermutter von der Möglichkeit sprechen hörte, ihn zum Kaiser von Byzanz krönen zu lassen. Dies gehörte alles zu jenen »östlichen Phantasien«, die Paul zutiefst mißbilligte und über die er unklugerweise bei seinem Besuch in Polen mit König Stanislaus sprach; da Stanislaus der indiskreteste und schwatzhafteste aller Monarchen war, dauerte es nur wenige Tage, bis Pauls Kritik dem russischen Gesandten hinterbracht wurde. Marie Feodorowna war ebenso bezaubert von Stanislaus wie jede Frau, die in seine Nähe kam. Selbst Katharina scheint dem Liebhaber, den sie als Mann bewunderte und als König verachtete, ein zärtliches Andenken bewahrt zu haben, denn sie fragte ihren Sohn, »ob Seine polnische Majestät immer noch ein so amüsanter Gesellschafter sei, oder ob die Sorgen der Regierung ihn diese Eigenschaften hätten verlieren lassen.« Ein wenig wehmütig setzt sie hinzu: »Es muß meinem alten Freund schwerfallen, eine Ähnlichkeit zwischen meinen heutigen Porträts und dem Gesicht zu finden, an das er sich aus früheren Zeiten erinnert.«

Der glänzende Empfang, der Paul in Polen zuteil wurde, war nur ein Vorgeschmack dessen, was kommen sollte. Kaiser Joseph fuhr dem Thronerben Rußlands bis zur österreichischen Grenze entgegen, um ihn willkommen zu heißen. Ganz Wien war *en fête,* und jeder, angefangen beim Kaiser selbst, war bemüht, das junge Paar zu feiern, das in St. Petersburg kaum je beachtet wurde. Der wankelmütige, launenhafte Paul vergaß seine preußenfreundlichen Gefühle und geriet völlig in den Bann seines Habsburgischen Gastgebers. Ein Besuch, der zwei Wochen dauern sollte, dehnte sich auf über einen Monat aus, und der erschöpfte, überarbeitete Kaiser muß am Ende froh gewesen sein, als seine Gäste sich von ihm verabschiedeten. Aber die russische Allianz war zu wichtig, um vernachlässigt zu werden. Dem Beispiel Wiens folgend, überboten sich die Habsburger

Fürsten in Italien gegenseitig mit großartigen Empfängen, bis selbst der verbitterte und reizbare Paul in dem ungewohnten Glanz des Erfolgs aufblühte. Aber Paris war der Höhepunkt ihrer Reise, und auch hier spiegelte sich Katharinas Beliebtheit in dem Empfang wider, der ihrem Sohn zuteil wurde. Große Menschenmengen jubelten dem jungen Paar zu, wo auch immer es in der Öffentlichkeit erschien, sei es im Theater oder bei den Pferderennen, bei Spaziergängen durch die Gärten der Tuilerien oder auf der Fahrt in einer Staatskarosse nach Versailles. Am Hof selbst ließ Marie Antoinette all ihren Charme spielen, um den vernachlässigten Sohn Katharinas zu bezaubern, während seine Frau wie eine liebe und verehrte Freundin behandelt wurde und eines der schönsten und seltensten Tafelgeschirre, die je in Sèvres hergestellt worden waren, als Geschenk erhielt.

Das junge Paar lebte in einer Traumwelt; aber die taktvolle Großfürstin hütete sich, in ihren Briefen an die Kaiserin zuviel Enthusiasmus zu zeigen, denn sie wußte, daß ihre Schwiegermutter es vorzog, von den Unzulänglichkeiten der Franzosen zu hören, den schlechten Straßen, den mittelmäßigen Theaterstücken und den unzufriedenen Künstlern, die ihre Wohltäter in Rußland suchten. Um sie zufriedenzustellen, mußten ihr Sohn und ihre Schwiegertochter vorgeben, daß die Leichtfertigkeit und geistige Leere des französischen Hofes sie langweilte, während in Wirklichkeit jeder Tag, den sie in Paris verbrachten, zum Zauber ihrer Reise beitrug.

Die Rückkehr nach Rußland war ernüchternd. Nach einer Abwesenheit von fast einem Jahr betrachteten ihre Kinder sie als Fremde und klammerten sich an die Rockschöße ihrer Großmutter. Paul war am Hof seiner Mutter unbeliebter denn je, denn die Kaiserin hatte durchblicken lassen, daß seine Reisen ihn verdorben und den Sitten und Bräuchen seines eigenen Landes völlig entfremdet hätten. Trotz all ihrer Bemühungen war es Marie Feodorowna nicht gelungen zu verhindern, daß einige der unklugen Bemerkungen ihres Mannes seiner Mutter zu Ohren kamen. Europa war voll von russischen Agenten, die den Spuren des Großfürstenpaares gefolgt waren und über jedes Wort der Kritik berichtet hatten, das Paul über die Kaiserin oder ihre Minister äußerte.

Das großfürstliche Paar kehrte nach Rußland zurück, als die Krim gerade dem Reich einverleibt worden war und Potiomkin wieder auf der Höhe der Macht stand, nachdem sein Einfluß ein Jahr lang erheblich nachgelassen hatte. Die Kaiserin, die von ihren Paladinen stets spektakuläre Taten erwartete, war angesichts seiner Verzögerungstaktik ungeduldig geworden und hatte sich geärgert, daß er sich nur selten, wenn überhaupt, die Mühe nahm, ihre Briefe zu beantworten. Zudem hatten seine Beziehungen zu seinen Nichten einen Punkt erreicht, an dem selbst die toleranteste aller Monarchinnen sein Verhalten nicht mehr billigen konnte. Es kam zum offenen Bruch, als sie erfuhr, daß Katharina, die jüngste und hübscheste der Schwestern, von ihrem Onkel schwanger war. Dies wäre an sich verzeihlich gewesen, hätte die Kaiserin nicht geplant gehabt, die fünfzehnjährige Katharina mit Alexej Bobrinsky, ihrem unehelichen Sohn aus der Verbindung mit Orlow, zu verheiraten. Die beiden jungen Menschen hatten sich seit ihrer Kindheit zueinander hingezogen gefühlt, aber Orlow hatte sich stets der Heirat widersetzt. Jetzt war Orlow tot und hatte sein riesiges Vermögen dem Sohn hinterlassen, für den er zu Lebzeiten wenig Interesse gezeigt hatte. Auch von Katharina kann nicht behauptet werden, daß sie eine sehr zärtliche Mutter war. »Klein Bo« wird nur selten in irgendeinem ihrer Briefe erwähnt, und auch dann meist nur in gereiztem Ton. Nach einigen Jahren in einer Kadettenanstalt, wo er einer der wildesten und widerspenstigsten Schüler war, wurde er unter der Obhut eines zügellosen und unfähigen Erziehers zur Vollendung seiner Studien nach Paris geschickt. Dort machte er riesige Schulden, die erst nach dem Tode seines Vaters bezahlt wurden. Wir wissen wenig über sein späteres Leben, abgesehen davon, daß er heiratete, sich auf einem seiner Landsitze niederließ und eine zahlreiche Nachkommenschaft hinterlassen hat. Kaiser Paul, der manchmal unvermutete Anwandlungen von Großzügigkeit hatte, machte ihn zum Grafen – vielleicht aus Mitleid mit dem Halbbruder, der in seiner Kindheit ebenso einsam und vernachlässigt gewesen war wie er selbst. Noch weniger weiß man über Katharinas Tochter aus der Verbindung mit Orlow. Sie wurde als Nichte der vielseitigen Mademoiselle Protassow aufgezogen, die als Pflegemutter des unehelichen Kindes ihrer Herrin ebenso tüchtig gewesen zu sein scheint, wie sie es als *»éprouveuse«* der Liebhaber Ihrer Majestät war.

Alle mütterlichen Gefühle Katharinas konzentrierten sich auf ihren jungen Geliebten. Alexander Lanskoy hielt nicht nur ihre Sinne sondern auch ihr Herz gefangen. »Er war ein Mann aus Gold«, und im Laufe der Zeit wurde er immer unentbehrlicher für ihr Glück und ihr Wohlergehen. Selbst der zynische

Betzborodko gab zu:»Im Vergleich zu den anderen war er wahrhaftig ein Engel. Er hatte Freunde, er versuchte nicht, seine Nächsten zu schädigen, und er bemühte sich oft, anderen zu helfen.« Es war eine Freude für Katharina, einen eifrigen und begabten Schüler zu haben, der guten Geschmack besaß, Kunst zu schätzen wußte und die Gesellschaft von geistig überlegenen Männern pflegte. Er wurde ein begeisterter und urteilsfähiger Sammler, und Baron Grimm wurde ständig beauftragt, irgendein Bild oder eine Skulptur zu beschaffen, die General Lanskoy gefallen hatte. Niemand hätte ein weniger militärisches Aussehen haben können als dieser charmante junge Dilettant, der normalerweise vermutlich nie über den Rang eines Hauptmanns hinausgekommen wäre; und Lanskoy selbst scheint sich seiner Unzulänglichkeit, sowohl als General als auch als Liebhaber, bewußt gewesen zu sein, denn es wird berichtet, daß er zu Drogen und Aphrodisiaka griff, um dem unersättlichen Verlangen seiner Herrin gerecht werden zu können.

Katharina schien sich der Anstrengung, die sie ihrem jungen Liebhaber zumutete, nicht bewußt zu sein, und sie ahnte auch nichts von der Eifersucht, die er bei Potiomkin erweckte, der trotz ihrer gegenseitigen Untreue der Ansicht war, daß er einen älteren Anspruch auf ihre Zuneigung hätte. Er hatte nicht damit gerechnet, daß sie sich in irgendeinen der hübschen *mignons* verlieben würde, die er ihr zur Verfügung stellte. Jetzt, auf der Höhe seines Ruhms, erkannte er, daß er nicht mehr unentbehrlich war. Nachdem Katharina ihn mit Ehren überhäuft hatte, ließ sie ihn nach Chersson zurückkehren, ohne eine Träne zu vergießen. Bei früheren Gelegenheiten hatte es beim Abschied stets beiderseits dramatische Szenen gegeben. Jetzt konzentrierten sich Katharinas Gedanken auf Lanskoy, und seine Fröhlichkeit und gute Laune machten Zarskoje Selo »zum bezauberndsten und angenehmsten aller Orte, wo die Tage so schnell vergingen, daß man nicht wußte, was aus ihnen geworden war«.

Katharinas Glück war von kurzer Dauer. Am 19. Juli 1784 klagte Lanskoy über Halsschmerzen, die sich rasch verschlimmerten. Die besten Ärzte der Hauptstadt wurden an sein Krankenbett gerufen, aber es kam ein bösartiges Fieber hinzu, und nach fünf Tagen war er tot. Es hieß, er habe Diphterie gehabt, die sich jedoch laut Aussage des englischen Arztes der Kaiserin nicht als tödlich erwiesen hätte, wäre nicht sein Organismus bereits durch die übermäßige Einnahme von Aphrodisiaka geschwächt gewesen.

Die Verzweiflung Katharinas war schrecklich mitanzusehen. Ihr Sohn und ihre Schwiegertochter, die kamen, um ihr Beileid auszusprechen, hörten wildes Schluchzen hinter der Tür des Zimmers, zu dem ihnen der Zutritt verwehrt wurde. Selbst die geliebten Enkel der Kaiserin wurden ferngehalten, und sie schüttete ihren Kummer in einem tieftraurigen Brief an Baron Grimm aus, in dem sie ihm von dem unersetzlichen Verlust berichtete, den sie durch den Tod ihres liebsten Freundes erlitten – »eines jungen Mannes, den sie erzogen hatte, der sanft, gelehrig und dankbar war; der Nutzen aus seinen Studien zog, ihre Neigungen teilte, und von dem sie gehofft hatte, daß er die Stütze ihres Alters sein werde«. Am Schluß des Briefes schreibt sie: »Ich weiß nicht, was aus mir werden wird, aber ich weiß, daß ich in meinem ganzen Leben noch nie so unglücklich gewesen bin wie jetzt, da mein bester und gütigster Freund mich verlassen hat.«

So bitter war ihr Schmerz, so mitleiderregend ihre Verzweiflung, daß Betzborodko an Potiomkin schrieb und ihn bat, so schnell wie möglich an den Hof zurückzukehren. Drei Wochen später war der Fürst wieder in St. Petersburg, und Katharina schreibt: »Er schlich wie eine große Katze durch den Palast, heulte mit mir in meinem Schmerz und erreichte damit, daß ich mich ein wenig erleichtert fühlte.« Der Mann, der so grausam und herzlos, so besessen von seinem Ich sein konnte, war jetzt sanft und verständnisvoll wie eine Frau, täuschte einen Kummer vor, den er keineswegs empfand, und brachte sie mit liebevoll schmeichelnden Worten allmählich wieder ins Leben zurück. Aber noch zwei Jahre später traf man die Kaiserin weinend neben der griechischen Urne an, die sie mit der Inschrift: »Von Katharina für meinen liebsten Freund« zum Andenken an Lanskoy im Park von Zarskoje Selo aufgestellt hatte.

Die Kaiserin verbrachte den ganzen Sommer zurückgezogen in Zarskoje Selo. Erst als das Wetter naßkalt wurde und die Gemächer geheizt werden mußten, wurde sie durch einen rauchenden Kamin aus ihrem Zimmer vertrieben. »Da ich keinen Platz hatte, wo ich mich niederlegen konnte, ließ ich mir einen Wagen kommen und kehrte unerwartet, ohne daß irgend jemand es wußte, in die Stadt zurück. Ich begab mich in die Eremitage, und gestern ging ich zum erstenmal wieder in die Kirche, und ich sah alle, und alle sahen mich. Aber es war eine große Anstrengung, und als ich in mein Zimmer zurückkehrte, war ich so erschöpft, daß jede andere als ich in Ohnmacht gefallen wäre.« Dieser Brief ist vom 8. September 1784. Von da ab führte Katharina wieder ein mehr oder minder normales Leben. Aber es wurde Februar, ehe sie sich entschließen konnte, von ihren Privatgemächern in der Eremitage wieder in die Prunkzimmer des Winterpalasts zu ziehen.

Die Wunde, die Lanskoys Tod verursacht hatte, war keineswegs geheilt, und der Posten des Favoriten blieb über sieben Monate lang unbesetzt. Die Frau, der es schwerfiel, »auch nur eine Stunde ohne Liebe zu leben«, begegnete jetzt allen Vorschlägen Potiomkins mit tauben Ohren. Aber er war sehr klug oder, wie sie es nannte, »sehr schlau«. Es fehlte nicht an *aides-de-camp*. Wenn einer von ihnen sich als ungeeignet erwies, war stets ein anderer zur Hand, und schließlich gelang es ihm, ihr Interesse an einem jungen Mann zu wecken, den sie kennengelernt hatte, als er ein Junge von dreizehn war. Aleksej Jermolow war zuverlässig und gutmütig. Er war kräftig und gutaussehend, wenn auch auf eine etwas breite, derbe Art. Katharina war nicht in Stimmung für leidenschaftliche Abenteuer, und seine ehrliche, offene Art, seine fast hündische Ergebenheit waren Eigenschaften, die sie für den Augenblick mehr schätzte als Charme und Geist.

Im Frühling 1785 schrieb sie bereits an Baron Grimm: »Ich bin innerlich wieder ruhig und ausgeglichen, denn mit Hilfe unserer Freunde haben wir uns sehr bemüht, uns zu beherrschen.

Ich kann nicht klagen, daß es mir an Menschen fehlt, deren Zuneigung und Fürsorge dazu angetan sind, mich wieder ins Leben zurückzubringen und mir Entspannung zu bieten. Mit einem Wort, ich habe einen Freund gefunden, der sehr fähig ist und diesen Namen verdient.« Dies ist das einzige Mal, daß Jermolow in ihrer Korrespondenz erwähnt wird, aber auch da nicht mit Namen und in einem Ton, der anders klingt als das übertriebene Lob, das sie einem Korsakow und selbst einem Joritz gespendet hatte. Offenbar war er mehr ein Beruhigungsmittel als eine Heilung, und das Beste, was man zu seinen Gunsten sagen kann, ist, er gab ihr genügend innere Ruhe, daß sie wieder arbeiten konnte. Die siebzehn Monate, in denen er den Posten des kaiserlichen Favoriten innehatte, waren sowohl im künstlerischen als auch im administrativen Bereich äußerst produktiv.

In diese Zeit fällt der Erwerb der berühmten Baudouin-Sammlung, die zu kaufen Grimm ihr schon vor fünf Jahren geraten hatte, und die Ankunft in St. Petersburg von Houdons sitzender Figur Voltaires, die zusammen mit seiner Bronzebüste die Kaiserin nicht mehr als zweitausend Livres kostete. Die Gemäldegalerie in der Eremitage war so überfüllt, daß Katharina einen Teil der Bilder in ihren Sommerpalästen unterbringen mußte. Sie zeigte eine scharfe Urteilskraft in der Protektion lebender Künstler, bestellte romantische Ruinen bei Hubert Robert, ein Stilleben bei Chardin und Bilder sämtlicher Basiliken von Rom bei Pannini. Als David Roentgen, ein Herrnhuter aus Neuwied am Rhein und berühmtester Kunstschreiner seiner Zeit, ihr einen Schreibschrank anbot, war sie so überwältigt von der Perfektion seiner Arbeit, daß sie weitere fünftausend Rubel zu den zwanzigtausend hinzufügte, die er verlangt hatte. Aber Roentgens Besuch in Rußland war kein uneingeschränkter Erfolg. Ebenso wie im Fall von Diderot und Falconet wurde die Kaiserin letzten Endes seiner überdrüssig und beklagte sich Grimm gegenüber, daß er versuche, die ganze Eremitage zu seinem Glauben zu bekehren. »So bekam er sein Geld, gab uns die Schlüssel und verschwand. Jetzt, da er fort ist, ist auch die Langeweile fort.«

Die frühen achtziger Jahre brachten die Versöhnung und literarische Zusammenarbeit zweier alter Freundinnen. Katharina Daschkowa war 1781 wieder nach Rußland zurückgekehrt, und der liebenswürdige Lanskoy, der die Gelehrsamkeit der Fürstin bewunderte, tat sein möglichstes, ihre Differenzen mit der Kaiserin beizulegen. Wenige Monate später kam die überraschende Nachricht, daß Ihre Majestät die aufbrausende und streitsüchtige Fürstin zur Direktorin der Akademie der Wissenschaften ernannt hatte – ein Posten, der sowohl Takt als auch Besonnenheit im Umgang mit einer Gruppe von reizbaren und leicht gekränkten Gelehrten erforderte. Selbst die Daschkowa scheint gezögert zu haben, ehe sie die Stellung annahm. Aber ihr Ehrgeiz, gepaart mit dem aufrichtigen Wunsch, das Bildungsniveau des Landes zu heben, veranlaßte sie, eine Aufgabe zu übernehmen, vor der viele andere zurückgeschreckt wären. Entgegen allen Prophezeiungen hatte sie Erfolg – beinahe zuviel Erfolg für Katharinas Geschmack, denn es lag immer ein gewisses Element von Eifersucht in den Beziehungen der Kaiserin zu einer Frau, deren Ruhmsucht ebenso groß war wie die ihre. Die Daschkowa war außerdem, wie wir bereits gesehen haben, eine geborene Intrigantin, und die Kaiserin schrieb in leichtherzigem Ton an Grimm:»Ich habe der Fürstin einen Posten gegeben, der ein schwerer Brocken ist. Sie wird genug daran zu kauen haben, daß ihr keine Zeit für Intrigen bleibt.« Aber in Wirklichkeit gab Katharina ihr den Posten, weil sie der einzige Mensch war, der die nötigen Fähigkeiten besaß, ihn auszufüllen. Die Akademie, die unter Elisabeths Regierung mit dem berühmten Lomonosow als Direktor gegründet worden war, hatte unter der Leitung unfähiger junger Direktoren wie Feodor Orlow, dem jüngsten und faulsten der Brüder, an Ansehen verloren.

Die Fürstin war gleichzeitig eine hervorragende Geschäftsfrau, und sie brachte es fertig, daß die Akademie selbst ihre Unkosten deckte, indem sie die Druckerpressen mit populären Schriften und Nachdrucken in Betrieb hielt. Ihr größter Beitrag zum russischen nationalen Denken war die Gründung einer Zeitung, die alle führenden russischen Schriftsteller der damaligen Zeit zu ihren Mitarbeitern zählte. Die Kaiserin selbst lieferte über die Hälfte des Inhalts der ersten Nummer. *Sobresednik* war die erste russische Zeitung, die vollkommen ohne übersetztes Material auskam. Alle Artikel waren eigens für sie geschrieben, und einige waren sogar stark polemisch. Die Fürstin, die stolz darauf war, als liberal zu gelten, förderte die Kritik. Es dauerte nicht lange, da sah die Kaiserin ihr Regime in einer Zeitung angegriffen, bei der sie Hauptmitarbeiterin war. Der Dramatiker Fonwisin, ein Schulfreund Potiomkins und Gegenstand ihrer besonderen Abneigung, war der Autor eines unverhohlenen Angriffs gegen einige ihrer Minister, und das Eintreten der Fürstin

Daschkowa für Fonwisin führte schließlich dazu, daß die Zeitung nach einer Laufzeit von knapp sechzehn Monaten verboten wurde.

Die Eifersucht der Kaiserin auf das persönliche Prestige der Fürstin im Ausland und auf die Auszeichnungen, die ausländische Akademien ihr verliehen, war schuld daran, daß sich viele ihrer gemeinsamen Pläne niemals verwirklichten. Den Bemühungen der Daschkowa verdankte Rußland die Gründung einer Akademie für das Studium und die Entwicklung der russischen Sprache, die in den letzten hundert Jahren durch die Einführung zahlreicher Fremdwörter verfälscht worden war. Katharina hatte die Idee begeistert unterstützt, und es wurde beschlossen, daß die Erstellung eines umfassenden Wörterbuchs und einer Grammatik die erste Aufgabe der neuen Akademie sein sollte. Aber der Enthusiasmus der Kaiserin war von kurzer Dauer. Die Fürstin versäumte es, sie hinsichtlich der Anordnung des Wörterbuchs um Rat zu fragen. Und in den Monaten nach Lanskoys Tod, während sie noch in Zarskoje Selo lebte, kündigte Katharina an, daß noch ein weiteres Wörterbuch, unter ihrer persönlichen Aufsicht zusammengestellt, erscheinen werde. Der Entschluß, ihrer eigenen Akademie Konkurrenz zu machen, kann nur auf gekränkte Eitelkeit zurückzuführen sein und war einer Frau, die »Catherine la Grande« genannt wurde, nicht würdig, aber die Schwächen der Kaiserin, die so weiblich und manchmal sogar kindlich waren, machten sie nur um so menschlicher. Ihr Eigendünkel war so groß, daß sie nicht zögerte, Baron Grimm, der seinerseits die literarische Welt benachrichtigen sollte, voller Stolz zu sagen, »daß ihr vergleichendes Wörterbuch als das gebräuchlichste Nachschlagewerk für alle Sprachen dienen werde, wohingegen es der Akademie an der nötigen Gelehrsamkeit mangele, um ein gutes Wörterbuch zusammenzustellen«.

Der erste Band des *magnum opus* der Kaiserin, von einer »höchst illustren Persönlichkeit« zusammengestellt, erschien erst im Jahr 1787. Mit großem Getue angekündigt, war es dennoch ein Mißerfolg, denn es war schlecht angeordnet, nachlässig in der Auslegung der Wörter und sündhaft teuer. Das Wörterbuch der Akademie hingegen, das nicht halb so anspruchsvoll war, wurde ein Erfolg und erwies sich als ein weiterer Triumph für die unermüdliche Fürstin, die diesmal klug genug war, der aufgeklärten Gönnerschaft der Kaiserin gebührend Tribut zu zollen.

Katharinas literarische Produktion war ungeheuerlich. Jermolow scheint wenig Anspruch auf ihre Zeit erhoben zu haben, denn während der siebzehn Monate, die er in ihrer Gunst stand, schrieb sie nicht weniger als sechs Theaterstücke, von denen die meisten Satiren sein sollten, denen es jedoch völlig an Esprit und Lebendigkeit in der Unterhaltung mangelte. Sie wurden alle am Hof aufgeführt, und eine Einladung zu diesen Privatvorstellungen in der Eremitage war oft mehr eine Qual als ein Vergnügen.

Katharinas große Stärke lag im Regieren. Sie war eine nachsichtige und gerechte Herrscherin. Ihre Minister wurden in der Öffentlichkeit gelobt und unter vier Augen ermahnt, und sie gab sich unendliche Mühe, niemals den Stolz derjenigen, die ihr dienten, zu verletzen. Wenn sie die Beherrschung verlor, unterließ sie es nie, sich selbst beim jüngsten ihrer Sekretäre oder der ungeschicktesten ihrer Kammerfrauen zu entschuldigen. Aber sie wurde während ihrer ganzen Regierungszeit durch einen Mangel an guten Verwaltern behindert. Das neue Provinzgesetz, von dem sie mit ehrlicher Überzeugung annahm, daß es dem gemeinen Volk Nutzen bringen werde, wurde durch den Mangel an fähigen Beamten aufgehalten. Peter der Große hatte die Adeligen zu Staatsbeamten gemacht. Seine Nachfolger entbanden sie von diesen Pflichten, gestatteten ihnen aber, ihre Privilegien zu behalten, so daß sie allmählich zu einer völlig parasitären Klasse wurden, und es gab keinen »dritten Stand«, dem die Gerichtshöfe der Provinzen hätten unterstellt werden können.

Graf Sievers, ein Livländer deutscher Abstammung und einer der fähigsten Gouverneure Katharinas, hatte versucht, in seiner Provinz Nowgorod Reformen einzuführen, indem er den Leibeigenen mehr Zeit gewährte, auf eigene Rechnung zu arbeiten, und ihnen die Möglichkeit gab, sich zu annehmbaren Bedingungen freizukaufen. Dies hätte eine Klasse von freien Bürgern geschaffen, die das Land so dringend brauchte. Aber die Selbstsucht des Adels machte Sievers' Plänen ein Ende, und die Kaiserin war außerstande, einen Gouverneur zu unterstützen, der sich die Feindschaft der Großgrundbesitzer zugezogen hatte, die sie nicht zu verärgern wagte. Sievers wurde entlassen und durch Potiomkin ersetzt, der Nowgorod zu den großen Provinzen hinzufügte, die bereits unter seiner Aufsicht standen, Provinzen, die er wie ein orientalischer Satrap ohne Rücksicht auf die Kosten an Geld und Menschenleben regierte.

Georg II., König von England (Miniatur nach Christian
Friedrich Zincke)

21b Georg III., König von England
      (Gemälde von Gainsborough)

: König Ludwig XV. von Frankreich

21d August III., König von Polen (Stich von G.G.
      Schmidt nach einem Gemälde von Silvestre, 1743)

22a Kaiserliches Sommerpalais in St. Petersburg (nach zeitgenössischem Kupferstich)

22b Ansicht des Newa-Ufers und des Hauses des Grafen Orlow in St. Petersburg

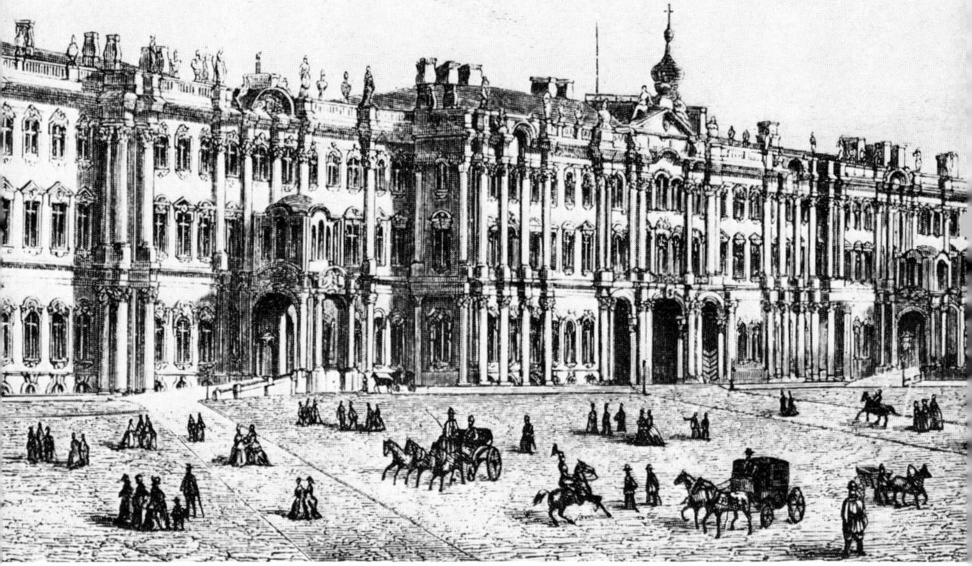

a Kaiserliches Winterpalais in St. Petersburg (Holzstich)

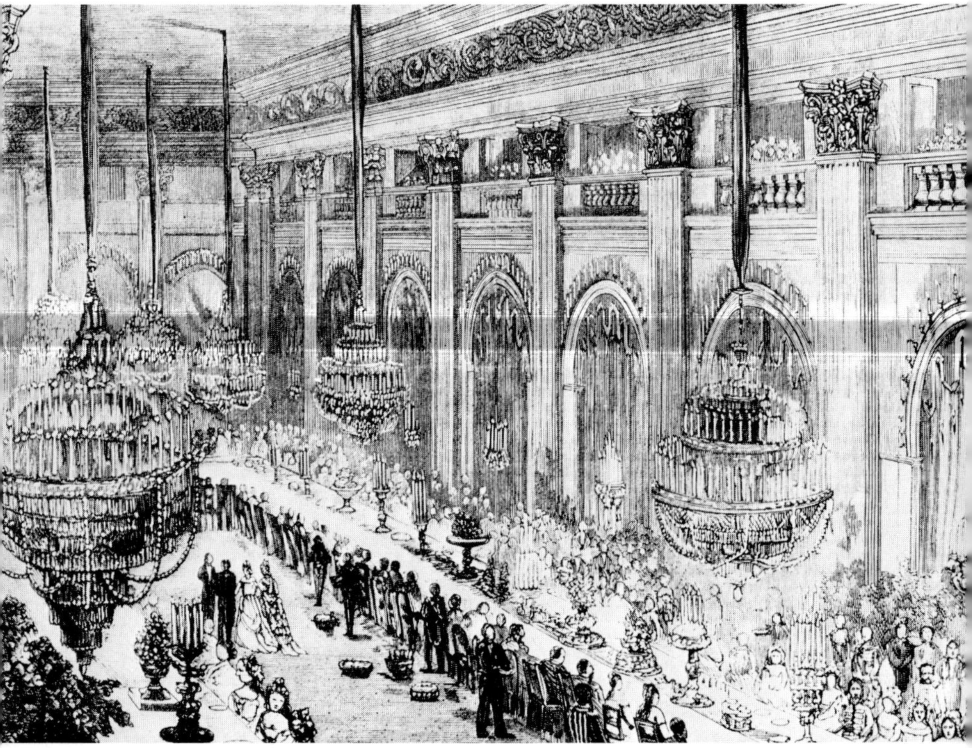

b Nikolaus-Saal im Winterpalais

24a Fürst Wenzel Anton Kaunitz, österreichischer Staatskanzler (Gemälde von J. Steiner)

24b Louis Philip de Ségur, französischer Diplomat

24c Alleyn Fitzherbert, englischer Gesandter

24d Sir James Harris, englischer Minister

Ausländer, die in dieser Zeit nach Rußland kamen, waren beeindruckt von dem schnellen Wachstum und der Wohlhabenheit von St. Petersburg, den schönen Gebäuden, dem regen Betrieb im Hafen, der großen Zahl von ausländischen Schiffen, die an den Kais ihre Waren ausluden, und den Kais selbst, die vollkommen mit Granit verkleidet waren – eine ungeheure Arbeit, die der Architekt Juri Veldten erst kürzlich beendet hatte; von den neuen Fabriken, der Kaiserlichen Glas- und Porzellanmanufaktur und den herrlichen Möbeln aus karelischer Birke, die den Entwürfen Adams nachgeahmt waren. St. Petersburg war ein Handelshafen, vereint mit der Eleganz einer kaiserlichen Residenz, wo an Sommerabenden die Newa mit Vergnügungsbooten angefüllt war und die vornehme Gesellschaft auf der Millonaja promenierte oder mit ihren Karriols den Newski-Prospekt entlangfuhr. Aber es gab noch eine andere Seite der Medaille. Die öffentlichen Bauunternehmen hatten eine große Zahl vagabundierender Arbeiter angezogen, von denen viele entlaufene Leibeigene ohne Namen oder Ausweis waren. Jeder, der für die Krone arbeitete, wurde automatisch ein freier Bürger. Es wurden keine Fragen gestellt, und der Lohn war hoch, wenn entweder die Kaiserin oder der Favorit befohlen hatte, daß ein Gebäude zu einem bestimmten Zeitpunkt fertiggestellt werden sollte. Aber die Männer wurden entlassen, sobald die Arbeit beendet war, und wußten nicht, wovon sie leben und wohin sie gehen sollten. Die ehemaligen Leibeigenen wagten es nicht, zu ihren Herren zurückzukehren, und schlossen sich schließlich den Banden von Straßenräubern an, die durch die Vororte streiften und jeden überfielen, der sich nachts auf die Straße wagte. Die Kaiserin war vermutlich die Letzte, die von diesem Ausbruch von Gesetzlosigkeit erfuhr, und sie scheint sich der Unzulänglichkeit ihrer Polizei nicht bewußt gewesen zu sein.

Katharina entließ selten Minister oder Angehörige der Dienerschaft, wahrscheinlich, weil sie wußte, daß es niemand Besseres gab, sie zu ersetzen. Aber in der Person Jermolows hatte sie einen Liebhaber, der sich die größte Mühe gab, über jeden Skandal oder Mißstand zu berichten, von dem er erfuhr. Er betrachtete es als eine heilige Pflicht, jedes Unrecht wiedergutzumachen, und machte es sich zum Prinzip, die Kaiserin über Angelegenheiten zu unterrichten, von denen sie lieber nichts gewußt hätte. Er ging sogar soweit, daß er seinen Wohltäter Potiomkin beschuldigte, sich Geld angeeignet zu haben, das für den ehemaligen Khan der Krim bestimmt war. Der Khan hatte gegen eine hohe Pension seiner Oberherrschaft entsagt, aber er hatte bisher kaum etwas von dem Geld zu sehen bekommen und gab natürlich Potiomkin, dem das Gebiet unterstand, die Schuld daran. Jermolow hörte von seinen Beschwerden und gab sie an die Kaiserin weiter, die sich rühmte, ihre muselmanischen Untertanen großzügig und gerecht zu behandeln, und wütend auf Potiomkin war, weil er ihre Befehle nicht ausgeführt hatte.

Er seinerseits war derart empört über ihre Vorwürfe und die Undankbarkeit Jermolows, daß er sich nicht herabließ, auf die Beschuldigungen zu antworten und seine Wohnung im Palast verließ, ohne auch nur um eine Audienz zu bitten. Die Kaiserin hatte ihm einen Pavillon oder vielmehr ein Haus gebaut, das die Millonaja überblickte und durch einen langen Säulengang mit der Eremitage verbunden war. Dort lebte er, nachdem den Anitschkow-Palast zum zweitenmal verkauft hatte, um seine Schulden zu bezahlen. Der Skandal erregte noch mehr Aufsehen durch die Tatsache, daß der Fürst, statt St. Petersburg zu verlassen, zu Leo Naryschkin zog, einem der ältesten Freunde der Kaiserin, der ihr als junger Mann bei all ihren Liebesabenteuern behilflich gewesen war und jetzt im Alter immer noch den fröhlichen Narren spielte, der sie in ihren Mußestunden unterhielt. Naryschkin hatte eine hübsche Tochter, die das neueste Objekt von Potiomkins unbeständiger Zuneigung war. Jetzt hatte der Fürst die Unverfrorenheit, sich in seinem Haus einzunisten und den Dienern zu befehlen, ihm seine Mahlzeiten an einem getrennten Tisch in Gesellschaft ihrer jungen Herrin zu servieren.

Diesmal waren selbst seine Freunde der Meinung, daß »Serenissimus« zu weit gegangen war. Sie baten ihn, er solle nicht um seiner eigenen Eitelkeit willen einem anmaßenden jungen Burschen gestatten, seinen Ruf zu besudeln. Unter denjenigen, die es wagten, so freimütig mit ihm zu sprechen, befand sich der neue französische Gesandte, der erst im vergangenen Jahr in St. Petersburg eingetroffen war, dem es aber durch seinen Scharfsinn und seinen Charme bereits gelungen war, in den geheiligten Kreis der Eremitage aufgenommen zu werden; und, was noch weit schwerer war, er hatte die Freundschaft Potiomkins gewonnen, der bis jetzt ein erklärter Feind der Franzosen gewesen war, weil er Frankreich als das größte Hindernis für Rußlands Expansionspläne in der Türkei und der Levante betrachtete.

Nach zahlreichen Fehlschlägen hatte die französische Regierung endlich den richtigen Mann für diesen schwierigen Posten gewählt. Louis Philip de Ségur, der aus einer der berühmtesten Familien Frankreichs stammte, vereinigte in sich die Eleganz und Lebensart von Versailles mit der Tapferkeit des Soldaten, der sich seine Lorbeeren unter Lafayette im amerikanischen Unabhängigkeitskrieg verdient hatte. Als der junge Gesandte zum erstenmal am russischen Hof erschienen war, hatte er sowohl den mit Diamanten besetzten *ordre du Saint-Esprit* als auch die bronzenen Eichenblätter des *American Order of Cincinnatus* getragen, eine Geste, die dazu bestimmt war, einer Monarchin zu gefallen, die sich gern »eine Autokratin von Beruf und eine Republikanerin aus Neigung« nannte. Aber sein größter Triumph lag darin, daß er das anfängliche Mißtrauen Potiomkins besiegte, indem er ihm mit einer Zwangslosigkeit und Vertrautheit begegnete, die noch kein anderer ihm entgegenzubringen gewagt hatte.

Potiomkon erhielt von diesem dreißigjährigen Diplomaten seine erste Lektion in guten Manieren. Als Ségur den Fürsten besuchte und ihn halbnackt, nur mit einer Hose bekleidet, auf einem Kanapee liegend antraf, vergalt er Gleiches mit Gleichem, indem er ihn zum Abendessen in die Gesandtschaft einlud und im Schlafrock empfing. Der Fürst verstand den Wink und empfing ihn in Zukunft, wie es einem Botschafter Frankreichs gebührte. Potiomkin, der sich immer über seine mangelnde Bildung beklagte und einen großen Wissensdurst hatte, war beeindruckt von der Gelehrsamkeit des Franzosen, die so sorgsam unter einer Maske der Leichtfertigkeit verborgen war. Er stellte ihm ständig Fragen über die westliche Welt, von der er so wenig wußte, und die er in der Öffentlichkeit zu verachten vorgab. Durch seine Antworten überzeugte ihn der Diplomat allmählich, daß Frankreich und Rußland immer noch Freunde in der Levante sein konnten.

Ségur zögerte nicht, Potiomkin Vorhaltungen zu machen, als er sah, daß der Fürst im Begriff war, zu begehen, was er für politischen Selbstmord hielt. Er wies ihn warnend darauf hin, daß er seinen Feinden in die Hände spiele, wenn er nicht versuche, sich der Kaiserin gegenüber zu rechtfertigen. Aber der Fürst erwiderte in verächtlichem Ton: »Sie sagen also auch, daß ich mir selbst mein Grab schaufele, und daß ich mich nach all den Diensten, die ich geleistet habe, gegen die Beschuldigungen eines undankbaren Jungen verteidigen sollte. Aber kein kleiner Wichtigtuer wird meinen Sturz herbeiführen, und ich kenne auch sonst niemanden, der es wagen würde, das zu tun.« Er sprach mit soviel Stolz und Selbstvertrauen, daß Ségur ihn mit der Überzeugung verließ, daß weder Katharina noch das Kaiserreich ohne Potiomkin existieren könnten.

Seine Überzeugung war richtig. Wenige Wochen später, Ende Juni 1786, inszenierte Potiomkin am Jahrestag von Katharinas Thronbesteigung bei einem Ball in Peterhof einen dramatischen Auftritt. Kein Schauplatz hätte schöner sein können als Peters Sommerpalast im Monat der weißen Nächte, wo sich die terrassenförmig angelegten Gärten, in sanftes Licht getaucht, hinunter zu den silbrigen Gewässern des Finnischen Meerbusens erstreckten, wo die Statuen sich schimmernd von den dunklen Hecken abhoben und die Springbrunnen ihren goldenen Sprühregen in den bleichen nördlichen Himmel sandten. In diesem Jahr hatte sich Potiomkin, der Impresario aller kaiserlichen Feste, nicht an den Vorbereitungen beteiligt, und die Kaiserin, die niedergedrückt und gelangweilt zu sein schien, hatte den Ballsaal früher als sonst verlassen, hatte ihren Favoriten verabschiedet und sich mit ihren Damen in ihr Boudoir zurückgezogen. Das Abendessen sollte gerade serviert werden, da ging ein Raunen durch den Palast, daß »Serenissimus« eingetroffen sei. Die Menge trennte sich, und der Tanz wurde unterbrochen, als Potiomkins hochgewachsene, wuchtige Gestalt in einer goldbestickten Uniform, mit Orden bedeckt und von Diamanten funkelnd, ohne nach rechts oder links zu blicken quer durch den Saal ging, bis er auf Jermolow stieß, der an einem der Makaotische saß. Dann brach seine ganze aufgestaute Wut über den unglücklichen jungen Mann herein; Karten flogen durch die Luft, der Tisch wurde umgestoßen und Jermolows Partner ergriffen die Flucht, während Potiomkin ihn mit Schmähungen überhäufte: »Du Hund – du weißer Nigger – du Affe – der es wagt, mich mit dem Schlamm der Gosse zu besudeln, aus der ich dich geholt habe!«

Jermolow, der stolz und hochgeboren war, legte die Hand an seinen Schwertgriff, aber die volle Kraft von Potiomkins Faust ließ ihn taumelnd zu Boden stürzen, und kein Lakai wagte es, ihn aufzuheben. Der Fürst wandte sich ab und stürmte, ohne anzuklopfen, ins Boudoir der Kaiserin, und seine Miene war so furchteinflößend, daß keiner der diensthabenden Wachtposten ihn aufzuhalten wagte. Noch ehe die Türen sich hinter ihm geschlossen hatten, hörte man ihn rufen: »Entweder er oder ich. Wenn dieser Null aller Nullen gestattet wird, bei Hof zu bleiben, quittiere ich von heute ab den Staatsdienst.« Die Damen zogen sich hastig zurück, und Katharina war allein der hemmungslosen Wut des Mannes ausgeliefert, den sie noch immer als einen »geachteten Ehemann« ansah. So zornig und so erschreckt sie auch gewesen sein mag – und sie gestand später ihrer Freundin Anna Naryschkin, daß sie wie gelähmt vor Angst gewesen sei –, desungeachtet fühlte sie die wilde sexuelle Erregung, die Potiomkins Szenen unweigerlich in ihr wachriefen. Ihre ausgeprägte Weiblichkeit, die einen so seltsamen Gegensatz zu ihrem klaren, männlichen Verstand bildete, wollte unterworfen und sogar manchmal mißhandelt werden. Jetzt war sie weniger zornig als verängstigt – weniger verängstigt als erleichtert, daß die Wochen des eisigen Schweigens vorüber waren und Potiomkin eine jener Szenen machte, denen stets eine zärtliche Versöhnung folgte. Sie hatte Jermolow satt, hatte seine edlen Prinzipien satt und seine lästige Einmischung in Dinge, die ihn nichts angingen. Potiomkin hatte sich nicht herabgelassen, etwas auf die Beschuldigungen zu erwidern, und jetzt schämte sie sich, sie vorgebracht zu haben. Denn was zählten die Beschwerden eines tatarischen Khans neben den Diensten eines Mannes, der ihr die Krim beschert und ihr Reich von der Mündung des Dnjepr bis zum Asowschen Meer ausgedehnt hatte? In den siebzehn Monaten, die, seit er sie nach Lanskoys Tod wieder gesund gepflegt hatte, vergangen waren, hatten sie mit einer Energie, derer nur sie fähig waren, zusammen an Projekten gearbeitet, die nur sie für möglich hielten.

Dies waren die Monate, in denen sie die Pläne für ein Unternehmen vollendeten, das das sensationellste Ereignis in Katharinas Regierung werden sollte, und das bisher nur flüchtig in ihren Briefen erwähnt und von den Empfängern nur selten ernst genommen worden war. Im Jahr 1780 hatte sie bereits Kaiser Joseph ihre Absicht mitgeteilt, die südlichen Provinzen zu besuchen, doch der skeptische Joseph hatte das als ein Produkt von Potiomkins überspannter Phantasie abgetan. Aber es war ein Traum, den Katharina schon lange vor dem Erscheinen Potiomkins gehegt hatte. Als sie im Alter von sechzehn Jahren anläßlich einer kaiserlichen Pilgerfahrt nach Kiew gekommen war, hatte sie von der Anhöhe der Petscherskaja Lawra, des ältesten Klosters Rußlands, auf den Fluß hinabgeblickt, hatte die mit Waren für die Türkei angefüllten Ladeplätze gesehen und an den Tag gedacht, wo eine russische Kaiserin den Dnjepr hinunter zu den russischen Häfen am Schwarzen Meer fahren würde. Katharina hegte einen Traum, den Potiomkin verwirklichte. Ihn zu verlieren, bedeutete, ihren Traum zu verlieren. Daher das arrogante Selbstvertrauen, mit dem er zum Comte de Ségur gesprochen hatte; die dramatischen Szenen, die mit einem totalen Sieg, der schimpflichen Entlassung des jungen Jermolow, endeten; die triumphale Rückkehr in den Ballsaal, bei der Potiomkin die Kaiserin an der Hand führte und diese, wie irgend jemand es bei einer ähnlichen Gelegenheit beschrieb, »sehr weich und wollüstig« aussah.

Einen Monat später schrieb Katharina bereits an ihren kaiserlichen Freund und Verbündeten, daß sie vorhabe, im Frühling ihre südlichen Provinzen zu besuchen; sie wolle sich im Januar auf den Weg nach Kiew machen, wo sie warten werde, bis der Fluß befahrbar würde, um dann ihre Reise flußabwärts bis zu den Stromschnellen und von dort aus über Land nach Chersson fortzusetzen. Der Monat Mai war für eine Rundreise durch die Krim oder, wie Katharina es in Erinnerung an Iphigenie nennt, die »Tauris« vorgesehen. Eine Reise über riesige Strecken von Steppe und Ödland, die teils von feindlichen Stämmen bevölkert, teils bar jeder menschlichen Behausung waren, wurde so fröhlich und unbekümmert erörtert, als handle es sich um ein Picknick am Ufer der Newa. Joseph schrieb an Kaunitz, »er habe das unbehagliche Gefühl, daß dies die Vorbereitung auf eine Einladung sein könnte, die sehr schwer abzulehnen wäre; aber bis es soweit sei, bleibe noch genügend Zeit, sich eine passende Entschuldigung auszudenken.«

XXVII
VOYAGE À LA POTIOMKIN

Kaum ein Ereignis ist je mehr an die große Glocke gehängt und dramatisiert worden als die Reise der Kaiserin in die Krim. Sie ist im Lauf der Jahre von Geschichte zur Legende geworden. Augenzeugen priesen sie als eine der phantastischsten Reisen, die je von einem regierenden Monarchen unternommen wurde; Potiomkins Feinde verdammten sie als einen riesigen Schwindel, mit Dörfern aus Pappkarton, hohlen, bemalten Fassaden und Soldaten, die als wohlhabende Bauern verkleidet waren. Es hieß, die Kaiserin habe die Bewohner nicht zu Gesicht bekommen, habe nichts von den Provinzen gesehen, durch die sie fuhr, und das Ganze sei nichts weiter als eine Komödie gewesen, die der größte Impresario seiner Zeit in Szene gesetzt hatte. Der Ausdruck *»voyage à la Potiomkin«*, Synonym für leeren Schein, ist in den internationalen Wortschatz eingegangen. Aber diejenigen, die die Reise kritisierten, waren nicht zugegen, während zwei kluge und scharfsichtige Beobachter den Triumph von Potiomkins Organisation mitangesehen und gelobt haben. Weder in den Memoiren des Comte de Ségur noch in denen des Prince de Ligne werden Dörfer aus Pappe erwähnt, obgleich Ségur schreibt: »Jedes Dorf, jede Ortschaft und jedes Bauernhaus, ja selbst die primitivste Hütte, waren so mit Triumphbögen, Girlanden und eleganten architektonischen Spielereien geschmückt und verkleidet, daß sie die Illusion von herrlichen Städten erweckten, von Palästen, wie von Zauberhand errichtet, und von Gärten, die über Nacht entstanden waren.«

Dies könnte für jede königliche Rundreise gelten, wo der Kehricht beseitigt und die Bettler ferngehalten werden, und wo hübsche Mädchen, in ihren Sonntagsstaat gekleidet, Blumen auf den Pfad des Monarchen streuen. Der einzige Unterschied war, daß es Potiomkins Genie gelang, solch eine Vielfältigkeit von Szenen und Menschen hervorzuzaubern, daß er die Kaiserin und ihre anspruchsvollen Gäste während der ganzen zweihundertfünfzig Meilen den Dnjepr hinunter in Spannung hielt.

Die triumphale Reise der Kaiserin in die Krim kostete das Land fast zehn Millionen Rubel. Sie wurde zu einem zweifachen

Zweck unternommen: um Europa zu beeindrucken und die Türken zu erschrecken. Unter Katharinas Gästen befanden sich die Gesandten Österreichs, Frankreichs und Spaniens – das, was sie »ihr kleines Kabinett« nannte. Der preußische Vertreter war bewußt ausgeschlossen worden, denn der Tod des alten Königs im Jahr zuvor hatte nicht dazu beigetragen, den Bruch zwischen beiden Ländern zu heilen. Einige der Gäste waren wenig geneigt, sich auf dieses Abenteuer einzulassen, und es bedurfte des ganzen diplomatischen Geschicks des Fürsten Kaunitz, um seinen kaiserlichen Herrn zu bewegen, an dem teilzunehmen, was Joseph »den Reisezirkus der Kaiserin« nannte.

Katharina neigte dazu, ein wenig respektlos in ihren Briefen zu sein, eine Eigenschaft, die mehr von ihren Untergebenen als von ihren Mitmonarchen geschätzt wurde. Der Habsburger Kaiser nahm Anstoß an der ungezwungenen Art, in der die offizielle Einladung beiläufig als Postskriptum an das Ende eines Briefes gesetzt wurde, der von anderen Dingen sprach. Er sagte seinem Kanzler, daß er die Antwort überschlafen werde. »Sie wird kurz sein, aber ich werde es nicht unterlassen, der Katharinisierten Prinzessin von Zerbst zu sagen, sie solle künftig ein wenig mehr Respekt zeigen.« Kaunitz bat ihn jedoch, wegen der weiblichen Eitelkeit Nachsicht zu üben und an die Vorteile zu denken, die man aus dieser Allianz ziehen könne. Schließlich ließ sich Joseph überreden, die Kaiserin in Chersson zu treffen und auf ihrer Rundreise durch die Krim zu begleiten, und er faßte die Annahme ihrer Einladung in so schmeichelhafte Worte, daß Katharina erwiderte, »sie zittere vor Freude bei dem Gedanken an ein Wiedersehen mit ›Graf Falkenstein‹«.

Das Widerstreben des Kaisers stand in krassem Gegensatz zur Begeisterung seines Freundes und Vertrauten, des Prince de Ligne, der hocherfreut war, von einer Monarchin eingeladen zu werden, die er »als das größte Genie ihrer Zeit« ansah. Er hatte sich diese Meinung gebildet, als er 1780, nur wenige Monate nach der kaiserlichen Begegnung in Mogilew, zum erstenmal nach Rußland gekommen war. Sein damaliger Besuch beruhte auf angeblich familiären Gründen: sein ältester Sohn wollte ein polnisches Mädchen heiraten, dessen Mitgift zum großen Teil aus Ansprüchen an die russische Regierung bestand. Die Leichtigkeit jedoch, mit der er seine Familienpflichten vergaß, und die Mühe, die er sich gab, sowohl der Kaiserin als auch Fürst Potiomkin zu huldigen, lassen vermuten, daß er von Joseph entsandt worden war, um dazu beizutragen, die schwachen Glieder des russisch-österreichischen Bündnisses zu stärken. Niemand hätte sich besser für diese Aufgabe eignen können als Charles Joseph de Ligne, der trotz seiner überschäumenden Fröhlichkeit und seiner schlagfertigen und geistreichen Zunge diplomatisch und umsichtig war. Der Kaiser besaß nicht viele Freunde, aber er hatte blindes Vertrauen zu diesem Fürsten belgischer Herkunft, der sowohl ein spanischer Grande als auch ein österreichischer Feldmarschall war – ein echter Kosmopolit, der sich ebenso wohl in Versailles wie in Schönbrunn fühlte, ebenso glücklich in seinem schönen Park von Beleuil wie in einem Militärlager in Deutschland, und der ebenso ungezwungen mit Marie Antoinette wie mit Voltaire korrespondierte. Seine Freundschaft mit Voltaire allein hätte genügt, ihm den Zugang zum vertrauten Kreis der Eremitage zu sichern. Katharina, die dem Andenken der *divinité de la gaieté* huldigte, fand den perfekten Schüler des alten Meisters in diesem fünfzigjährigen Fürsten, der niemals von Alter sprach, der wie ein Junge lachen und scherzen konnte und zugleich eine tiefe Weltkenntnis und die gütige Toleranz eines innerlich wirklich guten Menschen besaß. Sie waren dazu geschaffen, Freunde zu sein, denn sie glichen sich in vieler Hinsicht, hatten den gleichen Humor, die gleiche gesunde Lebenslust und waren beide zynisch und sentimental zugleich.

Die Kaiserin empfing de Ligne in Zarskoje Selo, wo er drei Wochen in ihrer Gesellschaft verbrachte und sie fast täglich in der bezaubernden Umgebung sah, die sie so wesentlich zu ihrer eigenen gemacht hatte: in der Zimmerflucht von Cameron, wo die kleinen Räume »wie juwelenbesetzte Schnupftabakdosen in schimmernden Farben leuchteten«; in den Parks und Gärten, in denen Katharina ihrer Phantasie freien Lauf gelassen hatte in denen sie Pavillons und Wandelgänge hatte bauen und Säulen und Triumphbögen zur Erinnerung an die Siege von Rumianzew und Orlow hatte errichten lassen. De Ligne war fasziniert zu sehen, »wie die Siegerin über die Türken, die Gesetzgeberin des größten Reiches ihre Blumen pflegte und selbst ihren Rasen säte; ihre Schlichtheit, die in solch großem Gegensatz zum Glanz ihrer Errungenschaften stand, machte ihre Gesellschaft nur noch reizvoller«.

Einige der polnischen Großgrundbesitzer, die so rücksichtslos enteignet worden waren, freie Bauern der Ukraine, die unwürdigen Favoriten als Leibeigene übergeben worden waren, hätten schwerlich das Bild wiedererkannt, das de Ligne von einer Frau entwarf, »die von überströmender Güte war, die mit offenen Händen gab, teils aus angeborener Großzügigkeit, teils aus Nächstenliebe, teils aus Mitleid«. Dieses Lob war keine kriecherische Schmeichelei eines Höflings. De Ligne schrieb es in seinen Memoiren lange nach dem Tod der Kaiserin.

Die Freundschaft, die 1780 begann, setzte sich in einer Korrespondenz fort, die mehr einem Briefwechsel zwischen zwei Liebenden ähnelte als der zwischen einer ältlichen Kaiserin und einem berühmten Feldmarschall. Die Antwort der Kaiserin auf die zur Annektierung der Krim erfolgten Glückwünsche des Fürsten vereint nüchterne Tatsachen mit Poesie. Sie macht ihren Triumph geltend:

Ich bin diejenige, die unserem Land Weißrußland und Taurien geschenkt hat, und deshalb kann ich nach Belieben über diese Gebiete verfügen. Da Sie zu den Freunden zählen, von denen ich weiß, daß ich mich auf sie verlassen kann, habe ich dem Gouverneur der Provinz, Feldmarschall Fürst Potiomkin, Anweisungen gegeben, Sie in den Besitz des Bezirks einzuweisen, wo Iphigenie im Tempel der Diana gedient haben soll. Aber ich möchte nicht, daß Sie dieses schöne Land ohne mich besuchen. Ich habe die Absicht, Ende 1786 oder Anfang 1787 selbst dorthin zu fahren, und ich werde einige unserer gemeinsamen Freunde mitnehmen. Bis dahin, hoffe ich, werden Sie den »perückentragenden, dickköpfigen Fröschen« Vernunft eingehämmert haben und werden Ihre Lorbeeren verdienen. Aber kommen Sie und pflücken Sie sie mit mir in Taurien, wo sie auf freiem Feld wachsen.

Was für eine verlockende Einladung für einen gequälten Offizier, der sich auf einem Feldzug im Schlamm und Nebel der Niederlande befand, wo die Holländer durch Öffnen der Deiche die Felder überflutet hatten. Daher die Anspielung der Kaiserin auf die »Perückentragenden Frösche«. Aber bis Ende 1786 war der Aufstand unterdrückt, und der Prince de Ligne war wieder in St. Petersburg, um im Namen Seiner Kaiserlichen Majestät die Reiseroute in Empfang zu nehmen. Kein Wunder, daß er sich »Josephs diplomatischer Laufbursche« nannte, denn wenige Wochen, nach dem er nach Wien zurückgekehrt war, war er schon wieder unterwegs – zuerst nach Warschau, um an der Hochzeit seines Sohnes teilzunehmen, und dann nach Kiew, wo er sich wieder der Kaiserin zugesellte.

Katharinas Entschluß, drei Monate in Kiew zu verbringen

und darauf zu warten, daß das Eis des Djnepr aufbräche, verursachte große Bestürzung am Hof. Ihre Minister dachten voller Schrecken daran, sechshundert Meilen auf vereisten Straßen hin und her fahren zu müssen. Die Gesandten sahen sich im Geist in eine langweilige Provinzstadt verbannt, fern von ihren Botschaften, ihren Mätressen und Klubs und ohne jede Verbindung mit ihren Familien und Regierungen im eigenen Land. Aber wer sich von allen am meisten vor der Reise graute, war der neue Favorit der Kaiserin, den Potiomkin sehr gelegen wenige Tage nach der Entlassung Jermolows beigebracht hatte. Der sechsundzwanzigjährige Alexander Dimitri Momonow, der viel Charme und Anziehungskraft besessen zu haben scheint, hatte Katharinas liebebedürftiges Herz ganz und gar erobert, und sie schildert ihn Baron Grimm mit den gleichen übertriebenen Lobesworten, die dieser sich schon so oft hatte anhören müssen. Momonow hat das gütigste aller Herzen und ein heiteres Gemüt, ist originell in seiner Lebensauffassung und außergewöhnlich gebildet. In dem scherzhaften Ton, den sie oft bei diesen Gelegenheiten anschlägt, schreibt sie: »Unser ganzer Stil ist der der besten Gesellschaft; wir schreiben perfekt Russisch und Französisch; unsere Züge sind sehr regelmäßig; wir haben zwei schöne schwarze Augen und Augenbrauen und eine edle, lässige Haltung.« Wenn Momonows Bildung überdurchschnittlich war, so verdankte er das in erster Linie seinem Onkel, dem gelehrten Grafen Stroganow. Abgesehen davon war er frivol, oberflächlich und leicht gelangweilt. Was ihn von seinen Vorgängern unterschied, war seine große Zuneigung zu Potiomkin und ein völliger Mangel an Eifersucht, wahrscheinlich, weil sein Herz nicht beteiligt war. Katharina ließ ihn nicht aus den Augen, und er muß Grauen empfunden haben bei der Aussicht, tagelang in Gesellschaft der Kaiserin und der wachsamen Mademoiselle Protassow in einem überheizten Wagen eingesperrt zu sein, um so mehr, als die bloße Gegenwart der *»éprouveuse«* ihn an ein recht peinliches Erlebnis erinnerte. Die anderen Gäste, die zur Fahrt in der kaiserlichen Kutsche eingeladen wurden, waren der treue Naryschkin, der Großkämmerer Iwan Schuwalow und der österreichische Gesandte, Graf Cobenzel, ein fröhlicher Wiener mit großem Talent für Theateraufführungen, was ihn an einem Hof, an dem die Kaiserin selbst eine unermüdliche Bühnenautorin war, zur Persona grata machte. Aber Naryschkins alte Witze, Schuwalows literarische Gelehrsamkeit und die endlosen Deklamationen Cobenzels waren alle gleichermaßen langweilig für einen jungen Mann, der sich bei Kaiserin Katharina beklagte, daß er die Atmosphäre der Kutsche »zum Ersticken« fände.

Momonow, der jetzt seit achtzehn Monaten den Posten des Favoriten bekleidete, ließ bereits Zeichen von Überdruß erkennen. Katharina hingegen war so vernarrt wie eh und je. Aber ihre sexuelle Besessenheit hinderte sie keineswegs daran, eine zärtliche Großmutter zu sein. Sie hatte geplant, ihre zwei ältesten Enkel auf die Reise mitzunehmen, um ihnen das Gebiet zu zeigen, das sie ihrem Erbe hinzugefügt hatte. Aber zu ihrem Ärger und Erstaunen stieß sie bei den Eltern der Kinder auf entschlossenen Widerstand. Die sanfte, gefügige Marie Feodorowna wurde fast hysterisch bei dem Gedanken, den zarten Alexander den Gefahren einer Vergiftung oder der Malaria auszusetzen. Dr. Rogerson, der einzige Arzt, der Einfluß auf Katharina hatte, war der gleichen Meinung. Aber die Kaiserin beharrte trotzdem auf ihrem Wunsch und plädierte mit der ganzen Virtuosität, die ihr zur Verfügung stand, daß es grausam sei, eine einsame alte Frau ohne ein einziges Familienmitglied auf eine so lange Reise gehen zu lassen. Aber als der Großfürst sich daraufhin erbot, selbst mitzufahren, wurde sein Vorschlag mit eisigem Schweigen aufgenommen. Fast in letzter Stunde griff die Vorsehung ein: Alexander erkrankte an Windpocken, was sechs Ärzte bestätigen mußten, ehe sich die Kaiserin zufriedengab.

Am 18. Januar 1787 brachen vierzehn auf Lastschlitten montierte Wagen, einhundertvierundzwanzig Schlitten und fünfhundertsechzig Pferde an einem strahlenden Wintermorgen von Zarskoje Selo auf. Die Temperatur war 25 Grad unter Null, und die Reisenden trugen Bärenfelle über ihren Pelzen und Steinmardermützen auf dem Kopf, um sich gegen die Kälte zu schützen.

Der Comte de Ségur, der einen Wagen mit seinem englischen Kollegen Mr. Fitzherbert teilte, einem jungen Mann, dessen Melancholie in direktem Gegensatz zu seiner eigenen Überschwenglichkeit stand, hat uns einen anschaulichen Bericht von der Reise hinterlassen. Die achthundert Meilen von St. Petersburg nach Kiew wurden in einer Jahreszeit, zu der ganz Rußland, von Riga bis Kamtschatka, unter einer dichten Schneedecke lag und es nur sechs Stunden Tageslicht gab, in knapp achtzehn Tagen zurückgelegt. Die mit Holzklötzen gepflasterten Straßen, auf denen die Wagen im Sommer so unerträglich holperten, waren jedoch ausgezeichnet, wenn sie mit einer glatten, festen Eisschicht bedeckt waren, und die Schlitten fuhren mit unglaublicher Geschwindigkeit über die verlassenen Ebenen und durch Wälder, deren Bäume mit Eiszapfen behangen waren, die im winterlichen Sonnenschein wie Kristalle glitzerten. »Es war eine Zeit, in der jedes Tier im Stall blieb, jeder Bauer neben seinem Ofen, und die einzigen Zeichen menschlichen Lebens waren die Kolonnen von Schlitten, die wie kleine Schiffe über ein gefrorenes Meer fuhren.«

Solch eine Reise im Winter zu machen, war ein phantastisches Abenteuer für eine Frau von fast sechzig Jahren, und es zeugt von dem blinden Vertrauen der Kaiserin in den überlegenen Geist, der drei Jahre lang jede Einzelheit dieses ungeheuren Unternehmens geplant und überwacht hatte, angefangen mit der Anzahl von Soldaten, die benötigt wurden, um die Route zu bewachen, bis zu der Zahl von Kerzen, die benötigt wurden, um das Schlafzimmer der Kaiserin zu beleuchten.

Im Gespräch mit Ségur sagte die Kaiserin eines Tages:

Es ist alles getan worden, mich von dieser Reise abzuhalten. Mir wurde von allen Seiten versichert, daß meine Fahrt voller Hindernisse und Unannehmlichkeiten sein werde. Man hat versucht, mich mit Berichten über die Anstrengung der Reise abzuschrecken. Diese Leute kennen mich sehr schlecht. Sie wissen nicht, daß man mich antreibt, wenn man sich mir widersetzt, und daß jede Schwierigkeit, die man mir in den Weg legt, ein zusätzlicher Ansporn für mich ist.

Es machte ihr nichts aus, zehn Stunden am Tag unterwegs zu sein, um neun Uhr morgens aufzubrechen und nach einer knappen Stunde Mittagspause bis sieben Uhr abens weiterzufahren. Selbst der Einbruch der Nacht bot keine Gefahr, denn es gab längs der ganzen Straße riesige Feuer und flammende Fackeln, die den kaiserlichen Schlitten den Weg erhellten. Das primitivste Rasthaus in der kleinsten Provinzstadt war von Potiomkin in einen luxuriösen Palast verwandelt worden, um die Kaiserin für die Nacht zu beherbergen. Aber hin und wieder beschloß Katharina, den ortsansässigen Grundbesitzer mit ihrer Gegenwart zu beehren, und wenn sein Haus nicht groß genug war, ihre ganze Gefolgschaft unterzubringen, mußten die Gesandten Englands und Frankreichs, Rivalen in der Politik, aber gute Freunde im Privatleben, in der Hütte eines Bauern übernachten, wo es so unerträglich stank, daß an Schlaf nicht zu denken war.

Philip de Ségur, der französische Aristokrat, der für die Sache der Freiheit gekämpft hatte, sah mit mitleidigen Augen Hunderte von Leibeigenen, die trotz der Kälte oft von weither gekommen waren, um einen flüchtigen Blick auf die kaiserlichen Schlitten zu werfen, und die in ihren zerfetzten, ungegerbten Pelzen, die Bärte struppig und mit Eis durchsetzt, mehr wie Tiere als wie menschliche Wesen aussahen. Nichtsdestoweniger versicherte die Kaiserin ihm, wie sie es früher Voltaire gegenüber getan hatte, »daß der Boden des Landes so fruchtbar und die Flüsse so reich an Fischen seien, daß der russische Bauer glücklicher und besser ernährt sei als irgendein anderer Bauer der Welt«.

Kiew, die älteste und heiligste aller russischen Städte, hieß die Kaiserin mit Kanonensalven und Glockengeläut willkommen. Marschall Rumianzew, der Gouverneur der Ukraine, geleitete sie in die Stadt. Aber ihr Lächeln und ihre Gunst blieben Potiomkin vorbehalten, der jetzt zum erstenmal auf dem Schauplatz erschien und seinem früheren Vorgesetzten die Schau stahl. Der alte Marschall beklagte sich, daß man ihn ohne Geld für die Bezahlung seiner Truppen ließ, während der Vizekönig der Kaiserin Millionen vergeudete, um prunkvolle Palais für den Empfang ihrer Gäste zu bauen oder zu renovieren. Jeder der Gesandten bekam ein eigenes Haus zur Verfügung gestellt, das mit allem Komfort einschließlich eines ausgezeichneten Weinkellers und einer großen Zahl von Dienstboten ausgestattet war. Die Delegationen, die aus den vier Ecken des Kaiserreichs eintrafen, um der großen Zarin zu huldigen, lebten alle auf ihre Kosten. Unterdessen trugen Rumianzews Truppen alte und schäbige Uniformen, und die Mauern der Festung zerfielen. Die Kaiserin, die Unzulänglichkeiten haßte, war gereizt über Rumianzews Beschwerden und erzürnt zu sehen, daß die Stadt vernachlässigter aussah als unter der Regierung Elisabeths, die die Klöster und Kirchen mit Reichtümern überschüttet hatte.

Eines Tages bat Katharina die drei Gesandten, ihr zu sagen, was für einen Eindruck die Stadt auf sie machte, worauf Cobenzel, der perfekte Höfling, sofort erwiderte: »Kiew ist die bezauberndste Stadt, die ich je gesehen habe.« Der ehrliche Fitzherbert sagte: »Um ehrlich zu sein, Madam, sie ist nichts als eine Anhäufung von Ruinen«, während Ségur, der klügste und gewandteste der drei, diplomatisch erklärte: »Madame, Kiew ist eine Stadt mit einer glorreichen Vergangenheit, die auf eine glorreiche Zukunft hoffen läßt.« Kein Wunder, daß die Kaiserin halb verliebt war in diesen charmanten jungen Mann, der kürzlich einen diplomatischen Sieg durch die Unterzeichnung eines Handelsvertrags errungen hatte, durch den Frankreich gewisse Möglichkeiten für den Handel mit Rußland eingeräumt wurden, die bisher ein Monopol Englands gewesen waren.

Der Winter war lang und streng, und der Dnjepr fing erst im April zu tauen an. Bis dahin hatten die Vergnügungen an Reiz verloren, und es herrschte allgemeine Ungeduld. Ségur, der Abenteuer liebte, hatte gehofft, daß er auf einer Reise im Gefolge der Kaiserin etwas von den Sehenswürdigkeiten und Bräuchen des Landes, durch das sie fuhren, zu sehen bekommen würde, und beklagte sich, »daß das Hofleben in Kiew ebenso eintönig sei wie sonstwo, und daß er genug von griechisch-orthodoxen Messen und öffentlichen Bällen habe«. Seine Beschwerden kamen der Kaiserin zu Ohren, die ihm erklärte, »sie reise nicht, um Orte zu sehen, sondern um Menschen zu sehen, und vor allem, um von ihnen gesehen zu werden, damit sie ihre lebendige Gegenwart fühlen und ihr ihre Bittschriften überreichen könnten, in der Gewißheit, daß sie die Ungerechtigkeiten derer bestrafen werde, die ihre Gewalt mißbraucht hätten«. Aber wer von all den Menschen in den Straßen Kiews hätte es gewagt, Ihrer Majestät eine Bittschrift zu übergeben? Und durch wie viele Hände müßte sie gehen, ehe sie die Kaiserin je erreichte?

Alles, was in Rußland Rang und Namen hatte, befand sich an ihrem Hof. Nur Potiomkin glänzte durch Abwesenheit, denn er hatte sich für die Dauer der Fastenzeit in die Petscherskaja Lawra zurückgezogen. Minister und Generäle mußten stundenlang in ungeheizten Kreuzgängen warten, ehe er sich herabließ, sie zu empfangen, und auch dann war er einsilbig und erweckte den Eindruck, in schlechtester Stimmung zu sein. Selbst Katharina riet ihren Freunden, »den Fürsten zu meiden, wenn er wie ein zorniger Wolf aussah«. Potiomkin ließ zum erstenmal Zeichen der Erschöpfung erkennen; es war, als hätte er erst jetzt erkannt, welch ungeheure Verantwortung er auf sich genommen hatte, indem er dieses Schauspiel inszenierte, das leicht zum Krieg führen konnte. Er wurde im allgemeinen als Kriegstreiber angesehen, aber für den Augenblick war er mehr daran interessiert, das gewonnene Gebiet zu stärken, als sich auf neue Kämpfe einzulassen, und die aufsehenerregende Fahrt den Dnjepr hinunter war mehr dazu bestimmt, die Türken einzuschüchtern als sie herauszufordern.

Die Führer der polnischen Opposition, die in Scharen nach Kiew kamen, um ihre Beschwerden vorzubringen und den König zu überrunden, der die Kaiserin weiter flußabwärts erwartete, wurden von Katharinas Vizekönig sehr kühl empfangen, denn Potiomkin hatte nicht die Absicht, so dicht an der türkischen Grenze einen Bürgerkrieg anzuzetteln. Selbst seine geliebte »Saschenka«, die jetzt mit dem General Graf Branicki, einem der unversöhnlichsten Feinde des Königs, verheiratet war, wurde öffentlich gerügt und ermahnt, daß ihr Mann als polnischer Patriot die Pflicht habe, Frieden mit seinem König zu schließen.

Wünschte die Kaiserin einen Krieg? Das war eine Frage, die ganz Europa beschäftigte. Würde diese Frau mit ihrem unersättlichen Ehrgeiz den wenigen Jahren des prekären Friedens ein Ende machen und das ganze Gleichgewicht der Macht durcheinanderbringen? Der französische Gesandte in Konstantinopel berichtete, daß sein russischer Kollege drohende Äußerungen gegenüber der Pforte machte, und daß neue Bündnisse geschlossen wurden, um dieser erneuten Bedrohung aus dem Osten entgegenzuarbeiten. England, das Katharina nie ihre Erklärung der »bewaffneten Neutralität« verziehen hatte, subventionierte jetzt die Türkei und spornte Schweden an, sich mit den Türken zu verbünden. Selbst Kaiser Joseph begann sich zu fragen, ob sich sein Land den Luxus von Rußlands Freundschaft leisten könne. Nur Katharina wahrte ihre übliche Gelassenheit. Ségur schrieb, sie sei »in bester gesundheitlicher Verfassung und von einer Fröhlichkeit, an der nicht einmal die Unbehaglichkeit und der Trübsinn von Kiew etwas ändern können. Sie verbringt den größten Teil des Tages mit Kartenspielen, läßt sich für ihren Favoriten malen und äußert nie ein mürrisches Wort. Ihre Minister scheinen an nichts anderes als an ihr eigenes Vergnügen zu denken und sehnen sich nach dem Ende einer Reise, die sie von vornherein nicht gewünscht haben.«

Erst am 1. Mai kündigte eine Kanonensalve an, daß der Dnjepr eisfrei sei, und die Kaiserin konnte endlich die rot und golden angestrichene Staatsgaleere besteigen, die sie den Fluß hinunter zu ihren Verabredungen mit einem Vasallenkönig und einem Kaiser bringen sollte.

Der Zug von sieben reichgeschmückten Galabooten, jedes mit seiner eigenen Musikkapelle, und dreiundsiebzig kleineren Schiffen mit einer Besatzung von insgesamt dreitausend Mann war ein großartiges Schauspiel für die jubelnden Menschenmengen an den Flußufern. Die Kaiserin reiste mit ihrem jungen

Geliebten und der unentbehrlichen Mademoiselle Protassow, Potiomkin mit seinen beiden Lieblingsnichten. Cobenzel teilte seine Unterkunft mit Fitzherbert, und Ségur die seine mit dem Prince de Ligne, mit dem er sich während ihres Aufenthalts in Kiew angefreundet hatte. Den Rest des Kreises um die Kaiserin bildeten die treuen alten Höflinge Naryschkin, Schuwalow und Tschernyscheff sowie einige ausländische Duodezfürsten wie die von Anhalt und von Nassau-Siegen. Ärzte, Friseure und Meisterköche, Techniker und Handwerker ergänzten Kleopatras Flotte – ein Name, den der romantische de Ligne geprägt hatte. Er schrieb: »Wenn irgend jemand uns bei unserer Einschiffung gefragt hätte, was wir auf diesen Galeeren tun würden, so hätten wir geantwortet, ›uns amüsieren, und *en vogue la galère*‹.«

Sechs Tage Fahrt flußabwärts an der polnischen Grenze entlang brachten sie nach Kanew, wo König Stanislaus bereits seit zwei Monaten wartete. Aber niemand, und am wenigsten von allen die Kaiserin selbst, hatte es eilig, dort anzukommen, denn nach dem langen, strengen Winter war das Land plötzlich zum Leben erwacht. Die Tiere kamen aus ihren Lagern, und die Flußvögel sangen in den Binsen. Als sie weiter nach Süden kamen, waren die Wiesen mit Blumen bedeckt, und die Bäume blühten. Sie verbrachten idyllische Tage mit Picknicks auf bewaldeten Inseln, besuchten sich gegenseitig auf ihren Galabooten und speisten mit der Kaiserin auf der Staatsgaleere, die Platz für sechzig Personen bot; oder sie gingen an Land, um einen Jahrmarkt zu besuchen oder einem Manöver beizuwohnen, wo die tadellosen neuen Uniformen der Soldaten erkennen ließen, daß sie den Verwaltungsbezirk des alten Marschalls verlassen hatten und sich jetzt im Gebiet des Fürsten Potiomkin befanden. Der »zornige Wolf« von Kiew war zu einem liebenswürdigen Zeremonienmeister geworden, der seine Gäste mit seinem Privatorchester von einhundertzwanzig Musikern unterhielt. Alle waren bester Laune, und die fröhlichste von allen war die neunundfünfzigjährige Kaiserin, die mit ihrem sechsundzwanzigjährigen Favoriten schäkerte und sich keineswegs darauf freute, einem Liebhaber von vor fast dreißig Jahren zu begegnen.

Katharina war sich bewußt, wie sehr sie sich verändert hatte, und trotz ihrer Gleichgültigkeit König Stanislaus gegenüber war sie doch Frau genug, um den Blick der Enttäuschung in den Augen zu fürchten, die sie einst so bewundernd angesehen hatten. Die Jahre hatten nur wenig Spuren bei König Stanislaus hinterlassen: Er war mit sechsundfünfzig immer noch ein auffallend gutaussehender Mann mit der gleichen eleganten Gestalt und den anmutigen Bewegungen, die Katharina in ihrer Jugend so bezaubert hatten. Aber Orlow und Potiomkin hatten sie an stärkere Kost gewöhnt. Die Schönheit des Königs kam ihr jetzt fade vor, und sie fand seine Komplimente langweilig und seine Manieren gespreizt. Stanislaus hoffte, daß diese Begegnung alte

Erinnerungen wecken und alte Zuneigungen wiederaufleben lassen würde; Hunderttausende von Rubeln, größtenteils von Rußland geliehen, waren ausgegeben worden, um einen Empfang vorzubereiten, der der Kaiserin würdig war. Fünfunddreißigtausend Mann, die Elite des polnischen Heeres, lagerten auf den Hügeln über dem Fluß. Potiomkin, der schon vorher mit dem König zusammengetroffen war, hatte einen guten Eindruck von ihm erhalten und war bereit, seine Ansprüche auf größere Unabhängigkeit zu unterstützen. Aber der Morgen begann ein wenig unglücklich mit Gewitterwolken und Regenschauern, und der König war bis auf die Haut durchnäßt, als er die Schaluppe bestieg, die entsandt worden war, ihn an Bord der Staatsgaleere zu bringen. Dort wurde er von der Kaiserin mit all den Ehren empfangen, die einem Mitmonarchen gebührten. Katharina hatte sich große Mühe gegeben, so vorteilhaft wie möglich auszusehen, und trug ein mit Perlen besetztes Galakleid. Aber sie zeigte sich bei aller Höflichkeit sehr reserviert. Nachdem sie dem König ihre ausländischen Gäste und Minister vorgestellt hatte, zog sie sich mit ihm zu eeinem vertraulichen Gespräch zurück, bei dem nur Potiomkin zugegen war. Hinterher gestand sie ihrem Sekretär Krapowitzki, daß die Unterhaltung schwierig gewesen sei. Fürst Potiomkin, den sie um seine Anwesenheit gebeten habe, habe den Mund nicht aufgemacht, und sie habe das ganze Gespräch allein bestreiten müssen.

Der König hatte versucht, sie zu überreden, ihren Besuch zu verlängern; als sie das ablehnte, bat er sie, ihm wenigstens zu gestatten, daß er sie am folgenden Tag auf ihrer Fahrt begleite. Aber Katharina blieb fest. Diese wenigen Stunden waren die einzigen, die sie einem alten Liebhaber, dessen Schwäche sie verachtete, zu widmen bereit war. Stanislaus erbot sich, ihr im Falle eines Krieges mit der Türkei dreißigtausend ausgewählte Truppen zur Verfügung zu stellen und bat als Gegenleistung um die Abschaffung des *Liberum Veto* und um eine neue Verfassung für sein Land. Dieses Angebot wurde höflich aber entschieden abgelehnt. Als sie sich zum Galadiner wieder zu den anderen gesellten, fiel allen auf, daß Katharina verlegen aussah, während Stanislaus sehr niedergeschlagen wirkte. Philip de Ségur, der ihnen beim Essen gegenübersaß, bemerkte: »Sie sprachen wenig, aber jeder beobachtete den anderen; wir hörten dem Spiel eines ausgezeichneten Orchesters zu und tranken zur Begleitung einer Artilleriesalve auf das Wohl des Königs.« Als sie sich vom Tisch erhoben, konnte der König seinen Hut nicht finden; die

Kaiserin entdeckte ihn und reichte ihn Stanislaus mit einem Lächeln, woraufhin er mit seiner üblichen Galanterie bemerkte, sie habe ihm bei einer früheren Gelegenheit eine weit kostbarere Kopfbedeckung gegeben. Dies war eine Anspielung auf die Krone von Polen, die er so widerwillig angenommen hatte, und an die er sich jetzt so verzweifelt klammerte.

Dem Galadiner folgte ein Empfang, bei dem die Atmosphäre so kühl und formell war, daß Stanislaus Augustus erkannt haben muß, daß die Erinnerung an zärtliche Stunden in Oranienbaum die Kaiserin nicht davon abhalten würde, auch weiterhin ihre realistische Politik zu verfolgen. Er war tief enttäuscht, als Katharina sich weigerte, an dem Ball teilzunehmen, den er in einem Palast geben wollte, der eigens für diese Gelegenheit gebaut worden war. Da die Kaiserin, wie er wußte, an jedem Ball in den Provinzstädten zwischen St. Petersburg und Kiew teilgenommen hatte, bedeutete diese Weigerung eine tiefe Demütigung für ihn.

Potiomkin war wütend und wies seine Monarchin warnend darauf hin, daß dieser Affront nur dazu dienen werde, die Feinde des Königs zu ermutigen. Er war so zornig, daß er seinen Gefühlen Luft machte, indem er General Graf Branicki eine Ohrfeige gab, eine Beleidigung, die der arrogante Pole niemals von seinem König hingenommen hätte, die er sich aber von dem allmächtigen Onkel seiner Frau, mit dem er für gewöhnlich auf gutem Fuß stand, zwangsweise gefallen lassen mußte.

Während Katharinas Gäste an dem Ball des Königs teilnahmen und die jungen Gesandten mit den bezaubernden polnischen Damen flirteten, sah sich die Kaiserin vom Deck der Galeere aus das Feuerwerk in Gesellschaft ihres jungen Liebhabers an, der ihr das Kompliment machte, Eifersucht auf den König vorzutäuschen.

So endete eine Begegnung, von der soviel erwartet worden war. Aber letztlich war wohl Stanislaus derjenige, der Katharina mehr verwundete, als sie ihn verwundet hatte. Sie sagte Potiomkin, der König »langweile sie«, doch sie war vermutlich weniger gelangweilt als gekränkt über seine Gleichgültigkeit. Die Kälte, die durch das gekünstelte Lächeln und die blumenreichen Komplimente hindurchsickerte, zeigte nur allzu deutlich, daß der Romantiker in Stanislaus Poniatowski ihr nicht verzeihen konnte, daß sie dick und alt geworden war.

Am nächsten Morgee fuhr die kaiserliche Flottille in aller Frühe ab. Katharina konnte es sich zwar erlauben, einem Vasallenkönig gegenüber rüde zu sein, aber einen Kaiser durfte sie nicht warten lassen.

Joseph von Habsburg war zum Reisen geboren. Kaum war er dem Pomp des Wiener Hofes entronnen, wurde er ein jüngerer und glücklicherer Mensch. Als Graf Falkenstein reiste er leicht, mit wenig Gepäck, einem Stallmeister und zwei Dienern, was dazu führte, daß er stets vor der geplanten Zeit eintraf. Jetzt war er kaum vierundzwanzig Stunden in Chersson, da hatte sein scharfes Auge bereits bemerkt,»daß Potiomkins Werften an der Mündung des Dnjepr an der falschen Stelle errichtet worden waren, und daß der Handel der Stadt, der ausschließlich von Polen abhing, Rußland nichts nützte«. Da das Warten ihn nervös machte, beschloß er, über Land nach Kadak zu fahren, wo sich die kaiserliche Flottille der ersten der Stromschnellen des Dnjepr näherte. Die Fahrt den Fluß hinunter war langsam gewesen, von zahlreichen Sandbänken behindert, auf die die größeren Schiffe mehrmals aufgelaufen waren.

Sobald Katharina von Graf Falkensteins Ankunft in Chersson erfuhr, bestand sie darauf, an Land zu gehen und ihm entgegenzufahren. Die Begegnung zwischen zwei der mächtigsten Herrscher der Welt fand in einer Kosakenhütte statt. In einem Brief an seinen Oberbefehlshaber, Feldmarschall Graf Lascy, läßt sich der Kaiser über die Beschwerlichkeit einer Reise durch die Steppe aus:»Ich stieg in den Wagen der Kaiserin, und wir kehrten zusammen nach Kadak zurück. Wir hatten unsere Dienerschaft zurückgelassen, so daß niemand da war, um unser Essen zu kochen. Fürst Potiomkin, der Fürst von Nassau-Siegen und Graf Branicki bereiteten uns ein ungenießbares Mahl. Das Wetter war so kalt, daß wir unsere pelzgefütterten Mäntel anziehen und abends ein Feuer anzünden mußten.« Über seine Gastgeberin schreibt er:

Die Kaiserin ist nur ein wenig schlanker, aber bei ausgezeichneter Gesundheit. Was die Galeeren betrifft, sie sind sehr komfortabel, aber viel zu groß und schwer für eine Flußreise. Das Durcheinander ist unvorstellbar, und die Landungen sind sehr schwierig. Es gibt mehr Gegenstände und Menschen auszuschiffen, als es Wagen und Pferde gibt. Fürst Potiomkin, der ein Musiknarr ist, hat nicht weniger als einhundertzwanzig Musiker an Bord, aber Ärzte und Medikamente gibt es so gut wie keine. Man muß sich für den Transport seines Gepäcks der ortsansässigen *kibitka* bedienen. Wagen brechen in Stücke, und Porzellan, Wäsche, Silber, alles fliegt wie Kraut und Rüben über die Steppe. Es gibt reichliche Mahlzeiten, aber schlecht zubereitet und meist kalt serviert. Wären die Kaiserin und einige der Ausländer nicht so liebenswürdig und charmant, so wäre es wahrhaftig eine Strafe, an dieser Reise teilzunehmen. Potiomkin, der die Regie führt, steht hoch in der Gunst, während der arme Rumianzew sehr im Absinken begriffen ist.

In seinem Kommentar über das Gefolge der Kaiserin erklärt Joseph, daß der neue Favorit gut aussieht, aber offenbar nicht sehr intelligent ist und selbst erstaunt zu sein scheint, sich in dieser Stellung zu sehen. »Der Franzose Ségur ist reizend, macht jedoch den Eindruck, als ob er dies alles nicht mehr lange ertragen könne. Der Engländer Fitzherbert ist sehr kultiviert und versucht nicht, seine Langeweile zu verbergen. De Ligne ist in bester Form und widmet sich wirklich hingebungsvoll meinen Interessen.«

Trotz seiner Kritik geriet Joseph letztlich doch völlig in Katharinas Bann und gestand seinem Feldmarschall, er könne dem Angebot, die Kaiserin auf die Krim zu begleiten, nicht widerstehen. Er bestand darauf, sein Inkognito zu wahren, nahm mit den anderen Herren des Hofstaats am *levée* der Kaiserin teil, schloß Freundschaft mit dem Comte de Ségur, um ihn über die Einstellung der französischen Regierung auszuhorchen, und sprach mit ihm freimütig über die außergewöhnliche Frau, die seine Verbündete geworden war. Er war überzeugt, daß Katharina einen weiteren Krieg wünschte und sich danach sehnte, sich mit oder ohne Hilfe Österreichs mit den Türken auseinanderzusetzen. Ihr fortwährendes Glück hatte sie blind gegen die Gefahr gemacht, sich sowohl mit Frankreich als auch mit England zu verfeinden. Joseph hielt die Kaiserin für von Natur aus frivol, mehr interessiert an Vergnügungen als an ernster Politik, die nur von Zeit zu Zeit und dann für gewöhnlich inmitten einer großen Abendgesellschaft von über hundert Personen erörtert wurde. Nichtsdestoweniger war er fasziniert von der Kraft und Vitalität einer Frau, die, obwohl zehn Jahre älter als er, immer noch neue Eroberungen plante.

Katharina fand den Kaiser erschöpft und alt aussehend, aber er war immer noch »Cäsar«, den sie mit ihrem ganzen Charme umwerben mußte. Nach vierundzwanzig Stunden in Kadak machten sich die beiden Monarchen auf den Weg nach Jekaterinoslaw, der von Potiomkin geschaffenen neuen Stadt, in der sie in Gegenwart des ortsansässigen Erzbischofs den Grundstein für eine neue Kathedrale legten, die nach Potiomkins ehrgeizigen Plänen noch größer werden sollte als der Petersdom in Rom. Joseph, der offenbar wenig Vertrauen in diese am Rande der Steppe gebaute Stadt hatte, bemerkte mit seinem üblichen Sarkasmus: »Heute haben die Kaiserin und ich den ersten und den letzten Stein für die neue Kathedrale gelegt.« Entgegen seinen Erwartungen ist Jekaterinoslaw (Dnjepropetrowsk) heute die blühendste aller Städte in dem Gebiet, das damals »Neurußland« war. Aber selbst Joseph war beeindruckt, als tausend Tataren inmitten einer Staubwolke auftauchten, um ihre neue Monarchin über die Nogaische Steppe zu geleiten, und Katharina sich ihrer Obhut so selbstverständlich anvertraute, als wären sie die *Chevalier Gardes,* die sie nach Zarskoje Selo geleiteten.

Unterdessen war es den Galabooten gelungen, die Stromschnellen zu durchqueren, und so hielten Kaiser und Kaiserin ihren feierlichen Einzug in Chersson auf dem Wasserweg. Keine Kanonensalven hießen sie willkommen, denn bei einem kürzlichen Sturm hatte sich gezeigt, daß die Stadt auf so schwachen Fundamenten stand, daß die ganze Festung beim ersten Kanonenschuß in sich zusammengebrochen wäre. Der Kaiser bemerkte Ségur gegenüber, daß alles in Rußland nur gebaut sei, um Eindruck zu schinden; daß sowohl Potiomkin als auch seine kaiserliche Herrin sich ständig auf Projekte einließen, die nie beendet würden. Noch vor sechs Jahren war Chersson nichts anderes gewesen als eine kleine Ansammlung von Hütten in schilfigem Sumpfgebiet. Jetzt gab es dort sechstausend Häuser und Läden, die mit Waren aus Paris und Konstantinopel angefüllt waren. Aber es gab weder Kais noch Lagerhäuser, und die prachtvoll aussehenden Schiffe in den Werften waren aus ungetrocknetem Holz gebaut. »Aber was macht das schon aus«, sagte Joseph, »in einem Land, das von Sklavenarbeit lebt, und in dem alles, was zerfällt, wieder aufgebaut werden kann. Das Geld ist unerschöpflich, und Menschenleben zählen nicht. In Deutschland oder Frankreich hätten wir nicht den Mut, zu versuchen, was man hier tagtäglich riskiert, ohne auf das geringste Hindernis zu stoßen oder ein einziges Wort der Klage zu hören.«

Niemand wagte es, Katharina etwas von den Mängeln und Schwächen Cherssons zu sagen, und in einem Brief an Baron Grimm äußert sie sich begeistert über eine blühende Stadt, die das Genie Potiomkins aus den Sümpfen des Dnjepr-Deltas habe erstehen lassen. Sie wußte nicht, daß es die verderbliche Luft dieser Sümpfe war, die Chersson so ungesund machte und beim Bau der Stadt so viele Menschenleben gekostet hatte.

Die Kaiserin hatte beabsichtigt, längs der Küste nach Kinburn zu fahren, und Erkundungen auf türkischem Gebiet anzustellen, eine provokative und gefährliche Geste, von der Betzborodko, der sich in Chersson ihrer Begleitung zugesellt hatte, ihr dringend abriet. Aber die Türken waren ihr zuvorgekommen: Kaum erschien die kaiserliche Flotille an der Mündung des Dnjepr, da tauchte ein türkisches Flottengeschwader von vier Kriegsschiffen und zehn Fregatten vor dem osmanischen Hafen Otschakowa auf, »einem elenden kleinen Nest«, das laut Potiomkin in wenigen Tagen eingenommen werden könnte. »Ein Vorgefühl von Krieg«, sagte Katharina zum Prince de Ligne, aber ihr Gesicht verdüsterte sich. Sie hatte keine derartige Geste der Türken erwartet. Und die Nachricht, daß französische Pioniere dazu angestellt wurden, die Verteidigungsanlagen zu verstärken, und daß die englische Regierung dem Sultan Subsidien schickte, war nicht dazu angetan, ihre Laune zu bessern. Ségur und Fitzherbert wurden beschuldigt, hinter ihrem Rücken intrigiert zu haben, und standen mehrere Tage lang bei ihr in Ungnade.

Die zehn Tage, die sie in der Krim verbrachte, waren von solch einem Zauber, daß ihm auch der zynischste der Anwesenden erlag. Als Königin der Tatarei, von den Nachkommen der Goldenen Horde des Dschingis Chan begleitet, spielte Katharina die führende Rolle in einem Märchen, das Potiomkin in Szene gesetzt hatte. Ihr Hauptquartier war in Bachtschisarai, im früheren Palast des Chans, den ihr Architekt Charles Cameron für sie wiederhergestellt hatte, wobei er jedoch sorgsam darauf bedacht gewesen war, die orientalische Atmosphäre in ihrem ganzen Zauber zu erhalten – die strahlenden Farben der gefliesten Wände, die Marmorfontänen in den kühlen, fast leeren Räumen, die versteckten Gärten, die von Myrten- und Rosenhecken eingeschlossen waren. Es war Abend, als die kaiserliche Kutsche die steinige, steile Straße zur tatarischen Hauptstadt hinunterfuhr, die in einem weiten, fruchtbaren Tal lag, das auf allen Seiten von Bergen umgeben war. Die Mueezzins riefen die Gläubigen zum Gebet, und in den Basaren herrschte noch reges Leben. Aber später am Abend übernahm Potiomkin die Stadt, beleuchtete die Gärten und Minarette, hüllte die Berge in ein buntes Flammenmeer von phantastischen Feuerwerken und veranstaltete in den Höfen des Palasts ein orientalisches Fest mit

Tänzerinnen und Sängern aus jedem Bezirk der neuen Provinzen, vom Dnjepr bis zum Don.

In einem Brief an die Marquise de Coigny beschreibt der romantische de Ligne diese Reise aus Tausendundeiner Nacht: Nachdem wir Chersson verlassen hatten, fanden wir wundervolle Lager von asiatischem Luxus vor, die für uns mitten in der Wüste errichtet worden waren. Ich wußte nicht mehr, wo oder in welchem Zeitalter ich mich befand. Wir kamen an einer Zucht Dromedare vorbei; und an einer Gruppe von jungen Prinzen aus dem Kaukasus, die in silbern glitzernden Trachten auf schneeweißen Pferden ritten. Als ich sah, daß sie mit Pfeil und Bogen bewaffnet waren, fühlte ich mich wahrhaftig in die Zeit von Kyrus dem Großen zurückversetzt. Wir begegneten Kommandos von Tscherkessen, schön wie der junge Morgen, und Kosakenoffizieren in prachtvollen bunten Röcken. In Star-Krim war für die eine Nacht, die wir dort verbrachten, ein Palast gebaut worden. Vom Fenster meines Zimmers aus konnte ich das Schwarze Meer, den Kaukasus und das Asowsche Meer sehen. Und nun bin ich hier, im Harem des letzten Khans der Krim, der einen großen Fehler begangen hat, als er das schönste Land der Welt den Russen überließ.

Von allen Gästen Katharinas war der Prince de Ligne derjenige, der am beständigsten in ihrer Gunst stand. Er genoß das Privileg, in der kaiserlichen Kutsche zu reisen und Teile der Unterhaltung zwischen dem Kaiser und der Kaiserin mitanzuhören, die der andere Begleiter, Alexander Momonow, zu langweilig fand, um ihr irgendwelche Aufmerksamkeit zu schenken.

Es gab wenig Zurückhaltung zwischen den beiden Monarchen, schreibt de Ligne, bei dem man allerdings den Eindruck hat, daß er sich manchmal eine gewisse dichterische Freiheit gestattet. Nur wenn die Sprache auf die Türken kam, wurden beide mißtrauisch und tasteten sich behutsam voran. Die Kaiserin sprach von den Leiden der christlichen Untertanen des Sultans; von der Befreiung Griechenlands und der Wiedererweckung des griechischen Reiches. Aber der praktische Joseph fragte sofort: »Was, zum Teufel, würden wir mit Konstantinopel machen?« Das Erscheinen des türkischen Flottengeschwaders an der Mündung des Dnjepr hatte ihn erschreckt. Er hatte einen Wegweiser in Chersson bemerkt, der bewußt in die Richtung von Konstantinopel deutete. Katharina beabsichtigte, auf jeden Fall ihren Plan durchzuführen, ganz gleich, ob er ihr half oder nicht, er jedoch weigerte sich, der Vorstellung von russischen Armeen an der unteren Donau ins Auge zu sehen. Im Vertrauen gab er Ségur gegenüber zu, wenn es darum ginge, die Kosaken oder die Türken an der Grenze zu haben, »so würde er eindeutig die Türken vorziehen«. Aber das war vor der Ankunft in Sewastopol, dem Höhepunkt der Reise, den Potiomkin als guter Regisseur für den Schluß aufgehoben hatte.

Unter einem wolkenlosen Sommerhimmel fuhr der kaiserliche Zug über die Berge nach Inkerman, wo die Gesellschaft in einem Pavillon zu Mittag aß, der auf einem der Hänge errichtet worden war, von wo aus man das Schwarze Meer überblicken konnte. Als das Mahl beendet war, gab Potiomkin ein Zeichen; die Vorhänge am Ende des Raumes wurden zurückgezogen und gaben den Blick frei auf die große Bucht von Sewastopol, die, von einem Halbkreis von Felsen umgeben, in der Sonne glitzerte. Und dort lag, in Gefechtsgliederung angeordnet, die gesamte Schwarzmeerflotte Potiomkins, sechzehn Kriegsschiffe und vierundzwanzig Fregatten, die ihre Flaggen dippten und ihre Kanonen abschossen, um die Kaiserin zu begrüßen. Es war ein großartiges Schauspiel, aber auf die anwesenden Gesandten, die immer noch hofften, den Frieden aufrechterhalten zu können, wirkte es wie eine Kriegserklärung. Die Augen der Kaiserin glänzten vor Freude. Es gab keine Worte, Potiomkin ihre Dankbarkeit auszudrücken. Keine Ehre war seiner würdig. Alles Geld der Welt reichte nicht aus, ihre Schuld zu bezahlen. Sie stand auf, und ihre Augen blickten auf den Fürsten, aber ihre Rede war an den Kaiser gerichtet, als sie »auf das Wohl ihres besten Freundes, des Kaisers« trank, »dessen Freundschaft ihr die Krim beschert und den Bau der Flotte ermöglicht hatte, die sie heute mustern sollte«. Alle Anwesenden wußten, daß diese Worte für Serenissimus, den Herrscher über Südrußland, bestimmt waren.

Von Potiomkin geführt und von Tatarenregimentern in prachtvollen Uniformen begleitet, fuhren die beiden Monarchen zum blumengeschmückten Hafen hinunter. Joseph, der sich so geringschätzig über Chersson geäußert hatte, war hingerissen von Sewastopol, die, wie er versicherte, die schönste Hafenstadt sei, die er je gesehen habe. Werften und Befestigungsanlagen, Kasernen für Heer und Marine, ein Admiralitätsgebäude, Kirchen, Krankenhäuser und sogar Schulen – all das war in einem Zeitraum von drei Jahren gebaut worden. Die Kaiserin musterte ihre Flotte vom Deck der Admiralitätsbarkasse aus und dankte

Potiomkin öffentlich für das wundervolle Geschenk, das er ihr gemacht, indem er das Werk Peters des Großen, des Schöpfers der russischen Marine, vollendet habe. Dies war der stolzeste, wenn nicht sogar der glücklichste Tag ihres Lebens. Sie hatte ihren Habsburger Verbündeten beeindruckt und den Gesandten der Westmächte gezeigt, daß Rußland seine Grenzen zu Land und zu Wasser verteidigen konnte; aber die Gesandten sahen mit Besorgnis eine Flotte, die innerhalb von sechsunddreißig Stunden Konstantinopel bombardieren konnte.

Die letzten Tage auf der Krim waren Besuchen von historischen Stätten und Bootsfahrten längs der legendenumwobenen Küste gewidmet. Doch allmählich verblaßte der Zauber. Die Wirklichkeit drang in das Märchenland. Die Kaiserin hatte beabsichtigt, ihre Reise bis nach Taganrog am Asowschen Meer fortzusetzen, aber die große Hitze, verbunden mit dem dringenden Wunsch des Kaisers, in seine eigenen Gebiete zurückzukehren, wo Aufstände aus Galizien und den österreichischen Niederlanden gemeldet wurden, zwangen sie, ihre Pläne zu ändern. Nach dem dramatischen Höhepunkt von Sewastopol war die Rückreise über Land nach Moskau ernüchternd, obwohl Potiomkin, um das Einerlei der Tage zu beleben, eine Reihe von glänzenden Festen und Empfängen arrangiert hatte. Joseph, der sich in Kisikerman am Dnjepr von seiner Gastgeberin trennte, war nachdenklich und verdrießlich geworden und tat auf ihren Fahrten durch die Steppen sein möglichstes, die Kaiserin zu überzeugen, wie gefährlich es wäre, sich sowohl Frankreich als auch England zu Feinden zu machen, und daß eine Quadrupelallianz von Rußland, Österreich, Frankreich und Spanien von größter Wichtigkeit wäre, ehe sie sich auf einen Kampf mit den Türken einließen. Seine gedrückte Stimmung scheint sich selbst auf die sonst so heitere Katharina ausgewirkt zu haben, denn Alleyn Fitzherbert, der am wenigsten gesprächige, aber scharfsinnigste der drei Gesandten, berichtet, daß Katharina, »kaum hatten sie sich vom Kaiser getrennt, in eine tiefe Niedergeschlagenheit verfiel, die manchmal von Ausbrüchen schlechter Laune begleitet wurde und mit wenigen Unterbrechungen bis zu ihrer Heimkehr anhielt.«

Der Abschied der Kaiserin von Potiomkin, der sie in Charkow verließ, um auf die Krim zurückzukehren, war sehr rührselig, und es besteht kaum ein Zweifel, daß Katharina während dieser Reise unter dem Einfluß der exotischen Atmosphäre des Südens wieder völlig in seinen Bann geraten war. Die Briefe, die sie Potiomkin von jeder Etappe ihrer Heimfahrt aus schrieb, sind so zärtlich und verliebt wie in der ersten Zeit ihrer Beziehung. Er brauchte nur ein Wort zu sagen, und sie wäre wieder die anhänglichste und liebesvollste aller »Ehefrauen« gewesen. Aber es liegt keine Spur von Leidenschaft in den Briefen des Fürsten, die voll sind von Verehrung, Dankbarkeit und einer Art Sohnesliebe zu »Matuschka«, der Kaiserin, die er mit dem Land identifiziert, das er so abgöttisch liebt. Er, der so groß und hemmungslos in seinen Trieben sein konnte, war als Liebhaber wählerisch und romantisch, und die plumpe sechzigjährige Kaiserin, die immer noch nach sexueller Befriedigung verlangte, war schwerlich ein Objekt für Romantik. Wäre er bereit oder auch nur imstande gewesen, seine ehelichen Rechte auszuüben – und Katharinas Briefe über die Jahre hinweg lassen wenig Zweifel daran, daß sie verheiratet waren –, so wäre ihr vielleicht der Treubruch Momonows erspart geblieben, und seine letzten Jahre wären nicht durch das Erscheinen Platon Zubows vergiftet worden. Aber Potiomkin kehrte in den Süden zurück und ließ Katharina allein nach Moskau fahren, wo sie in der bedrückenden Atmosphäre einer feindseligen Stadt den fünfundzwanzigsten Jahrestag ihrer Thronbesteigung feiern sollte.

Die Moskowiter bereiteten ihr einen noch kühleren Empfang als sonst. Nicht einmal die Anwesenheit ihrer beiden Enkel, die ihr entgegengeschickt worden waren, konnte die Begeisterung des Volkes wecken. Die Stadt wurde von einer Hungersnot bedroht, die in den Zentralprovinzen ausgebrochen war und mit der die Kommunalbehörden nicht hatten fertigwerden können. Der Adel hatte seine Leibeigenen aus seinen eigenen Einkünften ernähren müssen. Es herrschte bitterer Groll über die enormen Kosten von Katharinas Reise, und Potiomkin wurde heftig angegriffen, weil er die Mittel des Landes erschöpft hatte, um sich ein Königreich im Süden zu schaffen. Die Kaiserin gab den Befehl, alle Feste und Banketts abzusagen, und ließ den Provinzen fünf Millionen Rubel für den Ankauf und die Verteilung von billigem Getreide zur Verfügung stellen. Aber das Murren hielt an, und Katharina gestand dem Prince de Ligne in einem Augenblick der Offenheit: »Die Moskauer mögen mich nicht. Ich bin hier nicht beliebt. Es mag in der Vergangenheit einige Mißverständnisse und Ungerechtigkeiten gegeben haben.« Dies waren Worte, die wenig zu ihrem üblichen Stolz und Selbstvertrauen paßten. Aber sie war müde und enttäuscht, und die Tatsache, ständig im Rampenlicht zu stehen, hatte sie nervlich stark mitgenommen. Sie sehnte sich danach, wieder ruhig zu Hause zu sein und mit ihren Enkeln in den Gärten von Zarskoje Selo zu spielen. Doch es war ihr nicht vergönnt, lange in Frieden zu leben. Ende August kam die überraschende Nachricht, daß die Türken zum Angriff übergegangen waren, und daß der russische Gesandte in Konstantinopel gefangengesetzt worden war.

XXIX
UNRUHIGE ZEITEN

Der türkische Angriff kam für die Kaiserin und Potiomkin völlig überraschend. All ihre Überlegungen und Pläne hatten sich auf die Frage konzentriert, wann und wo sie die Feindseligkeiten eröffnen würden, oder ob die Türken durch die Anwesenheit einer russischen Flotte im Schwarzen Meer genügend eingeschüchtert sein würden, um sich in einen weiteren Gebietsverlust jenseits des Dnjepr zu fügen. Weder die Kaiserin noch ihre Ratgeber hatten damit gerechnet, daß die Intrigen der preußischen und englischen Diplomatie den Stolz und den Fanatismus der Hohen Pforte wecken könnten.

Dieser plötzliche und unerwartete Krieg traf Katharina und Potiomkin nicht nur unvorbereitet, sondern auch erschöpft von den Anstrengungen des vergangenen Jahres. Truppen, die benötigt wurden, um strategische Punkte zu besetzen, waren über die Steppen verteilt. Es gab nicht weniger als drei Punkte, die gedeckt werden mußten – in erster Linie die beiden Ufer des Dnjepr, ferner das Gebiet zwischen dem Dnjepr und dem Bug und die lange Meeresstrecke von Kinburn bis zur Straße von Perekop und der Halbinsel Krim. Nur ein hervorragender Taktiker mit großer militärischer Erfahrung konnte auf Erfolg hoffen. Und selbst dann würde es mehrere Monate dauern, die Material- und Lebensmittellieferungen zu organisieren und die diversen administrativen Probleme zu lösen, denn die ganze militärische Organisation war völlig in Unordnung geraten durch die ständigen Aufzüge und Paraden, die ein Mann in Szene gesetzt hatte, der mehr Illusionist als Stratege war. Aber die Kaiserin zögerte keinen Augenblick, Potiomkin zum Oberbefehlshaber sowohl des Heeres als auch der Marine zu ernennen, wobei sie die älteren Ansprüche Rumianzews und das größere militärische Talent Suwarows völlig außer acht ließ.

Katharina scheint auch nicht die ungeheure Anspannung berücksichtigt zu haben, der Potiomkin während des letzten Jahres ausgesetzt gewesen war. Sie bat ihn immer, auf sich aufzupassen, aber sie machte sich nicht klar, daß wiederholte Malariaanfälle und das ausschweifende Leben, das er in einem so ungesunden Klima wie dem von Chersson führte, seine Gesundheit bereits stark untergraben hatten. Sie hatte ihn stets als einen unerschöpflichen Quell der Kraft betrachtet, auf den sie sich in jeder Lebenslage verlassen konnte. Sowohl sie als auch ihr Großer Rat schätzten die Situation so falsch ein, daß sie glaubten, es sei nur eine Frage von Tagen, bis Potiomkin Otschakow erobert und den Feind in die Flucht geschlagen haben würde. Die Anweisungen, die der Oberbefehlshaber erhielt, waren von einem unvorstellbaren Optimismus. »Sobald Otschakow gefallen war, sollten die russischen Streitkräfte das Gebiet zwischen dem Dnjepr und dem Bug besetzen, von dort aus zum Djnestr vorrücken und Ackermann und wenn möglich Bender [eine wichtige türkische Festung in Bessarabien] belagern.« Die Verzögerung, mit der diese Befehle ausgeführt wurden, änderte den ganzen Verlauf des Krieges. Die »elende kleine Festung Otschakow«, die sich, wie Potiomkin vor Katharina geprahlt hatte, »beim ersten Kanonenschuß ergeben würde«, konnte erst nach zehn Monaten erobert werden; als Entschuldigung erklärte Potiomkin, er wolle so viele Menschenleben wie möglich schonen, und er rechne damit, daß die türkische Garnison aus Zermürbung kapitulieren werde. Aber letztlich mußte Otschakow mit dem Verlust von Tausenden von Menschenleben erstürmt werden.

Potiomkins Verhalten in diesem ersten Jahr stand in einem so krassen Gegensatz zu seinem Ruf als heldenhafter Kriegsherr, daß es Niedergeschlagenheit und Schrecken unter seinen Freunden und Verbündeten verbreitete. Zu einer Zeit, in der er entschlossen und tatkräftig hätte sein sollen, war er abwechselnd entweder von Trägheit gelähmt oder in einem Zustand tiefer Depression. Wochen, ja sogar Monate vergingen, ehe er auch nur einen Angriffsplan aufstellte. Nachträglich gesehen kann sein militärisches Verhalten, seine Weigerung, etwas zu unternehmen, ehe er genügend Material und Vorräte hatte, als der wohldurchdachte Entschluß eines Mannes gedeutet werden, der mehr um das Wohl seiner Truppen als um seinen eigenen militärischen Ruhm besorgt war. In einem der wenigen Briefe an die Kaiserin, in denen er versuchte, sich gegen seine Verleumder zu verteidigen, schreibt er:

Soll ein anderer den Mut haben, eine Flotte wieder instand zu setzen, die schwer vom Sturm beschädigt worden ist; eine große Anzahl von seefesten Ruderbooten zu bauen; sechzehn Infanteriebataillone und eine Truppe von zehntausend Kavalleristen völlig neu zu formieren; ein großes bewegliches Arsenal zu schaffen; der Artillerie eine riesige Zahl von Zugochsen zu liefern, die Truppen mit Lebensmitteln zu versorgen – und all das in vier Monaten inmitten der Steppe und ohne ein angemessenes Hauptquartier.

Es war eine ungeheure Aufgabe, die selbst den mutigsten Geist hätte erschrecken können. Aber Potiomkins Verhalten muß seine jungen Offiziere und einen so ungestümen Bundesgenossen wie den Prince de Ligne zur Verzweiflung gebracht haben. De Ligne, der erpicht darauf war, sich in einem neuen Tätigkeitsbereich Lorbeeren zu verdienen, und der fürchtete, daß es eine Weile dauern würde, ehe die österreichischen Armeen kampfbereit waren, hatte seinen Kaiser um Erlaubnis gebeten, an der russischen Front zu dienen. Katharina hatte ihm mit Freuden den Rang eines Generals verliehen, aber der ritterliche, edelgesinnte Fürst hatte nicht mit der Eifersucht und Falschheit des russischen Hofes und dem großen Einfluß des jungen Favoriten gerechnet, der als ergebenes Geschöpf Potiomkins, und wahrscheinlich in seinem Sold, die Kaiserin gegen jeden aufhetzte, der es wagte, seinen Herrn zu kritisieren.

De Ligne traf drei Monate nach Beginn des Krieges in Potiomkins Hauptquartier ein und sah, daß die Belagerung von Otschakow noch nicht einmal begonnen hatte, und daß der Oberbefehlshaber in einem Zustand der Apathie versunken war, aus der nichts und niemand ihn aufrütteln konnte. Alle Vorhaltungen und Bitten de Lignes waren vergebens, und es dauerte nicht lange, da fing Potiomkin an, seinen treuen Freund des Verrats zu verdächtigen. Er sah sich bereits mit Briefen der Kaiserin bombardiert, die wissen wollte, warum Otschakow noch nicht erobert war, und was ihn zurückhielte? War er verwundet oder krank? Es waren Briefe, auf die zu antworten er sich nur selten herabließ. Und sich von de Ligne tagaus, tagein mit neuen Angriffsplänen bestürmen zu lassen, war mehr, als seine Nerven ertragen konnten.

Aber Katharinas Verhalten dem Prince de Ligne gegenüber war noch schockierender als das Potiomkins. Nachdem sie persönlich an Joseph geschrieben und erklärt hatte, wie dankbar sie dem österreichischen Feldmarschall sei, daß er sich erboten habe, unter Potiomkin zu dienen, wandte sie sich plötzlich gegen ihn, sobald er ein Wort der Kritik gegen ihren Oberbefehlshaber äußerte. Die Intrigen Momonows, der schon immer verärgert über ihre Vertrautheit mit dem charmanten de Ligne gewesen

Satirische Darstellung der ersten Teilung Polens (Kupferstich von Lemire)

26 Die spätere Katharina II. im Alter von 19 Jahren (Gemälde von Grooth)

Katharinas Erhebung zur Zarin von Russland durch die Leibwache von Strelitzen im Jahre 1762
(Kupferstich von Schwerdegeburth nach Heideloff)

28a Prinzessin Sophie von Anhalt-Zerbst, die spätere
Katharina II.

28b Katharina II. (Gemälde von Pietro Rotari)

28c Zarin Katharina die Große (unbekannter Meister)

28d Katharina II. (Portrait von J. B. Lampi)

war, veranlaßten sie, Potiomkin einen Brief zu schreiben, in dem sie sich als ebenso falsch und verschlagen wie irgendein Angehöriger ihres Hofstaats zeigt. Dieser Brief, der am 18. Oktober 1787 geschrieben wurde, lautet folgendermaßen: »Heute morgen hat de Ligne den Befehl seines Kaisers erhalten, sich zu Ihnen zu gesellen. Er hatte gehofft, ein österreichisches Kommando zu bekommen und Belgrad zu erobern, aber statt dessen macht man ihn zu einem Spion. Falls er Ihnen im Weg ist, können Sie ihn, wie ich meine, nach Wien zurückschicken mit der Ausrede, daß er mit dem Kaiser die gegenwärtigen und künftigen Pläne für den Feldzug erörtern soll. Er ist selbst enttäuscht.«

Das war keineswegs der Fall. Niemand ist je freudiger in den Krieg gezogen als der fünfzigjährige Fürst, dessen einzige Befürchtung war, daß Otschakow schon gefallen sein könnte, ehe er dort eintraf; aber statt dessen war nichts vorbereitet oder auch nur geplant. »Hätten wir Vorräte, würden wir marschieren; hätten wir Pontonbrücken, würden wir die Flüsse überqueren; hätten wir Bomben oder Gewehrkugeln, könnten wir einen Angriff unternehmen. Aber es fehlt an allem. Unterdessen ist Fürst Potiomkin fischen gegangen.«

Wochen und Monate vergingen, ohne daß etwas geschah. De Ligne schrieb verzweifelt an seinen Kaiser, er habe »die Rolle eines Feldmarschalls gegen die einer Kinderfrau bei einem starken, perversen und bösartigen Kind eingetauscht, dessen Versprechen und Geschichten keinen Funken Wahrheit enthielten«. Über seine Beziehungen zu Potiomkin schreibt er: »Ich habe ihm ins Gesicht gesagt, daß ich all seiner Lügen und Ausreden überdrüssig sei, und er geriet in Wut und fragte mich, ob ich glaubte, er werde sich von mir an der Nase herumführen lassen. Aber es muß Eure Majestät ebenso langweilen, sich meine Klagen anzuhören, wie es mich langweilt, sie äußern zu müssen.« Einer der reichsten und kultiviertesten *grands seigneurs* seiner Zeit wohnte fast ein Jahr lang in einem Zimmer, »wo die Decke so niedrig war, daß ich nicht aufrecht stehen konnte, und das so klein war, daß ich vom Bett aus die Tür hätte schließen können, hätte sie eine Klinke zum Schließen gehabt; oder daß ich das Fenster hätte zumachen können, hätte es Fensterscheiben gegeben; oder daß ich den Ofen hätte anzünden können, wenn ich Holz gehabt hätte«. Potiomkin scheint keine Bedenken gehabt zu haben, einen Feldmarschall in einer solchen Behausung unterzubringen, während er selbst in größtem Luxus lebte.

Augenzeugen haben den prunkvollen unterirdischen Palast beschrieben, in dem Serenissimus während der Belagerung von Otschakow sein Hauptquartier hatte, in dem er einen Harem von schönen Frauen unterhielt und von siebenhundert Bediensteten, einschließlich seines Orchesters, umgeben war, die alle auf Kosten des Heeres ernährt werden mußten. Diese Berichte waren zweifellos keine erfreuliche Lektüre für Katharina, die besorgt um Potiomkins Ruf und begierig auf Siege war. Aber nur ein einziges Mal, nachdem er sie monatelang ohne Nachricht gelassen hatte, schlug sie ihm vor, sein Kommando Marschall Rumianzew zu übergeben. Doch der Krieg hatte die beiden Rivalen zusammengebracht, und es war der alte Kriegsheld selbst, der jetzt darauf bestand, daß Potiomkin auf seinem Posten blieb. Trotz all seiner Fehler, seiner Launen und Absonderlichkeiten scheint der Fürst ein Element von Größe gehabt zu haben, das niemand leugnen konnte. Von seinem schmutzigen kleinen Zimmer in der Nähe von Otschakow aus schrieb Charles de Ligne an seinen Freund Philip de Ségur

von einem Oberbefehlshaber, der müßig wirkt, aber immer beschäftigt ist; der ständig auf einem Kanapee liegt, aber weder bei Tag noch bei Nacht schläft. Die Hingabe an seine Kaiserin, die er vergöttert, hält ihn immer wach und unruhig, und der Kanonenschuß, dem er selbst nicht ausgesetzt ist, erschreckt ihn bei dem Gedanken, daß er einigen seiner Soldaten das Leben kostet... Während er um andere zittert, ist er selbst sehr tapfer, bleibt unter Beschuß stehen, um Befehle zu erteilen – ist beunruhigt in der Erwartung einer Gefahr, fröhlich, wenn er mitten in ihr ist... Er ist mißtrauisch, aber nicht rachsüchtig, bittet um Verzeihung, wenn er jemandem Schmerz zugefügt hat, beeilt sich, eine Ungerechtigkeit wiedergutzumachen, liebt Gott, aber fürchtet den Teufel mehr... Er gibt sich dem Argwohn oder dem Vertrauen hin, der Eifersucht oder der Dankbarkeit, der schlechten Laune oder der Loyalität, ist schnell voreingenommen für oder gegen irgend etwas oder jemanden und ist ebenso schnell bereit, sein Urteil zu revidieren; spricht mit seinen Generälen über Gott und mit seinen Bischöfen über Strategie – trägt die angenehmsten oder abstoßendsten Manieren zur Schau – verbirgt unter dem Anschein von Härte die größte Herzensgüte. Was ist das Geheimnis seines Zaubers? Genialität – angeborenes Geschick – ein ausgezeichnetes Gedächtnis – die Kunst, in seinen guten Augenblicken jedes Herz zu erobern – das Talent, zu erraten, was er nicht weiß, und eine vollendete Menschenkenntnis.

Es war ein großzügiger Tribut seitens eines Mannes, der die ganze Bosheit und Kleinlichkeit erfahren hatte, derer dieser seltsame, unberechenbare Mensch fähig wat. De Ligne akzeptierte Potiomkin auf die gleiche Art, wie er Rußland akzeptierte, jenes riesenhafte, mysteriöse Land mit seinen eisigen Tundras und dunklen Wäldern, seinen schnell dahinströmenden Flüssen und Seen, so groß wie Meere; mit seinen Minen kostbarer Steine, die im Ural verborgen waren, und seinen grenzenlosen Steppen, die sich ostwärts bis nach China erstreckten. Potiomkin war ebenso wie Rußland eine Lebenskraft mit verborgenen Diamantenminen und leeren Wüsten. Sie stritten sich, sie diskutierten, ihre Freundschaft wurde auf das äußerste angespannt. Aber als sie sich im Sommer 1788 trennten und de Ligne heimkehrte, um unter seinem kaiserlichen Herrn in Belgrad zu dienen und sich mit seinem Sohn den Ruhm der Eroberung der Stadt zu teilen, war Potiomkin der erste, der ihm gratulierte, denn er war nie neidisch auf Tapferkeit. Der größte Teil des Ränkeschmiedens blieb Momonow überlassen, und es gibt keinen besseren Beweis für Katharinas nachlassende Charakterstärke als ihre zunehmende Abhängigkeit von ihrem jeweiligen Liebhaber. Es war jetzt keine Frage der Zuneigung mehr wie im Falle Lanskoys. Momonow brauchte nur zu erkranken, da wurde er sofort durch einen anderen kräftigen jungen Gardisten ersetzt, einen entfernten Verwandten von Betzborodko. Aber Momonow scheint von Natur aus mit bemerkenswerten physischen Attributen ausgestattet gewesen zu sein, die es ihm ermöglichten, nach seiner Genesung seinen Posten wiederzuerlangen. Von dieser Zeit an hegte er einen rachsüchtigen Groll gegen Betzborodko und ließ sich keine Gelegenheit entgehen, seinen Einfluß auf die Kaiserin zu untergraben und Potiomkin gegen ihn aufzuhetzen.

Katharinas Unterwürfigkeit diesem unwürdigen jungen Mann gegenüber war um so erschütternder angesichts der Tatsache, daß Momonow sie mit einer ihrer Ehrendamen, der fünfundzwanzigjährigen Prinzessin Scherbatow betrog, in die er leidenschaftlich verliebt war. Es war für ihn nicht leicht, die Beziehung zu der schönen Prinzessin aufrechtzuerhalten, denn die Kaiserin wurde von Jahr zu Jahr eifersüchtiger und besitzergreifender. Doch letztlich war die Liebe stärker als der Ehrgeiz, und im Frühling 1788 schrieb Momonow an Potiomkin und bat, aus einer Situation befreit zu werden, die allmählich unhaltbar würde. Aber der Fürst erwiderte, »es sei seine Pflicht, für die Dauer des Krieges auf seinem Posten zu bleiben, und er solle nicht so töricht sein, sich seine Karriere zu verderben«.

1788 war ein Jahr der Drangsal, in dem Katharinas Glück sie sowohl im privaten als auch im öffentlichen Leben verlassen zu haben schien. Krapowitzkis Tagebuch ist voll von Berichten über »Szenen und Tränen«. Die intimen Abendgesellschaften in der Eremitage waren nicht mehr so unbeschwert und heiter wie einst. Der Freundeskreis der Kaiserin wurde alt. Leo Naryschkin, der immer noch den Hofnarren zu spielen versuchte, litt an Gicht und Asthma; Betzkoy war senil; Iwan Schuwalow verlor sein Gedächtnis, und die Spiegelwände von Quarenghis bezauberndem Theater, einer Miniaturkopie von Palladios Theater in Vicenza, spiegelten viele alte und runzelige Gesichter wider. Der Großfürst und die Großfürstin glänzten durch Abwesenheit; sie lebten den größten Teil der Zeit zurückgezogen in Gatschina, wo Paul sich über die Demütigung, kein Kommando an der Südfront erhalten zu haben, hinwegzutrösten versuchte, indem er sein eigenes Regiment im Schloßhof exerzieren ließ.

Sowohl an der militärischen als auch an der politischen Front war ein allgemeiner Stillstand eingetreten. Die Quadrupelallianz, die von Kaiser Joseph so dringend gewünscht und jetzt auch von Katharina als notwendig für den Erfolg des Krieges und die Möglichkeit eines baldigen Friedens angesehen wurde, verzögerte sich. Frankreich, am Rande der Revolution, finanziell ruiniert, mit einem schwachen König und einer ständig wechselnden Regierung, befand sich in einer viel zu schlechten Lage, um irgendwelche ausländischen Verpflichtungen auf sich zu nehmen. Die anhaltenden Bitten von Philip de Ségur, der zu weit vom Schauplatz entfernt war, um den Ernst der Situation im eigenen Land zu erkennen, stießen auf taube Ohren. Die Kaiserin war ärgerlich und enttäuscht, vor allem, als sie erfuhr, daß die Verteidigungsanlagen von Otschakow durch französische Pioniere verstärkt wurden, und der Gesandte mußte seinen ganzen Charme und Takt aufbieten, um seine privilegierte Stellung am Hof zu wahren.

Ein weiterer unerwarteter Schlag kam im Spätsommer, als Schweden plötzlich im russischen Finnland einfiel. England, das um jeden Preis verhindern wollte, daß die Ostseeflotte der Kaiserin ins östliche Mittelmeer gelangte und das Unternehmen von Tschesme wiederholte, hatte König Gustav überzeugt, daß dies ein günstiger Zeitpunkt sei, ein Bündnis mit der Türkei zu schließen und seine ehemaligen finnischen Provinzen wiederzuerlangen. Der tapfere und impulsive Gustav, erpicht darauf, es den heldenhaften Wasas gleichzutun, ließ sich mit Begeisterung auf einen gefährlichen und kostspieligen Krieg ein. Die Kaiserin, die durch ihre holsteinische Mutter mit Gustav verwandt war, hätte nie geglaubt, daß er die Verwegenheit besitzen würde, ein Heer von dreißigtausend Mann gegen die unbeschränkten Reserven Rußlands antreten zu lassen. Es muß ein schwerer Schock für sie gewesen sein, zu erfahren, daß von den hunderttausend Mann, die Potiomkin, wie er ihr versichert hatte, jederzeit ins Feld schicken konnte, nur sechstausend verfügbar waren, um St. Petersburg und die umliegenden Gebiete zu schützen. Wäre der König imstande gewesen, seinen anfänglichen Vorteil auszunutzen, so hätte er möglicherweise die Hauptstadt erobern können. Es gab bereits Gerüchte, daß Hofkutschen bereitstünden, um die Kaiserin nach Moskau zu bringen; aber Katharina stritt das kategorisch ab und erklärte, daß alle verfügbaren Transportmittel, einschließlich der Wagen des kaiserlichen Marstalls, mobilisiert worden seien, um Verstärkungen heranzuführen.

Nicht die Russen retteten St. Petersburg, sondern der schwedische Adel, der seinen König verriet, weil er ihm nicht verzeihen konnte, sich vom Feudaladel unabhängig gemacht zu haben, indem er sich auf die Seite der Liberalen in ihrem Sieg über die reaktionäre Partei stellte, die den König in einem Zustand der Abhängigkeit halten wollte. Viele dieser Adeligen hatten enge Bindungen zu Rußland, und jetzt rächten sie sich, indem sie die Waffen niederlegten und den Krieg als »aggressiv und verfassungswidrig« bezeichneten. Unter diesen Umständen blieb König Gustav nichts anderes übrig, als den Rückzug anzutreten. Aber Katharinas Hoffnungen auf einen Frieden wurden enttäuscht. Unter den Bauern des Nordens und den Bürgern der Städte fand König Gustav die Treue und Unterstützung, die der selbstsüchtige Adel ihm verweigert hatte. Bis zum Frühling 1789 hatte er ein Heer aufgestellt und eine Marine ausgerüstet, die seinen anmaßenden Verwandten viele schlaflose Nächte bereiten und sie das Leben des Admirals Grieg kosten sollte, der der Marine seit Anfang der siebziger Jahre so treu gedient hatte.

Im Dezember 1788, nach einem langen, blutigen Kampf, in dem Potiomkins Ruf der Menschlichkeit durch Suwarows

Gemetzel schweren Schaden erlitt, wurde Otschakow endlich erstürmt. Die Kaiserin, die nach Siegen dürstete, feierte die Eroberung dieser armseligen kleinen Festung mit Dankgottesdiensten im ganzen Land. Als Potiomkin im Frühling 1789 nach St. Petersburg zurückkehrte, wurde er als Held empfangen, obwohl seine Übellaunigkeit und Niedergeschlagenheit erkennen ließen, daß er selbst keineswegs mit der militärischen Situation zufrieden war; und die Probleme, die sich an der häuslichen Front zusammenbrauten, trugen nicht dazu bei, seine Stimmung zu heben.

Alexander Momonow, durch seine Krankheit geschwächt und seines Postens überdrüssig, erklärte ihm, daß er seine Pflichten nicht mehr erfüllen könne. Katharina selbst vergoß oft bittere Tränen, wollte jedoch nichts davon hören, den Favoriten durch einen anderen zu ersetzen. Sie tröstete sich wie gewöhnlich damit, daß sie lange Briefe an Melchior Grimm schrieb und ein neues Theaterstück verfaßte. Diesmal war es eine Satire auf Kosten des Königs von Schweden, die den Titel »Der Paladin des Unglücks« trug. Das Stück scheint bar jeden Esprits oder Humors gewesen zu sein, und Philip de Ségur, der es in einer Privatvorstellung in der Eremitage sah, war betrübt bei dem Gedanken, daß »eine so hochintelligente Fürstin sich nicht scheut, einen solchen Mangel an Geschmack zu zeigen, indem sie einen heldenhaften Gegner, dessen Mut ihm die Bewunderung ganz Europas eingetragen hat, auf eine derart plumpe Art verunglimpft«. Zum Glück traf Potiomkin gerade rechtzeitig in St. Petersburg ein, um Katharina daran zu hindern, daß Stück öffentlich aufführen zu lassen, was jeden patriotischen Schweden beleidigt und die Chancen für einen gerechten und ehrenvollen Frieden beeinträchtigt hätte. Aber der Frieden, den Potiomkin so offensichtlich wünschte, und den auch Katharina insgeheim herbeisehnte, ließ noch fast zwei Jahre auf sich warten, und unterdessen waren sowohl St. Petersburg als auch Zarskoje Selo wiederholt den Kanonaden der schwedischen Flotte ausgesetzt. In einem Brief an Grimm vom Sommer 1790 schreibt die Kaiserin:

Es wird Sie freuen zu hören, daß General Zubow und ich die Ruhe wahren, indem wir Plutarch ins Russische übersetzen, während die Fenster von Zarskoje Selo unter dem Donner des schwedischen Artilleriefeuers klirren.

Ende Juni 1789 wurde Alexander Dimitri Momonow offiziell entlassen und durch den zweiundzwanzigjährigen Platon

Zubow ersetzt. Zum erstenmal seit vierzehn Jahren hatte Potiomkin nichts mit der Wahl zu tun gehabt. Seine Feinde hatten Zubow bewußt in den Vordergrund geschoben, nachdem er selbst an die Front zurückgekehrt war. Der junge Mann war ein Protegé des Feldmarschalls Graf Nikolas Saltykow, der als Erzieher der jungen Großfürstin hohes Ansehen bei Hofe genoß. Unterstützt und ermutigt wurde Zubow zudem von Anna Naryschkin, der Jugendfreundin Katharinas, die an den Vergnügungen in Oranienbaum und den Mitternachtsoupers mit Poniatowski und Orlow teilgenommen hatte. Anna, ein Mitglied der Familie Rumianzew, hatte Potiomkin nie die Kränkungen ziehen, die er dem alten Marschall zugefügt hatte.

Ob durch Zufall oder mit Absicht, der junge Zubow, Leutnant der berittenen Garde, wurde dazu ausersehen, eine Abteilung von Soldaten zu befehligen, die in Zarskoje Selo Wache hatten. Obgleich zu dieser Zeit noch Momonow der offizielle Favorit war, wußten alle über seine Untreue Bescheid. Nur Katharina ahnte nichts und glaubte immer noch, seine üble Laune sei auf die Einschränkungen des Hoflebens zurückzuführen. Bis Anfang Juni mußte sie jedoch erkennen, daß er nicht nur des Lebens am Hof sondern auch ihrer überdrüssig war. Da sie immer noch physisch in ihn verliebt war, schmiedete sie einen Plan, der es ihm ermöglichen sollte, seine Zukunft durch eine gute Partie zu sichern und trotzdem am Hof zu bleiben. Prascovia Bruce hatte bei ihrem Tod Katharina ihre Tochter anvertraut, und dieses Mädchen war eine der reichsten Erbinnen Rußlands. Jetzt bot die Kaiserin sie Momonow als Braut an, aber zu ihrer großen Bestürzung lehnte er das Angebot ab. In einem Brief voller Lügen, Entschuldigungen und Beteuerungen der Ergebenheit gestand er ihr seine Liebe zu Daria Scherbatow und verriet, daß er ihr schon vor mehreren Monaten einen Heiratsantrag gemacht habe. Die Kaiserin, die sich noch nicht mit der Tatsache abgefunden hatte, daß sie in ihren jungen Liebhabern keine anderen Gefühle mehr wecken konnte als eine Art Sohnesliebe und Respekt, betrachtete das sechsundzwanzigjährige Mädchen als skrupellose Dirne und verhaßte Rivalin. Aber sie war zu stolz und gleichzeitig zu großmütig, um sich so zu verhalten, wie ihre Vorgängerin es in einem solchen Fall getan hätte, denn Elisabeth hätte das Mädchen ohne Zögern in ein Nonnenkloster verbannt. Katharina hatte Alexander Momonow geliebt und große Pläne für seine Zukunft geschmiedet. Sie hatte all seinen Lügen und Beteuerungen der Liebe geglaubt.

Da Potiomkin nicht zugegen war, schüttete sie einer weiblichen Vertrauten, der treuen alten Anna Naryschkin, ihr Herz aus. Und Krapowitzki schreibt in seinem Tagebuch, daß sie an dem Tag, an dem sie Momonows Beichte erhielt, allein mit ihrer alten Freundin zu Abend aß und fast die ganze Zeit weinte. Drei Tage später ließ sie Graf Momonow und Prinzessin Scherbatow zu sich kommen. Ein Blick genügte, um zu erkennen, daß das Mädchen hochschwanger war. Sie ließ sich jedoch nichts anmerken, sondern verkündete mit ruhiger Stimme ihre Verlobung und wünschte ihnen viel Glück für die Zukunft. Am selben Nachmittag unterzeichnete sie einen Ukas, durch den sie dem jungen Paar einen Landsitz und hunderttausend Rubel schenkte. Zehn Tage später wurden sie in der Kapelle des Palasts getraut, und die Kaiserin schmückte der Sitte gemäß das Haar ihrer Ehrendame mit einem Brillantdiadem und segnete sie mit einer Ikone. Sie war sogar beim Hochzeitsmahl zugegen, nach dessen Beendigung sich Graf und Gräfin Momonow auf ihren Landsitz begaben, wo man die Niederkunft der jungen Frau erwarten wollte.

Die Würde und Großzügigkeit der Kaiserin erregten allgemeine Bewunderung. Leider verließ ihre Würde sie, wenn es um ihre Leidenschaften ging. Graf Saltykow und Madame Naryschkin machten sich die Situation sofort zunutze. Wie durch Zufall tat Zubow gerade zu dieser Zeit Dienst in Zarskoje Selo. Am Tag nach Momonows Verlobung aßen Anna Naryschkin und ihr Protegé bereits im Palast zu Abend, und drei Tage später vermerkt Krapowitzki in seinem Tagebuch, daß die Kaiserin ihm befohlen habe, ihr einige Ringe aus dem Schmuckkabinett zu bringen und zehntausend Rubel unter die Sofakissen in ihrem Boudoir zu legen. Von da ab war Zubow ständig anwesend, und niemand war überrascht, als der zweiundzwanzigjährige Leutnant nach zehn Tagen zum persönlichen *aide-de-camp* Ihrer Majestät ernannt wurde, ein Posten, der den Rang eines Generals mit sich brachte. Aber wer hätte ahnen können, daß sich unter der sympathischen äußeren Erscheinung dieses bescheidenen jungen Mannes mit den sanften braunen Augen und dem ehrerbietigen Gebaren ein raubgieriger Ehrgeiz verbarg, der einen dunklen Schatten auf die letzten Jahre einer glorreichen Regierung werfen sollte.

XXX
PLATON ZUBOW

Wäre Potiomkin am Leben geblieben, so hätten die zweite und dritte Teilung Polens niemals stattgefunden. Der Fürst war seit jeher von der Nützlichkeit eines Pufferstaats zwischen Rußland und seinen westlichen Nachbarn überzeugt gewesen. Er hätte nur ein Wort zu sagen brauchen, dann hätte Katharina seinen Anspruch, entweder Herzog von Kurland oder König von Polen zu werden, widerspruchslos gebilligt. Er hatte jedoch stets Stanislaus Augustus unterstützt, und es waren die sich bekämpfenden Fraktionen unter den Polen selbst, die schließlich ihr Land zerstörten.

Im Jahr 1772 hatten die Mächte, die Polen teilten, dem Land eine Verfassung aufgezwungen, die es in einem Zustand der Anarchie hielt, die Macht des Königs einschränkte und die Privilegien eines aufsässigen und selbstsüchtigen Adels vermehrte. Aber der Schock der Teilung und der Haß gegen die Besatzungsmächte ließen den Patriotismus wiederaufleben. Die aufgeklärten Elemente des Landes scharten sich um den König, und Polens literarische und politische Wiedererweckung erregte die Aufmerksamkeit Europas und vor allem Frankreichs. Eine der Tragödien der Geschichte ist, daß Polens heroischer Versuch, sich von seinen Fesseln zu befreien, zeitlich mit Potiomkins Tod und dem Ausbruch der französischen Revolution zusammenfiel.

Ein preußischer Diplomat italienischer Herkunft, in der unentwirrbaren Diplomatie Friedrichs des Großen geschult, trug zum Verderben Polens bei. Friedrich Wilhelm II., der neue König von Preußen, war kein Freund Katharinas. Er hatte die schnöde Behandlung, die ihm an ihrem Hof zuteil geworden war, weder vergessen noch verziehen und wartete nur auf die Gelegenheit, ihr zu zeigen, daß er ein ebenso mächtiger Gegner wie sein berühmter Onkel sein konnte. Der Stillstand des russisch-türkischen Feldzugs von 1788 bot ihm die Gelegenheit, nach der er suchte. Man schickte den Italiener Luchesini als Gesandten nach Warschau, der mit all seiner List die Polen dazu anstacheln sollte, ihre Unabhängigkeit geltend zu machen und die verhaßte Konstitution abzuschütteln. Die Mächte verleugnend, die bei der ersten Teilung seine Partner gewesen waren, bot Preußen den Polen jetzt gegen die Übergabe des begehrten Ostseehafens Danzig ein Militärbündnis an.

Als Katharina erfuhr, daß der polnische Reichstag für diese Maßnahmen gestimmt hatte, wollte sie sofort weitere Truppen nach Polen schicken. Doch gelang es Potiomkin, sie von einem Schritt abzuhalten, der einen Krieg mit Preußen heraufbeschworen hätte, das sowohl mit England als auch mit Holland verbündet war, während Rußland keinen anderen Bundesgenossen als Österreich hatte, das bereits dem Gros des türkischen Heeres auf dem Balkan gegenüberstand. Mit zwei Kriegen auf dem Halse hatte die Kaiserin weder das Geld noch die Truppen für neue Abenteuer. Was an Männern entbehrt werden konnte, war aufs Land zurückgeschickt worden, um die Schäden wiedergutzumachen, die die Mißernte des vergangenen Jahres angerichtet hatte. Katharina verzieh es den Polen nie, daß sie die von ihr selbst aufgesetzte Verfassung abgeschafft und die Frechheit besessen hatten, von ihr zu verlangen, ihre Truppen abzuziehen. Von jetzt an waren sie »der öffentliche Feind Nummer eins«, den sie erbitterter haßte als die Schweden oder die Türken, und in Zukunft konnte weder König Stanislaus noch sein Land Gnade oder Mitleid von ihr erwarten. Der unglückliche König, der viel klüger war als die Mehrzahl seiner Untertanen, erkannte als erster die Torheit des Reichstags, aber es blieb ihm nichts anderes übrig als sich von der Flut eines ungestümen, begeisterten Patriotismus mitreißen zu lassen.

Unterdessen besserte sich die militärische Situation im Süden. Rußland und seine Verbündeten errangen Siege an allen Fronten. Potiomkin hatte den Dnjestr erreicht und Ackermann erobert. Die Österreicher hatten Belgrad besetzt, und gemeinsam hatten die verbündeten Armeen türkische Streitkräfte besiegt, die ihnen zahlenmäßig weit überlegen waren, und sie aus der Moldau und der Wallachei vertrieben. Aber die Verluste an Menschenleben und Material waren ungeheuer. Während der letzten Monate hatte Potiomkin die Kaiserin mehrfach gedrängt, sich mit der Bitte um Vermittlung eines Friedens an England zu wenden und alle Pläne für eine Quadrupelallianz aufzugeben, die bei dem gegenwärtigen Zustand Frankreichs niemals zustande kommen würde. Aber bis Ende 1789, solange Philip de Ségur in St. Petersburg weilte, gelang es diesem klugen und vollendeten Diplomaten, sowohl die Kaiserin als auch Betzborodko zu überzeugen, daß Frankreich die einzige Macht sei, die genügend Prestige besäße, einen gerechten und ehrenvollen Frieden zu vermitteln. Katharina klammerte sich auch nach dem Sturm auf die Bastille noch immer an diese Illusion; es war ein Ereignis, dessen ungeheure Bedeutung sie nie erfaßt zu haben scheint. Sie schrieb an die Fürstin Daschkowa, der Ausbruch sei lediglich auf die Machenschaften von ein paar Verbrechern zurückzuführen. »Ein wenig Entschlußkraft und Strenge von seiten der Behörden, dann wird dieses Ungeziefer wieder in seine Löcher zurückkriechen.«

Aber sie war in St. Petersburg, als die Nachricht über die Stadt hereinbrach und die Menschen zu Tausenden auf die Straßen stürmten; Ségur beschreibt das Schauspiel als »eine der außergewöhnlichsten und spontansten Demonstrationen von Massenenthusiasmus«, die er je erlebt habe. »Menschen jeder Klasse und Nationalität, Russen, Franzosen, Dänen, Engländer und Deutsche, umarmten und beglückwünschten sich, jubelten vor Freude über die Zerstörung einer Tausende von Meilen entfernten Festung, die die Philosophen zu einem Symbol der Tyrannei gemacht hatten.« Es dauerte nur wenige Augenblicke bis die Menge auseinandergetrieben wurde, denn in Katharinas Hauptstadt war es den Menschen nicht mehr gestattet, ihre Gefühle so frei auszudrücken. Doch es war die Kaiserin selbst, die diese jungen Leute zum Studium an ausländische Universitäten geschickt und sich gerühmt hatte, Voltaire in allen russischen Schulen eingeführt zu haben; es war die Kaiserin, die an den fortschrittlichsten Zeitungen ihres Landes mitgearbeitet und Künstler und Philosophen aus dem Westen aufgefordert hatte, Mitglieder ihrer Akademie zu werden. Lange nachdem ihre Begeisterung für die »Aufklärung« erloschen war, hatte sie immer noch einen Schweizer Republikaner als Lehrer der jungen Großfürsten.

Es war Lanskoy, der ihre Aufmerksamkeit auf Friedrich Cäsar LaHarpe lenkte, denn er engagierte ihn als Lehrer für seinen Bruder, und die Kaiserin war so beeindruckt von LaHarpes großem Wissen und seinen gesunden, ehrlichen Prinzipien, daß sie ihn 1784 zum Lehrer des sechsjährigen Alexander ernannte. Es spricht für Katharinas Fairness und gesunden Menschenverstand, daß LaHarpe auch weiterhin seine Stellung behielt, nachdem Rußland von französischen *émigrés* überschwemmt worden war, von denen keiner ein gutes Wort für den Berner Republikaner übrighatte, den Katharina während der schlimmsten Jahre des Terrors in Frankreich in ihrem Palast behielt. Sie neckte und ärgerte ihn manchmal, indem sie ihn »*monsieur le Jacobin*« nannte, aber sie behandelte und achtete ihn auch weiterhin »als einen ehrlichen Mann«. Doch die Wohltäterin Diderots, die Jüngerin Voltaires, die ihrem Enkel gestattete, sich mit der Philosophie Lockes zu befassen und »*The Rights of Man*« von Tom Paine zu lesen, hatte weder Sympathie noch Verständnis für die Männer, die in den ersten Jahren der Revolution davon träumten, eine bessere Welt zu schaffen und den Augiasstall von Korruption und schlechter Regierung in Frankreich zu reinigen. Vom ersten bis zum letzten Tag wurde sie nur von Eigennutz geleitet, interessierte sich nur für die Erhaltung ihrer Macht und ihres Thrones und später für ihre machiavellistischen Pläne hinsichtlich Polens, wobei sie die Fürsten dazu anspornte, sich zu einem Kreuzzug gegen die Revolution zusammenzuschließen, und sich damit »genügend Ellbogenfreiheit« verschaffte, um ihre eigenen Vorhaben durchzuführen.

Bis zum Oktober 1789 hatte sie erkannt, daß die »paar Verbrecher« zu einer überwältigenden und gefährlichen Macht geworden waren. Als Philip de Ségur nach Zarskoje Selo kam, um sich von ihr zu verabschieden, betrachtete sie ihn bereits als einen potentiellen Feind, obgleich sie ihn immer noch als Freund liebte. Der junge Gesandte, dessen Sympathien seinem Vetter, General Lafayette, gehörten, kehrte nach Frankreich zurück, nachdem er während der letzten Monate so gut wie keine Nachrichten mehr erhalten hatte und sich auf die Informationen von Betzborodko verlassen mußte, die zum großen Teil schon längst überholt waren. Es gibt keinen besseren Beweis für Katharinas anziehende Persönlichkeit als die Tatsache, daß Philip de Ségur, nachdem er fünf Jahre an ihrem Hof verbracht und im letzten Jahr viele Szenen und Vorwürfe zu ertragen gehabt hatte, dennoch traurig war, ihr Adieu sagen zu müssen. »Als ich fortging, glaubte ich, nur auf Urlaub zu gehen. Die Trennung wäre noch schmerzlicher gewesen, hätte ich gewußt, daß ich sie zum letztenmal sah.«

Ségur schildert eine Begebenheit, die als ein weiterer Beweis für Katharinas starke Anziehungskraft gelten mag. Als er durch Wien kam, war Kaiser Joseph, dem Tode bereits nahe, von seinem Krankenlager aufgestanden, um ihn zu empfangen. Der Gesandte glaubte natürlich, der erste Gedanke des Kaisers gelte seiner Schwester Marie Antoinette und er würde ihm entweder einen Brief oder eine Nachricht für sie mitgeben. Joseph wollte jedoch nicht von Marie Antoinette sprechen, sondern von Katharina, und nicht von Katharina der Kaiserin, sondern von Katharina der Frau: Er fragte Ségur, ob er ihm etwas Näheres über die Natur ihrer Beziehung zu Fürst Potiomkin sagen könne. Es war ein Thema, über das sie oft bei ihren abendlichen Spaziergängen auf der Krim gesprochen hatten, doch was in der exotischen Umgebung Bachtschisarais ungezwungen erörtert worden war, wirkte in einem Krankenzimmer der Hofburg seltsam fehl am Platz. Aber für den sterbenden Mann schien Katharinas Privatleben immer noch von größtem Interesse zu sein, und er versicherte Ségur, »er habe gewisse Informationen erhalten, die ihn überzeugt hätten, daß die Kaiserin und Potiomkin heimlich verheiratet wären«.

Drei Monate später war Joseph tot, und kaum jemand trauerte aufrichtiger um ihn als die Kaiserin. Ihre scheinbar so widersinnige Freundschaft überlebte eine prekäre Allianz, und ihre gegenseitige Achtung dauerte bis zum Ende fort. Joseph starb an Erschöpfung: er hatte sich überanstrengt bei dem Versuch, seine Reformen einem Volk aufzuzwingen, das noch nicht reif dafür war; Katharina hatte die liberalen Bestrebungen einer deutschen Großfürstin schon lange aufgegeben, die davon geträumt hatte, die Leibeigenen zu befreien; sie hatte die Ideale der stolzen jungen Kaiserin vergessen, die mit all dem Enthusiasmus der Jugend versucht hatte, für ein Volk, das zu achtzig Prozent analphabetisch war, eine neue Gesetzessammlung zu schaffen, die auf den Prinzipen von Montesquieu und Beccaria basierte. In ihren späteren Jahren hatte sie ihre Tatkraft mehr der Größe ihres Landes als dem Glück ihres Volkes gewidmet. Wenn Joseph der edlere von beiden war, so war sie zweifellos die bei weitem scharfsinnigere.

Und sie war nie scharfsinniger als in jenen Jahren des Aufruhrs von 1790 bis 1793, vom Zeitpunkt an, an dem die ersten *émigrés* in Rußland eintrafen und über Plünderungen und Morde berichteten, die an die schlimmsten Zeiten des Pugatschew-Aufstands erinnerten. Ebenso wie jeder andere Autokrat in Europa empfand sie den Schrecken eines nahenden Bebens, das ihren Thron zu erschüttern drohte. Aber während andere zögerten, zeigte sie sich entschlossen, festigte den Thron mit dem Gewicht ihrer Autorität und brandmarkte jeden, der »das göttliche Recht der Könige« in Frage zu stellen wagte. Niemand hätte größeres Mitgefühl mit dem unglückseligen König von Frankreich zeigen können; niemand hätte großzügiger zu den verarmten Aristokraten sein können, die um ihre Gastfreundschaft baten. Es schmeichelte ihrer Eitelkeit, einige der größten Namen Frankreichs im Dienst Rußlands zu haben und die Schulden, die der Bruder des Königs hatte, zu bezahlen. Aber in ihren Briefen an Potiomkin bezeichnet sie König Ludwig als schwach und unfähig und den Comte d'Artois als einen unwürdigen Nachkommen ihres Idols, König Heinrichs IV. »Ich lese noch einmal die Henriade, und die Prinzen von Bourbon täten gut daran, sie ebenfalls zu lesen.« Aber ob sie an Potiomkin oder einen ihrer Marschälle schreibt, die Kaiserin läßt keinen Zweifel an ihrer Absicht aufkommen, sich dem Kreuzzug der Fürsten anzuschließen. Sie war verschwenderisch in ihrem Rat und leidenschaftlich in der Verteidigung der royalistischen Sache. Aber ihre wirklichen Interessen lagen in größerer Nähe, im eigenen Land. Ihr war wichtiger, was an der Weichsel geschah als an der Seine. In ihren Augen waren die gefährlichsten Jakobiner die Polen, jene Patrioten, die sich ritterlich um ihren König scharten, um Ordnung in ihrem Land zu schaffen und der Anarchie in Form des verhaßten *Liberum Veto* ein Ende zu machen.

In Rußland begann eine Jagd auf potentielle Jakobiner; der Polizeichef wurde nach Moskau beordert, um sich mit den unzufriedenen Herren auseinanderzusetzen, denen es bisher freigestanden hatte, ihrem Groll in Palais und Klubs Luft zu machen. Jungen Schriftstellern, deren »irregeleiteter Idealismus« bei der Katharina der siebziger Jahre nur ein nachsichtiges Lächeln hervorgerufen hätte, wurde die Veröffentlichung ihrer Artikel polizeilich verboten. Der bekannte Publizist Nowikow, ein Freund und Mitarbeiter der Fürstin Daschkowa, wurde wegen des angeblich subversiven Charakters seiner Schriften ins Gefängnis gesperrt.

Aber die grausamste Behandlung wurde Alexander Raditschew, einem seriösen jungen Staatsdiener aus dem Kleinadel, zuteil. Raditschew war einer jener jungen Männer, die von der Kaiserlichen Pagenschule dazu auserwählt worden waren, ihre Studien im Ausland zu vollenden. Nach drei Jahren in Leipzig kehrte er, von den fortschrittlichen Ideen der westlichen Studenten erfüllt, nach Rußland zurück. Zum Zollinspektor ernannt, ein Posten, der dem Handelsministerium unterstand, freundete er sich mit dem Minister Alexander Worontzow, einem Bruder der Fürstin Daschkowa, an. Raditschew war ein harmloser Idealist, der empört war über die Ungerechtigkeiten, die in jeder Sphäre des öffentlichen Lebens begangen wurden, und er nahm die gefährliche Gewohnheit an, seine Beschwerden zu Papier zu bringen. Die Daschkowa, von seinen Schriften nicht sonderlich beeindruckt, wies ihren Bruder warnend darauf hin, sein Protegé werde sich früher oder später ernsthafte Schwierigkeiten zuziehen. Im Mai 1790 bewies die Veröffentlichung der *Reise von St. Petersburg nach Moskau,* daß sie mit ihrer Prophezeiung recht haben sollte.

Dieses Buch ist ein kurzer, unzusammenhängender Bericht einer Reise durch Rußland, nach Art von Sternes *Sentimental Journey through France and Italy* geschrieben, aber ohne dessen Geist und Charme. Bei der ersten flüchtigen Lektüre kommt einem das Buch so harmlos und uninteressant vor, wie es dem Zensor vorgekommen sein muß, der es in einem Augenblick der Langeweile oder Lässigkeit für den öffentlichen Verkauf freigab. Doch bei näherer Betrachtung wird einem klar, daß dieser dünne Band mit Dynamit geladen ist. Er ist nicht nur eine scharfe Verurteilung der Schrecken der Leibeigenschaft, sondern jede Anekdote enthält eine Anklage gegen die Korruption und die Ungerechtigkeiten in Katharinas Rußland. Obwohl keine Namen genannt sind, werden alle, ihre Beamten, ihre Minister, ihre Favoriten, ja selbst der allmächtige Potiomkin, an den Pranger gestellt.

Unglückseligerweise geriet das Buch der Kaiserin in die Hände und erzürnte sie derart, daß sie erklärte, sein Autor »sei ein noch gefährlicherer Verbrecher als Pugatschew«. Der Zensor, der Verleger und der Drucker wurden verhaftet. Raditschew selbst wurde vor Gericht gestellt und zwei Monate später zum Tode verurteilt. Als Potiomkin von der Kompromißlosigkeit der Kaiserin erfuhr, sandte er einen Eilkurier von Chersson nach St. Petersburg und bat sie, dieses unbedeutende Buch und seinen noch unbedeutenderen Autor nicht zu einer *cause célèbre* zu machen. Aber obgleich die Kaiserin sich gnädig zeigte, indem sie die Todesstrafe in »Zwangsarbeit in Sibirien« umwandelte, stand sie zu sehr unter dem Einfluß Platon Zubows und hatte zuviel Angst vor dem Gespenst der Revolution, um auf Potiomkins Bitte um Nachsicht zu hören. Sie zeigte so wenig Mitleid mit dem unglücklichen Raditschew, daß er sich nicht einmal von seiner Familie verabschieden durfte, ehe er sich, wie ein Schwerverbrecher mit Ketten beladen, auf die lange und schreckliche Reise machen mußte.

Die Kaiserin hatte nicht mit der Reaktion der öffentlichen Meinung gerechnet. Heimlich gedruckte Exemplare der *Reise von St. Petersburg nach Moskau* wurden unter der Hand für hundert Rubel das Stück verkauft. Junge Liberale machten das Buch zu ihrer Bibel, und Alexander Worontzow besaß den Mut, aus Protest gegen die Härte des Urteils seinen Rücktritt einzureichen und sich aus dem öffentlichen Leben zurückzuziehen. Mitgefühl mit Raditschew wurde selbst in den Schulzimmern der jungen Großfürsten laut, und eine der ersten Regierungshandlungen Alexanders nach seiner Thronbesteigung war, Raditschew aus der Verbannung zurückzurufen. Aber nach zehn Jahren Zwangsarbeit kehrte Raditschew als alter und gebrochener Mann nach St. Petersburg zurück.

Doch die Kaiserin, die Raditschew verurteilt hatte, begünstigte auch weiterhin den Republikaner LaHarpe, der bis zur Heirat des jungen Großfürsten im Jahr 1793 in Rußland blieb. Sie unternahm keinen Versuch, auf den Lehrplan einzuwirken oder zu verhindern, daß »Monsieur Alexandre« eine, wie sie es nannte, fortschrittliche Erziehung genoß. Ihre Enkel lernten, nach Art von Jean-Jacques Rousseau den Ackerboden zu bearbeiten, älteren Menschen, ganz gleich welchen Standes, mit Respekt zu begegnen und ihre jungen Gefährten als ebenbürtig zu behandeln. Sie schliefen auf harten Matratzen, mit rauhen Decken und aßen eine einfache, gesunde Kost. Gleichzeitig sah ihre Großmutter es gern, daß sie bei Hof in eleganten Jacketts aus Brokat mit Spitzenrüschen und Diamantschnallen erschienen; jedes Kompliment das dem guten Aussehen Alexanders gezollt wurde, versetzte seine verliebte Großmutter in Begeisterung. Von Konstantin wurde dergleichen weniger gesagt; er hatte leider eine starke Ähnlichkeit mit seinem Vater.

Die Kinder führten ein Doppelleben zwischen der unbekümmerten Fröhlichkeit der Eremitage und der strengen militärischen Atmosphäre von Gatschina, wo sie den ganzen Tag mit den preußischen Offizieren des Privatregiments ihres Vaters marschierten und exerzierten. Marie Feodorowna war eine liebevolle Mutter, war aber zugleich eine deutsche Zuchtmeisterin, die ihr möglichstes tat, um zu verhindern, daß ihre Söhne von der Zügellosigkeit des kaiserlichen Hofes angesteckt wurden. Ihre Aufgabe war nicht leicht, und Alexander lernte erst später, ihre guten Eigenschaften zu würdigen und die Schwächen und Fehler seiner geliebten *»Grand Maman«* kritisch zu beurteilen.

Katharinas Fähigkeit, an einem Abend der ausgelassenen Fröhlichkeit ihre Regierungssorgen zu vergessen oder sich beim Donner schwedischer Kanonen auf die Übersetzung Plutarchs zu konzentrieren, zeugt von einer ungeheuren Spannkraft und eisernen Nerven. Die Fortdauer des schwedischen Krieges ließ sie zum erstenmal an der Gerechtigkeit der göttlichen Vorsehung zweifeln. »Was habe ich getan«, fragte sie, »daß Gott mich mit einem so schwachen Werkzeug wie dem König von Schweden bestraft?« Am Ende siegte die Vernunft über den Stolz, und im August 1790 beendete der Friede von Värälä einen Krieg, aus dem weder Rußland noch Schweden als Sieger hervorging.

Unterdessen marschierten Potiomkin und seine Generäle in Bessarabien ein. Suwarow hatte Ismail und Repnin belagert und Kilia erobert. Aber die Freude über diese Siege wurde durch den Treubruch Österreichs getrübt. Josephs jüngerer Bruder Leopold war kaum zwei Monate auf dem Thron, da zog er seine Armeen aus dem Balkan zurück. Dem folgte eine Begegnung zwischen dem Kaiser und Friedrich Wilhelm von Preußen, bei der die beiden mächtigen Nachbarn Rußlands einen Freundschaftspakt unterzeichneten. Katharina, die sich jetzt ohne Verbündete sah, ließ ihre ganze diplomatische Geschicklichkeit spielen, um die Westmächte anzuspornen, sich zu einem Kreuzzug gegen »das neunköpfige Ungeheuer« der Revolution zusammenzuschließen. Aber solange der friedliebende Leopold den kaiserlichen Thron innehatte, weigerte sich Österreich, etwas zu unternehmen. Leopold hatte seine Schwester nur als kleiner Junge gekannt, und hatte nicht die Absicht, sein Land wegen des Königs und der Königin von Frankreich in einen Krieg zu verwickeln. Erst nach seinem Tod im März 1792 schloß sich sein Sohn Franz dem unseligen »Kreuzzug der Fürsten« in ihrem Marsch zum Rhein an, und Rußland konnte, nachdem es einen Friedensvertrag mit der Türkei unterzeichnet hatte, seine ungeteilte Aufmerksamkeit den Polen zuwenden.

Während des ganzen Jahres 1790 bekam St. Petersburg wenig von Potiomkin zu sehen; aber selbst in seiner Abwesenheit bildete er immer noch das Hauptgesprächsthema. Geschichten von seiner zunehmenden Überspanntheit und Verschwendungssucht machten in der Stadt die Runde – Geschichten von seinen schönen Mätressen, die er mit phantastischen Juwelen überschüttete, von den berühmten Opernsängern aus Europa, die er zu ihrer Unterhaltung engagierte; den Millionen, die er für seine Paläste und Gärten in der Wüste ausgab. Niemand murrte mehr über diese vergeudeten Millionen als der habgierige Zubow, der sein möglichstes tat, den einzigen Mann herabzusetzen, dessen Einfluß er fürchtete. Aber die Kaiserin weigerte sich, auf seine Verleumdungen zu hören. Potiomkin war ein Genie, das nicht nach den Maßstäben anderer Menschen gemessen werden konnte. Er hatte viel zuviel für Rußland getan, als daß man ihm die Befriedigung einiger Extravaganzen mißgönnen durfte. Graf Zubow, erklärte sie, müsse lernen, einen Mann zu lieben und zu verstehen, der ihn so vieles in Diplomatie und Staatskunst lehren könne.

Katharina, die sich in der Glut eines Spätsommers sonnte und wieder auflebte »wie eine Fliege, die aus der Kälte hereingekommen ist«, war so glücklich mit ihrem jungen Liebhaber, daß sie Potiomkins amouröse Eskapaden gelassen hinnahm. Aber die Beharrlichkeit, mit der sie seine Aufmerksamkeit auf Zubow zu lenken versuchte, zeugt von einem seltsamen Mangel an Einfühlungsvermögen. Sie war rührend darum besorgt, daß er ihre Wahl billigte, und zählte immer wieder die guten Eigenschaften von Platon Alexandrowitsch auf, »der die unschuldigste Seele der Welt mit dem gütigsten Herzen und dem sanftesten Charakter sei«. »Ich weiß, daß Sie mich lieben – seien Sie gut zu uns, und Sie werden uns glücklich machen.« »Tun Sie uns den Gefallen und schenken Sie uns ein wenig Beachtung.« Sie bat ihn dauernd um irgendeine neue Ernennung, entweder für Platon oder für seinen jüngeren Bruder. »Würden Sie als Haupt der Chevalier Gardes bitte einen neuen Kornett aufnehmen? Der Junge hat eine Belohnung verdient, und dann könnte sein jüngerer Bruder ihm auf seinem Posten bei der berittenen Garde folgen.« Die Kaiserin schien Valerian fast ebenso gern zu haben wie Platon; sie nennt ihn »unser Kind« und bittet Potiomkin, er möge ihm helfen, Karriere zu machen. »Er ist erst neunzehn, aber hängt sehr an mir und weint wie ein Baby, wenn er nicht bei mir sein kann.« Jeder Brief war sentimentaler, vernarrter als der vorhergehende und mehr dazu angetan, einen Mann zu reizen und zu verärgern, der während der letzten sechzehn Jahre ihr Leben als Frau und Kaiserin beherrscht hatte. Doch Potiomkin war klug genug, zu gewähren, was er nicht verweigern konnte. Platon wurde Offizier der Chevalier Gardes, mit dem Privileg, eine elegante blau-silberne Uniform zu tragen. Aber sein Bruder Valerian wurde an die Front beordert, wo er sich zum aktiven Dienst als einer der *aides-de-camp* des Fürsten zu melden hatte.

Unterdessen wiesen Briefe seiner Freunde in St. Petersburg Potiomkin warnend darauf hin, daß es gefährlich sei, die leidenschaftlich verliebte Kaiserin völlig in den Bann eines jungen Mannes geraten zu lassen, der sich weder für seine Monarchin noch für sein Land, sondern ausschließlich für sich selbst interessiere. Die Eroberung Ismails durch Suwarow im Dezember 1790 gab den Russen Gewalt über die ganze Donaumündung. Der Kampf war praktisch beendet, und Potiomkin konnte nach St.-Petersburg zurückkehren, wo die Kaiserin darauf wartete, ihm einen triumphalen Empfang zu bereiten, obwohl Zubow darauf beharrte, daß nicht Potiomkin sondern General Suwarow der wahre Sieger sei.

Der neue Favorit war zutiefst verärgert über die Vorbereitungen, die für die Ankunft des Fürsten getroffen wurden. Der neoklassizistische Taurida-Palast, von Starow, einem der wenigen großen russischen Architekten der damaligen Zeit erbaut, war jetzt endlich fertig und konnte die Kunstschätze Potiomkins aufnehmen, deren Wert Zubow grün vor Neid werden ließ. Ein englischer Reisender, der St. Petersburg Ende 1790 besuchte, beschrieb den Palast als »eines der schönsten Gebäude«, die er je gesehen habe. »Es gibt eine endlose Reihe von Zimmern, die alle so riesenhaft sind wie der Fürst selbst. Es gibt einen Wintergarten, so groß wie ein ganzes Haus, mit einem Tempel in der Mitte, in dem eine Statue der Kaiserin steht.«

Unterdessen wartete der Hof gespannt auf das Resultat der ersten Begegnung zwischen Serenissimus und dem neuen Favoriten. Potiomkin war immer noch der stärkere von beiden, denn alle Eifersuchtsszenen Zubows konnten die dankbare Kaiserin nicht daran hindern, ihrem siegreichen Oberbefehlshaber eine von Betzborodko angeführte Delegation nach Moskau entgegenzuschicken. Prozessionen und Paraden, Triumphbögen und wehende Fahnen empfingen ihn in jeder Stadt. Aber er war ein müder, kranker Mann, von Sorgen geplagt, der zum erstenmal an seiner Fähigkeit zweifelte, sich gegen die unwiderstehliche Anziehungskraft der Jugend zu behaupten.

Betzborodko hatte keine guten Nachrichten für ihn. Platon Zubow, erklärte er, sei keineswegs der harmlose, unbedeutende junge Mann, für den man ihn zuerst gehalten habe. Und er sei auch nicht bereit, sich mit der Rolle des »Kaisers der Nacht« zufriedenzugeben. Er habe bereits gebeten, in Staatsangelegenheiten eingeweiht zu werden, und man habe ihm gewisse Dokumente gezeigt, die niemals aus der kaiserlichen Kanzlei hätten entfernt werden dürfen. Aber das tragischste Ereignis der letzten Monate sei der geistige und physische Verfall der Kaiserin. Der

Fürst werde Ihre Majestät sowohl geistig als auch in ihrer äußeren Erscheinung sehr verändert finden. Die starke nervliche Anspannung des vergangenen Jahres habe ihr ihren üblichen Gleichmut genommen, und sie sei mürrisch und reizbar geworden, außerstande, auch nur den geringsten Widerstand zu ertragen. Sie habe ungeheuer zugenommen und litte an Kreislaufstörungen. Ihre Beine seien so geschwollen, daß es ihr schwerfiele, zu gehen und Treppen zu steigen. Cameron, ihr schottischer Architekt, habe ihr in Zarskoje Selo eine Säulenhalle gebaut, in der sie, vor dem Wetter geschützt, Luft schöpfen und sich Bewegung machen könne; und jetzt habe er eine sanft abfallende Rampe hinzugefügt, über die sie ohne allzu große Anstrengung in den Garten gelangen könne.

Potiomkin hörte sich mit zunehmender Niedergeschlagenheit Betzborodkos düstere Prophezeiungen darüber an, was geschähe, ließe man Katharina noch weiter unter den Einfluß des unerträglichen Zubow geraten. Nach Betzborodkos Ansicht gab es nur eine einzige Alternative: der Fürst mußte auf seinen früheren Posten im Palast zurückkehren und wieder Gewalt über die schwache, unschlüssige Kaiserin gewinnen. Es war eine erschreckende Aussicht für einen Mann, der sich gerade erst vom zweiten Malariaanfall erholte, den er in diesem Jahr erlitten hatte. Er würde lieber hundert Schlachten unter den Mauern Otschakows ausfechten und monatelang unter der glühenden Sonne Bessarabiens biwakieren als auf den Posten zurückzukehren, den er vor fast fünfzehn Jahren so freudig aufgegeben hatte. Aber er liebte seine Kaiserin und sein Land immer noch zu sehr, um zuzulassen, daß der Ehrgeiz eines habsüchtigen Jungen sie zerstörte. Bis sein Wagen das Randgebiet von St. Petersburg erreicht hatte, hatte er bereits den Entschluß gefaßt, einen Kampf auszufechten, der der schwierigste seiner ganzen Laufbahn sein sollte.

Er hätte fast Erfolg gehabt. Drei Monate nach seiner Rückkehr schrieb Katharina an den Prince de Ligne: »Wenn man Fürst Potiomkin ansieht, muß man zugeben, daß seine Siege und Erfolge ihn verschönt haben. Er ist von der Armee zu uns zurückgekehrt, schön wie der junge Morgen, fröhlich wie eine Lerche, glänzend wie ein Stern, geistreicher denn je, und er gibt jeden Tag ein Fest, das schöner ist als das vom Tag zuvor.«

Während seines Besuches in St. Petersburg – der sein letzter sein sollte – vergeudete Potiomkin nicht weniger als eine Viertelmillion Rubel, und die übrigen Höflinge folgten seinem Beispiel in einer wilden Orgie der Verschwendungssucht zu einer Zeit, in der Rußlands Finanzen infolge des langen, kostspieligen Krieges erschöpft waren. Edward Genet, der seit der Abreise Philip de Ségurs als französischer *chargé d'affaires* fungierte, schrieb in einem Bericht an seine Regierung, »in Rußland sei überhaupt kein Hartgeld mehr in Umlauf, und es sei offensichtlich, daß die Regierung eine regelrechte Papierwährung in Gestalt von Banknoten fabriziere, und der Wechselkurs falle von Tag zu Tag.«

Die Friedensbedingungen waren noch nicht festgesetzt, und die Türken hatten noch nicht die Waffen niedergelegt; aber Fürst Potiomkins Rückkehr bedeutete, daß der Krieg praktisch beendet war, und St. Petersburg, nach zwei Jahren endlich von der Bedrohung durch schwedische Kanonen befreit, geriet in einen Taumel der Frivolität und Vergnügungssucht. Die Adeligen überboten sich im Glanz der Feste, die sie für ihre geliebte Kaiserin veranstalteten. Die führenden Schauspielerinnen der Comédie Française, die berühmtesten der italienischen *castrati* wurden durch hohe Gagen nach Rußland gelockt. Graf Betzborodko gab fünftausend Rubel allein dafür aus, in seinem Palast eine Rampe bauen zu lassen, die der Kaiserin das Treppensteigen ersparen sollte. Ihr Umfang war jetzt so gewaltig, daß ihr das Gehen immer schwerer wurde, und sie nahm im Theater der Eremitage zwei Sitze ein. Aber nach außen hin war sie so heiter und unermüdlich wie eh und je, und Platon Zubow, der im vergangenen Jahr sowohl General als auch Graf geworden war, befand sich ständig an ihrer Seite; sie bildeten in ihrer äußeren Erscheinung einen solchen Kontrast, daß Betzborodko sagte: »Die Kaiserin trägt ihren Favoriten wie einen Orden.« Aber es wurde allgemein bemerkt, daß Potiomkins Rückkehr Zubows Stellung keineswegs beeinträchtigt hatte, und die offene Verachtung des Fürsten für den Favoriten machte die Kaiserin nur unglücklich. Er hatte seinen Freunden erklärt, er sei nach St. Petersburg zurückgekehrt, »um einen Zahn entfernen zu lassen, der ihn schmerze«, denn *zub* ist das russische Wort für Zahn. Nur wenige wagten, über das Wortspiel zu lachen, denn es war allgemein bekannt, daß der junge Zubow fest im Sattel saß und daß seine Macht von Tag zu Tag zunahm.

Die Kaiserin war rettungslos einem Jungen verfallen, für den nichts anderes als seine Jugend sprach. Trotz all seines Ruhms war es zu spät für einen zweiundfünfzigjährigen Wüstling, eine Leidenschaft wieder aufflammen zu lassen, deren Glut längst erloschen war; Potiomkin mußte schließlich erkennen, daß all seine Bemühungen, die Kaiserin vor dem Schaden zu warnen, den sie sich und ihrem Land zufügte, indem sie einem unbedeutenden Mann wie Zubow gestattete, sich in Staatsangelegenheiten zu mischen, nur dazu führten, ihre Beziehungen zu trüben. Katharina bat ihren »geliebten Ehemann, ihren kleinen Grischa« immer wieder, nachsichtig gegen ihren Liebhaber zu sein, der noch so jung sei; »der Junge sei ein willfähriger Schüler, der ihn mehr als jeden anderen liebe und bewundere«. Dies dürfte kaum der Wahrheit entsprochen haben, denn sie haßten einander.

Viele Jahre später sagte Zubow zu einem Freund: »Die Kaiserin fürchtete den Fürsten. Sie behandelte ihn wie einen schwierigen und anspruchsvollen Ehemann, aber ich war derjenige, den sie liebte.« Es war für Potiomkin der schmerzlichste Augenblick seines Lebens, als ihm klarwurde, daß alles, was er für Rußland und seine Monarchin getan hatte, nichts galt neben der sexuellen Befriedigung, die sie in den Armen eines unreifen Jungen fand. Die Unbekümmertheit, mit der er in jenen Frühlingsmonaten des Jahres 1791 seine Gesundheit und sein Vermögen vergeudete, läßt seine Verzweiflung erkennen. Die großartigen Feste, über die Katharina an den Prince de Ligne schrieb, waren lediglich Schutzwände, hinter denen er die Düsterkeit der Zukunft zu verbergen suchte.

Das großartigste dieser Feste und dasjenige, das in die Geschichte eingegangen ist, war der Maskenball, den er am 28. April 1791 zur Feier des zweiundsechzigsten Geburtstags der Kaiserin im Taurida-Palast gab. Es war die letzte Geste eines großen Impresarios, der es darauf abgesehen hatte, die Stadt in Staunen zu versetzen, die seine Persönlichkeit so lange beherrscht, ein letzter Tribut der Dankbarkeit an die Herrscherin, die ihn zum ersten ihrer Untertanen gemacht hatte.

Die Festlichkeiten begannen mit einem Jahrmarkt auf einem benachbarten Platz, wo es Luftschaukeln, Karussels und Glücksräder zur Unterhaltung des Volkes gab. Zahlreiche Brunnen spendeten Wein. Es gab Fässer mit *Kvas,* Berge von gebratenem Fleisch und Körbe voll Zuckerwerk und Kuchen. An diesem Abend konnten selbst die Ärmsten das Gefühl haben, an Potiomkins Ball teilzunehmen, als die Kaiserin auf dem Weg zum Taurida-Palast über den Platz fuhr und ihnen mit einem warmen, mütterlichen Lächeln, das alle und jeden umfaßte, für ihre jubelnden Zurufe dankte.

Dreitausend Personen waren zu dem Ball geladen worden, der in der großen Säulenhalle mit einem von den beiden Großfürsten angeführten Ballett eröffnet wurde, das sich aus den schönsten jungen Männern und Frauen des Hofes zusammensetzte. Dann folgte eine Reihe von *tableaux,* die die verschiedenen Rassen des Reiches zeigten, jede in ihrer Landestracht und mit ihren eigenen Liedern. Getanzt wurde in einem von zweihundert Kandelaber erleuchteten Ballsaal, und beim Souper wurde sechshundert Gästen auf goldenen und silbernen Tellern serviert, während die übrigen sich um ein riesiges Büffet scharten, das am Eingang zum Wintergarten aufgebaut war.

Noch dreißig Jahre später sprachen die Menschen in St. Petersburg von Potiomkins Ball; von der Schönheit des Wintergartens, wo sandige Pfade sich durch Orangen- und Myrtenhaine schlängelten und exotische Vögel zwischen den Bäumen umherflatterten; wo das Wasser aus den Springbrunnen in marmorne Becken floß und bunte, exotische Fische in kristallenen Aquarien schwammen. Geschickt angebrachte Spiegel erweckten die Illusion von Unendlichkeit, und in der Mitte des Wintergartens stand, von Blumen umgeben, Schubins Marmorstatue der Kaiserin. Ein Blendwerk folgte dem anderen. Einen Augenblick funkelte der Garten von tausend Glühwürmchen, im nächsten spiegelte er Myriaden von Edelsteinen wider; ein Obelisk aus Achat schien in Flammen zu stehen, und der Rüssel eines goldenen Elefanten, mit Smaragden besetzt und mit einem Mechanismus ausgestattet, rief die Gäste zum Souper.

Die Kaiserin war derart hingerissen von der Schönheit des Bildes, daß sie länger als gewöhnlich blieb. Ihre Begeisterung war so groß und ihr Abschied so liebevoll, daß Potiomkin vor ihr auf die Knie fiel und ihr, von Gemütsbewegung überwältigt, tränenüberströmt die Hände küßte. Tränen sind ansteckend: In einem Ansturm von Erinnerungen vergaß Katharina ihren jungen Liebhaber und dankte Potiomkin mit feuchten, glitzernden Augen für die siebzehn Jahre des Ruhms, die er ihr und ihrem Land beschert hatte.

Potiomkin blieb noch zwei Monate in St. Petersburg, aber die letzten Begegnungen zwischen ihm und seiner Monarchin waren von Meinungsverschiedenheiten getrübt, nicht nur Zubows wegen, sondern auch wegen der polnischen Frage. Potiomkin hatte immer darauf beharrt, daß ein unabhängiges Polen einen nützlichen Pufferstaat zwischen Rußland und seinen westlichen Nachbarn darstellte. Er riet der Kaiserin, sie solle Preußens und Österreichs Beispiel folgen und die neue Verfassung von 1791 anerkennen, die das *Liberum Veto* abgeschafft, die Krone für erblich erklärt und bestimmt hatte, daß sie nach dem Tod des Königs an das Haus Sachsen fallen solle. Aber in diesem Fall wurde Katharinas einst so gesundes Urteil von ihrer Rachsucht getrübt. Ihr Wunsch, möglichst bald einen Friedensvertrag mit der Türkei zu schließen, selbst wenn sie dabei auf gewisse Ansprüche eroberter Gebiete verzichten mußte, beruhte auf dem ungeduldigen Verlangen, das auszurotten, was sie »das Jakobinernest in Warschau« nannte. Sie bot Potiomkin die wenig beneidenswerte Aufgabe an, dieses Werk der Ausrottung durchzuführen, und der mißtrauische Fürst erkannte darin sofort die Hand Zubows. Nichts hätte dem Favoriten besser gefallen, als ihn in einen unrühmlichen Krieg, tausend Meilen von St. Petersburg entfernt, zu verwickeln. Potiomkins instinktive Reaktion war, sich zu weigern, aber nicht einmal »Serenissimus« wagte es, sich den willkürlichen Wünschen einer alternden Autokratin zu widersetzen.

Seine erste Aufgabe war, Frieden zu schließen. Während seiner Abwesenheit hatten seine Generäle eine Reihe von Siegen errungen, und die Türken waren zu Verhandlungen bereit. Aber als er sich schließlich am 24. Juli 1791 auf den Weg nach Jassy machte, war er so niedergeschlagen, daß er alles Interesse am Leben verloren hatte. Diesmal hatte er das Spiel verloren. Zubow saß fest und sicher in den Gemächern, die er, Potiomkin, einmal als die seinen betrachtet und zu denen er bisher immer den Schlüssel in der Hand behalten hatte. Trotz ihrer Tränen war Katharina sichtlich erleichtert gewesen, ihn fortgehen zu sehen. Die Ausschweifungen des vergangenen Monats, gepaart mit der ständigen nervlichen Anspannung, hatten sich verhängnisvoll auf seine Gesundheit ausgewirkt. Der Zwang, fortwährend die Rolle des siegreichen Helden spielen zu müssen, war zuvielv für ihn gewesen. Die Reise im heißesten Monat des Jahres über die holprigen, staubigen Straßen, die sich durch endlose Ebenen zogen, machte ihn so krank, daß er außerstande war, an den Empfängen teilzunehmen, die ihn in jeder Stadt erwarteten. Selbst die Klänge einer Militärkapelle waren mehr, als seine aufgeriebenen Nerven ertragen konnten. Und alles, was die Empfangskomitees von ihm zu sehen bekamen, war sein großer, zerzauster, einäugiger Kopf, der sich aus dem Wagenfenster beugte und ihnen zurief, sie sollten mit diesem höllischen Lärm aufhören und ihm seine Ruhe lassen. Aber er hörte nicht auf die Ratschläge seines Arztes, zog alte Hausmittel vor und ernährte sich ausschließlich von Kohlsuppe und rohen Steckrüben, was seine bereits qualvollen Magenschmerzen nur noch verschlimmerte. Bei der Ankunft in Jassy war er so krank, daß er halb bewußtlos in sein Schlafzimmer getragen werden mußte.

Kuriere eilten zwischen Jassy und Zarskoje Selo hin und her, brachten ihm liebevolle Botschaften und Geschenke von der Kaiserin. Aber die eine Botschaft, die ihn aufgemuntert hätte, die Nachricht von der Entlassung Zubows, kam nicht. Und bei jedem Brief setzte Katharina hinzu: »Herzliche Grüße vom Jungen.« Ende September wußte er, daß er sterben würde. Die Gräfin Branicki, seine geliebte »Saschenka«, wurde an sein Krankenbett gerufen, und in einem letzten Brief an die Kaiserin schrieb er: »Matuschka! Geliebte Monarchin! Ich habe nicht mehr die Kraft, meine Qualen zu ertragen. Meine einzige Chance ist, diese Stadt zu verlassen, und ich habe den Befehl gegeben, daß man mich nach Nikolajew bringen soll. Ich weiß nicht, was aus mir werden wird.« Er hatte Jassy schon immer gehaßt. Jetzt hatte er das Gefühl, daß er, wenn er am Leben bleiben wollte, so schnell wie möglich diese Stadt verlassen mußte. Sowohl seine Nichte als auch der Arzt wandten ein, daß er nicht reisefähig sei. Aber in den ersten Oktobertagen machte er sich in Begleitung der Gräfin Branicki, seines Arztes und dreier junger Offiziere auf den Weg. Es war bereits Herbst geworden, und dichter Nebel hing über den Ebenen. Sie waren knapp zwei Stunden unterwegs, da befahl er dem Kutscher anzuhalten und sagte: »Ich sterbe. Es hat keinen Sinn, noch weiter zu fahren. Ich möchte auf der Erde sterben.« Eine Matratze wurde an den Straßenrand gelegt, und Saschenka kniete sich in den Staub, um seine letzten Wünsche zu hören. Eine Stunde später lag der mächtigste Mann Rußlands tot auf einer verlassenen Straße auf der moldauischen Ebene.

Es dauerte eine Woche, bis die Nachricht die Kaiserin erreichte. Katharina war so von Kummer überwältigt, daß sie dreimal zur Ader gelassen werden mußte, ehe sie in der Lage war, dem Heer Potiomkins Tod in einem Manifest zu verkünden, in dem sie seine Tugenden pries und alle jungen Offiziere aufforderte, seinem heldenhaften Beispiel zu folgen. Sie fühlte sich vollkommen verloren und verlassen, denn sie hatte nie geglaubt, daß er vor ihr sterben würde, und daß sie sich allein mit den vielfältigen Problemen ihres Reiches würde auseinandersetzen müssen; und sie sagte ein ums andere Mal unter Tränen: »Auf wen soll ich mich jetzt verlassen?« Dieser Satz kehrt in einem ergreifenden Brief an Grimm wieder, in dem sie über »das wundervoll mutige Herz des Fürsten« spricht, über »die Größe seines Geistes und seiner Seele, die ihn über die gesamte übrige Menschheit erhoben hatte«. Diese Loblieder wurden jedem Menschen gegenüber wiederholt, einschließlich des jungen Liebhabers, der insgeheim frohlockte über den Tod des einzigen Mannes, dessen Autorität er nie in Frage zu stellen gewagt hatte. Jetzt war der Weg frei, und durch seine Talente im Boudoir konnte er die Ehren und Titel einsammeln, die sich Potiomkin in all den Jahren des Dienstes an seinem Land redlich erworben hatte. Betzborodko, einer der wenigen Männer von Format in der Regierung und auch einer der wenigen, die sich geweigert hatten, dem aufsteigenden Stern Zubows zu huldigen, wurde auf den Vorschlag des Favoriten hin nach Jassy geschickt, um den Friedensvertrag abzuschließen; während seiner Abwesenheit wurden Zubows Verwandte und Freunde ins Kollegium für Auswärtige Angelegenheiten gebracht, das dem unbedeutenden Grafen Markow unterstellt wurde.

Die Eile der Kaiserin, den Friedensvertrag zu unterzeichnen und zu ratifizieren, führte zu Bedingungen, mit denen sich Potiomkin niemals zufriedengegeben hätte, denn das Gebiet zwischen dem Dnjepr und dem Dnjestr war ein armseliges Entgelt für all die kostspieligen Siege, die Rußland in den vergangenen drei Jahren errungen hatte. Katharina opferte ihre Byzanz-Träume, um Rache an den Polen zu üben, und Betzborodko war kaum aus Jassy zurückgekehrt, da erhielt er bereits Anweisungen, die König Stanislaus und sein Land vernichten sollten. Eine Gruppe reaktionärer Agitatoren wurde durch Bestechung der russischen Regierung dazu veranlaßt, die Verfassung von 1791 als unvereinbar mit den grundlegenden Freiheiten Polens zu erklären, und auf Verlangen der sogenannten »Konföderation von Targowiza« marschierten kurz darauf achtzigtausend Russen und zwanzigtausend Kosaken in die polnische Ukraine ein.

Jetzt war die Reihe an Preußen, die Polen im Stich zu lassen, die auf seine Hilfe zählten. Begierig, sich seinen Anteil an der Beute zu sichern, nahm Friedrich Wilhelm sein Wort zurück; nachdem er sich einverstanden erklärt hatte, die Verfassung zu unterstützen, sagte er jetzt, »er sei nie um Rat gefragt worden und fühle sich daher an keinerlei Verpflichtung gebunden«. Katharina, die es vorgezogen hätte, allein zu handeln, mußte wohl oder übel die Mitwirkung ihres früheren Komplicen hinnehmen, der jetzt nicht mehr der große Friedrich war, sondern sein Neffe, den sie schon als Kronprinzen nicht gemocht hatte. König Stanislaus, der seine Hauptstadt nicht in Flammen aufgehen und seine Kunstschätze von Kosaken geraubt sehen wollte, schlug den feigen Weg ein: Er hob die Verfassung auf, und schloß sich den reaktionären Kräften des Landes an. Aber die Ehre des Namens Poniatowski wurde durch die Tapferkeit seines Neffen Joseph gerettet, der bis zum bitteren Ende einen aussichtslosen Kampf focht und dem die russischen Truppen abermals in den vordersten Reihen der Legionen Napoleons begegnen sollten.

Die Polen, die sich auf zwei Seiten von einfallenden Truppen bedrängt sahen und noch dazu untereinander uneinig waren, hatten keine andere Wahl, als sich in eine weitere Teilung ihres Landes zu fügen, bei der sich Katharina die gesamten Ostprovinzen von Livland bis zur Grenze der Moldau nahm, während Preußen die begehrten Städte Danzig und Thorn bekam sowie einen großen Teil »Großpolens« bis zu einer Linie fünfundzwanzig Meilen westlich von Warschau. Katharina hatte zumindest die Entschuldigung, daß sie Gebiete besetze, die früher einmal zum Großfürstentum Kiew gehört hatten und in denen die Mehrzahl der Bewohner dem orthodoxen Glauben angehörten; aber Preußen hatte keinerlei Rechtfertigung dafür, daß es sich ein Gebiet im Herzen Polens aneignete und damit die Existenz der Hauptstadt selbst bedrohte. Diesmal hatte Österreich keinen Anteil an der Beute. Sein erfolgloser Feldzug gegen die siegreichen revolutionären Streitkräfte in den Niederlanden und in Flandern hatten das Land zu sehr geschwächt, als daß es sich in Polen hätte einmischen können, und es brauchte Preußens Unterstützung am Rhein zu notwendig, um ihm das gewonnene Gebiet an der Weichsel streitig zu machen.

Katharina und Friedrich Wilhelm machten sich jetzt daran,

ihren schamlosen Raub zu legalisieren, indem sie König Stanislaus zwangen, sich nach Grodno in Litauen zu begeben, um den Vorsitz über einen Reichstag zu führen, der unter der Bedrohung durch russische Kanonen »zu einer freundschaftlichen Einigung mit den Teilungsmächten gelangen sollte«. Um den Mitgliedern bei ihrem Entschluß zu helfen, verkündete der russische Gesandte Graf Sievers, »daß die Truppen Ihrer Kaiserlichen Majestät die Ländereien eines jeden Abgeordneten besetzen würden, der sich dem Willen der Nation widersetze«, und am 23. Juli 1793 gab eine mürrische und aufsässige Versammlung ihre Einwilligung zur Unterzeichnung des Vertrags mit Rußland. Aber der Haß der Polen gegen die Preußen, die sie so schmählich verraten hatten, war so groß, daß sie sich weigerten, die Abtretung ihrer westlichen Gebiete zu ratifizieren, und sie saßen tagelang in hartnäckigem Schweigen da, bis der russische Gesandte Graf Sievers, der selbst ein Gegner der Vergrößerung Preußens war, auf Befehl der Kaiserin erklären mußte, »Schweigen bedeute Einwilligung«. Der Reichstag von Grodno wurde formell aufgelöst, und König Stanislaus konnte in seinen Palast zurückkehren, wo seine Schätze noch intakt waren und wo er, von seinen eigenen Untertanen ignoriert und verachtet, bis zum Ende seiner Regierung lebte.

Polen war jetzt auf ein Drittel seiner ursprünglichen Größe reduziert, mit einer Bevölkerung von knapp vier Millionen und einem Heer von weniger als fünfzehntausend Mann. Aber Katharina hatte nicht mit dem Mut gerechnet, der aus der Verzweiflung geboren wird, und der Aufstand von 1794 unter der Führung von Taddeus Kosciuszko kam ihr völlig überraschend. Kosciuszko war ein hochbegabter junger Offizier, der in Frankreich studiert und im amerikanischen Unabhängigkeitskrieg gekämpft hatte. Zum erstenmal in der polnischen Geschichte versammelten sich Männer jeden Standes und Glaubens, die Bauern an der Spitze, unter einem Banner, um die Freiheit ihres Landes wiederzugewinnen. Die Revolte brach in Krakau aus und verbreitete sich über ganz Polen. Es gab einen Hoffnungsschimmer, als die Teilungsmächte unter sich zu streiten begannen und Österreich auf dem politischen Schauplatz erschien, um seine Ansprüche geltend zu machen. Aber das Heldentum der Polen konnte dem zahlenmäßigen Übergewicht Rußlands nicht lange standhalten. In dem verzweifelten Versuch, zwei russische Armeen an der Vereinigung zu hindern, lieferte Kosciuszko eine Schlacht in Maciejowice, die mit einer völligen Niederlage endete; er selbst wurde schwerverwundet gefangengenommen. Von Haß gegen die Polen erfüllt, kämpften die Russen wie Wilde. Eine Armee unter Suwarow marschierte auf Warschau, nahm den Vorort Praga im Sturm und metzelte über zwölftausend seiner Bewohner, einschließlich Frauen und Kinder, nieder. Europa hallte von Geschichten über das Blutbad von Praga wider, das den schlimmsten Tagen des Terrors in Frankreich gleichkam. Aber Katharina ignorierte die Brutalität und das sinnlose Blutvergießen; hocherfreut über die Eroberung Warschaus beförderte sie Suwarow zum Feldmarschall. Dann machte sie sich an die endgültige Zerstückelung Polens, bei der Zubow und seine Freunde den größten Teil der beschlagnahmten Besitztümer und Tausende polnischer Bauern als Leibeigene erhielten.

Die letzte Teilung Polens gab Preußen das Land zwischen dem Nieman und der Weichsel, einschließlich Warschaus. Österreich bekam ein Gebiet nördlich von Galizien mit Krakau und Lüblin, und Rußland nahm sich den Rest, einschließlich Kurlands, das bisher nur unter seiner Schutzherrschaft gestanden hatte. Katharina konnte »*Finis Polonia*« quer über die Landkarte Europas schreiben, aber sie hatte die aggressive Macht Preußens näher an die russische Grenze gebracht und Erbhaß in einem Volk geweckt, das jetzt ihrem Reich einverleibt war. Alle intelligenten Politiker in ihrer Regierung waren gegen die Zerstückelung Polens, doch Katharina ließ sich in ihren Handlungen von ihrem an Besessenheit grenzenden Größenwahn und ihrer hysterischen Angst vor Jakobinern leiten, bis sie schließlich das Bild der aufgeklärten Autokratin zerstörte, das zu schaffen sie sich solche Mühe gegeben hatte.

Jeder der Teilungsmächte erhielt einen Teil der Gefangenen. Diejenigen, die nicht gefangengenommen wurden, flüchteten ins Ausland und verbreiteten die gegen Katharina gerichtete Legende von einer senilen Messalina, die sich an den Ruinen Warschaus weidete. Kosciuszko wurde nach Rußland gebracht und in der Schlüsselburg eingekerkert, wo ihn der Großfürst Paul, seiner Mutter zum Trotz, in Begleitung seines siebzehnjährigen Sohnes Alexander besuchte, und der junge Großfürst soll angesichts der Leiden des verwundeten Helden den Tränen nahe gewesen sein. König Stanislaus wurde in einem Palast in Grodno gefangengehalten, bis er nach der Thronbesteigung Kaiser Pauls feierlich nach St. Petersburg zurückgebracht wurde, wo er bis zu seinem Tod in dem prunkvollen Marmorpalast lebte, den Katharina für Orlow gebaut hatte. Die Besitztümer der stolzen

Czartoryskis wurden beschlagnahmt und die beiden Söhne des Fürsten Adam als Geiseln nach Rußland gebracht, um der Kaiserin zu dienen und durch ihre gute Führung die Ländereien ihres Vaters wiederzugewinnen. In den Memoiren des Fürsten Adam, die viele Jahre später geschrieben wurden, sehen wir Katharina, wie sie dem damals neunzehnjährigen jungen Mann erschien, der allen Grund hatte, sie zu hassen, und ihr schließlich doch widerwillig Bewunderung zollte.

Die jungen Polen wurden der Kaiserin in Zarskoje Selo vorgestellt, und Fürst Adam beschreibt Katharina folgendermaßen:

Eine alte Dame, hoch in den Jahren, aber noch frisch, eher klein als groß und sehr korpulent. Ihr Gang, ihr Auftreten und ihre ganze Person zeichneten sich durch Würde und Anmut aus. Keine ihrer Bewegungen war schnell. Alles an ihr war ernst und edel. Doch sie war wie ein Wildbach, der alles in seiner unwiderstehlichen Strömung mit sich reißt. Ihr Gesicht, schon runzlig, aber sehr ausdrucksvoll, ließ Hochmut und Herrschsucht erkennen. Auf ihren Lippen lag ständig ein Lächeln, aber für diejenigen, die sich an ihre Taten erinnerten, verbarg diese gekünstelte Ruhe die heftigsten Leidenschaften und einen unerbittlichen Willen. Als sie auf uns zukam, nahm ihr Gesicht einen sanfteren Ausdruck an, und sie hieß uns mit dem so oft gepriesenen holden Blick an ihrem Hof willkommen.

Katharina hat stets verstanden, Menschen zu bezaubern und zu bezwingen. Fürst Adam und sein Bruder mußten in Rußland Dienst tun, aber mit jener seltsamen Inkonsequenz, die sich so oft in Katharinas Beziehungen zu ihren Enkeln offenbart, ernannte sie die polnischen Fürsten zu Adjutanten der beiden jungen Großfürsten. Die Freundschaft, die sich zwischen Fürst Adam und dem künftigen Kaiser Alexander entwickelte, führte dazu, daß Katharinas Enkel später eine polnische Politik verfolgte, die der ihren genau entgegengesetzt war.

Als Adam Czartoryski in Alexanders Leben trat, war der siebzehnjährige Großfürst bereits seit zwei Jahren verheiratet. Die Lücke, die Potiomkins Tod hinterlassen hatte, die Einsamkeit, die nicht einmal Zubows Umarmungen verscheuchen konnten, die Mahnung, daß selbst die Allmächtigsten auf Erden nicht unsterblich sind, hatten Katharina zu dem Entschluß gebracht, die Zukunft ihrer Dynastie zu sichern und ihre Nachkommen noch fester auf dem Thron zu etablieren. Die Verschrobenheit ihres Sohnes machte sich im Lauf der Zeit immer deutlicher bemerkbar. Jahre der Frustration und Vernachlässigung hatten sich nachteilig auf einen Charakter ausgewirkt, dem es zu Anfang nicht an großzügigen Impulsen gemangelt hatte. Pauls Verhalten war manchmal so anomal, daß selbst seine loyale Frau sich zu fragen begann, ob er verrückt sei, und die Kaiserin ernsthaft daran dachte, Paul zugunsten Alexanders zu enterben, genau wie Elisabeth erwogen hatte, Peter zu enterben.

Im Jahr 1793, als die Schinderkarren polternd durch die Straßen von Paris fuhren und die Fürsten Europas ihre Heere mobilisierten, um gegen Frankreich zu marschieren, feierte die Kaiserin von Rußland die Verlobung des fünfzehnjährigen Alexander mit der vierzehnjährigen Luise von Baden. Von einem unreifen Jungen, der sich niemals auch nur dem harmlosesten Flirt hingegeben hatte, erwartete Katharina, daß er sich leidenschaftlich in ein Mädchen verliebte, das fast noch ein Kind war, und auf dessen unschuldige Beweise der Zuneigung er nicht zu reagieren verstand. In ihrer impulsiven Art schrieb die Kaiserin an Grimm: »Es hat noch nie zwei junge Menschen gegeben, die mehr füreinander geschaffen waren, schön wie der junge Morgen, voller Anmut und Geist, und jeder, der sie sieht, freut sich über ihre keimende Liebe.« Aber insgeheim waren die Erzieher des Großfürsten der Ansicht, daß er noch nicht reif für die Ehe sei. Und obgleich die Hochzeit im Oktober 1793 stattfand, dauerte es noch sieben Monate, bis das junge Paar seine ehelichen Pflichten auf sich nahm.

Dies war der Zeitpunkt, an dem sich die Kaiserin entschloß, LaHarpe zu entlassen. Angesichts ihrer zunehmenden, fast hysterischen Angst vor denjenigen, die sie als Jakobiner ansah, ist es erstaunlich, daß sie ihn so lange behielt. Liberale, Intellektuelle und vor allem ihre alten Freunde, *les philosophes,* wurden jetzt mit dem »neunköpfigen Ungeheuer der Revolution« identifiziert, dessen Kräfte die Welt vernichteten, und es kam der Tag, an dem selbst die Büste Voltaires von ihrem Ehrenplatz in Camerons Säulenhalle in Zarskoje Selo entfernt und Diderots Bibliothek in den Keller verbannt wurde. Nachdem sie so viele Jahre der französischen Kultur gehuldigt hatte, wandte sich Katharina jetzt gegen alles, was aus Frankreich kam, und wurde sogar mißtrauisch gegen die *émigrés,* die bisher in so reichem Maß von ihrer Freigebigkeit profitiert hatten.

LaHarpes Entlassung kam zu spät und zu früh zugleich. Er hatte bereits im Geist seines Schülers die Saat des Liberalismus gesät, aber er ging fort, ehe die Erziehung des jungen Großfürsten beendet und sein Charakter vollkommen geformt war. Adam Czartoryski lernte Alexander kennen, als dieser noch die Abreise seines Lehrers beklagte, und der junge Pole befriedigte das Bedürfnis des Großfürsten nach Kameradschaft und Verständnis – zwei Dinge, die er weder in Gatschina noch am Hof seiner Großmutter fand, wo er veranlaßt wurde, die Gesellschaft von Zubow zu pflegen, den er, wie er im vertrauten Kreis erklärte, »nicht einmal als Lakaien angestellt hätte«.

Die widerwärtigste aller Aufgaben, die den jungen Czartoryskis auferlegt wurden, war, daß sie Platon Zubow huldigen mußten, von dessen Wohlwollen die Rückerstattung der Besitztümer ihres Vaters abhing. Er war der mächtigste Mann Rußlands, und sie mußten einmal in der Woche bei seinem *levée* zugegen sein, wo sie sahen, wie sich die bedeutendsten Männer des Landes vor diesem jungen Emporkömmling demütigten, der mit seinem Äffchen spielte und kaum das Wort an sie richtete. Nachdem er in Potiomkins Fußstapfen getreten war, ahmte Zubow jetzt seine Arroganz nach und trug ein kühles, zurückhaltendes Gebaren zur Schau, um seine grundlegende Unsicherheit zu verbergen. Er war sich bewußt, daß all die alten Höflinge ihm Abneigung und Verachtung entgegenbrachten und sich keine Gelegenheit entgehen ließen, seine Unwissenheit aufzudecken. Betzborodko, der offiziell seines Postens enthoben worden war, pflegte mit seinem üblichen Sarkasmus zu sagen, »er werde nur gerufen, um Zubows Schnitzer auszumerzen«.

Die Reaktion des Favoriten auf diese unterschwellige Feindseligkeit war, daß er sich mit seinen eigenen Kreaturen umgab, die größtenteils ebenso skrupellos und unwissend waren wie er und nur daran interessiert, sich auf Kosten ihres Landes zu bereichern. Seine Geldgier war beinahe krankhaft, und es ist bezeichnend, daß Katharina nach 1790 kaum mehr irgend etwas für die Eremitage erwarb. Im Gegensatz zu seinen Vorgängern scheint Zubow keine Neigung gehabt zu haben, Zeichnungen oder Kameen zu sammeln. Alles, was er wollte, war Macht, und um diese Macht zu erringen, war er bereit, jede Art von emotionalem Druck auf eine Frau auszuüben, deren sexuelles Verlangen trotz ihres Alters und ihrer Gebrechen immer noch unersättlich war.

Es liegt bemerkenswert wenig Haß in dem Bild Fürst Adams von einem jungen Mann, der besessen war von seinem Ehrgeiz, der die Liebeswut seiner alten Herrin zu befriedigen suchte

Katharina II. mit Windspiel im Park von Barwikowski (Stich von Nicolas Iwanowitsch Utkin)

30a Katharina II. (unbekannter Meister)

30b Katharina II. (Gemälde von J. B. Lampi)

30c Katharina II. (Gemälde von v. Erichsen)

30d Katharina II. (Kupferstich von James Walker nach einem Gemälde von Schebanoff) a Krönung Katharinas zur Zarin von Rußland in Moskau im Jahre 1762 (Gemälde von Torelli)

b Katharina II. mit ihrer Familie im Garten (Kupferstich von D. Berger Anthing)

32a Karikatur auf Katharina die Große (entstanden Ende des 18. Jahrhunderts)

32b Darstellung der englischen Vermittlung im russisch-türkischen Krieg 1791 in einer englischen Karikatur von James Gillray

und laut Aussage des Fürsten hoffnungslos in Alexanders junge schöne Frau verliebt war. Wir sehen den Favoriten nach einem Besuch bei der Kaiserin in seine Gemächer zurückkehren, »kraftlos vor Müdigkeit und bemitleidenswert traurig; er warf sich auf sein Kanapee und durchtränkte sein Taschentuch mit Parfüm«, als habe er Qualen gelitten.

Aber die Kaiserin selbst scheint bar jeder Scham gewesen zu sein. Wenn irgend jemand es wagte, ihre Liebschaften oder die Wahl ihrer Vertrauten zu kritisieren, pflegte sie zu erwidern: »Ehe ich wurde, was ich heute bin, war ich dreiunddreißig Jahre lang das gleiche wie andere Menschen. Es ist erst dreißig Jahre her, daß ich geworden bin, was sie nicht sind, und das lehrt einen zu leben.« In ihrem fünfundsechzigsten Lebensjahr schrieb sie an Grimm:

Vorgestern, am 9. Februar, war es fünfzig Jahre her, daß ich mit meiner Mutter in Moskau angekommen bin. Ich bezweifle, daß es heute noch zehn Menschen in St. Petersburg gibt, die sich daran erinnern. Da ist noch Betzkoy, blind, klapprig, senil, fragt junge Paare, ob sie sich an Peter I. erinnern. Da ist die alte Gräfin Matuschkina, die mit achtundsiebzig gestern auf einer Hochzeit getanzt hat. Da sind der Großkämmerer Naryschkin und seine Frau. Da ist der Oberstallmeister, der es leugnet, weil er nicht so alt erscheinen will. Da ist eine von meinen alten Kammerfrauen, die ich immer noch in meinen Diensten habe, obwohl sie alles vergißt. Dies alles sind Beweise für das Alter, und ich bin einer von ihnen. Aber trotzdem spiele ich mit dem gleichen Vergnügen wie ein fünfjähriges Kind Blindekuh und andere kindliche Spiele, und ich lache immer noch ebenso gern wie früher.

Am 2. (13.) September sollte anläßlich der Verlobungsfeier Alexandras, der ältesten Enkelin der Kaiserin, mit dem siebzehnjährigen König von Schweden im Winterpalast ein Ball stattfinden. Vier Jahre waren vergangen, seit der Vater des jungen Königs, Gustav III., auf einem Maskenball in Stockholm ermordet worden war; von diesem Zeitpunkt an hatte die Kaiserin Pläne für eine Heirat geschmiedet, die Schweden, das seit jeher ein unabhängiger und widerspenstiger Nachbar war, unmittelbarer unter den Einfluß Rußlands bringen würde. Der Plan war in Schweden auf unerwarteten Widerstand gestoßen, denn der Herzog von Södermanland, Onkel des jungen Königs und Regent, war ein erbitterter Feind Rußlands. Aber durch eine geschickte Verbindung von Bestechungen und Drohungen war sein Widerstand schließlich besiegt worden. Und Mitte August waren sowohl der Regent als auch der König zu einem Staatsbesuch in St. Petersburg eingetroffen, wo die Schönheit und der Charme der vierzehnjährigen Alexandra sehr schnell das Herz des jungen Mannes erobert hatten, der einer der faszinierendsten und vollendetsten Monarchen Europas zu werden versprach.

Es gab nur noch eine Frage zu regeln, und zwar die der Religion. Bei ihrem großen Selbstvertrauen scheint es Katharina nie in den Sinn gekommen zu sein, daß ein »kleiner König« von Schweden von einer russischen Großfürstin erwarten könne, ihre Religion zu wechseln. Es war keine Frage der Überzeugung, sondern des Stolzes. Als Oberhaupt der orthodoxen Kirche bestand die Kaiserin darauf, dem Ehevertrag eine Klausel hinzuzufügen, nach der es Alexandra gestattet sein sollte, eine orthodoxe Kapelle mit ihren eigenen Priestern und ihrem Beichtvater zu haben. Statt das Thema mit dem König zu erörtern, überließ Katharina alles ihrem Favoriten, der kürzlich zum Fürsten erhoben worden war und sich anmaßender denn je zeigte. Er seinerseits beauftragte Markow, die Verhandlungen zu führen; aber dieser junge Mann war völlig unerfahren und so nachlässig, daß er sich nicht die Mühe nahm, den König von den Bedingungen Katharinas zu unterrichten, bis er ihm, eine Stunde ehe er sich auf dem Ball der Kaiserin einfinden sollte, den Ehevertrag überreichte.

Katharina betrat Punkt sieben den Thronsaal. Es wurde von Jahr zu Jahr mühsamer für sie, sich in ihre Galakleider schnüren zu lassen, aber sie war immer noch eine großartige Schauspielerin, die der Außenwelt den Eindruck von ruhiger, gelassener Erhabenheit vermitteln konnte. An diesem Abend sah sie prachtvoll aus; sie war mit Diamanten bedeckt, trug den schwedischen Orden des heiligen Seraphin und um den Hals die berühmten Smaragde, die Potiomkin ihr geschenkt hatte. Die ganze kaiserliche Familie war zugegen, einschließlich des Großfürsten Paul und seiner Frau, die aus Gatschina gekommen waren, um die Verlobung ihrer Tochter zu feiern, bei der sie nicht einmal nach ihrer Meinung gefragt worden waren. Die siebenunddreißigjährige Marie Feodorowna hatte ihrem Mann kürzlich einen dritten Sohn geschenkt, während ihre Schwiegertochter nach zweijähriger Ehe noch nicht einmal schwanger war. Aller Augen ruhten auf Alexandra, die neben dem Thron ihrer Großmutter stand und auf ihren Verlobten wartete, der es wagte, zu spät zum Fest Ihrer Kaiserlichen Majestät zu kommen. Die Höflinge fingen an zu murmeln, als man Markow den Saal betreten und mit Zubow flüstern sah, der erregt hinauseilte. Der König hatte sich geweigert, den Ehevertrag zu unterzeichnen, bei dessen Lektüre er zum erstenmal etwas von der Klausel erfuhr, die die Kaiserin hinzugefügt hatte.

Trotz aller Argumente und Drohungen weigerte sich der König nachzugeben. Um zehn Uhr zog er sich auf sein Zimmer zurück und verschloß die Tür. Die russischen Minister waren sprachlos über seine Kühnheit. Alle gaben dem Herzog von Södermanland die Schuld an der unnachgiebigen Haltung des siebzehnjährigen Königs, von dem gesagt wurde, er liebe seine Verlobte. Selbst einige der Schweden waren empört, und niemand wagte es, Katharina die Nachricht zu übermitteln. Zubow war derjenige, dem schließlich die unangenehme Aufgabe zufiel, seiner Monarchin mitzuteilen, daß ihre Pläne, großenteils durch seine eigene Dummheit und Unfähigkeit, gescheitert waren.

Aber selbst jetzt konnte sie nicht glauben, daß ein König von Schweden es gewagt hatte, ihr in ihrem eigenen Palast Trotz zu bieten. Sie erhob sich von ihrem Thron und wankte. Sie versuchte zu sprechen, aber ihre Worte waren unverständlich. Die Herren, die in ihrer Nähe standen, trugen sie in ihr Schlafgemach. In dieser Nacht erlitt sie ihren ersten Schlaganfall.

Der Anfall war leicht, und wenige Tage später hatte sie sich soweit erholt, daß sie wieder in der Öffentlichkeit erscheinen und sich formell vom König von Schweden verabschieden konnte. Dabei bemerkte sie mit finsterer Genugtuung, daß er ebenso blaß und unglücklich aussah wie ihre arme kleine Enkelin, die vor Enttäuschung krank geworden war. Aber das Nervensystem der Kaiserin erholte sich nie von dem Schock der ersten öffentlichen Demütigung, die sie je erfahren hatte. Der Zorn, den sie so mühsam unterdrückte, wirkte sich auf ihre bereits geschwächte Gesundheit aus, obwohl sie nach außen hin so »unerschütterlich« wie eh und je erschien und immer noch die Legende von der ewigen Jugend aufrechtzuerhalten suchte; sie schrieb an Grimm, sie sei »fröhlich wie eine Lerche« über die gute Nachricht, daß die Alliierten gesiegt und die französischen Armeen sich auf die andere Seite des Rheins hatten zurückziehen müssen. Am Abend des 4. November feierte sie den Sieg mit einem kleinen, intimen Souper in der Eremitage, bei dem unter anderem der österreichische Gesandte Graf Cobenzel und ihr alter Freund Leo Naryschkin zugegen waren, letzterer mit siebzig Jahren noch immer in der Rolle des Hofnarren. Obgleich Katharina bei bester Laune zu sein schien, fiel allgemein auf, daß sie sich unter dem Vorwand, Leibschmerzen vom vielen Lachen zu haben, früher als gewöhnlich zurückzog.

Am nächsten Morgen stand sie zur üblichen Zeit auf, und nachdem Fürst Zubow ein paar Minuten bei ihr gewesen war, setzte sie sich mit einem ihrer Sekretäre an die Arbeit. Aber kaum hatten sie begonnen, da bat sie ihn, sich für einen Augenblick ins Vorzimmer zurückzuziehen. Dort wartete er eine Stunde, und als er immer noch nicht wieder hereingerufen wurde, fing er an, sich Sorgen zu machen. Er rief die Kammerfrauen und Diener herbei, und einer von ihnen öffnete die Tür zum Ankleidezimmer, wo sie zu ihrem Schrecken die Kaiserin auf dem Boden liegen sahen. Sie war von ihrem Nachtstuhl gefallen und lag ausgestreckt zwischen den zwei Türen, die vom Toilettenkabinett ins Ankleidezimmer führten. Ihr Gesicht war leichenblaß, ihr Körper völlig schlaff. Die Diener hoben sie auf eine Matratze und brachten sie in ihr Schlafgemach, wo sie noch zwei Tage lebte, ohne das Bewußtsein wiederzuerlangen. Es war ein trauriges Ende für eine Herrscherin, die sich den Beinamen »die Große« erworben hatte.

PERSONENREGISTER

Kursiv gesetzte Zahlen verweisen auf die Nummern der Abbildungen

BILDNACHWEIS

Archiv für Kunst und Geschichte, Berlin – Umschlag S. 1, 3, 4a, 4d, 8a, 8b, 11, 17, 20b, 22a, 24a, 24b, 27, 30a, 31b; Archiv Gerstenberg, Frankfurt – 1, 2, 7, 9a, 15d, 18, 19, 23a, 23b, 25, 28, 32a, 32b; Bildarchiv Preußischer Kulturbesitz, Berlin – Umschlag S. 2, 5, 6, 10d, 29, 31a; Britisches Museum, London – 9b, 13c, 24c, 24d; Historia-Photo, Bad Sachsa – 4b, 10a, 10c, 12, 13b, 13d, 14, 15a, 15b, 15c, 16, 20a, 20c, 20d, 21, 22b, 26, 30b; Ullstein Bilderdienst, Berlin – 30c, 30d.